인류의 삶 속에 담긴

질병 극복 이야기

인류의 삶 속에 담긴

질병 극복 이야기

김애정 지음

솔과학

미리 보기

인류는 지구상에 출현한 이래 다양한 질병을 극복해오면서 오늘날에 이르렀다. 선사시대(구석기시대), 고대(고대문명 발생), 고전기(동서양 간 활발한 교류), 중세(유럽 서구: 암흑시대, 유럽 동구: 비잔틴제국의 번영; 아시아: 이슬람제국과 중국 번영), 근세(유럽: 대항해시대, 아시아: 대부분 유럽의 식민지로 전락 · 퇴보) 그리고 근 · 현대(제1~4차 산업혁명, 제1, 2차 세계대전)를 거쳐오면서 역사적 사변과 함께 다양한 질병에 시달려 왔고, 그 질병을 극복하기 위해 끊임없이 노력해왔다. 그래서 인류의 역사를 뒤돌아보면, 질병의 역사이면서 또 그 질병을 극복하기 위한 노력의 역사인 듯하다.

선사시대(BC 700만 년~BC 1만 년) 인류는 수렵채집 중 입은 상처를 치료하기 위해 비비거나 진흙을 바르는 등 동물과 비슷한 행위를 하였던 것 같다. 그리고 자연적인 존재(홍수, 번개, 바다 등)나 초자연적인 존재(神이나 精靈)가 질병에 관여한다고 믿었던 것 같다. 하여 이 시기 인류는 애니미즘과 토테미즘에 의존했고, 인간과 신을 연결하는 샤먼 혹은 주술사들이 의사역할을 했다. 선사시대 동굴벽화나 오늘날에도 존재하는 원시문화 속에 남아있는 흔적으로 그 당시는 종교와 마법 그리고 의술 사이에 큰 차이가 없었던 것 같다.

고대(BC 1만 년~BC 500년) 인류는 농업혁명(신석기시대, 집단생활과 동물의 가축화)과 도시혁명(촌락 → 부족사회 → 부족국가 → 도시국가)을 기반으로 동양에서는 강을 중심으로 4대문명(BC 4300년~3200년 사이, 메소포타미아문명, 이집트문명, 인더스문명, 황하문명 탄생)이 탄생했다. 한편, 서양에서는 동지중해(에게해)에서 고대 그리스문명 이전에 서양 최초의 에게문명(BC 3000년~1600년 사이, 크레타-미케네문명 탄생)이 탄생했다. 고대문명의 지도자들이 신전에서 인간과 신을 연결하는 역할(일종의 샤먼)을 맡으면서 종교의 힘은 더욱 강해졌고, 의학은 종교를 보좌하는 역할을 맡았다. 이 시기에 메소포타미아문명의 다양한 약초와 외과술, 이집트문명의 파피루스의학, 인더스문명의 아유르베다의학, 황하문명의 약초, 침, 뜸 등 의술의 원형이 되는 치료법이 발달해 있었다.

고전기(BC 500~AD 500년) 초기는 칼 야스퍼스(Karl Theodor Jaspers, 1883~1969년)의 기축의 시대(BC 800~200년, Axial Age Civilization)가 절정을 치닫던 BC 500~300년과 연대기가 겹쳐진다. 고전기에 대략 고대 그리스 · 로마, 페르시아제국, 인도, 중국 등의 역사가 펼쳐졌다. 비록 이들 국가들은 거리상 멀리 떨어져 있었지만, 가교역할을 한 페르시아제국으로 인해 활발하게 교류하였다. 그 영향으로 고대 그리스(아테네황금기의 철학사상)에서 중동(페르시아제국의 조로아스터교), 인도(브라만교, 불교), 중국(제자백가 사상)에 이르는 유라시아 전역에 걸쳐 새로운 종교와 철학사상이 등장하는 등 종교에 근본적 변화가 생겨났다. 이 신흥종교나 사상들은 각기 먼 거리에 떨어져 있었지만, 도덕성, 자기수양, 금욕을 강조했다는 공통점을 갖고 있었다. 이 시기에 생긴 종교나 사상이 전 세계에 걸쳐 확산이 됐고 오늘날에도 존재하는 세계의 종교가 되었다. 종교나 사상의 교류와 함께 각 국가 간 발달된 의술(그리스 · 로마의 히포크라테스의학, 갈레노스의학, 페르시아제국의 준디샤푸르의학, 인도의 아유르베다의학, 중국의 음양오행론, 황제내경과 신농본초경 등) 또한 상호교류를 통해 발전될 수 있었다.

중세기(AD 500년~AD 1500년) 서구유럽은 신 중심(반헬레니즘) 사회로 문화뿐만 아니라 의학이 그리스 · 로마 이전 수준으로 퇴보되었다. 서구유럽의 중세 전반기는 의학연구의 금지로 수도원 중심으로 약초요법(본초학 수준)이 사용되었고, 고대 외과술은 사라져 소작술이 그 자리를 대신할 정도로 의학의 암흑시대였다. 중세 후반기는 르네상스의 영향으로 예술과 의 · 과학의 협력으로 인체해부학이 발전하였으나 실질적인 의학의 발전은 없었다. 반면, 그 시기 비잔틴제국, 이슬람제국과 중국(수, 당, 송), 몽골제국 등에서는 찬란한 문화와 역사가 펼쳐졌고, 꽤 수준 높은 의료행위도 행해졌다.

근세(15~18C)는 중세 말기 북부이탈리아를 중심으로 일어난 르네상스운동(14C 중엽~16C)의 영향으로 서구유럽에서 대항해시대의 막이 열렸다. 이 역사적 사변을 계기로 세계 판도가 동양에서 서양으로 옮겨졌다. 15~16세기는 포르투갈을 필두로 대탐험이 시작되었고, 이를 배경으로 일어난 17세기 과학혁명(합리주의, 경험론, 기계론적 우주관, 하비의 혈액순환이론 등)을 토대로 18세기에는 계몽주의사상에 힘입어 의학이론과 연구업적들이 다량 축적되었으나 실질적인 의학발전은 거의 없었다.

근대(18C 말~19C) 초반의 의학수준은 18세기의 연속에 머물렀지만, 19세기 후반에 들어서면서 보건위생과 공중위생 관련 연구가 심화 · 발전하였다. 특히, 세균학(질병의 원인으로 미생물의 발견)을 매개로 병리학과 해부학이 융합되어 근대의학으로 진일보하였다. 이러한 19세기의 획기적인 의학분야의 업적과 산업혁명으로 축적된 자본을 바탕으로 현대(20~21C)에 들어 항생물질(항균성 약물, 페네실린, 백신 개발), 인공심폐장치, 정밀검사방법(초음파, X-ray 단층촬영, MRI)의 개발 및 인간 유전학의 발전으로 서양의학(현대의학)은 전성기를 맞이했다.

이렇듯 현대 인류는 엑스레이와 미세수술, 장기이식, 레이저, 로봇수술, 유전공학 및 AI 등 다양한 첨단과학과 의료장비 덕택에 무병장수의 꿈을 이루는 듯했다.

그러나 이러한 첨단 의 · 과학기술의 발전과 물질문명의 풍요롭고 편리함 속에 해마다 만성질환자가 급증하고 있고, 자연파괴에 의한 환경오염과 지구온난화로 인한 기후변화 등으로 인류는 질병양상의 변화를 경험하고 있다. 최근, 인류는 사스, 메르스에 이어 코로나 바이러스(2019. 11~2023. 05)로 이어지는 신종 전염성질환의 위협을 받고 있으며, 현대의학은 이러한 상황에 효율적으로 대처하지 못하고 있다.

이는 17세기 이후 서구철학(데카르트의 기계론적 우주관) 중심의 현대의학(서양의학)이 질병에 대한 심리적(영성), 사회적, 환경적 조화와 균형(자연치유)을 무시한 결과로 생각된다. 그렇다고 보편의학으로 질병치료에 공이 적지않은 서양의학(현대의학) 자체를 문제 삼자는 것은 아니다.

이제 더 이상 서양의 기계적, 분석적, 인과론적 세계관에 매몰되어 있을 것이 아니라 동양문명의 직관적, 종합적, 유기적인 세계관을 받아들여 상생의학(相生醫學)의 길을 모색해야 한다.

끝으로 본 고가 현 인류의 건강한 삶을 위한 상생의 길을 찾는데 등불이 되길 소망한다.

2024년

목 차

Part 3. 고전기 _ 147

The Classic World BC 480~AD 476년

Part 4. 중세 _ 233

The Medieval World 476년~1453년

Part 1. 선사시대

The Prehistoric World

BC 700만 년~BC 1만 년

선사시대(先史時代, prehistory)라는 용어는 원래 폴 터널(Paul Tournal)이 자신이 발굴한 프랑스남부의 동굴을 설명하기 위해 Pré-historique라는 단어를 만들면서 처음으로 사용되었다.

선사시대는 문자가 발명되기 이전의 시대로 기록으로 남겨진 사실이 없는 시기이다. 그러므로 선사시대 인류의 질병의 종류와 치료법에 대한 정보는 현재까지 남아있는 선사시대의 유골과 유물, 화석, 동굴벽화와 고고학, 형질인류학, 선사병리학 등을 통해 얻을 수밖에 없다.

이러한 자료를 통해 선사시대 인류가 남겨 놓은 흔적들을 살펴보면, 그 당시 인류는 질병을 자연적인 힘(홍수, 번개, 바다 등)이나 초자연적인 힘(神이나 精靈)이 발생시킨다고 믿었던 것 같다. 그러므로 애니미즘, 토테미즘, 샤머니즘과 같은 원시 토속신앙의 종교의식, 우상숭배, 주문, 마법 등과 같은 행위로 질병을 극복(치료)하고자 했을 것이다.

동굴벽화(쇼베, 라스코, 알타미아 등)에는 질병을 치료하려는 초자연적인 행위 외에도 인류의 초기 원시예술이 남겨져 있다. 예컨대, 그들은 사냥하고 싶은 동물이 있으면 그 동물을 동굴벽에 그려놓고 염원을 했던 것 같다. 그리고 오스트리아 빌렌도르프 지방에서 발견된 돌조각상(빌렌도르프의 비너스)은 다산을 기원하는 주술적 의미(아이를 갖기 위해 지니고 다녔던 일종의 부적)를 담고 있다. 이처럼 선사시대 인류의 예술은 바라는 바를 동굴벽에 그려 넣거나 만들어지니고 다니는 주술적 행위에서 시작된 듯하다.

1

초기 인류

1) 기원

약 45억년(불교에서 1겁) 전에 탄생한 지구에 최초의 생명체(원핵생물)가 출현한 것은 약 40억년 전으로 추정된다. 그렇다면 인류는 과연 언제쯤 지구에 출현하였을까?

약 BC 700만 년 전, 최초의 호미니드(Hominid, 인간과 인간을 닮은 조상을 포함하는 靈長類)가 지구상에 출현했다. 이어 약 BC 400만 년 전, 두 다리로 걸을 수 있는 능력을 지닌 오스트랄로피테쿠스(Australopithecus, 先行人類)가 아프리카 동부지역에 등장했다. 이들은 다른 영장류(호미니드)와 달리 직립보행을 함으로써 두손이 자유롭게 되자 도구를 사용하였으며, 수렵채집을 통해 과일, 견과류, 씨, 채소, 곤충 및 죽은 짐승의 고기 등을 섭취하며 살았다.

약 BC 200만 년 전, 아프리카에 출현한 호모에렉투스(Homoerectus, 베이징 原人)는 최초로 불을 사용하였고, 옷을 지어입기 시작했다. 약 BC 180만 년 전 무렵에는 아프리카를 벗어나 중동을 거쳐 아시아남서부와 중국북부지역까지 퍼져 나갔다.

호모에렉투스가 떠난 뒤 아프리카에 남아있던 호모네안데르탈인(Homoneanderthalensis, 舊人)은 약 BC 30~20만 년 전에 유럽쪽으로 진출하여 그곳의 춥고 혹독한 환경에 적응하며 살았는데, 이들은 죽은 사람을 땅에 묻기 시작한 최초의 인류였다.

약 BC 20~10만 년 전, 드디어 우리 현생인류의 직접적인 선조인 호모사피엔스(Homo sapiens, 新人)가 아프리카에 출현했다. 이들은 언어를 사용하고 동굴에 벽화를 그린 최초의 인류로 알려져 있다. 그들은 정교한 도구사용, 집짓기, 사냥 등으로 거주지를 이동해서 살 수 있을 만큼의 능력을 갖추게 되자 아프리카를 벗어나 BC 4만 년~1만 년 사이 본격적으로 지구 전체로 흩어졌다.

2) 현생인류의 조상 호모사피엔스

현생인류의 조상인 호모사피엔스(Homo sapiens, 新人)는 라틴어로 지혜가 있는 사람을 뜻한다. 약 BC 4만 년 무렵, 호모사피엔스의 지능과 기술이 비약적으로 발전했는데, 학자들은 그 이유를 기후변화와 언어발달로 보고 있다. 초기 구석기시대 지구는 빙하기로 매우 추웠고, 이러한 혹독한 환경조건 속에서 살아남기 위해 의사소통을 하고자 하는 노력으로 최초의 언어가 등장했을 것으로 추정되고 있다.

이렇게 지능과 기술 및 의사소통 능력을 갖춘 호모사피엔스는 지구 전체로의 여행을 본격적으로 시작했다. 약 BC 4만 년 무렵, 배와 뗏목을 만들어

빌렌도르프의 비너스

(출처: https://www.seoul.co.kr/news/newsView.php?id=20190425500070)

뉴기니아와 오스트레일리아로 이동했다. 그리고 비슷한 시기에 유럽으로도 진출해 순록과 말, 황소와 매머드 떼를 사냥했으며, 매머드와 말, 황소처럼 자신들이 사냥한 동물을 동굴벽에 그려놓기도 했다. 또한, 점토나 상아, 돌을 이용하여 풍요와 다산의 상징인 여성조각상(오스트리아 빌렌도르프지방에서 발견된 비너스, 다산을 기원하는 주술적 의미의 조각상)도 제작했다. BC 2만 년 무렵에는 중국북부에서 이주해 온 것으로 추정되는 현생인류가 시베리아북동부에 정착했다. 그리고 당시 아시아에 정착했던 그들은 얼어붙은 해상육로(배링해협)를 통해 북아메리카대륙과 남아메리카대륙까지 이동하여 약 BC 1만 년 무렵에는 남아메리카 최남단까지 닿았다.

이처럼 호모사피엔스는 약 3만 년에 걸쳐 아프리카뿐 아니라 아시아와 유럽 전 지역, 아메리카대륙으로 퍼져 나갔다.

그 후 호모사피엔스는 지구 각 지역에 흩어져 주변환경에 적응하며 서로 다른 인종으로 분화되면서 유전적인 특성도 다양해졌다. 즉, 지구의 어느 지역에 살고 있느냐에 따라 피부색이나 눈의 모양에서 차이를 보이게 되었는데, 이러한 피부색이나 외형의 차이는 오늘날 현 인류에게도 볼 수 있는 현상이다.

3) 질병 극복을 위한 노력

선사시대(구석기시대) 인류는 석기나 언어와 같은 문화적 도구의 힘보다는 초자연적 · 자연적 힘(애니미즘, 토테미즘, 샤머니즘)에 훨씬 지배당했다. 이 시기 인류는 신(자연)이 질병을 일으킨다고 믿었기에 인간과 신을 연결하는 샤먼 혹은 주술사들이 의사역할을 하기 시작했다.

선행인류(오스트랄로피테쿠스)에서 현생인류(호모사피엔스)에 이르기까지 도구와 불의 사용, 음식의 변화, 의복과 주거지 변화 등으로 생존의 조건이 서서히 개선되어 갔으나 이 시기 인류의 평균수명은 20~25세 정도에 불과했다.

그렇다면 선사시대의 인류는 어떤 질병을 앓았으며 어떻게 그 질병을 극복하였을까?

수렵채집생활을 하던 선사시대에는 40~50명 규모의 독립된 인구집단 단위로 움직였고 타 집단과의 접촉이 거의 없어 오늘날과 같은 대유행(pandemic)은 발생하지 않았다. 그래서 이 시기에 인류의 건강을 위협한 요인은 먹거리 부족에 따른 영양실조와 수렵채집 중 입은 상처의 병원균 감염이나 기생충질환이 대부분을 차지했다.

일부 학자들은 병든 동물이 상처를 핥거나, 약초를 뜯어먹는 모습을 보고

선사시대를 대표하는 동굴벽화들(쇼베, 라스코, 알타미아: 왼쪽부터)

(출처: 위키피디아)

이와 유사한 방식을 취하였다고 보고 있다. 예컨대, 수렵채집 중 다쳤을 때 상처부위를 본능적으로 비비거나, 열을 가하거나, 진흙을 바르는 등 동물과 비슷한 행위를 했을 것으로 추정하고 있다.

동굴벽화에도 선사시대 인류의 질병치료에 대한 주술적인 행위가 남아있다. 인류 최초의 동굴벽화가 1994년 프랑스 쇼베(Chauvet, BC 3만 년~3만 2천 년 무렵)에서 발견되었는데, 이 벽화에는 주술적인 의식이 그려져 있다. 1940년 프랑스에서 발견된 라스코(Lascaux, BC 1만 5천 년~1만 3천 년 무렵) 동굴벽화에도 다양한 짐승들과 주술사와 같은 인물이 함께 그려져 있다. 그리고 1914년 발견된 프랑스의 트루아 프레트(Trois Freres, BC 1만 3천 년 무렵) 동굴벽화에도 사슴가면을 쓴 채 춤추는 샤먼이 주술을 하는 모습이 그려져 있다. 이처럼 선사시대 동굴에 남겨진 벽화를 통해 추정해 보면, 초자연 · 자연적인 세계(애니미즘, 토테미즘, 샤머니즘)가 초기 인류의 질병치료에 지대한 영향을 미쳤고, 그것이 곧 인류 의술의 출발점으로 보인다.

4) 여기서 잠깐

(1) 원시 토속신앙

샤머니즘과 토테미즘이 자연물을 숭배하는 사상이라면, 애니미즘은 정령 숭배 사상이라고 할 수 있다.

① 애니미즘

애니미즘(animism)은 자연물에 깃들여져 있는 초자연적 존재로 신이나 정령을 숭배하는 원시 토속신앙 중 하나이다. 여기서 정령은 모든 생물 · 무생물(인공물 · 자연물)에 깃들며, 일정한 곳에 정착하지 않고 그 거처를 자유롭게 떠돌아다니는 눈에 보이지 않는 인격화된 존재이다.

② 토템과 토테미즘

토템(totem)이라는 말은 북아메리카 인디언들이 특정한 동 · 식물을 신성시하여 그 동 · 식물을 집단의 표상으로 삼은 데서 유래되었다. 토템은 보통 한 국가의 형성과정에서 신화나 설화로 존재하고 사회규범과도 밀접한 연관이 있다. 우리나라 고조선의 건국신화에서도 이를 엿볼 수 있듯이 곰과 호랑이를 믿는 부족과 환웅부족이 결합하여 고조선이 건국되었다는 신화가 잘 알려져 있다.

토테미즘(totemism)은 이러한 토템과 인간관계가 제도화된 원시신앙으로, 원시사회에서는 부족의 신앙으로 사회질서를 유지하는 사회규범으로 작용해왔다. 현재도 아프리카나 호주, 아메리카대륙에 사는 원시 부족사회에서 여전히 토템신앙의 존재를 찾아볼 수 있다.

원시 토속신앙 속 다양한 토템

(출처: 위키피디아)

(출처: 구글)

(출처: 위키피디아)

③ 샤먼과 샤머니즘

샤먼(shaman)은 원래 러시아지방에서 종교적으로 환자를 치료하고 현실세계와 이상세계 사이에서 의사소통을 하는 초월적 능력을 지녔다고 신봉되는 사람이었다. 샤먼이란 말은 17세기 후반 퉁구스인(Tungusic peoples, 말갈족, 여진족, 만주족 포함)을 만났던 한 러시아인에 의하여 알려지게 되었는데, 퉁구스족에서 활동했던 주술사를 뜻한다. 샤먼은 질병을 치료하는 존재이자 제사를 주관하는 사람이며, 종교적 방법으로 질병을 치료하고, 마을공동의 제사를 주관하며, 죽은 자를 다음 세상으로 인도하는 역할도 한다. 샤먼이 되는 방법은 부모로부터 세습이 되거나, 부족사람들의 선택으로 가능하다. 샤먼이 되기 위해서는 여러 가지 고난의 과정을 거치면서 배우고, 능력 있는 샤먼으로부터 샤먼의 기질을 배움으로 가능해진다. 샤먼의 가장 우선적 역할은 종교의식을 주관하는 것이다. 보통 각 부족에는 부족들만의 전통신앙이 있고, 이 신앙에 따라 제사를 지내게 되는데, 이 제사에서 샤먼은 주도적 역할을 담당하게 된다.

원시 토속신앙(샤먼)

(출처: 네이버 이미지)

(출처: Pixabay)

샤머니즘(shamanism)은 원시적 종교의 한 형태로, 주술사인 샤먼이 신의 세계나 악령 또는 조상신과 같은 초자연적 존재와 직접적인 교류를 하며, 점복(占卜), 예언, 질병치료 따위를 하는 종교적 현상이다. 아시아지역 특히, 시베리아, 만주, 중국, 한국, 일본 등지에서 주로 볼 수 있다.

④ 주술

주술(呪術, magic)은 인간의 길흉화복을 초자연적 존재나 신비적 힘을 빌려서 해결하려는 방법을 가리키는 종교용어이다. 동서양을 막론하고 사람들은 모든 삼라만상이 어떠한 보이지 않는 초인적인 힘에 지배되고 운행되는 것으로 믿었다. 여기서 인간들은 그 초인적인 힘을 인간의 편으로 유도하여 닥쳐올 불행을 예방하고, 대신 평안을 유지할 수 있을 것으로 생각하였다. 이처럼 주술은 종교의 원시적인 한 형태라고 할 수 있다.

주술은 초자연적인 힘에 절대복종하는 것이 아니라 미약하나마 심적인 위안을 증대시켜 심적 효과를 준다. 따라서 과학이 발달하고 인간의식이 고도화된 요즘에도 무의식의 심층에는 주술에 대한 기대가 흐르고 있음을 우리는 볼 수 있다.

(2) 선사시대 인류와 현대인의 질병 비교

수렵채집시기의 인류는 자주 기근을 경험하면서 평균수명은 고작 20~25세 정도였다. 19세기 중반만 해도 인류의 평균수명은 40세 정도였지만, 21세기 현재는 안정화된 먹거리 확보와 현대의학의 발전과 관리의 성공으로 세계는 이미 초고령사회로 접어들었다.

오늘날 우리가 접하고 있는 생활환경은 과거 수렵채집시기의 인류가 접하던 환경과는 달리 그 변화속도가 매우 빠르다. 생활환경변화의 요인으로는 지구의 기후변화, 환경오염 및 개인의 생활습관(과식과 활동량 감소)을 들 수 있는데 이 가운데 인간의 생존에 가장 큰 영향을 미치는 환경은 먹거리로 볼 수 있다.

선사시대 인류는 수렵채집활동을 통해 채소, 과일, 견과류, 어류, 동물의 고기 등 자연 그대로의 다양한 식품(일명 super food)을 섭취할 수 있었다. 그러나 농업혁명(곡물 위주)과 산업혁명(가공식품과 지방섭취 증가)을 거치면서 먹거리의 균형을 잃게 되었으며 그에 따른 생활습관병(비만, 대사증후군 및 만성질환)이 인류의 삶의 질(QOL: Quality of life)을 낮추고 있다.

한때 육식 위주의 식단, 일명 펠리오(paleo) 다이어트를 구석기식단으로 오해하여 유행한 적이 있다. 이는 수렵채집시기의 인류가 하루 4시간 이상 사냥을 위해 뛰거나 걸었다는 사실과 수렵채집활동을 통해 균형잡힌 다양한 먹거리(채소, 과일, 견과류, 어류, 육류 등)를 확보했다는 사실을 간과한 것이다.

이제 현대인은 먹거리의 균형을 찾기 위해 수렵채집시기의 인류처럼 다양한 식품으로 구성된 건강 지향적인 음식(5대 영양소가 균형을 이룬 먹거리)을 선택할 필요가 있다.

(3) 선사시대의 음식 문화

과학자들은 어느 날 땅 위로 떨어진 번개에서 불이 우연히 발견되었고, 이 불꽃을 처음 사용한 인류가 호모에렉투스라고 추정하고 있다. 불을 사용하면서 인류는 음식을 익혀먹게 되었고, 상하기 쉬운 음식을 좀 더 오래 보관할 수 있게 되었다. 영양학적 관점에서 보면, 단백질식품 섭취증가가 뇌기능발달에 도움을 주어서, 불의 사용이 인류의 생존에 큰 영향을 미친 것이 된다.

선사시대 인류가 현재 인간으로 진화하기까지 생존하는 데 유리한 큰 변화는 직립보행(오스트랄로피테쿠스)이었다. 선사시대 인류의 턱뼈와 치아구조로 볼 때 주로 채식을 했지만, 인간이 직립하게 되자 더 먼 곳을 볼 수 있게 되었고, 도구를 사용하거나 식량을 얻기 위해 두손을 자유롭게 사용할 수 있게 되었다. 식문화학자들은 초기 인류가 쉽게 잡아먹을 수 있는 곤충과 작은 동물이나 조개류 또는 큰 동물이 먹고 남긴 고기를 먹었을 것으로 추정한다.

즉, 수렵채집시대의 인류는 채소와 과일, 견과류, 곤충, 어류, 동물의 고기 등 자연 그대로의 다양한 식품(일명 super food)을 섭취하였다. 그들은 곤충과 야생동물을 통해 고단백, 저지방을 섭취하였으며, 채집한 채소, 씨앗, 과일 등을 통해 풍부한 섬유질과 비타민 C를 섭취할 수 있었다. 어찌 보면 현 인류(고열량, 고지방식)에 비해 균형잡힌 식생활을 유지했던 것 같다.

참고문헌

1. 알렉스 울포 저. 김민수 옮김. 통합형세계사 교과서. 빅북. 2011.
2. 미야자키 마사카츠 저. 이영주 옮김. 하룻밤에 읽는 세계사. RHK 코리아. 2017.
3. 엘버트 S, 라이언즈 R, 조지프 페투르첼리 저. 황상익, 권복규 옮김. 세계의학의 역사, 한울출판사, 1994.
4. 이광호 발행. Newton Highlight 시리즈. 호모사피엔스. 타라티피에스. 2019.
5. 유발 하라리 저. 조현욱 옮김. 사피엔스. 김영사. 2017.
6. 최재천. 생태적 전환. 슬기로운 지구 생활을 위하여. 김영사. 2021.
7. 홍윤철. 질병의 종식. 사이. 2017.
8. 조태섭, 공수진 저. 선사시대의 식탁. 사회평론아카데미. 2016.
9. 린다시비텔로 저. 최정희, 이영미, 김소영 옮김. 인류 역사에 담긴 음식문화 이야기. 도서출판 린. 2017.
10. 제임스 조지 프레이저 저. 신상웅 옮김. 황금가지 Ⅰ. 동서문화사. 2017.
11. 동국대학교 불교문화대학 불교 교재 편찬위원회. 불교사상의 이해 22쇄판. 불교시대사. 2012.
12. 이부영. 한국민속의 심층분석. 집문당. 1995.
13. 한국융연구원 CG 융 저작 번역위원회. 연금술에서 본 구원의 개념. 솔출판사. 2004. 1판 3쇄 발행.
14. 이부영. 한국의 샤머니즘과 분석심리학. 한길사. 2012. 1판 1쇄 발행.
15. 박계홍. 한국민속학개론. 형설출판사. 1984.
16. John Kaisermann, Miold Pawlowski, Yavor Mendel. The history of medicine. Cambridge Stanford Books. 2019.
17. http://encykorea.aks.ac.kr/Contents/Item/E0053326 (한국민족문화대백과사전, 주술)

표지 사진 출처

1. 3p, WHO 심볼 (출처: https://www.who.int/about/policies/publishing/logo)
2. 15p, 쇼베 동굴벽화, 손바닥 벽화 (출처: https://www.google.com/search?q=%EC%87%BC%EB%B2%A0+%EB%8F%99%EA%B5%B4+%EB%B2%BD%ED%99%94+%EC%86%90&tbm=isch&ved=2ahUKEwj_18r33LuDAxXcTPUHHSauDtQQ2-cCegQIABAA&oq=%EC%87%BC%EB%B2%A0+%EB%8F%99%EA%B5%B4+%EB%B2%BD%ED%99%94+%EC%86%90&gs_lcp=CgNpbWcQAzIECCMQJzoHCAAQgAQQGFCdBlj6CWDJDGgAcAB4AIABkgGIAaQFkgEDMC41mAEAoAEBqgELZ3d-zLXdpei1pbWfAAQE&sclient=img&ei=q3GSZb_WDNyZ1e8Ppty6oA0&bih=719&biw=1490&hl=ko#imgrc=t_Eqlx0ZacPovM)
3. 15p, 레트루아 프레르 동굴, 주술사 (출처: https://m.post.naver.com/viewer/postView.nhn?volumeNo=18029189&memberNo=11190852&searchKeyword=%EC%8B%A0&searchRank=16)
4. 15p, 빌렌도로프의 비너스 (출처: https://theweekly.co.kr/%EC%84%B8%EA%B3%84-%EC%A2%85%EA%B5%90-%ED%83%90%EA%B5%AC-%EC%A2%85%EA%B5%90%EC%99%80-

%EB%A7%A4%EC%B6%98%EC%9D%98-%EA%B3%B5%EC%83%9D%EA%B4%8-0%EA%B3%84%EC%97%90-%EB%8C%80%ED%95%98%EC%97%AC/)

Part 2. 고대

The Ancient World

BC 1만 년~500년

BC 1만 년 무렵, 지구는 빙하기가 끝나면서 기온이 따뜻해졌고, 강을 중심으로 자연스럽게 농경문화가 시작되었다(농업혁명, 신석기혁명). 농업으로 생긴 가장 큰 변화는 여러 장소를 이동하는 대신 한 장소에 모여 정착(씨족사회, 촌락형성)을 하는 일이 가능해졌다는 점이다. 농경기술을 도입한 곳에서는 인구가 크게 늘면서 점차 촌락의 규모가 커지면서 분업화되었고, 물물교환의 중심이 되어 사유재산이 형성되기 시작하였다. 농경사회에 접어들면서 밭의 생산력을 회복하는 지모신(地母神)과 곡물을 발아시키고 생장시키는 곡령(穀靈), 농사에 필수적인 수신(水) 등 다양한 신들이 숭배대상이 되는 등 종교에 변화가 나타났다. 그러나 기본적인 사고방식(애니미즘, 토테미즘, 샤머니즘과 같은 원시신앙)은 수렵채집을 하던 선사시대의 인류와 크게 달라지지 않았다.

BC 4300~3000년 무렵, 메소포타미아, 이집트, 인도, 중국, 에게해에서 수렵채집사회의 단순한 평등주의 대신 한층 복잡한 계층사회(족장사회, 부족사회)가 형성되기 시작하면서 문명사회로 들어섰다(도시혁명). 문명사회에서 도시가 건설되고 사회계층이 형성(계급사회)되면서 지배계급과 법률, 관료, 산

고대문명과 농경문화

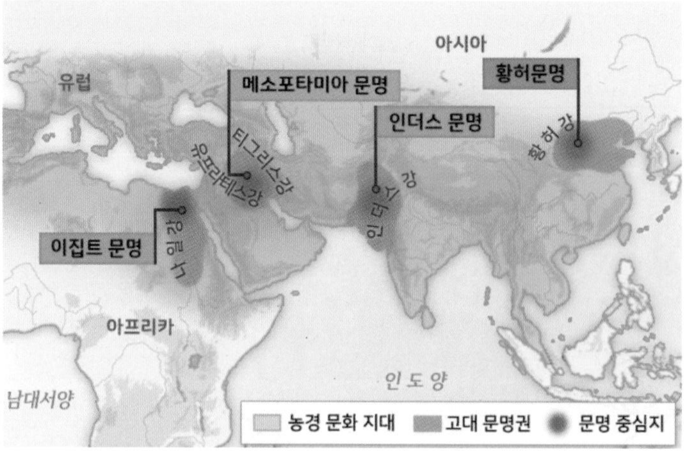

(출처: doopedia)

업, 화폐, 시장, 조직화된 종교, 교육 등이 생겨났다. 문명사회란 농업과 기술의 발전을 통해 잉여 자산이 획득되고, 그로 인해 다수의 사람이 복잡하고 계획적이고 창조적인 방법으로 서로 소통할 수 있게 된 사회를 가리킨다.

각 문명권에서 도시와 국가가 체계를 갖추어가면서 질병에 대응하기 위한 나름의 의술과 의료체계도 자리를 잡아갔다. 흥미로운 점은 문명권마다 조금씩 다른 특성은 있었지만 주술, 약초, 외과적 시술 등 전반적인 내용과 수준은 비슷했다는 것이다.

1

메소포타미아문명

BC 4300년~539(332)년

1) 역사

빙하가 끝나갈 무렵(BC 9500), 티그리스강과 유프라테스강이 합류하는 중동의 비옥한 초승달지대(메소포타미아남부, 수메르지역)에서 수메르인(Sumer, 민족계 불명)이 농작물재배를 시작하면서 BC 8000년 무렵에는 완전히 농경사회로 진입했다.

이러한 배경으로 수메르인이 메소포타미아남부(수메르지역)에서 세계 최초의 수메르문명(BC 4300~2334)을 탄생시켰다. 이처럼 인류 최초의 수메르문명은 어느정도 기후와 지리적 특성의 덕을 본 게 사실이다. BC 3500년경, 이 지역에서는 국가형태가 아니라 독립적인 도시들(키쉬, 우르크, 우르, 우마 등 12개)이 세워졌다. 이들 도시 중 길가메시서사시(BC 2700)의 배경이 된 우르크가 가장 강력한 도시였다. BC 3000~2334년에 수메르문명에서는 초기왕조시대(수메르인)가 열렸다. 이 시기 인구가 증가함에 따라 도시 간에 서로 더 넓은 영토를 차지하기 위해 충돌이 빚어졌다. 이렇게 도시 간의 충돌(내

비옥한 초승달지대의 위치

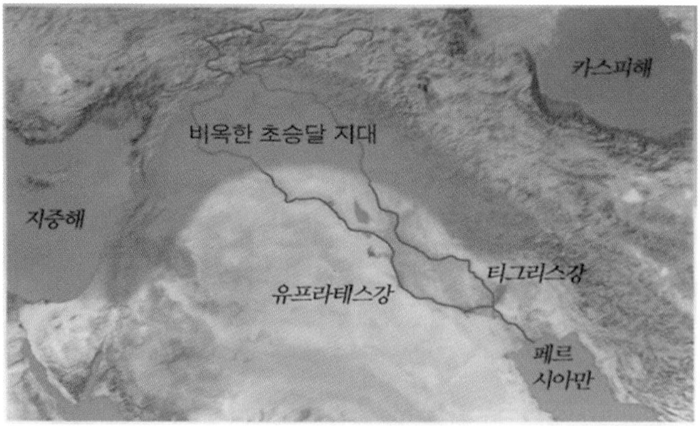

(출처: 위키피디아)

전)이 잦아지면서 수메르의 역사는 새로운 소용돌이에 휩쓸렸고, 차츰 수메르의 초기왕조는 쇠약해져 갔다.

쇠약해진 수메르의 초기왕조를 셈족계 사르곤 1세가 정복하고 아카드제국(셈족계 아카드인, BC 2334~2112)을 세웠다. 셈족계 아카드인이 수메르인을 대신하여 메소포타미아의 지배적인 민족이 된 셈이다. 그러나 차츰 아카드제국도 세력이 약해지면서 구티족과 아무르인의 공격을 받아 무너졌다. 이후 80년 동안 수메르의 독립적인 도시들이 다시 한번 메소포타미아의 지배권을 놓고 각축전을 벌였다.

BC 2112년 수메르의 도시 우르(수메르인, BC 2112~2004)가 지배권을 장악했고, 우르남무(재위: BC 2112~2095) 통치기에 최초로 지구라트신전이 건축되었다. 그러나 이 우르제국도 아무르인의 공격과 엘람인의 약탈로 붕괴되었고, 그 후 200년간 도시들 사이에 패권다툼이 끊이지 않았다.

BC 1813년 아시리아인 삼시 아다드가 아시리아제국(아시리아인, BC 1813~1781)을 세웠다. 아시리아제국은 아나톨리아에 있는 식민지에 직물과 주석을 팔고 대신 금과 은을 들여와 무역왕국으로서 입지를 튼튼하게 다졌다. 그러나 삼시 아다드가 눈을 감을 때쯤 아시리아제국도 힘을 잃고 BC 1781년 몰락했다.

그러던 중 BC 1757년, 아시리아제국이 차지했던 영토 대부분을 지배하게 된 아무르인 함무라비(재위: BC 1792~1750)가 바빌론을 거점으로 고바빌로니아제국(아무르인, BC 1792~1595)을 세웠다. 그는 함무라비법전을 제정하여 지배국에 반포하고 잘 다스렸으나 차츰 이 제국도 쇠퇴하기 시작하다 철제 무기로 무장한 히타이트(BC 1595~1205 번영)의 침입으로 멸망했다.

이후 메소포타미아에서는 여러 제국과 왕국이 흥망성쇠를 거듭하며 각축전을 벌였다. 이 시기의 주요 경쟁세력으로는 후르리족(BC 1550~1328, 미타니왕국, 말과 전차사용)과 히타이트인(BC 1595~1205, 뛰어난 외교적 수완과 무기혁신, 이집트와 카데시전투), 아시리아인(BC 1363~1000, 두번째 신아시리아를 BC 911~627 건설), 아무르인(BC 627~539, 신바빌로니아제국 건설, 점성술 발달, 공중정원, 바벨탑) 등이 있었다.

그 가운데 아무르인 나보폴라사르(Nabopolassar, BC 625~605)가 BC 627년에 바빌론을 수도로 신바빌로니아제국(BC 627~539)을 세웠다. 그는 BC 612년 메디아(Media)와 연합하여 아시리아의 수도 니네베(Nineveh)를 정복하면서 메소포타미아지역에 대한 지배권을 확보하였다.

그러나 신바빌로니아제국도 BC 539년 페르시아제국(아케메네스왕조, BC 550~330) 키루스대왕(BC 550~529)의 침략으로 멸망하여 거의 2천 년간 계속된 메소포타미아제국의 역사는 막을 내렸다. 이때부터 페르시아제국을 필두로 외국 열강(BC 332 마케도니아)이 메소포타미아지역을 지배하게 되었다.

이처럼 메소포타미아지역은 개방적인 지리적 특성상 이민족의 침략이 잦아 국가의 흥망과 민족의 교체(수메르인, 아카드인, 아무르인 및 히타이트인과 아시리아인 등)가 극심하였다. 그래도 무엇보다 중요한 역사적 사실은 수메르인이 메소포타미아남부에서 세계 최초의 수메르문명을 탄생시켜 주변에 많은 영향을 미쳤다는 것이다.

2) 종교와 종교관

티그리스강과 유프라테스강이 합류하는 지역(메소포타미아남부, 수메르지역)에 살았던 수메르인(BC 4300~2334)은 다른 지역의 사람들보다 신의 분노(실질적으로는 홍수, 가뭄, 전염병 등)에 대한 두려움이 더욱 컸다. 그리고 개방된 지리적 특성상 잦은 전쟁에 시달리면서 불안하게 살았다. 이러한 배경으로 수메르인은 도시마다 신전(지구라트)을 짓고 사후세계보다는 현세적인 행복에 매달렸다.

신전에서는 다양한 수메르 신들(다신교)이 숭배되었는데, 대표적인 3신(Anunaki)으로는 하늘의 신 아누(Anu), 바람(폭풍)의 신 엔릴(Enlil), 물의 신 엔키(Enki)가 있었다. 아누는 수메르, 바빌로니아 그리고 아시리아신화에서 최고 높은 하늘에 사는 천신으로 신들의 왕이었다. 그는 재판권을 지녔으며 별들을 병사로 창조하여 악을 파괴하였다. 엔릴은 운명을 정하는 신으로 왕위를 승인하는 신이었는데, 훗날 마르두크(Marduk)와 동일시 되었다. 마르두크는 원래는 아무르인의 신이었으나, 수메르의 주신인 엔릴과 합쳐져 벨 마르두크라 불리며 바빌로니아의 주신으로 오랫동안 숭배되었다. 엔키는 애초에 수메르의 신이었으나, 후에 바빌론신화에서는 에아(Ea, 아카드어)로 불리면서 천신(天神) 아누, 대기

메소포타미아문명의 신전 지구라트

(출처: 위키피디아)

메소포타미아문명 아눈나키 3신: 아누, 엔릴, 엔키(왼쪽부터)

(출처: 네이버)

의 신 엔릴과 함께 신전에서 숭배되었다.

신전은 수메르의 신들을 섬기는 일이 주된 업무였지만, 그 외에도 물건을 보관, 분배하거나 훗날 교역을 위해 저장해 두는 창고역할도 하였다. 식량관리와 종교의례가 일체화되어 있어 사제들은 신들을 위한 음식을 준비하고 축제를 주관하며 신전을 돌보는 일을 했다.

3) 문화

지리적으로 개방되어있던 메소포타미아남부(수메르지역)지역은 이민족의 침략이 잦아 국가의 흥망과 민족의 교체(수메르인, 아카드인, 아무르인 및 히타이트인 및 아시리아인 등)가 극심하였다. 그 가운데 수메르인, 아카드인, 아무르인 등이 메소포타미아문명의 주역이었다.

수메르인은 인류 최초로 농사를 지으며 날씨와 계절을 예측해냈다. BC 3000년경 밤하늘에서 계절과 함께 변하는 별자리를 관찰하던 중 달의 운행을 기준으로 1년을 12달, 1달을 29일 또는 30일로 하는 태음력(BC 3000, 달의 변화에 맞춘 최초의 달력)을 발명하였다.

또한, 중동(고대 페르시아제국)과 인도(인더스문명)를 포함한 인접지역과 빠르고 안정적인 교역을 하였다. 그 배경에는 수메르인이 세계 최초로 발명한 물레(BC 3500)와 돛(BC 3000)이 있었다. 물레는 처음에는 도자기를 만드는 데 쓰였으나 곧 이동수단(당나귀가 끄는 전차 바퀴)으로 사용되었다. 돛을 단 돛단배로는 수로를 이용한 교역을 할 수 있었다. 그리고 정확한 교역을 위해 60진법(60

수메르문명의 최초 발명품(바퀴와 돛: 왼쪽부터)

(출처: https://www.pinterest.com.mx/pin/354799276863577803/)

을 기수로 하는 법칙, 1시간은 60분, 1분은 60초)을 개발하여 사용하였다. 이러한 발명품과 교역은 메소포타미아문명이 인근 지역에 전파되는 데 한몫을 했다.

인근 지역과의 상거래가 활발해지면서 모든 정보를 머릿속에만 저장해 놓을 수 없게 되자 문자가 필요했을 것이다. 지금까지 알려진 인류 최초의 문자는 도시 우르크(Urk)에서 발견된 수메르의 설형문자(楔形文字, 점토판에 새겨진 쐐기문자, BC 3300)이다. 훗날(BC 1600 무렵), 페니키아인이 이 문자체계를 간단하게 만들어 사용(자음만 22개)하였고, 고대 그리스인은 페니키아문자에 모음을 보태 오늘날 쓰고있는 알파벳(BC 700 무렵)으로 발전시키게 된다. 이처럼 수메르인이 발명한 쐐기문자(설형문자)는 세계 문자발명에 중대한 공헌을 하였다. 상거래 외에도 왕의 영웅적인 정복담을 찬미하는 길가메시서사시와 같은 문학작품(BC 2700, 『일리아스』보다 1500년 앞섬)도 남겨졌다. 그리고 약 BC 2500년 경, 표면이 청금석으로 제작된 우르의 표준(Standard of Ur)에서 수메르인의 정치, 경제, 농경, 예술, 전쟁 등과 관련된 생활상을 엿볼 수 있다.

쐐기문자와 필경사의 모습(왼쪽부터)

(출처: 네이버)

(출처: 크리스천투데이)

우르의 표준

(출처: https://www.chunbukyo.or.kr/)

아카드제국(셈족계, BC 2334~2112)을 세운 아카드인은 수메르인에게서 배운 문자를 아카드어로 점토판에 남겼는데 이는 수메르문명을 셈화하여 후대에 전달하는 역할을 하였다. 수사에서 발견된 나람신왕의 전승비(戰勝碑)와 니네베의 출토품인 사르곤왕을 나타낸 듯한 청동제 두부상(頭部像)이 유명하다.

사르곤왕의 청동제 두부상

(출처: Tulm Wiki)

메소포타미아지역을 재통일한 우르제국(수메르인, BC 2112~2004)의 우르남무는 세계 최초의 법전인 우르남무법전(함무라비법전의 원형)을 제정하였으며, 달의 신 난나를 기리기 위해 최초로 지구라트신전을 세웠다. 그리고 우르남무의 뒤를 이어 슐기왕(재위: BC 2094~2046, 문예부흥기)이 즉위하면서 도량형을 통일하고 학교를 설립하는 등 전성기를 이루었다.

우르제국의 달의 신 난나

(출처:위키피디아)

바빌론을 수도로 한 고바빌로니아제국(셈족계통 아무르인, BC 1792~1595)의 함무라비왕은 우르제국에서 편찬된 세계 최초의 우르남무법전(수메르법전)을 집대성한 함무라비법전(BC 1750)을 편찬하였다.

신바빌로니아제국(BC 627~539) 2대왕 네부차드네자르 2세(Nebuchadnezzar Ⅱ, 재위: BC 604~562)는 고바빌로니아제국의 함무라비왕시대의 영광을 재현하고자 하였다. 그는 수도 바빌론에 바빌로니아의 성문인 이슈타르(Ischtar Tor)의 문과 세계 7대 불가사의 중 하나인 공중정원(Hanging Garden)을 건립했다. 공중정원은 바빌론의 전설적인 바벨탑(구약성경에 고대 바빌로니아 사람들이 건설했다고 기록되어 있는 전설상의 탑)을 압도하는 뛰어난 건축물로 평가를 받고 있다. 공중정원은 네브차드네자르 2세 궁전에 부속된 유적으로 왕이 메디아출신인 왕비 아마티스를 위해 만들었다고 알려져 있다. 또한, 그는 수메르의 점성술(12성좌)

및 관련기술을 더욱 발전시켰는데, 이는 훗날 그리스 · 로마 시대와 중세 때 점성술로 사용되기도 한다.

이러한 메소포타미아문명의 산물들은 오랫동안 인근지역의 문명에 큰 영향을 미쳤다. 일례로, 기독교의 "노아의 방주이야기"가 고대 니네베의 유적(3미터 진흙 아래서 발견)에 의해 증명되었다. 오랫동안 잊혀져 있던 니네베는 1845~1847년 영국의 고고학자 오스틴 헨리 레이어드(Austen Henry Layard)에 의해 본격적으로 발굴이 진행됐다. 이전까지는 성경 속 전설의 도시로만 통한 니네베였으나, 실존이 증명되면서 고대 메소포타미아문명의 연구에 획기적 발판이 마련되었다. 특히, 레이어드는 궁전유적을 발굴하다가 도서관을 발견했는데, 그곳에서 BC 7세기 아시리아 왕 아슈르바니팔(Ashur-Bani-Pal, 재위: BC 668~627)이 수집한 점토판 3만여 점이 발견되었고, 그중 길가메시(Gilgamesh)서사시 점토판도 발견되어 현재 대영박물관에 소장되어 있다. 또한 바빌로니아의 창조신화인 에누마 엘리시 및 각종 서사시와 수학, 동식물학 관련 문서, 수메르어와 아카드어 어학사전도 있었다. 이 유물들은 아시리아제국뿐만 아니라 메소포타미아문명 자체에서도 중요한 연구과제가 되었다. 그리고 바벨탑이

고대 아시리아제국 수도 니네베(Nineveh) 유적

(출처: 위키피디아)

초기 수메르국가의 지구라트의 형태와 부합하는 것으로 보아 성서에 나오는 노아의 홍수와 바벨탑은 오래된 수메르전설에 기원을 두고 있다는 것을 알 수 있다.

4) 질병 극복을 위한 노력

(1) 질병관

쟁기와 관개시설을 사용하여 생산성을 높인 수메르지역에서는 인구가 많이 증가했다. 인구가 증가한 만큼 질병으로 인해 사망하는 사람들도 많아졌다. 농경생활로 접어들어 가축을 키우면서 동물에 의해 유행성감기와 천연두, 홍역 같은 질병이 인간에게 옮겨졌기(감염) 때문인듯하다.

그 당시 수메르지역(메소포타미아남부)에서 질병은 신이 내린 저주로 질병을 병자의 몸에 깃든 사악한 영들의 탓으로 돌렸고, 도덕의 규율을 위반한 범죄자들과 범죄자들의 가족이나 후손까지 신의 처벌이 내려진다고 믿었다. 이처럼 메소포타미아의 질병관은 종교와 매우 밀접하게 연결되어 있었다. 이러한 질병관으로 수메르의 도시마다 수많은 고유의 신들을 모시는 신전과 의학교가 세워졌다.

메소포타미아의 치유의 신 중 머리가 둘인 뱀의 문양으로 묘사된 닌기쉬지다(Ningishzida, 역병, 질병과 관련된 저승의 군주)는 오늘날 의학의 상징이 되었다. 이는 아마도 뱀이 허물을 벗어가면서 영원히 사는 것처럼 보여 뱀을 재생과 질병치료의 상징으로 삼게 된 듯싶다. 길가메시서사시에서 길가메시가 영원한 생명을 얻을 수 있는 영생의 풀을 찾았지만 뱀이 그것을 훔쳐 먹

닌기쉬지다, 마르두크 그리고 나부(왼쪽부터)

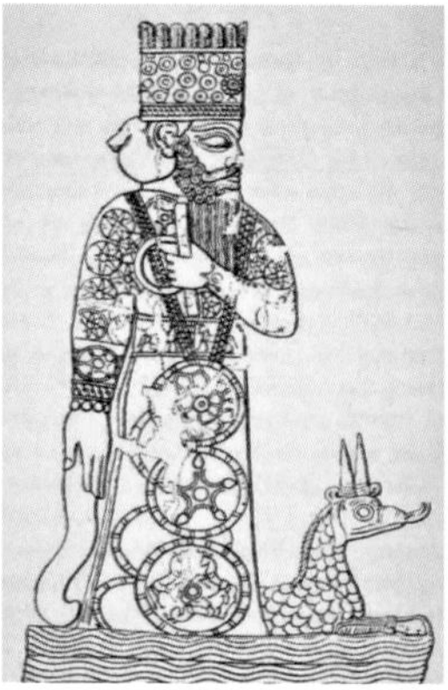

(출처: 위키피디아)

었다는 이야기에서 기원한 것 같기도 하다.

바빌로니아에서는 주신(主神)으로 물의 신이자 의사의 조상인 엔키(Enki) 또는 에아(Ea)를 섬겼다. 에아의 아들 마르두크(Marduk, 바빌론의 수호신, 질병 치료)는 바빌로니아 신앙에서 가장 영향력 있는 신으로, 아들인 나부(Nabu, 지혜와 기록의 신)는 신전에 의학교를 세워 의학을 포함한 모든 기예를 관장하였다. 나부는 원래 메소포타미아로 도입된 서방 셈족계의 신이었으나 마르두크가 바빌론의 주신이 되는 시기에 마르두크의 아들로 받아들여졌다. 또한, 아시리아 · 바빌로니아 신화에 나오는 서기와 지혜의 수호신이기도 하다.

(2) 메소포타미아 의학 주술과 경험적인 치료

메소포타미아에서 질병치료는 세부류의 성직자 계급에서 관장하였다. 질병의 진단과 예후를 알아내기 위해 점을 친 바루(Baru), 귀신들린 환자를 방문하여 마귀를 쫓는 샤먼 아쉬프(Ashipu), 부적과 점, 약물과 수술 등 의사의 기능을 수행한 아수(Asu)가 있었다. 이처럼 치료법을 알아내기 위해 점에 의존하거나 참회, 의식, 기도와 같은 종교적 수단이 보편적으로 사용되었다. 즉, 성직자들은 환자의 질병치료를 위해 주술과 경험적 치료법(약초와 간단한 외과술)을 병용하여 치료한 것 같다. 예컨대, 별운행의 관찰을 통한 질병의 진단(의학점성술)과 예후 및 외과시술, 배농법, 식물성 약물 제조법, 상처소독법, 전염병환자 관리법 등이 새겨진 수메르, 바빌로니아, 아시리아인들의 의학 점토판이 전해 내려오고 있다.

BC 2000년대의 유일한 의학적 원문인 점토판(니프르에서 발굴된 인류의 가장 오래된 약방문)으로 수메르의 약학(약물요법)이 상당한 수준이었음을 알 수 있다. 발견된 점토판에 질병과 약물의 종류, 그에 따른 약물의 용도 등이 기록되어 있다. 몇백 종의 식물, 광물, 동물을 치료제로 쓰는 약물요법 또한 사용되었음을 알 수 있다. 수메르의 처방들에는 약제들을 어떤 비율로 혼합해야 하는지, 한 번에 얼마나, 얼마나 자주 투약해야 하는지에 대한 언급은 없다. 이는 수메르 성직자들이 일반인들이나, 혹은 그의 동료들로부터 비법을 보호하고자 하는 의도이거나 실제 처방의 준비와 사용의 과정에서 경험적으로 계산될 수 있는 문제이기 때문인 것 같다.

그리고 고바빌로니아제국의 함무라비법전(BC 1750)에는 의사와 수의사에 관한 최초의 의료법이 성문화되어 있다. 즉, 수술 후 결과에 관한 의료법이 나와 있어 당시 외과술이 흔하게 시행되었음도 추정해 볼 수 있다.

5) 여기서 잠깐

(1) 점성술

수메르인(BC 4300~2334)이 밤하늘에서 계절과 함께 변하는 별자리를 관찰하던 중 매년 특정한 별무리가 출몰할 때 강이 범람한다는 사실을 발견하였다. 그것이 점성술의 일종인 태음력(BC 3000 무렵)으로 발전하여 농경에 활용되었다. 이처럼 인류가 천문학적 주기를 관찰하여 하늘의 뜻을 찾는 것이 넓은 의미에서 점성술(astrology)이다.

점성술에 대해 조금 덧붙여 보면, 고대문명시기 인류는 신들이 그들과 연관된 행성과 항성의 천체형상으로 그들을 스스로 드러낸다고 인식하였다. 그러므로 어느 특정행성에 부여된 천체의 흉악한 전조들은 행성이 표현하는 신의 불만 또는 소동의 징후로 보았다. 신아시리아(BC 934~609)의 에살핫돈왕(Esarhaddon, 재위: BC 680~669)이 BC 673년 1월의 월식을 우려했다는 천문학상의 보고도 남아있으니 말이다.

이처럼 BC 7세기 이전에도 수메르인은 태양과 달, 지구의 움직임을 계산해 일식이나 월식을 예측해낼 정도로 천체의 현상에 대해 잘 알고 있었다. 수메르인은 북반구 하늘은 엔릴의 길이라 불렀고, 남반구 하늘을 엔키의 길, 황도대의 하늘을 아누의 길이라 불렀다.

오늘날 12궁이 위치하는 황도대는 수메르인이 아누의 길이라 부르던 별들과 정확하게 일치하며 각 부분의 보이는 별들을 묶어 별자리를 만들어 놓고 그 이름을 붙인 것이 황도 12궁이다. 황도 12궁에는 구안나(황소자리), 마시타브바(쌍둥이자리), 두브(게자리), 우르굴라(사자자리), 아브신(처녀자리), 지바안나(천칭자리), 기르타브(전갈자리), 파빌(궁수자리), 수후르마시(염소자리), 구(물병자리), 심마흐(물고기자리), 쿠말(양자리) 등이 있다.

(2) 길가메시서사시

길가메시서사시(BC 2700 무렵)는 19세기 서남아시아지방을 탐사하던 고고

길가메시, 태양신 샤마시, 길가메시서사시 점토판(왼쪽부터)

(출처: 위키피디아)

학자들이 수메르의 고대 도시국가들을 발굴하는 과정에서 발견되었다. 이 서사시는 호메로스서사시(BC 1200 무렵)보다 약 1500년이나 앞선 것으로 인류가 소유하는 가장 오랜 이야기 중 하나이다.

우르크를 다스린 왕 길가메시(우르크를 통치했던 왕 가운데 한명)는 몸의 3분의 2가 신, 3분의 1이 인간인 상태로 태어났다. 그가 폭정을 일삼자 백성들은 참다못해 신에게 그를 벌해달라고 기도를 드린다. 이에 신은 엔키두라는 괴물을 내려보내 그와 대적하게 하나 그 둘은 싸우다 절친이 된다. 길가메시와 엔키두는 함께 훔바바를 퇴치하고 영웅이 되어 우르크로 돌아온다. 그러던 중 길가메시가 이쉬타르의 청혼을 거절하자 질투로 그녀는 엔키두를 죽게 만든다. 절친 엔키두의 죽음을 보고 길가메시는 영원의 생명을 구하러 여행을 떠나게 된다. 여행 도중에 일찍이 대홍수에서 살아난 제신 지우도라(아시리아판의 우트나피시팀)를 만나 그의 가르침으로 일단 영원의 생명(약초의 일종)을 얻기는 하나 도중에 뱀에게 잃고 우르크로 허탈하게 돌아간다는 이야기로 끝이 난다.

구약성서 창세기에는 분노한 신이 일으킨 대홍수에서 유일하게 방주를 타고 살아남은 새로운 인류의 선조가 된 노아의 방주이야기가 나온다. 이 이야기의 원형으로 우르크에서 확인된 대홍수의 흔적과 길가메시이야기(11번째 점토판)에서 가족과 함께 대홍수를 피했다는 현인 우트나피시팀의 이야기가 이러한 사실을 뒷받침하고 있다.

(3) 함무라비법전

함무라비법전(BC 1750 무렵)은 고바빌로니아 제1왕조의 제6대 왕인 함무라비왕(재위: BC 1792~1750)이 BC 1750년경 만든 높이 2.25m 되는 돌기둥에 쐐기문자로 게시한 법(揭示法)으로 전문(前文) · 후문(後文) 이외에 282조의 규정이 새겨져 있다. 기둥 상부에 왕이 태양신 샤마시(Shamash)에게 법전을 받는 모습이 돋을새김된 법신수사상(法神授思想)을 엿볼 수 있다. 샤마시는 고대 메소포타미아의 태양신이자 정의, 도덕, 진리의 신이며, 그는 태양전차를 타고 하늘을 가로지르며 그날 있었던 모든 일을 본다고 믿어졌다. 길가메시서사시에서 그는 길가메시가 훔바바를 물리치는 것을 돕는 것으로 나온다.

함무라비법전에는 법제도 · 신판(神判) · 동해보복형(同害報復刑, 탈리오의 법칙: 눈에는 눈, 이에는 이) 등 고대적 잔재가 남아 있으나, 농업사회의 법 이외에 운송 · 중개 등의 규정까지 포함되어 있다.

함무라비법전은 1901년 말 프랑스탐험대가 페르시아의 고도(古都) 수사에서 발견하였다. 원형은 현재 프랑스의 루브르미술관에 소장되어 있다. 300여년 이상 앞선 우르남무법전(BC 2100~2050)이 발견되기 전까지 세계에서 가장 오래된 성문법으로 알려져 있었다. 우르남무법전은 현존하는 가장 오래된 법전으로 성문법이 점토판에 수메르어로 적혀있다.

우르남무법전과 함무라비법전(왼쪽부터)

(출처: 위키피디아)

(4) 마르두크

마르두크(Marduk)는 위대한 도시 바빌론의 수호신이다. 원래는 아무르인의 신이었으나 바빌론이 강대해지자 주신이 되어 수메르의 최고신 엔릴을 대신했다. 엔릴은 바람의 주인으로서 왕권을 상징하는데, 마르두크가 엔릴의 속성 대부분을 이어받아 벨 마르두크라고 불리게 되었다. 창세전설 에누마 엘리시(바빌로니아의 종교적 서사시)에서는 마르두크가 신들을 멸망시키려던 악한 용 티아마트(Tiamat)를 죽이고, 그 시체로 천지를 창조하였다고 전하고 있다. 이때부터 마르두크는 우주를 창조하고, 신들의 거처를 지어주며, 질병을 치료하는 등 여러 가지 힘을 가진 신이 되었다.

마르두크는 본디 물을 신격화한 신이었지만, 벨 마르두크라고 불리게 되면서 폭풍의 신으로 변했다. 이는 그의 전승 중 티아마트가 삼키려고 입을 벌렸을 때 폭풍을 불러서 그 입을 고정했다는 대목에서 전승된 것으로 보인다.

마르두크의 아버지는 에아, 아내는 사르파니투(Sarpanitu), 아들은 문장의 신 나부(Nabu)이다. 전통적으로 바빌로니아의 왕은 마르두크의 현신으로 마르두크신앙의 수호자로 여겨졌다. 티아마트를 죽이고 그 시체로 세계를 창조하였다는 전승 때문인지, 마르두크의 상징은 용이 되었다.

바빌론 제1왕조가 멸망한 후에도 마르두크의 세력과 신앙은 쇠퇴하지 않고 알렉산더대왕시대까지도 계속된다.

(5) 네브차드네자르 2세와 키루스 2세

네브차드네자르 2세(느부갓네살)는 신바빌로니아제국의 제2대 왕(재위: BC 604~ 562)으로 제국의 전성기를 이끌었다. 또한, 수도 바빌론에 바빌론의 문과 바빌론의 공중정원 등 여러 건축물을 세운 왕으로 유명하다.

하지만 네브차드네자르 2세는 정복한 다른 민족을 억압했으며, 그 과정에 유대교 성전을 약탈하고 불태웠다. 구약성서 다니엘서에서는 유대와 예루살렘을 정복한 왕으로 기록되어 있다. 유대인들에게 네브차드네자르 2세는 이교도 폭군의 완벽한 전형으로 잊혀지지 않았다. 그러나 BC 539년 바빌론을 함락시킨 페르시아제국(아케메네스왕조, BC 559~330) 키루스대왕(BC 550~529)은 유대인들이 고향으로 돌아가 성전을 재건할 수 있도록 해주었다. 키루스대왕은 신바빌로니아제국을 정복한 후에 고레스칙령(키루스실린더)이라는 인류 최초의 인권선언문을 발표했다. 이 인권선언문에는 모든 시민은 종교의 자유를 가질 수 있으며 노예제를 금지하며 궁궐을 짓는 모든 일꾼은 급여를 지급한다고 되어있다.

키루스대왕과 키루스실린더(왼쪽부터)

(출처: https://news.cpbc.co.kr/article/597701)

(출처: 위키피디아)

(6) 히브리인

훗날 이스라엘인과 유대인으로 알려지는 히브리인(셈족계 유목민)은 원래 메소포타미아 출신의 고대 민족이었다. 이들은 오늘날 시리아와 레바논, 이스라엘에 해당하는 가나안에 정착했으나, 히브리인이 세운 왕국은 약해서 오랜 기간 지속하지 못하고 늘 주변의 힘센 제국으로부터 지배를 받았다. 그래도 히브리인은 수백 년 동안 계속된 민족의 분산과 외세의 지배와 박해를 겪으면서도 유일신에 대한 믿음을 버리지 않았다. 그 결과 유대교(여호아), 기독교(예수그리스도), 이슬람교(무하마드, 알라신)라는 세계 3대종교를 낳아 자신을 정복한 자들보다 더 많은 영향을 인류사에 남겼다.

고대 히브리인은 BC 1500년에 아브라함의 인솔 하에 메소포타미아 우르크 지방(바빌로니아)에서 가나안으로 이동했다. 이어 BC 1200년에는 모세를 따라 이집트에서 탈출(출애굽)하였으며, BC 1005~965년에는 다윗이 최초의 히브리왕국을 건설하고 예루살렘을 수도로 정하였다. 다윗의 아들 솔로몬왕 때 신전을 짓고 전성기(BC 965~928)를 구가하였으나, BC 928년 히브리왕국은 북부의 이스라엘과 남부의 유다왕국으로 분리되었다. BC 724년에는 아시리아제국에 의해 이스라엘이 파괴된 이후 이스라엘부족은 역사에서 사라졌다.

그후 남은 유다왕국은 신바빌로니아제국의 속국이 되었고, BC 597년에 반기를 드나 네브차드네자르 2세에 의해 진압되어 유다왕국의 지식인, 관리, 상인 등은 강제로 바빌론으로 포로로 보내져 노예가 되었다(바빌론 유수: 구약성서의 바탕이 되는 대부분이 만들어짐). 이 바빌론 유수(幽囚, Babylonian captivity) 동안, 바빌론으로 추방된 유다왕국인들은 바빌론에서 일신교 · 선민사상 · 율법(신의 법칙) · 계약에 대한 기존의 개념과 관념을 재정립하여 후대의 유대 땅을 지배하게 될 신학을 정립하였다. 그러다 BC 539년 메소포타미아를 정복한 페르시아제국 키루스대왕에 의해 바빌론에 유배 중이던 유대인들이 이스라엘로 돌아갈 수 있었다.

(7) 메소포타미아문명의 음식문화

메소포타미아의 도시는 방어용 성벽으로 둘러싸여 있고 그 내부는 또 다른 작은 신전으로 구분되어 다시 성벽이 둘러쳐져 있었다. 신전 내부의 가장 중요한 건물은 곡물창고로 도시의 식량이 보관되었다. 사제들은 신들을 위한 음식을 준비하고 축제를 주관하며 신전을 돌보는 일을 했다. 이처럼 초기 문명사회에서는 식량관리와 종교의례가 일체화되어 있었다.

함무라비왕이 제정한 법전에도 포도주 거래 법령이 담겨있는 것으로 보아 포도주를 마신 것으로 추정된다. 또한, 1840년 영국 고고학자에 의해 발견된 점토판에서 인류 최초의 맥주를 만드는 레시피도 발견되었다.

신들에게 바쳐진 음식에 대한 기록을 보면, 그 당시 식재료가 풍부했음을 알 수 있다. 신들에게 하루 4회 식사를 바쳤는데 주식은 빵이었고, 식사 때마다 많은 고기(사슴, 가젤 영양, 양, 비둘기 등)가 바쳐졌다. 향신료로는 양파, 파, 마늘, 민트, 고수 등이 육류요리에 사용되었다.

음식물을 저장하기 위해 건조법이나 소금 절임법이 사용되었고, 우유는 버터나 치즈로 제조되어 저장되었다.

왕가의 음식과 제례용 음식을 만들기 위해 몇백 명의 요리사들이 동원되었다. 요리사는 전문가 집단에 속했으며 요리사가 되기 위해서는 다른 전문가의 제자로 들어가 훈련을 받았다. 당시 요리사는 바빌론의 주신(主神) 마르두크(Maruduc)가 거느린 작은 신들(마르두크의 요리사)로 호칭이 될 만큼 그 위상이 높았던 것 같다.

(8) 고대 서남아시아의 변천사

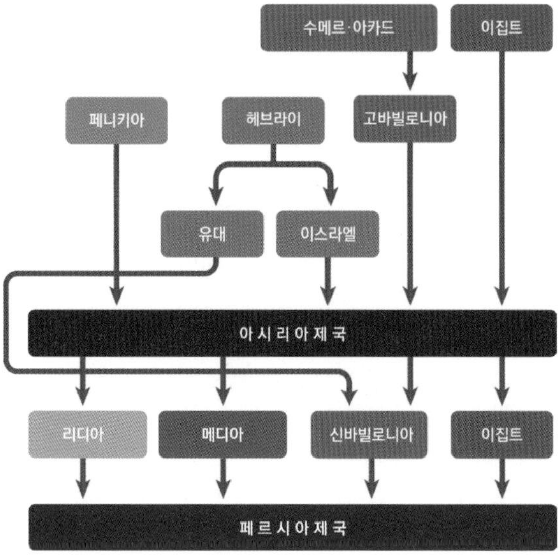

(출처: 고등학교 세계사 교과서, 지학사)

수메르문명	- 수메르인이 인류 최초로 세움 - 우르크시대(길가메시) - 초기 왕조시대 - 아카드제국에 멸망
↓	수메르인, BC 4300~2334
아카드제국	- 셈계 아카드가 건설 - 구티족과 아무르인 공격에 멸망 - 수메르의 도시들은 지배권을 놓고 각축전
↓	셈족계, BC 2334~2112
우르제국	- 우르남무가 지배권 재장악 - 아무르인과 엘람인 약탈로 멸망 - 200년간 패권 다툼
↓	수메르인, BC 2112~2004
아시리아제국	- 삼시 아다드가 아시리아제국 건설 - 삼시 아다드 사후 몰락
↓	아시리아인, BC 1813~1781
고바빌로니아제국	- 함무라비왕이 고바빌로니아제국 건설 - 후르리족(미타니왕국: BC 1550~1328)과 - 히타이트(번영: BC 1595~1205)에 의해 몰락 - 이후 흥망성쇠 거듭
↓	아무르인, BC 1792~1595
신아시리아제국 (인류 최초의 통일왕국)	- 아시리아인이 신아시리아제국 건국
↓	아시리아인, BC 1363~1000, BC 911~627
신바빌로니아제국	- 네부차드네자르 2세가 신바빌로니아제국 건설 - 리디나, 메디아, 신바빌로니아, 이집트 4개 강국 공존 - 신바빌로니아제국이 페르시아제국에게 멸망
↓	아무르인, BC 627~539
페르시아제국, 마케도니아	- 페르시아제국(539, 키루스대왕)을 필두로 마케도니아(332 알렉산더대왕)가 메소포타미아지역 지배

2

이집트문명

BC 3300~525(332)년

1) 역사

고대 이집트는 지정학적으로 나일강을 둘러싸고 있는 사막과 바다(지중해와 홍해)가 다른 문화권의 침략을 막아주는 방패역할을 한 덕분에 3000년간 독자적으로 찬란한 문화를 꽃피울 수 있었다.

해마다 범람하는 나일강으로 인해 땅이 비옥해져 BC 6000년 무렵이나 그 이전부터 농경생활이 가능했다. 그래서 그리스역사학자 헤로도토스(BC 5C경)가 "이집트는 나일강의 선물"이란 말을 남긴 듯하다.

BC 4000년 무렵, 나일강유역에 농경정착촌이 들어섰고 이를 기반으로 BC 3300년경에는 최초의 족장사회가 등장했다. 이 최초의 족장사회들이 결합해 두 개의 왕국(상이집트, 하이집트)이 세워져 경쟁하였다.

BC 3000년 무렵, 하이집트의 나르메르왕(Narmer, 파라오)이 상이집트를 정복하고(나르메르 팔레트 참조) 초기왕조시대(BC 3000~2650)의 시작을 알렸다. 나르메르와 그의 후계자들은 도시의 주신인 프타(Ptaha, 고대 이집트신화의

이집트문명의 위치

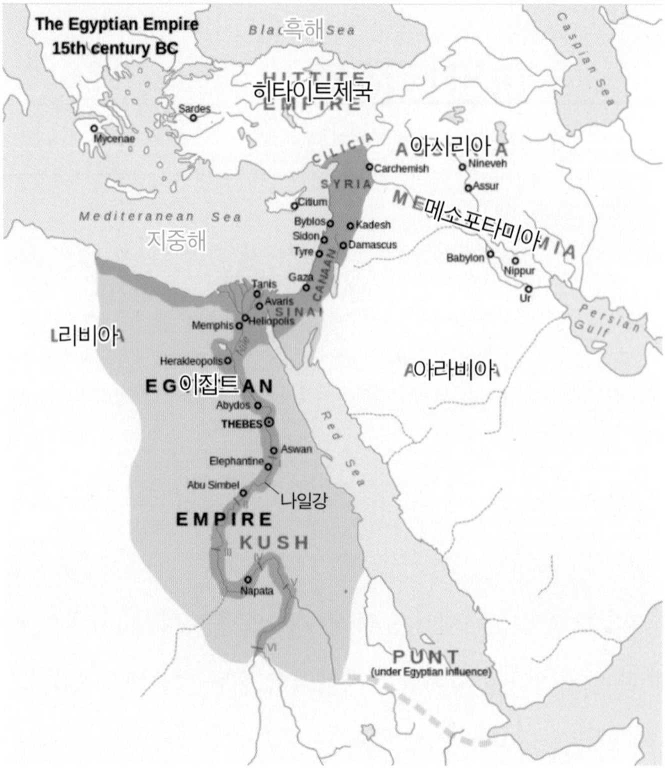

(출처: 위키피디아)

창조신)를 모시는 신전을 세웠다. 그리고 운하를 건설하고 소가 끄는 쟁기를 발명하여 식량생산량을 증가시켰다.

초기왕조시대(제1~2왕조) 이후의 고대 이집트에는 강력한 지도자가 통치한 시기를 기준으로 고왕국(BC 2650~2150), 중왕국(BC 2040~1532), 신왕국(BC 1532~1070)과 이집트 말기(BC 651~332)의 역사가 펼쳐졌으며, 각 왕국 사이에는 총 3회의 중간기가 있었다. 중간기란 파라오의 권력이 지방총독이나 외세의 점령군에게 넘어간 단절의 시기를 말한다. 즉, 파라오(태양의 아들, 큰 집에 사는 사람, 왕)가 이끈 고대 이집트의 신권정치(고왕국, 중왕국, 신왕국)는 3번의 중간기를 겪으면서 3000년 동안 이어졌다.

고왕국(제3~8왕조) 때 파라오는 전지전능한 존재였다. 그러나 BC 2150년경부터 시작된 극심한 가뭄으로 파라오의 권위는 추락했고 왕국은 분열되었다. 이때 최초의 중간기(BC 2150~2040)를 겪었다.

중왕국(제11~14왕조) 때 이집트 이웃지역에서 새로운 족장사회와 도시국가가 등장해 힘이 약해지기 시작했다. BC 1640년경 허약한 제14왕조 때 레반트지역의 셈족인 힉소스족(말이 끄는 전차, 비늘무늬 갑옷 무장)의 침략을 받았다. 힉소스족의 지배를 받은 시기를 두 번째 중간기(BC 1640~1532)라 부른다.

신왕국(제18~20왕조) 때 고대 이집트는 세계에서 가장 강력한 국가로 성장했다. 힉소스인으로부터 군사기술과 무기기술을 받아들여 제국을 크게 확장시켜 놓았다. 그러나 아케나텐(Akhnaten) 파라오(18왕조 10대)의 종교개혁(다신교를 태양신 아텐을 중심으로 하는 유일신 종교로 개종) 시도는 이집트의 쇠퇴를 재촉했다. 그리고 람세스 2세가 치룬 카데시전투(세계 최초 평화조약인 카데시조약 체결)로 인해 신왕국의 힘은 더욱 쇠퇴했다. 카데시전투는 19왕조 람세스 2세 때 팔레스타인을 사이에 두고 일어난 히타이트 무와탈리 2세와의 전쟁이다. 아케나텐의 종교개혁과 람세스 2세의 카데시전투는 21왕조부터 이집트가 몰락하게 되는 계기가 되었고, 이로 인해 세 번째 중간기(BC 1070~651)를 겪었다.

그러던 중 프삼틱 1세가 BC 651년 아시리아제국을 물리친 이후 1세기 동안 이집트는 독립된 상태를 누렸다(이집트 말기, BC 651~525). 이처럼 이집트는 수많은 왕조가 세워지고 사라지면서 강력한 영향력을 행사하기도 하고, 도시별로 분열되기도 하면서 왕조가 이어졌다.

그러나 BC 525년 캄비세스(재위: BC 529~522)가 이끄는 페르시아제국(아케메네스왕조, BC 550~300)이 이집트를 정복하면서 이집트의 유구한 역사는 막을 내렸다. 그리고 BC 332년에는 알렉산더대왕이 이집트를 침공하여 이집트의 지배권이 페르시아제국에서 마케도니아(그리스)로 넘어갔다.

이집트는 알렉산더대왕에 의해 헬레니즘문화로 편입될 때까지 나일강유역을 비롯하여 시리아에 이르기까지 그 영향력을 행사하였다. 훗날 알렉산더대왕에 의해 이집트에 건설된 도시 알렉산드리아는 지중해세계의 의학과 지적 활동의 중심이 된다.

2) 종교와 종교관

고대 이집트인은 많은 신과 여신(다신교)을 숭배했고, 각각의 신들이 이집트인의 일상생활을 구석구석 파고들었다. 신이 기쁘면 나일강이 범람하지 않을 것이라고 믿었기에 다양한 신들(다신교)에게 기쁨을 주는 일이 중요했다. 이집트신앙은 신전이 있는 도시별, 시대별로 다양하였지만 일반적으로는 헬리오폴리스(태양의 도시, 고대 이집트어로 이우누)신앙을 바탕으로 전해지는 것이 많다.

이집트의 종교적 특징은 메소포타미아문명(현세종교)과 달리, 사후세계를 믿는 내세관을 지녔다는 것이다.

이집트인의 내세관(사후세계의 존재)은 이집트의 창조신화를 통해 엿볼 수가 있다. 만물의 기원이자 최초의 혼돈상태의 신인 누(Nu)에서 땅이 생긴 뒤, 태양신 라(Ra)가 나타났다. 이 태양신으로부터 공기의 신 슈(Shu)와 습기의 여신 테프누트(Tefnut)가 태어났다. 다시 이 두 신으로부터 토지의 신 게브(Geb)와 하늘의 여신 누트(Nut)가 탄생했다. 토지의 신인 게브와 하늘의 신

이집트 신화의 신들

오시리스 상 (출처: 위키피디아) 오시리스(사후세계의 신) 이시스(아내의 신) 호루스(복수의 신) 세트(전쟁의 신)

인 누트 사이에서 사후세계를 관장하는 신인 오시리스와 세트, 어머니와 아내의 여신인 이시스 그리고 네프티스가 탄생했다. 여기서 오시리스는 이집트에 최초로 문명을 도입한 신이자 이집트의 왕이었다. 그런데 그를 시기한 동생 세트가 오시리스를 살해한 후 관에 넣어 나일강에 버렸다. 그러나 그의 시체가 되돌아오자 열네 토막으로 잘라 들판에 뿌렸으나 그의 아내 이시스의 노력으로 부활했다. 오시리스(사후세계의 신)의 녹색피부는 그가 미라임을 나타내며 곧 재생을 상징한다.

이러한 오시리스신화의 영향으로 내세관(영혼불멸, 부활)이 생겨나 시신을 보존하기 위해 미라가 제작되었다. 그리고 사후세계를 대비해 피라미드 속에 노예, 배, 식량, 집 모형 등을 함께 부장하는 풍습이 생겨났다.

3) 문화

고대 이집트는 초기왕조시대부터 고왕국, 중왕국, 신왕국시대를 거치면서 문화가 다양하게 발달하였다.

초기왕조(BC 3000~2650) 때 정부조직과 행정체계와 운하건설에서 큰 발전이 있었다. 그리고 매년 나일강의 범람으로 토지를 다시 측정해야 하는 일이 생겨 기하학과 수학이 발달하였다. BC 3000년경 상형문자(히에로글리프, Hieroglyph) 체계가 발명되었으며, 글을 쓸 줄 아는 서기는 특급계급이었고, 서기를 양성하는 학교도 세워졌다. 훗날 고고학과 상형문자 연구중 파피루스(갈대로 만든 일종의 종이)에 남겨진 기록을 통해 고대 이집트문화(특히, 파피루스의학)의 많은 부분이 드러났다. 이집트숫자는 상형문자로 되어있고 해당하는 수만큼 숫자를 병렬하였다. 상형문자의 기본단위는 10의 거듭제곱을 바탕으로 하고 있다(십진법, BC 3000). 이는 사람의 손가락이 10개인 것과 밀접한 관련이 있는 것으로 추정된다.

이집트의 히어로글리프

(출처: 위키피디아)

고왕국(BC 2650~2150) 때 파라오(Pharaoh, 호루스의 현신)는 전지전능한 존재였다. 파라오는 신의 자손으로 여겨졌을 뿐 아니라 때로는 신 그 자체로 여겨지기도 했다. 파라오는 자신에겐 나일강의 범람을 조절할 수 있는 능력이 있다고 주장했다. 오랜 세월동안 파라오가 막강한 힘을 지닐 수 있었던 것도 이 때문이다. 파라오의 권위를 상징하기 위해 고도의 기술로 피라미드(pyramid)가 만들어졌는데, 최초의 피라미드는 조세르왕의 계단식 피라미드이며 임호텝((Imhotep, BC 2650~2600)에 의해 건축되었다.

중왕국(BC 2150~1532) 때 이집트가 레반트지역을 차지함으로써 외국과의 활발한 교역으로 부와 권력이 확보되었다. 이집트인은 이 시기에 1년에 단 하루만 시리우스와 태양이 동시에 지평선에 떠오른다는 사실을 알아내고 그 날을 간격으로 밤낮을 세어 1년이 365일(태양력, BC 1800)을 알아내 농사에 활용하였다.

신왕국(BC 1532~1070)은 예술적으로 우수한 시기로 이 시기에 투탕카멘(제18왕조의 파라오)의 황금가면(BC 1300 제작)이 제작되고 람세스 2세(제19왕조)의 아부심벨 궁전이 건축되었다.

투탕카멘의 황금마스크와 람세스 2세의 아부심벨 궁전

(출처: 위키피디아)

4) 질병 극복을 위한 노력

(1) 질병관

인근 고대문명이 그러했듯 이집트인도 영혼이나 악귀가 질병을 일으킨다고 인식하고 있었고 주문, 부적 등 신의 초자연적 권능의 힘을 일차적으로 사용하였다.

이집트의 가장 오래된 의신(醫神)은 인신조수(人身鳥首)의 모습을 한 토드(Toth)로, 이 신은 전지전능한 학문 · 예술의 신이기도 했다. 또한, 그 밖의 의신으로 레(Re)와 이시스(Isis)가 있었다. 특기할 만한 것은 수세기 동안 과거의 모든 치료 신들을 하나로 통합한 존재가 등장했다는 사실이다. 그 통합된 존재가 바로 임호텝(Imhotep, BC 2650~2600)인데, 그는 멤피스 시(市)에서 활약한 의학의 신으로 사원에서 수면과 꿈의 신탁을 통해 질병을 고치는 주체였다. 이는 질병에 대한 초자연적인 힘에 대한 인간의 요구가 얼마나 강했던가를 보여주는 예이다.

이처럼 고대문명을 지배한 종교의 힘은 이집트에도 큰 영향을 끼쳤음을 알 수 있다.

(2) 이집트의학 파피루스의학

고대 이집트인도 수메르인처럼 질병은 몸 안에 나쁜 영혼이 들어와서 생기는 것이라고 믿었기에 종교적 부적과 굿 같은 초자연적인 방법을 질병치료에 사용하였다. 그렇지만 나일강유역의 기후와 풍토 덕분에 식물과 광물에 대한 이집트인의 지식은 풍부했다. 후대 로마제국시대의 디오스코레데스, 갈레노스, 플리니우스의 처방에서 발견될 정도로 이집트인의 약제사용은 매우 광범위하고 훌륭했다. 사프란과 샐비어는 크레타섬에서, 육계피는 중국에서, 향신료와 향수는 아라비아에서, 백단양은 아비시니아에서 각각 수입하여 사용할 정도였다. 이러한 배경으로 경험적 의술의 발달이 촉진되어 파피루스의학으로 귀결된 것이 아닌가 싶다.

이에 대한 단서는 고대 이집트의학을 살펴볼 수 있는 초기의 의서(醫書)에서 발견되었다. 그것은 바로 질병과 치료에 관한 기록이 적힌 파피루스(papyrus) 두루마리였다. 파피루스 두루마리를 통해 이집트의학은 질병과 그 치료법에 대한 경험·과학적 관찰을 토대로 합리적인 분석을 시도했음을 알 수 있다.

1822년 프랑스의 장-프랑수아 샹폴리옹이 로제타석(BC 196 무렵 프톨레마이오스 5세 즉위 축하를 위한 메시지가 봉정된 현무암비석)의 히에로글리프(고대 이집트어, 상형문자)를 해독하면서 이집트의학자료인 파피루스가 번역되었다. 드디어 주요 이집트의학자료인 파피루스가 세상에 알려지게 된 셈이다. 즉, 고대 이집트의학이 그리스를 포함해서 주변문명과 후세에 막대한 영향을 미쳤을 만큼 시기적으로 매우 앞서 있다는 사실과 자세한 의학기록으로 남겨져 있음이 증명된 것이다.

고대 이집트에서 주술·종교적 의술과 구별된 합리적 의술의 발달이 촉진되었다는 역사학자 지게리스트(H. Sigerist, 1891~1957)의 주장이 이를 뒷받침해 준다.

이집트의 의학파피루스에 대해 알아보면 다음과 같다. 부인과 질병을 다룬 카훈 파피루스(Kahun, BC 1800), 외과술에 관한 에드윈 스미스 파피루스(Edwin Smith, BC 1600), 다양한 질병의 치료법, 주문이나 부적에 대해 다룬 에버스 파피루스(Georg Ebers, BC 1550), 진료편람에 관한 허스트 파피루스

(Hearst, BC 1450), 미라제조 설명서가 기록된 루블 칼스버그 파피루스(Louvre-Carlsberg, BC 1450), 질병치료를 위한 마법과 주문에 관한 런던 파피루스(London, BC 1300), 에버스 파피루스와 유사한 베를린 파피루스(Berlin, BC 1200), 마술, 두통과 직장질환에 대한 체스터 비티 파피루스(Chester Beatty, BC 13세기 말), 뱀, 전갈, 독거미에서 얻은 독에 대한 치료법인 브루클린 파피루스(Brooklyn) 등이 있다.

5) 여기서 잠깐

(1) 나르메르의 팔레트

나르메르의 팔레트(BC 3100)는 1898년 상이집트의 히에라콘폴리스에서 출토된 고대 이집트 제1왕조의 봉납용 대형팔레트이다. 이 팔레트의 표면에

나르메르 팔레트

(출처: https://brunch.co.kr/@dongseopra2o3k/8)

는 나르메르왕이 하이집트를 정복한 내용을 주제로 부조가 되어있다. 나르메르 팔레트는 이집트 부조예술 최초의 기념비적인 작품이며 단일주권에 의한 전 국토통일을 상징적으로 표현하는 자료로도 중요한 유물이다. 높이 64cm, 너비는 42cm의 방패 모양으로, 회녹색의 연한 퇴적암을 깎아 제작되었는데, 팔레트표면에 돋을새김으로 부조와 초기 형태의 히에로글리프가 새겨져 있다. 팔레트의 맨 위쪽에는 사랑의 여신 하토르와 고양이 여신 바트의 부조 2개가 새겨져 있다.

(2) 피라미드

고대 이집트에서는 사람이 죽으면 영혼인 카(Ka)는 사후세계로 가지만 시간이 지나면 다시 시체가 있던 곳으로 돌아와 되살아난다고 믿었다. 따라서 돌아올 육신인 하(Ha)가 온전해야 완전히 부활할 수 있다고 믿었다. 하여 시체보존에 대한 경험과 약초에 대한 지식을 동원하여 시신을 방부처리하여 미라로 만들었다. 즉, 사후세계와 부활에 대한 믿음을 이유로 미라를 제작, 관리했으며, 미라제조 전문가들도 있었다. 미라는 나일강변에서 아누비스 마스크를 쓴 우두머리의 지휘 하에 만들어졌다. 70일에 걸쳐 만들어진 미라가 무덤에 묻히는데, 이때 생전모습과 똑같이 생긴 데스마스크를 만들어 미라에 씌워 죽은 영혼이 부활할 때 알아볼 수 있도록 했다.

이처럼 고대 이집트인은 사후세계를 믿었기에 죽은 파라오가 살 사후세계의 왕궁을 짓는다는 개념에서 피라미드를 건축하였다. 최초의 피라미드는 이집트 제3왕조 때(고왕국) 지어진 조세르왕(재위: BC 2650~2150)의 계단식 피라미드(사카라 소재)로 알려져 있다. 이 피라미드와 주변의 건축물들은 설계자 임호텝에 의해 설계되었다. 기자지구(카이로 소재) 피라미드 중 쿠프왕(재위: BC 2589~2566, The grate pyramid)의 피라미드가 가장 규모가 크다.

조세르왕의 계단식 피라미드와 쿠프왕 피라미드의 일부(왼쪽부터)

(출처: 위키피디아)

이집트에서는 미라를 제작하느라 인체에 대한 지식이 많았을 것으로 생각되지만 해부학은 전혀 발달하지 못했다. 종교적인 금기(내세관)로 이는 사체(死體)를 필요 이상으로 자르게 하지 않았거나 의사가 직접 미라를 만들지 않아 인체를 관찰할 기회가 적었기 때문인 것 같다.

(3) 사자의 서

사자의 서(死者-書, Book of the Dead)는 고대 이집트에서 관 속의 미라와 함께 매장한 사후세계(死後世界)에 관한 안내서이다. 파피루스나 피혁에 교훈이나 주문(呪文) 등을 상형문자로 기록한 두루마리형태이다. 이 사자의 서에는 오시리스, 아뮤트, 토드, 호루스, 아누비스, 진리의 저울 등이 그려져 있다.

사자의 서는 고대 이집트의 내세관을 아는 데 귀중한 자료로 그 내용을 살펴보면 영혼, 카(Ka)가 사후세계인 두아트로 가기 위하여 받는 최후의 재판(심장 무게 달기 의식)이 나온다. 이 심장무게 달기의식에서 죽음과 부활의 신 오시리스는 판결을, 지식과 달의 신인 토드는 기록을, 죽음의 신 아누비스는

사자의 서

(출처: 위키피디아)

안내를, 아뮤트는 집행을, 파라오와 왕권을 상징하는 신 호루스는 죽은 자의 고백을 유도하는 일종의 검사역할을 했다.

죽은 자의 심장을 큰 저울에 올려 정의와 지혜의 여신 마트의 깃털로 무게를 잰다. 심장의 무게가 여신 마트의 깃털보다 더 나가면 이승에서 많은 죄를 지은 것으로 판단되었다. 그 후 괴물 아뮤트(악어의 머리, 사자의 갈기와 하마의 다리를 갖고 있는 신)에게 심장이 먹혔다. 이렇게 심장을 잃으면 죽은 자의 영혼은 영원히 사후세계로 가지 못하고 이승을 떠돈다고 이집트인들은 믿었다. 반면에 심장과 이 깃털의 무게가 일치하면 죽은 자의 영혼(Ka)은 다시 육체에 남아있는 바(Ba)와 만나 부활한다고 믿었다.

(4) 임호텝

미국 할리우드에서 제작된 영화 미라에서 임호텝(Imhotep, BC 2650~2600)은 악역으로 나오지만, 실제로 그는 이집트 고왕국시대에 살았던 건축가, 학자, 헬리오폴리스의 태양신 라(Ra)를 섬기는 대제사장이었다. 그는 고왕국시대, 조세르왕의 계단식피라미드를 설계 · 건축하여 사후 이집트에서는 건축과 공학의 신으로 추앙받은 인물이기도 하다.

임호텝

(출처: 위키피디아)

(5) 아케나텐 파라오의 종교개혁

신왕국 제18왕조 10대 파라오 아케나텐(Akhnaten, 재위: BC 1353~1336)은 다신교사회에서 일신교(태양신)를 주장하며 종교개혁을 추진한 파라오였다. 그는 당시 최고의 신인 아문신과 반인반수의 남녀 신들을 정리하고 신성한 태양신 아톤(Aton)만을 섬기도록 하였다. 그의 부인 네페르티티는 함께 종교개혁을 단행할 정도로 파라오와 같은 권력을 지닌 것으로 알려져 있다. 그러나 이러한 종교개혁은 너무나 혁신적이어서 사제계급의 반대로 신왕국의 쇠퇴를 재촉하는 결과를 낳았다.

아케나텐과 네피르티티 그리고 아톤의 가호를 받는 아케나톤(왼쪽부터)

(출처: 네이버)

(6) 카데시전투

신왕국(BC 1532~1070) 제19왕조 람세스 2세는 팔레스타인을 사이에 두고 히타이트 무와탈리 2세와 장기간의 세력 다툼을 했으나, 이 카데시전투(BC 1274)는 실질적인 승자없이 평화조약체결로 마무리되었다. 이 전쟁 이후 이집트와 히타이트 모두 급격히 세력이 약화되어 히타이트는 멸망(BC 1205)했고, 이집트도 세력이 약해졌다. 이러한 이집트 제19왕조의 상황은 재앙의 불씨로 작용하여 이집트 제21왕조 때부터 이집트가 몰락하게 되는

카데시전투의 람세스 2세

(출처: 위키피디아)

계기가 되었다.

(7) 고대 페르시아제국

기후변화로 BC 1800년대부터 중앙아시아 출신의 아리안족(페르시아인의 옛 조상)이 더 좋은 목초지를 찾아 북쪽 카스피해와 메소포타미아 동쪽으로 이주하기 시작하였다.

BC 8세기 무렵, 북쪽 메디아와 남쪽 페르시아 두집단으로 나뉘어 지내다가 BC 600년 무렵에 남쪽 페르시아는 강력한 북쪽 메디아왕국의 지배를 받았으며, 한동안은 그 지배를 벗어나지 못하였다. 그러나 BC 559년에 이르러 키루스 2세(Cyrus the Great, 고레스, 재위: BC 559~529)가 메디아를 정복하고 페르시아제국(아케메네스왕조, BC 550~330)을 창건했다. 그리고 이오니아지방의 그리스도시들까지 정복하고, 제국의 영토를 중앙아시아까지 넓혔다. 그의 가장 위대한 업적은 BC 539년 신바빌로니아제국(메소포타미아문명)의 정복이었다. 키루스대왕은 전투에서 승리한 후에 관대함을 보여, 정복당한 민족의 고유관습과 제도를 그대로 유지하도록 허락했다. 이러한 태도는 새로운 문화를 배우고 더욱 발전시켜 고대 과학과 기술의 발전에 중요한 역할을 하게 된다.

키루스대제의 아들 캄비세스 2세(재위: BC 529~522)도 고대 이집트를 병합(BC 525)했으며, 이어 다리우스 1세(재위: BC 522~486)는 조로아스터교(BC 640 탄생)를 이용하여 왕권을 강화함으로써 제국의 영토를 3개대륙으로 확장했다. 그 결과, 역사상 처음으로 중국을 제외한 세계 주요문명을 잇는 다리가 되어 주요문명끼리 교역이 이루어지고 서로 영향을 끼치면서 일찍이 볼 수 없었던 다양하고 국제적인 사회가 탄생되었다.

조로아스터교 상징(아후라마즈다)**과 다리우스 1세**(왼쪽부터)

(출처: 위키피디아)

그러나 다리우스 1세 재위 기간 중(BC 494), 이오니아지방에서 그리스인이 반란을 일으키자 반란을 응징하고자 그리스본토(아테네)로 병력을 파견했으나(제1차 페르시아전쟁, BC 492~490, 마라톤전투, 테르모필라이전투) 패배했다. 10년 뒤 아테네 인근 살라미스와 육지 사이의 해협에서 아테네와 페르시아의 크세르크세스 1세(재위: BC 486~465) 사이에 벌인 전쟁이 제2차 페르시아전쟁(BC 480~479, 살라미스해전)에서도 패배하였다. 사실상 크세르크세스 1세의 패배(제2차 페르시아전쟁)는 아케메네스왕조의 팽창이 끝났음을 알리는 종소리와 다름없었다.

(8) 이집트문명의 음식문화

고온 건조한 기후와 영토의 95%가 사막이라는 악조건 속에서도 고대 이집트인들은 나일강을 중심으로 농사를 지으면서 풍족한 식생활을 누렸다. 고대 이집트 음식문화의 우수성은 피라미드 벽화 및 각종 유물, 상형문자 기록 등에 의해 자세히 전해지고 있다.

나일강은 세계에서 제일 긴 강으로 고대 이집트인에게는 생명의 수호신과 같은 존재였다. 이집트인이 마시는 물과 물고기들은 모두 나일강에서 나왔고, 매년 봄 나일강이 범람하면 영양분이 풍부한 흙이 계곡에 공급되었다. 이 비옥한 토지에 이집트인은 보리와 밀을 뿌렸고 강둑에 사과나무를 심었다.

이집트인이 섭취하던 음식 중 현재까지 널리 애용되는 것은 콩이다. 파라오도 콩을 좋아했다는 말이 남아있을 정도로 콩은 으뜸이었다.

피라미드에서 버터와 치즈가 발견되었으며, 그림과 공예품에는 고기와 생선을 비롯해 유제품, 과일, 채소, 거위 알, 과자 등과 맥주를 만드는 법이 그림으로 남겨져 있다.

나일강이 생명을 주는 신이라면 빵은 생명 그 자체였다. 최소한 40여 가지의 빵과 과자를 만들었다는 기록이 있다.

주식은 빵이었지만 각종 채소, 과일, 생선, 닭고기, 오리고기, 우유, 치즈도 섭취했으며, 보리로 만든 맥주는 그들이 가장 좋아하는 음료수였다.

3
인더스문명
BC 3300~500년

1) 역사

고대 인더스문명(BC 3300~500)은 원주민 드라비다족(청동기문화)이 세운 인더스계곡문명(BC 3300~1700)과 아리안족이 이끈 베다시대(BC 1500~500)로 이어져 있다.

인더스계곡문명을 세운 드라비다족(Dravidian)의 기원에 대해서는 분명하지는 않으나, 메소포타미아문명의 수메르원주민에서 기원했다는 설과 아프리카에서 이집트를 거쳐 동쪽으로 이주하다 인더스강유역에 정착했다는 설이 있다. 드라비다족의 윤회와 업사상이 이집트의 내세관과 유사한 것으로 보아 후자에 더 무게가 실린다.

베다시대를 이끈 아리안족(Aryan, 백인의 조상, 고귀한 사람)의 기원은 중앙아시아 코카서스 초원지대(쿠르간의 얌나야문화, BC 3400~2600 무렵)에 살던 파란 눈과 흰 피부의 유목민으로 거슬러 올라간다. 이 아리안족이 기후변화로 인해 BC 2000~1800년 사이 더 좋은 목초지를 찾아 유럽으로, 페르시아지역

인더스계곡문명과 베다시대의 위치

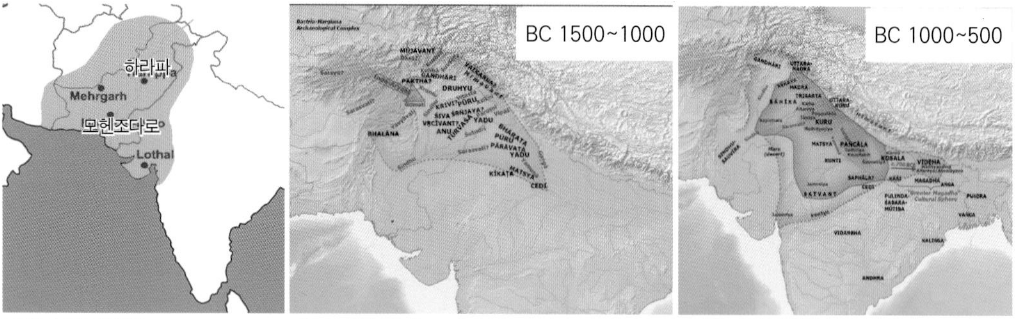

인더스계곡문명 전기 베다시대 후기 베다시대

(출처: 위키피디아)

으로, 인도북서부지역으로 이동했고, 그중 일부가 페르시아를 거쳐 인도북서부로 이주(BC 1500 무렵)한 후 베다시대를 이끌었다.

(1) 인더스계곡문명

메소포타미아문명과 이집트문명(오리엔트문명)이 그랬지만, 인더스계곡문명(BC 3300~1700)도 인더스강중류 펀자브지방을 중심으로 강을 따라 발달했다. BC 3300년 무렵 인더스강유역에 최초로 정착한 농부들은 드라비다족(농부)이었다. 그들이 정착한 펀자브지방은 정기적으로 범람하는 인더스강 덕분에 농사짓기에는 비옥했지만 언제 범람할지 예측이 어려웠다. 이에 대규모 관개시설과 홍수 대비시설이 필요했고 그로 인해 협력은 필수적이었다. 이러한 협력은 도시국가 발전의 원동력으로 작용하여 모헨조다로와 하라파와 같은 계획된 도시가 세워지게 했다. 이 시기가 바로 드라비다족이 세운 인더스계곡문명의 부흥기(BC 2600~1900)였다.

그러나 BC 1700년 무렵 갑자기 인더스계곡문명이 사라져버렸다. 학자들은 그 이유를 반복된 홍수(자연재해)와 전염병으로 인한 농경체제의 붕괴 또는 외세의 침략 등으로 주장해왔다. 그러나 최근에는 기후변화로 인해 사라졌다는 주장도 나오고 있다. 이유야 어떻든 BC 1700년 무렵 화려했던 인더스계곡문명의 도시들은 모두 폐허로 변해버렸다.

(2) 베다시대

인더스계곡문명이 몰락한 후 200년쯤 지난 BC 1500~1000년 사이, 중앙아시아에 살던 호전적인 아리안족이 인도북서부로 대거 이동하였다(1차 이동). 이 시기를 전기 베다시대(BC 1500~1000)라 한다.

그리고 이어 BC 1000~800년 사이, 그들은 동진하여 갠지즈강유역으로 이동(2차 이동)하였다. 그리고 그들은 그곳에 살고 있던 원주민(드라비다족)을 남쪽 데칸고원으로 몰아내거나 노예로 삼았다. 이 시기를 후기 베다시대(BC 1000~500)라 하며, 이를 계기로 인도는 오늘날까지 아리안족이 지배하고 있다.

2. 종교와 문화

(1) 인더스계곡문명

BC 3300년 무렵, 인더스강유역(인도북서부 펀자브지역)에 드라비다족(농부들)이 최초로 정착하여 농사를 짓기 시작하였고, BC 3100년에는 최초의 마을이 등장하였다. 이어 BC 2600년경에는 마을이 문화적으로 단일공동체가 되어가면서 하라파와 모헨조다로와 같은 도시가 세워졌다(인더스계곡문명의 부흥기, BC 2600~1900).

하라파와 모헨조다로는 촌락에서 도시로 발전하는 다른 문명의 모형과 달리 처음부터 성곽과 사방으로 곧게 뻗은 도로와 광장 그리고 창고를 갖춘 계획된 도시였다. 이 도시들의 기반시설과 배치도(윗마을: 정부 건물과 곡물 저장용 창고 배치, 아랫마을: 작업장 배치)를 살펴보면, 당시 강력한 중앙권력에 의해 신분이 정해지는 계층사회였음을 짐작하게 한다. 또 주목할 만한 점은 정교하게 만든 상수도시설과 하수처리시설이다. 그래서 오늘날에도 모헨조다로나 하라파는 메소포타미아, 고대 이집트와 더불어 세계 역사상 가장 앞선 시기에 건설된 도시국가로 평가받고 있다.

모헨조다로 유적지

(출처: 위키피디아)

인더스계곡문명에서도 문자(상형문자)가 발명되어 사용되었지만 아쉽게도 도자기(소성채문 토기)나 돌도장에 새겨진 짧은 문구가 전부이며 현재 해독도 불가능한 상태다. 하지만 오늘날 남아있는 요가문양이 새겨진 돌도장(뉴델리 국립박물관 소장)이나 동물문양이 새겨진 정교한 예술품들과 금, 은, 상아, 구리, 옥 등으로 만들어진 화려한 장신구를 통해 당시의 높은 문화수준을 엿볼

모헨조다로 유물들

인장 소성채문토기 제사장 춤추는 무희

(출처: 위키피디아)

수 있다.

당시 드라비다족은 인더스강유역(서아시아일대와 연결되는 교통의 요지)에서 인근 문명과 활발히 교역하였다. 메소포타미아문명에서 발견된 인더스계곡 문명의 인장이 그 사실을 입증해주고 있다. 이러한 무역은 아리안족이 세운 베다 시대 이후에도 이어져 중세시대 이후 유럽인들이 인도로 가는 길목을 확보하고자 대항해 시대를 열게 된 계기가 된다.

인더스계곡문명은 멸망했으나 드라비다족이 남긴 인장 속에 풍만한 몸매를 가진 여신상, 가부좌를 틀고 있는 큰 머리 장식의 남신상, 그리고 의례와 관련 있는 것으로 추정되는 동식물의 문양 등과 윤회와 업사상은 훗날 브라만교(초기 힌두교)와 힌두교의 중요한 요소로 정착된 듯싶다.

(2) 베다시대

베다(경전)는 아리안족의 종교적 시편들이 집대성(BC 12C 무렵)된 것으로 아리안족에 관한 거의 모든 지식과 역사가 담겨 있다. 베다의 이러한 중요성 때문에 이 시기(BC 1500~500)를 베다시대라 한다. 아리안족의 베다(경전)는 수세기 동안 암송되어 구전으로 전해져 오다가 산스크리트가 발명된 BC 500년에 이르러서야 문자로 기록이 된다.

베다시대(BC 1500~500)는 브라만교의 탄생(BC 1000~800) 전후로 전기 베다시대(베다교, BC 1500~1000)와 후기 베다시대(브라만교, BC 1000~500)로 구분이 된다.

① 전기 베다시대

고대 페르시아에서 분파한 한 무리의 아리안족이 인더스강유역 펀자브지방으로 이주 · 정착(1차 이동, BC 1500~1000)하였다. 그들은 처음에는 목가적 전통을 유지하였으나, 차츰 원주민의 농경문화에 적응하면서 농경생활로 변모(소가 끄는 쟁기로 보리경작)해갔다.

그 당시 아리안족은 사상적으로 제사위주의 다분히 원시적이고 주술적(샤먼 포함)인 형태의 사상(베다교)을 가지고 있었다.

② 후기 베다시대

인더스강유역 펀자브지방으로 이주 · 정착했던 아리안족이 갠지즈강유역으로 세력을 넓혀 갔다(2차 이동, BC 1000~800). 그 과정에 원주민(드라비다족)에 대한 그들의 지배력을 강화하고자 카스트제도(계급제도)를 정형화하였다. 그리고 단순한 제사형식(供犧, 베다교)의 세계관(전기 베다시대의 핵심)에 드라비다족의 높은 정신문화(윤회와 업사상)를 반영한 브라만교(초기 힌두교)를 탄생시켰다(BC 1000~800). 이후(후기 베다시대)부터 브라만교가 아리안족의 세계관으로 자리를 잡게 되었다.

역사적으로 BC 900년~500년 사이 인도에는 많은 국가가 난립하는 십육대국이 들어섰다. 그 당시 전쟁이 잦고, 상업이 발달하면서 크샤트리아와 바이샤계급의 세력이 강화되었다. 이들 세력은 형식화된 제사와 브라만계급 중심의 카스트제도(四姓制度)를 비판하였다. 농민들 역시 제사의식을 위해 농사에 필요한 소를 희생하는 브라만교에 불만을 품기 시작했다. 그러자 엄격한 리그베다(제사중심: BC 12C경 체계화)에 비해 유연한 우파니샤드(범아일여사상: "브라만과 아트만은 같다")가 BC 700~400년 무렵에 집대성(베다의 정수, 베단타)되었다.

그러나 브라만교에 대한 비판은 더 확산이 되었고, 그 과정에서 BC 6세기경, 바르다마나가 자이나교를, 고타마가 싯다르타 불교(BC 553)를 탄생시켰다. 엄격한 계율과 고행을 설하는 자이나교(철저한 채식위주)는 상인계급 위주로 지지를 받았다. 반면, 브라만교의 지나친 권위주의와 신분차별에 반대하고 평등과 윤리적 실천을 설하는 불교는 대중의 지지를 받았다. 불교를 창설한 붓다는 진리를 깨달으면 누구나 부처(붓다 · 깨우친 사람)가 될 수 있음을 가르쳤다. 불교가 브라만교의 윤회와 업사상과 우파니샤드의 범아일여사상을 그대로 받아들였지만, 불교의 핵심사상은 연기법, 사성제와 팔정도 그리고 중도사상이다. 고기를 먹지 말라고 한 적은 없었으며, 소를 먹는 것이 금지된 것은 그 당시 소는 중요한 재산으로 부족사회 농경의 중심동력으로, 소를 도축하여 식용으로 쓰는 것은 지역사회에 큰 손실이기 때문으로 추정된다.

3) 질병 극복을 위한 노력

인더스계곡문명(BC 3300~1700)의 유적지에서는 전쟁의 흔적이 전혀 발견되지 않았다. 하여 그 당시 전쟁으로 인한 상처나 부상치료법이 발전할 기회가 거의 없었을 것으로 추정된다.

이러한 배경으로 베다시대 전기(베다교 시대, BC 1500~1000)에는 종교적 의식과 치료법이 명확한 구분 없이 사용되었을 것이다.

그러나 BC 900년~500년 사이(후기 베다시대) 인도에는 십육대국이 들어서면서 전쟁이 잦아져 현실적인 진단과 경험적 치료법이 필요했을 것이다.

이러한 배경으로 BC 6세기경, 아타르바베다 경전의 질병과 건강에 관한 내용들이 많은 저자에 의해 아유르베다(Ayurveda, 생명의 지식)로 체계화되었다.

(1) 인더스계곡문명

고고학적 증거는 차고 넘치나 드라비다족이 남긴 문자에 대한 해독이 불가능하여 인더스계곡문명(BC 3300~1700)에 대해 사실상 알려진 바가 거의 없다. 특히, 그 당시의 질병치료에 대한 증거도 마찬가지다.

인더스계곡문명의 유적지에서 전쟁의 흔적이 발견되지 않은 것으로 보아 전쟁으로 인한 상처나 부상치료법이 발전하지 못했을 것이다.

한편, 인더스계곡문명 부흥기에 건설된 모헨조다로와 하라파유적에서 발견된 정교하게 만들어진 상 · 하수처리시설 및 환기시설 등은 매우 위생적이었다. 이러한 위생시설은 2천 년 후 로마제국이 탄생하기 전까지 그 어디에서도 찾아볼 수 없던 시설이었다. 이러한 발달된 위생시설(상, 하수시설)로 인해 그 당시 감염병 발생률은 매우 낮았을 것으로 추정된다.

(2) 베다시대

① 전기 베다시대

전기 베다시대(BC 1500~1000) 때의 아리안족은 고대 메소포타미아나 이집트사람처럼 질병을 죄에 대해 신이 내린 처벌로 인식하고 있었다. 태양신 수르야(Surya), 어둠과 축복의 신 푸샨(Pushan), 선의 신 미트라(Mitra), 공기의 신 인드라(Indra) 등 삼라만상이 신격화되어 있었다. 하여 질병치료 시 신비적인 색채가 농후하고, 다분히 원시적이고 주술적 행위(주술 · 주문 및 찬가)가 주로 사용되었다.

즉, 질병치료를 위해 질병의 원인인 죄악을 없애고 악마를 격퇴하기 위하여 고해와 주술 · 주문 및 찬가와 같은 치료의식이 종교적 의식과 경험에 바탕을 두고 행해졌다. 훗날 베다(경전)를 통해 신에 관한 기도문이나 시 구절들이 많이 전해져 오는 것도 이 때문이다.

한편으론 여러 가지 약초처방(경험적 치료법)이 종교적 의식과 명확한 구분 없이 질병치료를 위해 병용되었다.

② 후기 베다시대

후기 베다시대(BC 1000~500)에 이르러 아리안족은 사상적으로 원주민(드라비다족 높은 정신문화)의 윤회와 업사상(종교적 요소)을 받아들였다. 이후부터 질병과 신들림이 악마나 신이 아니라 전생의 잘못인 인간의 업(본성)에 의해 주어진 것으로 인식하게 되었다. 즉, 윤회와 업사상이 사상적 배경으로 연계되어 인도의학에서 중심적인 역할을 하게 된 셈이다.

그렇지만 이 시기에도 전기 베다시대의 삼라만상에 대한 신격화현상은 그대로 잔존했다. 일례로, 여전히 다양한 자연신들이 숭배되었고, 인간의 안위를 바라는 의미에서 브라만사제들이 주로 말, 소, 양, 염소 등 살아 있는 생물체와 쌀, 밀 등의 곡물 등을 다양한 신에게 헌납했다.

십육대국시대(BC 900~500), 잦은 전쟁으로 경험적 치료법이 요구되자 BC 6세기경 아유르베다(Ayurveda, 생명의 지식)의학이 체계화되었다.

아유르베다는 아리안족의 베다(경전)를 구성하는 상히타 중 4번째인 아타르바베다(Atharvaveda, BC 1000~800)의 한 부분으로 하나의 독립된 경전은 아니었다. 상히타는 베다시대에 성립된 문헌 전체의 근간이 되는 베다서 각각을 의미한다. 4종의 상히타(투리야)는 리그베다, 아주르베다, 사마베다, 아타르바베다를 가리킨다. 아타르바베다는 질병과 부상 그리고 건강 등 의술에 관한 지식이 담겨 있는 경전이다. 또한, 주문, 예언, 액막이 부적, 사색적인 만트라 등과 같이 주로 재앙을 제거하고 복을 불러오는 주술적인 내용도 담겨 있다.

결국, BC 6세기경 아유르베다가 체계화되어 신비적이고 원시적인 주술적 행위(초기 베다시대의학) 대신 현실적인 진단과 경험적 치료법을 갖추게 되었다.

4) 여기서 잠깐

(1) 카스트제도

카스트제도(BC 1000~500, 정형화)는 아이러니하게도 인도를 정복한 아리안족이 원주민의 윤회와 업사상을 이용하여 절대다수를 차지하는 원주민들을 지배하기 위해 만든 엄격한 신분제도이다.

바라문(婆羅門)은 계급의 최상위자로 신에게 제사를 지내는 의식을 담당

세습계급제도인 사성제도(四姓制度)

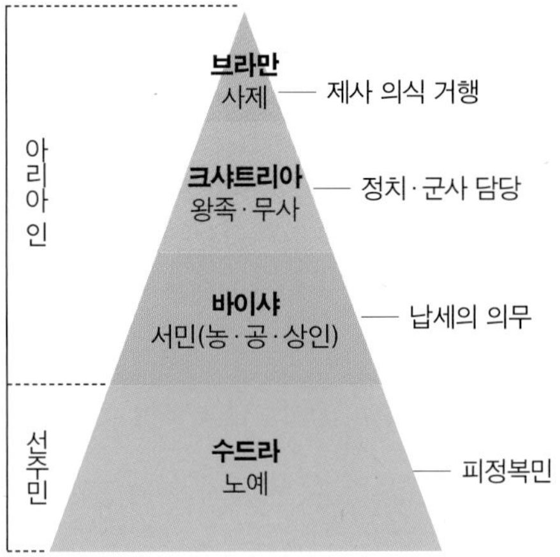

(출처: https://namu.wiki/w/%EC%B9%B4%EC%8A%A4%ED%8A%B8)

한 계급이다. 다음으로 독립적으로 군대를 통솔하고 정치를 담당한 귀족계급인 크샤트리아(刹帝利)로 샤카족이 이 계급에 속한다. 다음으로는 농업·목축·상업을 담당하는 서민계급인 바이샤가 있고, 그 다음으로는 최하위계급인 수드라가 있다.

인도사회의 뿌리 깊은 신분제도인 카스트제도는 전생에서의 자신의 행실에 대한 당연한 결과라는 윤회와 업사상과 연결되어 거부할 수 없는 정당성을 지니고 있다.

(2) 아리안족의 경전

① 베다

베다(Veda, 지식, 앎)는 인도에서 가장 오래된 신화적 제사의식의 문서로 성스러운 지식 또는 종교적 지식을 의미한다.

아리안족에 관한 거의 모든 지식이 담겨 있는 베다(경전)는 브라만에 의해 오랫동안 구전되어 전해져오다 BC 500년 무렵 산스크리트의 발명으로 기록으로 남겨졌다. 이렇게 기록된 베다(경전)를 이집트와 메소포타미아 등의 종교 경전들과 함께 현존하는 가장 오래된 문서 가운데 하나로 인정받고 있다.

베다(경전)는 찬가와 제의서 두 부분으로 구성되어 있다. 베다(경전) 본문에 해당하는 상히타는 4종류의 베다(리그베다, 야주르베다, 사마베다, 아타르바베다)로 구성되어 있다. 리그베다(Rigveda, BC 1500~1200)는 신에 대한 찬가와 당시의 우주관, 철학관, 신관 등의 내용을 담고 있는 인도에서 현존하는 가장 오래된 종교문헌이자 인도사상의 원천이다. 야주르베다(Yajurveda, BC 1400~1000)는 제사의식의 다양한 형식적 관례를 집성한 경전이다. 사마베다(Sāma-Veda, BC 1000을 기점으로 전후 수백년에 걸쳐 작성됨)는 리그베다 보다 후대의 것으로, 신에 대한 찬가를 일정한 형식으로 묶고 그 찬양의 해석과 상징적인 의미 등을 상세히 기록한 경전이다. 아타르바베다(Atharvaveda, BC 1000~800)는 실제 생활과 밀접하게 관련된 건강, 장수, 치료, 질병 등의 문제를 주문으로 풀어낸 만트라(Mantra)를 담고 있는 경전이다. 이들은 모두 베다 혹은 상히타(Samhita, 本集)라고 통칭이 되며, 대개 BC 1000년경 이처럼 4가지로 정리가 되었을 것으로 추정된다. 이 4가지 상히타 뒤에 각 베다에 나오는 제례의 내용을 풀이한 브라마나, 상징성에 대한 철학적 성격이 강한 아란야카, 신비적 사상의 결정체인 우파니샤드가 그 맥을 잇는다. 그리고 BC 6세기경 아타르바베다의 의술에 대한 부분이 아유르베다의학으로 체계화되었다.

② 우파니샤드

BC 900년~500년 사이(십육대국시대) 세력이 강화된 크샤트리아와 바이샤계급이 형식화된 제사와 브라만계급 중심의 카스트제도(四姓制度)를 비판하였다. 그러자 엄격한 리그베다(제사 중심: BC 12C경 집대성됨)에 비해 유연한 우파니샤드(범아일여 사상: "브라만과 아트만은 같다")가 BC 700~400년 무렵에 그 맥을 이었다.

우파니샤드(Upanishads, 베단다, 베다의 정수, BC 700~400)는 브라만교의 이론적 · 사상적 토대를 이루는 철학의 집성체이다. 우파니샤드는 또한 베다의 끝 또는 베다의 정수라는 뜻에서 베단타(Vedanta)라고도 불린다.

우파니샤드의 핵심은 우주의 근본원리인 범(梵, 자연현상)과 불변하는 영원한 참 존재인 나(我)는 하나(梵我一如)라는 것이다. 따라서 우파니샤드는 제사 자체보다는 제사의 의미탐구를 더 중요하게 생각했고, 신(브라흐만)과 인간의 마음속 참자아(아트만)가 같다는 범아일여(梵我一如)의 경지를 강조했다.

우파니샤드 경전의 일부

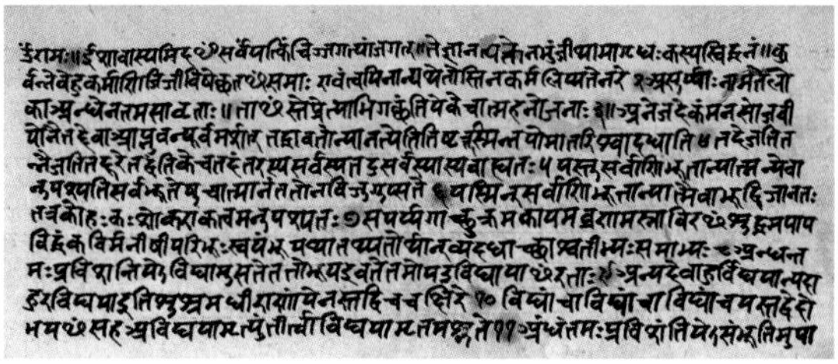

(출처: 위키피디아)

③ 바가바드 기타

BC 400년 무렵 인도철학사에서 새로운 물결이 일어나기 시작했다. 불교 출현 이전에 종교철학의 중심역할을 하고 있던 고대 브라만교가 카스트제도의 경직성으로 비판을 받자 종교를 통합하려는 시도가 서사시형태(마하바라타, 라마야나)로 표출되었다. 바가바드 기타(BC 400~AD 200)는 마하바라타 속에 편입되어있는 하나의 시편(詩篇, 서사시)이다. 700편의 노래로 이루어진 바가바드 기타는 인도에서 최상의 성전(聖典)으로 현재까지 존숭(尊崇)되고 있다. 바가바드 기타(자신의 내적 존재를 인식하는 길)는 성스러운 신에 대한 기타(Gita, 歌頌, 성스러운 이의 노래)로 종교적, 이론적 차이에 주목하지 않는다. 즉, 사상적 입장의 차이를 초월하여 다양한 철학적 관점을 하나로 통합함으로써 진리라는 하나의 목적을 등불로 삼아 요가(라자 요가, 박티 요가, 즈냐나 요가, 카르마 요가)의 실천을 가르쳤다. 자유 사상적 운동, 상위층의 사회적 특권이나 종교적 권위에 대항하면서 요가(신애의 요가, 행위의 요가, 지혜의 요가)의 전통을 발전시켰다. 바가바드 기타는 현세의 삶에 최선을 다하는 것이야말로 궁극의 구원으로 통하는 길임을 가르쳤고, 훗날 비베카난다, 간디("바가바드 기타는 정신의 백과사전이다"), 오로빈도 고슈가 영감을 얻는다. 1785년 찰스 윌킨스에 의해 번역된 이후 괴테, 소로우, 니체, 쇼펜하우어, 훔볼트("바가바드 기타를 읽을 때까지 삶을 허락해준 신의 섭리에 감사 드린다") 등이 바가바드 기타를 접한 후 크게 영향을 받았다고 한다.

마하바라타

마하바라타(Mahabharata)는 인도의 종교적, 철학적, 신화적 서사시이다. 인도 사람들은 흔히 세상의 모든 것이 마하바라타에 있고, 마하바라타에 없는 것은 세상에도 없다고 말한다. 왕들과 영웅들의 이야기에 인도의 신화가 함께 엮여 힌두교의 기본 교의인 다르마(법)와 카르마(업), 아트마, 모크샤(해탈) 등의 의미가 이야기를 통해 전개된다. 이 때문에 마하바라타는 영웅서사시의 면모와 함께 경전으로서 지위를 갖게 되었다.

마하바라타와 라마야나의 한장면

(출처: 위키피디아)

라마야나

라마야나는 코살라왕국의 왕자 라마찬드라의 무용담으로, 왕비 시타의 정절과 바나라의 왕인 하누만의 충성, 마왕 라바나의 포악무도함을 서술한 웅대한 고대 인도의 힌두교 대서사시이다. 먼 옛날부터 구전되어 오던 이 사화가 하나의 형태를 갖추게 된 것은 BC 3~4세기경으로 현존하는 7편 중에 제1편과 제7편은 BC 2세기 무렵에 추가, 보충된 것으로 보인다. 이 증보된 두 편에서 역사적 인물인 라마찬드라를 비슈누의 다샤바타라로 표현하고 있는 것은 라마숭배(종교적 의미)를 북돋움으로써 후세의 문학 · 종교 · 사상에 많은 영향을 주기 위함이다.

(3) 우파니샤드의 사대와 불교의 사대설

① 우파니샤드의 4대

BC 8세기경, 우파니샤드(Upaniṣad, BC 700~400)시대에 고대 인도에서는 모든 물체의 바탕을 지(地) · 수(水) · 화(火) · 풍(風)의 넷으로 분류했다. 이 네 가지를 4대(四大) 또는 4대종(四大種)이라 했다. 이처럼 4대를 내세운 것은 불교 이전부터 인도에 있었던 우파니샤드에서 비롯됐다.

당시 인도사상의 두 가지 큰 흐름엔 전통적인 브라만교사상인 관념론적 전변설(轉變說)과 브라만에 반대한 사상을 지닌 사문(沙門)들의 유물론적 적취설(積聚說)이 있었다. 적취설은 우주의 궁극적 실재를 물질적 요소로 파악하고, 그러한 요소들이 취합(聚合)해 우주가 구성됐다는 견해를 가지고 있었다. 반면, 전변설은 부처님 이전의 전통종교인 브라만교의 주장으로 우주의 삼라만상을 구성하는 기본요소들에 정신적 존재인 범(梵, 브라만)이 변화를 일으켜 이 우주가 구성됐다는 견해를 가지고 있었다. 즉, 기존의 브라만교가 신(神)과 같은 형이상학적인 문제를 중시했다면, 사문들은 현실 속에서 인생의 의의를 찾으려는 형이하학적 문제에 관심을 보였다. 전변설에 대립한 적취설(우주의 삼라만상은 지 · 수 · 화 · 풍의 4대가 모여서 이루어진 것)이 BC 8세기 무렵 우파니샤드시대에 등장한 것으로 보아 그 뒤에 이어지는 불교(BC 6C 탄생)의 4대설과 그리스자연철학자 엠페도클레스(BC 490~430)의 4원소(물, 불, 바람, 흙)의 형성에 영향을 미쳤을 것으로 추정된다.

② 불교의 4대설

불교에서는 우파니샤드의 적취설을 그대로 받아들이긴 했지만, 붓다는 전변설(轉變說)과 적취설을 변증법적으로 종합해서 연기법(緣起法)을 성립시켰다. 그리하여 사람을 포함한 모든 물체는 범(梵)의 작용이 아니라 이 4요소가 인연에 따라 뭉쳐 이루어진다고 봤으며, 따라서 인연이 다 되면 지 · 수 · 화 · 풍의 본래 요소로 되돌아간다고 보았다. 그리고 현실의 여러 모양에 대해서 아무런 애착을 가질 것이 아니라는 무상(無常)을 말하는 데에도 4대가 인용됐다.

즉, 불교에서는 우파니샤드 사문(沙門)이 주장한 적취설(積聚說)을 받아들여 인체의 구성요소를 4대(四大)라 보았다. 흔히 사람이 어디서 왔는가를 알려면 어디로 가는가를 보면 알 수 있다고 해서, 죽음의 문에 이른 육신의 뼈는 땅의 기운인 흙(地大)으로, 혈액과 땀은 물(水大)로, 체온의 따뜻함은 불(火大)로, 힘이 있어 움직이던 기운(氣)은 바람(風大)으로 돌아간다고 하는 것에 근거해서 4대설로 발전시켜 놓았다. 그리고 이 4대는 가4대(假四大)와 실4대(實四大)로 나누어졌다. 가4대란 지(地) · 수(水) · 화(火) · 풍(風)으로 눈에 보이는 4대를 일컫는다. 이 지수화풍이 서로 모여 물질과 인간의 신체를 구성하지만, 이것은 언젠가 다시 흩어지게 되므로 가사대라 한 것이다. 반면, 실4대는 가4대를 드러나게 하는 본질적인 성질 내지는 물질적 에너지를 뜻하는 것으로서, 가4대의 지(地)에 대해서는 견성(堅性), 수(水)에 대해서는 습윤성(濕潤性), 화(火)에 대해서는 열성(熱性), 풍(風)에 대해서는 유동성(流動性)을 나타낸다고 보았다. 이 논리에 따라 4대와 육체는 다음과 같이 관계가 지어졌다.

4대(四大)와 육체와의 관계

4대(四大)	육체의 기능
지대(地大)는 임지(任持) : 계속 유지하는 작용	- 생명을 지탱하는 뼈, 근육, 내장 등 고체 부분 - 지(地)는 생명의 근원으로서 만물을 생성하는 근원
수대(水大)는 섭취(攝取) : 침투, 배출하는 작용	- 혈액, 대 · 소변 등 액체 부분 또는 액체를 포함한 부분 - 수(水)는 생명의 성장, 영양의 순환 역할, 더러움을 맑게 하는 작용
화대(火大)는 성숙(成熟) : 열성작용, 발열, 소화 작용	- 만물을 성숙시키고, 태우고, 비추는 작용 - 화(火)는 온기에 의한 몸의 기운과 체온 유지 작용
풍대(風大)는 증장(增長) : 증대, 유동성	- 호흡기관과 신진대사 - 풍(風)은 만물을 변화시키는 역동성의 작용

(4) 불교

불교는 BC 6세기경 고타마 싯다르타(Gautama Siddhārtha, BC 6C)에 의해 현재는 네팔지역에 해당하는 마가다(Magadha)왕국에서 탄생하였다.

불교가 탄생할 당시 인도는 아리안의 후기 베다시대로 브라만교가 지배하는 사회였다. 브라만교는 인간의 행위는 전생(前生)의 카르마(Karma · 업 · 業)에 의해 지배된다는 윤회사상(輪廻思想)을 핵심으로 하고 있었다. 신흥종교인 불교 역시 이러한 인도의 전통적 종교 · 철학사상을 근저로 하였으나, 윤회로부터 해탈(解脫, 알아차림과 선정으로 끊어내는 것)하여 열반(涅槃, 고요한 상태)에 들어야 한다고 설했다. 붓다의 깨달음의 내용은 고(苦) · 집(集) · 멸(滅) · 도(道)의 사성제(四聖諦)와 생사윤회의 모습인 연기(緣起)다. 고통(苦)의 원인인 집착(集)을 극복 또는 제거(滅)하여 생사윤회를 벗어나는 방법(道)으로 제시된 것이 정견(正見) · 정사(正思) · 정어(正語) · 정업(正業) · 정명(正銘) · 정정진(正定進) · 정념(正念) · 정정(正定)의 팔정도(八正道)이다. 붓다가

고타마 싯다르타의 탄생지

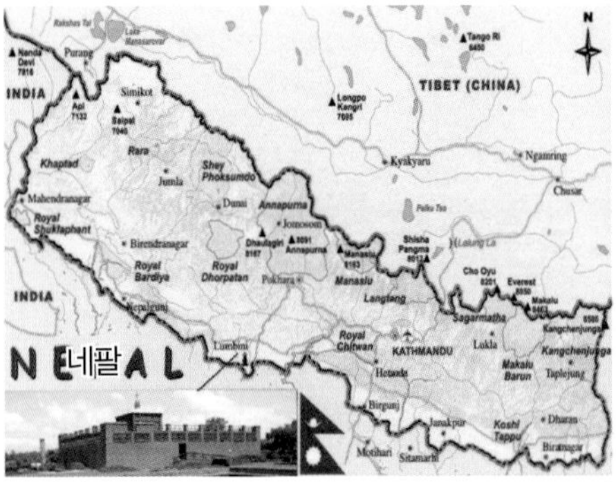

네팔의 룸비니 (출처: 네이버)

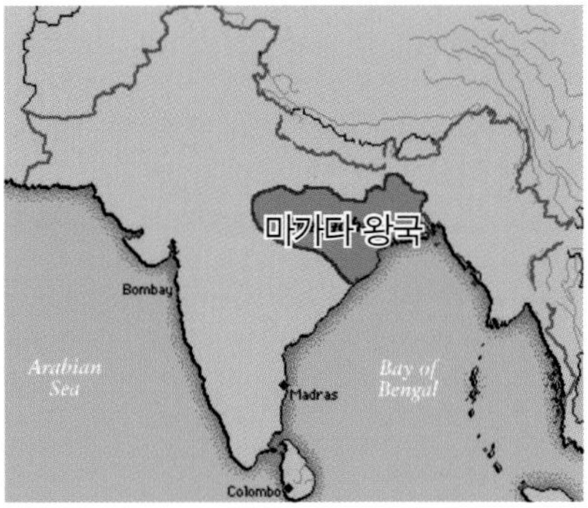

BC 5C 마가다왕국 (출처: 위키피디아)

깨달은 진리를 법(法)이라 하며 그는 이 법을 펴기 위해 녹야원(鹿野園 · 사르나트)으로 가서 다섯 수행자에게 최초의 설법을 하고(초전법륜 · 初轉法輪) 그들을 제자로 삼았다. 이로써 불 · 법 · 승의 삼보(三寶)가 갖추어지고 불교는 비로소 하나의 종교로서 교조(敎祖) · 교리(敎理) · 교단(敎團)을 갖추고 전파되기 시작하였다.

① 연기(緣起)

연기(緣起)의 교설(敎說)은 우리들의 미혹된 생존이 무엇으로 말미암아 성립되어있는 것인가를 분명히 하고, 그와 동시에 그 근본조건을 소멸시킴으로 우리들의 미혹된 생존도 소멸할 수 있음을 가르치는 것이다. 원시불교 성전(聖典) 중에는 여러 가지 형식의 연기설(緣起說)이 설명되어 있으나, 어느 연기설이나 생로병사(生老病死)의 고(苦)로 번뇌하고 있는 존재가 바로 우리 자신임을 직시하라고 지적하고있다. 또한, 고(苦)의 근본원인은 우리의 무명(無明) 혹은 무지(無知)에 있으므로 그 무명(無明)을 소멸시켜야만 우리들의 고(苦)도 소멸된다고 하는 논리를 공통적으로 전개하고 있다.

연기는 사성제의 고집성제(苦集聖諦)이며, 집제란 무명(無名), 행(行), 식(識), 명색(名色), 육입(六入), 촉(觸), 수(受), 애(愛), 취(取), 유(有), 생(生), 노사(老死)로서 고(苦)의 원인을 말한다. 처음 2단계는 과거(또는 전생)와 관련되어 있으며, 다음 8단계는 현재에 속하며, 마지막 2단계는 과거와 현재에 일어나고 있는 것에 의해 결정되는 미래를 나타낸다.

② 사성제

고, 집, 멸, 도를 사성제(四聖諦)라 한다.

- 고제(苦諦): 범부(凡夫)의 생존은 고(苦)라고 하는 진리
- 집제(集諦): 범부의 여러 가지 고뇌는 결국 번뇌 특히, 집착으로 인해 일어난다고 하는 진리
- 멸제(滅諦): 집착을 완전히 소멸함에 따라 고를 소멸해 버린 열반이 해탈의 이상경(理想境)이라고 하는 진리
- 도제(道諦): 이 고를 소멸로 인도하는 수도법은 8정도(八正道)라는 진리

③ 팔정도

정견(正見 right understanding), 정사(正思 right thought), 정어(正語 right speech), 정업(正業 right action), 정명(正命 right livelihood), 정정진(正精進 right effort), 정념(正念 right mindfulness), 정정(正定 right concentration)을 팔정도(八正道: 또는 八聖道)라 한다.

④ 중도

8정도의 실천을 중도(中道)라고 한다. 당시의 신흥사상가들 사이에서 도

덕에 위반되는 일일지라도 현세(現世)의 쾌락을 가르치는 사람들(쾌락주의)이 있었는가 하면 자기몸을 가혹하게 하는 고행(苦行)에 전심하는 사람들(고행주의)이 있었다. 그러나 석가모니는 이것들을 극단으로 잘못된 실천법이라고 하여 배척하였다.

즉, 석가모니가 치우친 수행법으로 반대한 것은 고행주의와 쾌락주의의 두 가지였다. 석가모니의 팔정도는 고행이나 낙행(樂行: 쾌락행) 등의 치우침에 떨어지지 않을 뿐 아니라 지혜와 정력(定力)과 자재(自在)와 깨달음(覺)과 열반을 얻는 가장 정당한 방법이다.

⑤ 열반과 해탈

해탈(vimoka)은 결박이나 장애에서 벗어난 해방, 자유 등을 의미하고, 열반(nirvāna)은 불을 끄는 것, 즉 번뇌의 뜨거운 불기를 끄고 고요한 상태에 이르는 것을 말한다. 해탈에는 혜해탈(慧解脫, prajna-vimukti)과 심해탈(心解脫, citta-vimukti)이 있다.

혜해탈은 오온이나 십이연기에 실체가 본래 없다는 것을 알아차림으로써 지적으로 해탈하는 것을 말한다. 그래서 이것을 알고 바른 선정(禪定)을 통해 모든 번뇌를 멸해야 하는데 이것이 심해탈이다. 열반은 이러한 두 가지 해탈이 갖추어질 때 비로소 완전해진다. 그리고 경전에서 열반은 탐 · 진 · 치가 영원히 끊어진 상태라고 설명하고 있다. 즉, 열반은 생사의 괴로움을 벗어난 세계다. 그곳에는 생(生)하고 머무르고 멸(滅)하는 무상함이 없다. 바로 그곳이 모든 행이 적멸한 열반이다.

※ 인간은 카르마(업: 후생의 운명결정)에 의해 끊임없이 태어나지만(윤회), 열

반(해탈)에 들면 더 이상 태어나지 않는다는 것이 불교의 핵심사상이다.

※ 오온(五蘊)은 일체 사물의 구성요소로서 색수상행식(色受想行識)의 다섯 가지 요소를 가리키지만, 줄여서 물질과 정신이라고 해도 무방하다.

(5) 자이나교

자이나교(Jainism)는 고대 인도에서 제사중심의 베다 브라마니즘에 대한 반동이자 개혁으로 불교와 비슷한 시기에 창시된 종교로 현재도 인도에 존속하고 있는 종교 및 철학이다. 실질적으로는 불교의 교조인 고타마 싯다르타(Goutama Siddhārta)와 동시대인이었던 바르다마나(Vardhamana)의 가르침에서 연유하였다.

자이나교는 영혼의 해탈을 목표로 하는 종교로 해탈은 윤회의 사슬로 부터 벗어나는 것을 의미한다. 해탈에 이르는 길은 새로운 카르마의 유입을 차단하고 이미 들어온 카르마를 제거하는 것에 있다고 보고 있다. 해탈의 성취는 무지와 격정이라는 원인을 제거할 수 있는 바른 믿음, 바른 지식, 바른 행동이라는 3가지 요소에 의해 이루어지므로 해탈에 이르는 길에 있어서 아힘사(ahimsa, 해치지 않음)라는 윤리적 실천(바른 행동)을 중시한다. 그리고 고행이 카르마를 빨리 제거하는 데 아주 효과적인 바른 행동이라고 보고 있으며, 해탈을 성취한 영혼은 현생이 끝났을 때 세계의 가장 꼭대기로 올라가 영원한 안식과 평화를 누린다고 본다. 자이나교와 불교의 공통점은 브라마니즘의 제례의식과 이에 따르는 브라만들의 권위와 특권을 인정하지 않고 평등주의적 윤리관을 내세웠다는 점이다. 그러나 방법론적인 면에서는 극명한 차이점이 있다. 즉, 자이나교는 철저하고 극심한 고행에 의한 구제의 길을 걸은 반면에, 불교는 온건하고 상식을 벗어나지 않으려는 중도에서 길을 찾으려 한다.

(6) 인더스문명의 음식문화

지리적으로 동양과 서양의 한가운데 위치한 인도는 수많은 교차이주를 통해 이루어진 대규모 문화교류의 영향을 받았다. 중동사람들은 동쪽으로 이주하면서 가축화된 소와 양, 염소와 말을 키우던 경험을 인도에 전수해 주었고, 중국인들은 서쪽으로 이동하면서 쌀과 차를 인도에 전파했다. 또한, 인도유럽인들은 건조한 초원지대인 북쪽의 스텝에서 인도의 중심부로 이동하면서 인도에 말을 소개했다.

고대 인도인들은 완두와 병아리콩, 렌즈콩 등을 섭취하였고, 코코넛, 석류, 대추야자, 레몬, 멜론, 바나나 등을 섭취하였다. 그리고 BC 800년대 사탕수수를 정제당으로 바꾸는 기술을 갖추고 있었다. 원래 인도에서는 채식전통이 그다지 강하지 않았으나, 자이나교(채식 위주) 탄생으로 채식전통이 강해졌다.

고대 인도에는 브라만사제가 신에게 바치는 소마(soma)라는 신성한 음료가 있었다. 이 음료는 단순한 알코올이 아니라 강력한 환각작용을 일으키는 약초들을 배합하여 만들어졌다고 한다. 하여 소마를 마시면 자신이 강해지고 온갖 질병을 물리친 것처럼 느껴졌다고 한다. 소마의 원료의 정체에 대해서는 여러 가지 설이 있는데 인도 음식의 역사학자인 아차야(KT Achaya)는 환각작용을 하는 광대버섯(amanita muscaria)이 사용되었을 것으로 추정하고 있다.

4
황하문명
BC 3200~480년

1) 신화(전설)

고고학적 발굴이 활발히 진행되고 있음에도 불구하고 고대 중국역사는 아직도 전설(반고신화와 삼황오제)이라는 미지의 베일 속에 감추어져 있는 것이 많다. 하여 고대 중국문명을 이해하기 위해서는 빙하가 끝나고 양쯔강과 황하강유역에 전해지는 거인 반고(盤古)와 삼황오제(농경문화) 전설(이야기)에 대한 이해가 필요하다.

여기저기 흩어져 있던 신석기문화가 차츰 하나로 통합되는 과정에서 거인 반고이야기를 담고 있는 양사오문화(보리농사, 채도사용)가 BC 5000~3000년 무렵 등장했다. 그리고 BC 3000~2000년 무렵에는 황하유역의 벼농사 문화권(흑도사용)에서 삼황오제 이야기를 담고 있는 룽산문화의 싹이 트기 시작했다. 이곳에서는 관개시설을 이용해 집약적인 벼농사와 더불어 목축(소와 양)도 이루어졌다. 그리고 소의 뼈를 끓이는 특이한 풍습이 전해지는데, 아마도 점(占)을 치는 도구로 사용된 것으로 보인다.

양사오문화와 룽산문화 위치

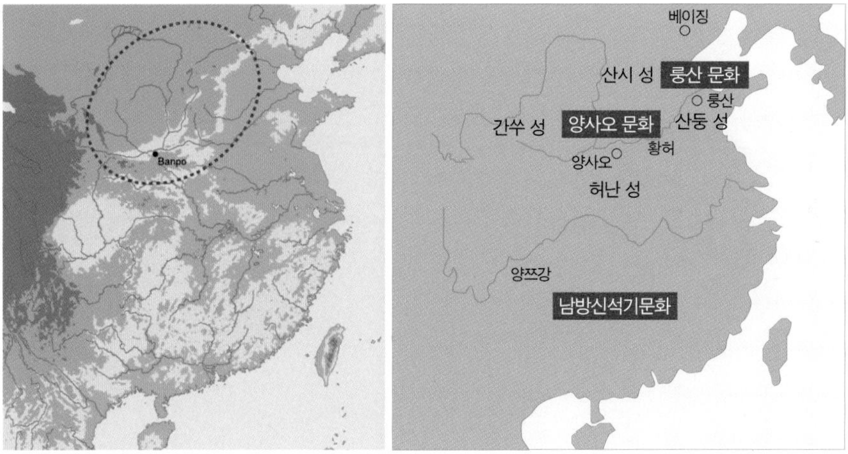

(출처: 위키피디아)

갑골문자가 발명(BC 1600)되기 이전에 형성된 거인 반고의 양사오문화와 삼황오제의 룽산문화는 신화로 치부되어 현재 역사로 인정받지 못하고 있다.

(1) 거인 반고

양사오문화(BC 5000~3000)에 담겨 있는 중국문명 최초의 창세신으로 알려진 거인 반고(盤古) 이야기의 내용은 다음과 같다.

태초의 우주는 천지만물이 이루어지기 이전의 혼돈상태의 알과 같았다. 거인 반고는 원초적인 기운만 존재하는 알 속의 혼돈상태에서 긴 기간 잠들어 있다 몸부림치며 알을 깨고 나왔다(우주의 팽창, 빅뱅). 이때 양(陽)의 기운과 음(陰)의 기운이 서로 상생하는 작용이 시작되어 밝고 가벼운 기운은 하늘이, 무겁고 탁한 기운은 땅이 되었다(陰陽師想의 근원). 하늘과 땅이 생긴 후 반고의 키가 더 자라 하늘과 땅을 밀어내고 난 후 반고는 그만 지쳐서 죽고 말았다. 죽은 거인 반고의 육신은 해, 달, 별, 산, 쇠와 돌, 강, 논과 밭, 풀과 나

삼재도회에 그려진 반고의 모습

(출처: 위키피디아)

무, 보석, 비, 바람과 구름, 번개와 천둥과 같은 천지가 되었다(『삼오역기』와 『술이기』 참조).

반고가 문헌에 최초로 등장한 것은 삼국(지)시대 오나라 서정(220~265)이 쓴 역사서 『삼오역기(三五曆記)』에서였다. 이 책 본서는 현존하지 않으며, 『예문유취』 및 『태평어람』 등에서 인용된 짧은 내용만이 남아있을 뿐이다. 남아있는 『삼오역기』의 짧은 부분이 바로 중국신화의 창세신화로 유명한 반고의 개천벽지(開天闢地, 하늘이 열리고 땅이 열린다, 중국 창조신화) 일화다. 거인 반고가 하늘과 땅을 열었다는 신화가 수록된 문헌 중에서는 가장 오래되었다.

그런데 거인이 개벽을 이루었다는 설화는 『삼오력기』 이전의 중국에는 없다가 뜬금없이 등장한 것이라서 이 신화는 당시 동오지방에 살던 남방이민족의 설화가 흡수된 것이라는 견해가 있다.

남조 양나라의 임방(460~508)이 쓴 『술이기(述異记)』에는 천지의 형태가 만들어진 뒤 반고는 죽어 그 시체로부터 만물이 생성되었다고 적혀있다. 이렇게 되면 반고(盤古)는 천지창조의 신으로, 연대로 짐작하면 인류를 창조한 복희(太皡 伏羲氏)씨와 여와씨(女媧 燧人氏) 이전에 존재하게 된다. 그러나 문헌이나 고찰 등으로 반고의 존재가 언급된 것은 사기(전한)나 풍속통의(후한)로, 삼황오제가 거론되었던 시대보다 훨씬 후대의 일이다.

(2) 삼황오제와 하왕조

거인 반고(盤古, 양사오문화: BC 5000~3000)에 의해 천지가 저절로 창조된 후 룽산문화시기(BC 3000~2000)에 삼황오제(三黃五帝)가 등장했다.

삼황(三皇)에는 진흙으로 인간을 창조한 여와 수인씨(女媧 燧人氏, 人皇), 인간에게 사냥기술을 가르쳐준 태호 복희씨(太皡 伏羲氏, 天皇, BC 2900 무렵), 농사짓는 법을 알려준 염제 신농씨(炎帝 神農氏, 地皇, BC 2800 무렵)가 있다.

삼황 중 여와씨는 인황(人皇, 흙으로 사람을 빚어냄)으로 복희씨와 남매 사이로 전해지는 것으로 보아 비슷한 시기에 등장했던 것으로 추정이 된다. 뱀 모양의 복희씨와 여와씨가 서로의 꼬리를 틀고 있는 모습이 화상석(畵像石, 한나라 때 돌에 새겨진 그림)에 새겨져 있는데, 몸을 꼬고 있는 모습은 세상의 조화와 만물의 생성을 의미한다.

복희씨(BC 2900 무렵)는 천황(天皇)으로 인류에게 닥친 대홍수 때 표주박 속에서 되살아나 복희(伏羲)라는 호칭이 붙여졌다. 대홍수에서 살아났다는 이 이야기는 메소포타미아문명의 우르크왕 길가메시(Gilgamesh)서사시(BC 2700 무렵)의 지우수드라(Ziusudra) 또는 우트나피시팀(Utnapishtim, BC 2700~2600 무렵), 노아(Noah)의 방주이야기, 그리스신화시대(헬라스 신화)의 데우칼리온부부 이야기(BC 1100~800 무렵)와 유사하다. 수메르신화의 대홍수이야기(길가메시서사시)에는 지우수드라 또는 우트나피시팀이라는 인물이 등장하는데, 창

삼황과 황제 헌원씨

여와 수인씨와 태호 복희씨

(출처: 위키피디아)

염제 신농씨

황제 헌원씨

세기의 노아, 헬라스신화의 데우칼리온 등 대홍수를 모티브로 한 이야기의 주인공보다 앞선 시대의 저작에 나오는 인물이다. 하여 고대 근동의 대홍수설화(우트나피시팀이야기)는 창세기 노아의 방주에 영향을 준 것으로 오늘날 평가되고 있다.

신농씨(BC 2800 무렵)는 지황(地皇)으로 의약의 신(한의학의 창시자, 신농본초경의 주인공), 태양의 신, 농사의 신이기도 하다. 그는 얼굴은 소, 몸은 사람(天人合一)으로 사람들에게 땅을 일구어 농사짓는 법을 가르쳐 주었다고 전해진다. 이는 수렵채집에서 농경사회로 생활양식이 변모함을 알려주는 실마리가 된다. 고대 중국에서 사람의 몸에 소의 얼굴인 신농씨는 신으로 숭상받았으나, 신농씨와 유사한 모습인 크레타-미노아문명(BC 3000~1450)의 미노타우로스는 괴물로 취급되어 주인공 테세우스에게 맞아 죽게 된다. 이는 그 당시 서양(에게문명)에는 없었던 천인합일(天人合一) 사상의 영향으로 보인다.

삼황(三皇, 여와씨, 복희씨, 신농씨)에 이어 등장하는 다섯 통치자를 오제(五帝, 상고시대 중국의 다섯 임금: 황제 헌원씨, 소호 금천씨, 전욱 고양씨, 요와 순)라 한다.

황하강유역에는 BC 2698년 황색황제 헌원씨(黃帝軒轅氏)가 중국문명을 창시했다고 전해지고 있다. 황하강유역은 황토가 퇴적되면서 강바닥이 높아

진 탓에 3년에 두어 번씩 범람하여 황하강의 치수가 최대 과제였다. 요임금 말년에 홍수가 났고, 신하 곤(鯀)에게 치수사업을 맡겼으나 실패했다. 요임금 뒤를 이은 순임금(舜)이 신하 우(禹, 곤의 아들)에게 치수를 명했고, 우는 치수 사업에 성공했다. 그 공으로 순임금 사후 우가 왕위에 올라 BC 2025년에 중국 최초의 하왕조(夏, BC 2025~1766)가 세워졌다. 하왕조는 17대 걸왕에 이르러 포악한 정치(주지육림, 酒池肉林)로 인해 민심을 잃고 신하 탕에 의해 멸망하였다(사마천의 사기 1권 『오제본기, 五帝本紀』 참조).

2) 역사와 문화

몇 가지 고고학적 증거로 볼 때 전설의 하왕조(BC 2025~1766)가 중국 최초의 왕조일 가능성도 있지만, 역사적으로 입증된 중국 최초의 왕조는 상왕조(BC 1766~1122)이다. 그리고 그 뒤를 이어 주왕조(서주시대: BC 1122~771, 동주시대, 선진시대, 춘추전국시대: BC 771~221)의 역사가 펼쳐졌다. 상왕조와 주왕조 시기에 중국 제국주의 통치의 기틀이 마련되었다.

(1) 상왕조

20세기 초 은허(殷墟: 은나라 수도의 유적지)에서 갑골문자(甲骨文字)가 발굴되었다. 갑골문자를 처음 발견한 사람은 청(清)나라 말기의 금석학자 왕의영(王懿榮, 1839~1915)이었다. 왕의영은 1899년 학질(瘧疾, 말라리아)을 치료하기 위해 약재로 사들인 용골(짐승의 뼈나 거북의 껍질)에 규칙적으로 새겨진 문자를 발견하고 연구했다. 그는 이 용골들이 고대 상(商)왕조 때에 점을 치는 데 사용되던 것이며, 여기에

중국 고대문명 하 · 은(상) · 주나라 위치(왼쪽부터)

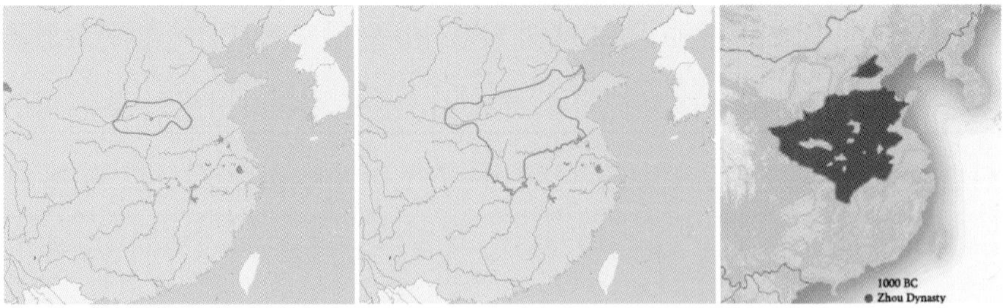

하나라 은(상)나라 주나라(서주시대)

(출처: 위키피디아)

새겨져 있는 글자가 중국의 고대 문자임을 밝혀냈다. 이 갑골문자 발굴과 함께 유적지에서 고고학적 증거들이 출토되면서 상왕조(商, BC 1766~1122)부터는 실제 왕조로 인정받게 되었다. 갑골문자발굴 이전(19C 말)까지만 해도 하왕조와 마찬가지로 상왕조도 전설상의 왕조로 남아 있었다.

상왕조는 제정일치사회로 왕인 제사장이 정치, 군사, 농사 등 대소사를 소뼈를 구워 점을 쳐 결정하였다. 소뼈를 끓이는 특이한 풍습은 룽산문화시기로 거슬러 올라가는데 그때도 점(占)을 치는 도구로 사용된 것으로 보인다. 그 외에 인신공양과 순장제도가 있었다.

상왕조시대에 중국 최초로 계급사회가 형성되었으며 말이 끄는 마차와 청

상나라의 갑골문자

(출처: 위키피디아)

동제기의 제작 및 상형문자(갑골문자, BC 1500)체계의 발명 등 많은 발전이 있었다. 상왕조는 BC 1122년 30대 주왕(紂王)의 실정(포락지형, 炮烙之刑)으로 속국 주 무왕(西周 武王)에 의해 쫓겨나면서 막을 내렸다.

(2) 주왕조

주왕조(周, BC 1122~221)는 주 무왕(西周 武王)이 호경(鎬京)을 수도로 세우고 수백년을 유지한 서주시대(西周, BC 1122~771)와 BC 771년에 신나라와 유목부족 견융(犬戎)에 의해 수도 호경을 빼앗기고, 수도를 낙읍으로 천도한 이후인 동주시대(東周, BC 771~221)로 구분이 된다. 그리고 이 동주시대는 역사적으로 고대(BC 1만 년~500)에 속하는 춘추시대(BC 771~480)와 고전기(BC 500~AD 500)에 속하는 전국시대(BC 480~221)로 구분이 된다. 따라서 본 장에서는 시기적으로 고대에 해당되는 춘추시대만 다루고 전국시대는 고전기 중국 편에서 다루기로 한다.

① 서주시대

상왕조를 무너뜨린 주 무왕(西周 武王)이 호경(鎬京)으로 수도를 옮기고, BC 1122년에 주왕조(西周, BC 1122~771 봉건제도)를 세웠다. 그리고 신하로서 상나라를 무너뜨린 무왕은 통치의 정당성을 확보하기 위해 천명설을 주장했다. 천명설이란 공정하기만 하다면 왕의 통치권은 하늘에서 부여받은 권리를 의미한다. 이러한 천명설은 이후 수백 년 동안 정권을 정당화하기 위한 필수적인 구실로 사용되었다. 주왕조시대 성왕과 강왕의 치세는 성강지치(成康之治, BC 1017~961)로 일컬어지며 중국역사의 태평성대를 이루었다.

그러나 성강지치 이후 서서히 국력이 기울다가 유왕 때(BC 781~771) 실정

(포사와 천금매소, 千金買笑, 거짓봉화)을 저지르자 BC 771년에 속국인 신나라가 유목부족 견융(犬戎)과 함께 쳐들어와 수도 호경을 빼앗고 유왕을 살해했다. 그러자 신하들은 유왕의 아들을 주 평왕으로 즉위시키고 수도를 호경에서 낙읍(洛邑)으로 천도해 서주시대는 막을 내리고 동주시대(춘추전국시대)가 열렸다.

② 동주시대 BC 771~221년

수도를 호경에서 동쪽 낙읍(洛邑)으로 천도한 사건을 주실동천(周室童遷)이라 하며 이 시기부터를 동주시대(東周, BC 771~221)라 한다. 이때부터 주 왕조의 종주권은 쇠약해졌고, 제후들의 세력이 커지면서 약육강식의 시대가 되었다. 이 시기를 춘추전국시대(春秋戰國時代, BC 771~221) 또는 진나라가 통일하기 전이라 해서 선진시대(先秦時代)라고도 부른다.

춘추전국시대(BC 771~221)는 춘추시대(BC 771~480)와 전국시대(BC 480~221)로 구분이 된다.

춘추시대 명칭은 공자(孔子)가 저술한 『춘추』에서 비롯되었다. 360여 년간 계속된 춘추시대에는 각지의 유력한 제후가 동맹을 맺고 연합하여 격렬히 싸웠다. 춘추시대 말기에는 철기의 등장(대규모 관개사업)으로 광대한 농지와 군을 거느리게 되면서 제후의 세력(춘추오패: 진, 제, 조, 연, 초)이 더 커졌다. 그 후 약 180여 년간의 전란시대를 전국시대(BC 480~221 고전시대에 포함)라 한다.

3) 의학사조와 질병 극복을 위한 노력

(1) 의학사조(醫學思潮) 도가사상과 음양사상

황하문명은 지정학적으로 타클라마칸사막과 히말라야산맥으로 가로막혀 있다. 이러한 이유로 황하의 중하류지역을 중심으로 독자적이며 독창적인 문명을 발전시켜 나갈 수 있었다. 예컨대, 고대 중국의학의 근원이 되는 도가사상(道可思想)과 음양사상(陰陽思想)이 그러하다.

도가사상(道可思想)에 따르면, 천지만물(우주)은 신에 의해서가 아니라 도(道)에 의해 자연의 근본적인 두가지 요소(음양, 陰陽)의 상호작용으로 스스로 생겨났다. 그러므로 천지만물의 궁극적인 원리인 도(道)를 따르는 것이 인간의 바른 삶이라 여겼다. 춘추시대 노자(BC 6C)는 『도덕경(道德經)』에서 도(道)를 주의 깊게 관조한다면 병에 걸리지도 늙지도 않는다고 하였다. 그러나 도를 경시하면 질병에 걸리는데, 이는 자연법칙에 따르지 않은 필연적인 귀결이라고도 했다(無爲自然, 인위적 제약 반대).

하여 고대 중국의학은 도가사상에 따라 질병의 예방에 초점을 맞추고 있다. 단, 환자진료 시 의사들은 환자가 어떻게 도(道)를 어겼는지 알아본 후 주로 약초를 처방하거나 침술과 뜸으로 환자를 치료하였다.

(2) 질병 극복을 위한 노력

삼황오제(三皇五帝) 중 태호 복희씨(伏羲氏), 염제 신농씨(神農氏), 황제 헌원씨(黃帝氏)를 의학의 창시자라 보는 견해도 있으나 이 시기는 역사적 기록이 없어 일종의 전설로 간주되고 있다.

그러나 의학이라는 것은 사람의 생존에 없어서는 안 될 필요불가결한 것으로, 의학에 대한 기본적인 인식이 옛 시대에 이미 있었다는 것은 의심의 여지가 없다.

태호 복희씨, 염제 신농씨, 황제 헌원씨의 업적이 구전되어 내려온 이야기라 해도 여기에 담겨 있는 음양사상(복희씨), 약초(신농씨), 양생법(헌원씨)과 침술(신농씨, 헌원씨) 등은 엄연히 황하문명의 의학으로 오늘날까지 중의학의 핵심을 차지하고 있으니 말이다.

주왕조시대에 이르러 고대 중국의학은 원시적인 틀(상왕조의 점술)을 벗고 의료 체계(서주시대: 무의와 전업의 분리)를 갖추기 시작하였다.

고대 중국의학의 핵심은 질병의 치료보다는 음양의 조화와 균형(도가사상과 음양사상), 절제와 소박한 삶을 통한 질병의 예방(황제내경의 양생법)이었다. 단, 질병이 발생하면 의사들은 맥박촉진으로 환자가 어떻게 도(道)를 어겼는지 알아본 후 주로 약초(신농본초경)를 처방하거나 침술과 뜸(황제내경, 춘추좌전)으로 치료하였다.

고대 중국의학도 고대 중국역사와 마찬가지로 상당히 많은 것이 신화적인 시간 속에 묻혀 있지만, 도(道)를 행동양식의 핵심으로 보는 도가사상(道可思想)에 근거하고 있다. 이 도(道)의 개념은 훗날 도덕적 행동양식으로 유교에서도 중시된다.

① 전설의 삼황오제 중국의학의 기반

비록 삼황오제의 업적이 전설로 간주되고는 있으나, 고대 중국의학뿐 아니라 오늘날 중의학도 복희씨의 음양사상, 신농씨의 약초처방, 헌원씨의 양생법 등의 전설적 인물의 업적에 기반을 두고 있음은 간과할 수 없다.

태호 복희씨(太皞 伏羲氏, BC 2900)는 모든 음양(陰陽)의 조건을 8개의 선으로 나타내는 팔괘를 창시하였는데 오늘날 주역으로 계승되고 있다.

그리고 오랜기간 황제내경과 신농본초경은 구전으로 전해지다 후세(전국시대, BC 480~221)에 편찬되어 이론적으로 정립이 된다.

② 상왕조 점술

상왕조(商, BC 1766~1122)는 왕이 의술과 약재에 관해 점(占)을 친 내용이 기록되어 있을 정도로 미신과 귀신이 난무했던 왕조였다. 당시 의사인 무의(巫醫)들은 자신의 고유영역인 기도, 제사뿐 아니라 폄침(砭鍼, 돌침), 쑥뜸(艾灸), 약물도 함께 사용하였다. 폄침은 금속제의 침을 발명하기 이전에 사용된 원시적인 형태의 침으로 인정받고 있다.

훗날 수도 은허(殷墟)에서 발견된 갑골문(BC 1500 무렵 발명)에는 질병의 종류, 치료법 등 의학에 관련된 여러 가지 기록이 다수 남아있다. 수만 개에 달하는 갑골조각 가운데 323개에 의약 관련 내용이 기록되어 있으며, 점술 기록이 415건에 달하는데 중국 최초의 의료기록으로 보인다. 거북이의 등껍질에 당시의 질병에 대한 기록(갑골문자)을 보면 질병의 증상과 원인, 경과에 대해 자세한 관찰을 했다는 것을 알 수 있다. 이때 이미 각종 질병에 대해 인지하고 있었으며 20여 종의 질병명칭이 기록되어 있는데 두통, 치통, 복통, 눈병, 귓병, 콧병, 발병을 비롯해 소아병, 부인과 질병 등이 이에 해당한다.

③ 주왕조(서주와 동주) 의료체계 확립

주왕조는 서주시대와 동주시대(춘추전국시대, 선진시대)로 구분이 된다.

서주시대는 의정(醫政)제도가 확립된 시기였다. 무의(巫醫)와 전업의(專業醫)가 구분되어 서로 다른 직무를 수행하였다. 『주례(周禮, 주나라의 관직제도

기록된 책)』에는 의관(醫官)의 직분을 의사(醫師, 약초수집, 다른 시술자 지휘감독), 식의(食醫, 음식과 약초 조제), 질의(疾醫, 두통, 감기, 작은 상처치료), 양의(瘍醫, 외과시술), 수의(獸醫, 동물치료) 5가지로 분류한 기록이 있다. 낙양 서고애(西高崖) 유적지에서는 구리로 만든 동침(銅針)이 발견되었으며, 화전현(和田縣) 유적지에서 출토된『공혈주치(孔穴主治)의 잔본(殘本)』에는 4개 혈자리의 위치 및 침구치료에 대한 방법이 기재되어 있다.

동주시대(춘추전국시대, 선진시대)는 중국에서 금속침을 사용하게 된 시기로 침구경험이 누적된 시기였다. 춘추시대(春秋戰國時代, BC 771~480)의 역사를 기록한『춘추좌전(春秋左傳, BC 550)』에는 침술로 고치지 못하면 약으로도 고치지 못한다는 내용이 기록되어 있다. 여러 가지 종류의 침이 있었고, 침을 통한 보사(補瀉)의 방법 또한 정교한 것이었다.

4) 여기서 잠깐

(1) 황하문명의 음식문화

중국은 지역에 따라 기후와 지형이 다양하고 동식물의 종류도 이에 버금가게 다양하다. 역사학자들은 농업이 중국과 메소포타미아에서 독자적으로 발생했다고 믿고 있다. 메소포타미아는 밀농사를 짓기 시작했고 중국인들은 중동에는 알려지지 않은 기장(염제 신농씨)을 재배했기 때문이다.

그리고 중국 최초의 문화유적에서 황토벽과 초가지붕 집에서 돼지와 닭을 키우면서 기장을 파묻은 흔적이 발견됐다.

공자는 세상 변화의 이치를 담은 주역(周易)과 시경(詩經)을 저술했는데,

시경에는 그 당시의 문화와 음식에 대해 많은 것을 알려 주는데 여기에는 죽순, 배추와 셀러리, 복숭아와 대추, 살구와 잣, 헤이즐넛 등 44종의 채소와 향신료가 언급되어 있다.

5
에게문명과 고대 그리스
BC 3000~480년

하인리히 슐리만(Heinrich Schliemann, 1822~1890, 아마추어 독일고고학자)은 호메로스의 『일리아스』에서 읽은 트로이목마에 대한 실마리를 가지고 1870년에 트로이유적지를 발굴해 냈다. 그리고 그는 그리스지리학자 파우사니아스(Pausanias, BC 2C경)가 남긴 미케네의 웅장한 사자문, 아가멤논의 묘, 아트레우스의 보물창고에 관한 기록을 단서로 1873년에 미케네문명의 유적지도 발굴해 냈다. 이렇게 19세기 말엽에 아마추어 독일고고학자에 의해 트로이와 미케네문명의 유적지가 발굴되었다.

20세기 초반에는 영국의 고고학자 아서 에반스(Arthur John Evans, 1851~1941)에 의해 크레타문명의 크노소스궁전 터가 발굴되었다.

이렇듯 유럽 최초의 에게문명(크레타-미케네문명, BC 3000~1200)이 발굴되면서 고대 그리스의 역사(BC 1100~480)는 새롭게 조명되기 시작했다.

크레타문명(BC 3000~1450, 청동기 문명)은 아나톨리아반도에서 이주한 미노아인에 의해 그리스본토 아래 크레타섬에서 BC 3000년 무렵에 탄생했다. 그런데 이 문명은 BC 1600년경 크레타섬 근처 산토리섬에서 화산폭발로

하인리히 슐리만과 아서 에반스(왼쪽부터)

(출처: 위키피디아)

쇠약해지다 BC 1450년경 미케네군의 침략으로 멸망했다.

미케네문명(BC 1600~1200, 청동기문명)은 발칸반도북쪽에서 내려온 미케네인이 펠로폰네소스반도 아카이아지방을 중심으로 작은 소왕국들(미케네, 스파르타, 코린트, 아테네, 테베, 키프로스 등)이 세워지면서 BC 1600년 무렵에 탄생했다. 이 문명은 발칸반도북쪽에서 성장하던 철기로 무장한 도리아인의 남하와 바다민족의 침략으로 BC 1200년 무렵 멸망했다.

미케네문명(BC 1600~1200)이 멸망한 후 400년 동안 고대 그리스인들은 가난과 고립을 면치 못했다(그리스신화시대, BC 1100~800). 도시국가가 부족국가 수준으로 퇴보한 암흑과도 같은 시기에 유랑시인 호메로스가 트로이전쟁의 신과 영웅들의 이야기(『일리아스』와 『오디세이아』)를 구전으로 전했다.

그러다 BC 800~480년 무렵(아르카익시대)에 들어서면서 고대 그리스는 긴 어둠에서 빠져나와 몰락했던 도시국가들이 부활하기 시작했다. 도시국가 체제에서 무역은 다시 활기를 띠기 시작했고, 도시들은 부가 넘쳐나는 생산의 중심지로 거듭났다. 부활한 도시국가 내에서 도시민의 발언권이 커지면서 그리스만의 특특한 민주주의 체제가 싹이 텄다.

호메로스와 그의 서사시의 서문들

호메로스 (BC 8세기경)
(출처: 위키피디아)

ΙΛΙΑΣ

Μῆνιν ἄειδε, θεὰ, Πηληιάδεω Ἀχιλῆος
οὐλομένην, ἣ μυρί᾽ Ἀχαιοῖς ἄλγε᾽ ἔθηκε,
πολλὰς δ᾽ ἰφθίμους ψυχὰς Ἄϊδι προΐαψεν
ἡρώων, αὐτοὺς δὲ ἑλώρια τεῦχε κύνεσσιν
οἰωνοῖσί τε πᾶσι· Διὸς δ᾽ ἐτελείετο βουλή·
ἐξ οὗ δὴ τὰ πρῶτα διαστήτην ἐρίσαντε
Ἀτρεΐδης τε ἄναξ ἀνδρῶν καὶ δῖος Ἀχιλλεύς.

그리스어 『일리아스』의 글머리

ΟΔΥΣΣΕΙΑ

Ἄνδρα μοι ἔννεπε, Μοῦσα, πολύτροπον, ὃς μάλα πολλὰ
πλάγχθη, ἐπεὶ Τροίης ἱερὸν πτολίεθρον ἔπερσε·
πολλῶν δ᾽ ἀνθρώπων ἴδεν ἄστεα καὶ νόον ἔγνω,
πολλὰ δ᾽ ὅ γ᾽ ἐν πόντῳ πάθεν ἄλγεα ὃν κατὰ θυμόν,
ἀρνύμενος ἥν τε ψυχὴν καὶ νόστον ἑταίρων.
ἀλλ᾽ οὐδ᾽ ὣς ἑτάρους ἐρρύσατο, ἱέμενός περ·
αὐτῶν γὰρ σφετέρῃσιν ἀτασθαλίῃσιν ὄλοντο,
νήπιοι, οἳ κατὰ βοῦς Ὑπερίονος Ἠελίοιο
ἤσθιον· αὐτὰρ ὁ τοῖσιν ἀφείλετο νόστιμον ἦμαρ.

그리스어 『오디세이아』의 글머리

본 장은 진정한 의미의 유럽 최초 문명인 에게문명(크레타-미케네문명: BC 3000~1200)과 에게문명을 모태로 태동한 고대 그리스(그리스신화시대: BC 1100~800, 아르카익시대: BC 800~480)의 역사와 질병 극복을 위한 노력(의술 내지는 의학)으로 구성되어 있다.

1) 에게문명(크레타-미케네문명)

(1) 크레타-미노아문명 크레타-미노스문명

크레타-미노아문명(BC 3000~1450) 유적지가 20세기 초반에 영국고고학자 아서 에반스(Arthur John Evans, 1851~1941)에 의해 발굴되었다. 아서 에

크레타-미케네문명 위치

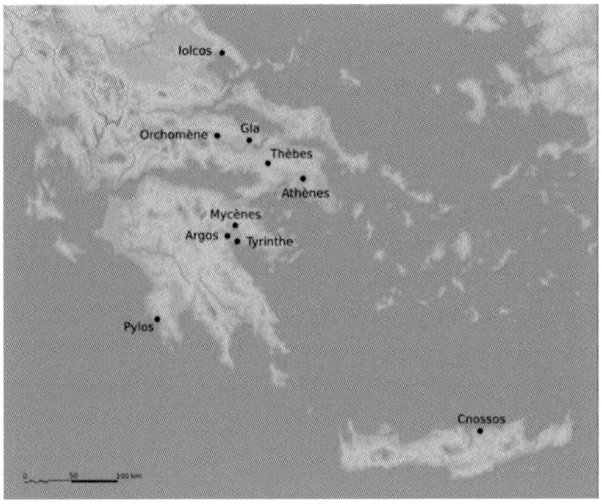

(출처: 위키피디아)

반스는 지정학적으로 동 · 서무역의 요충지인 크레타섬에서 유럽 최초의 문명이 꽃을 피운 것은 우연이 아니라고 했다. 말하자면 인근문명(오리엔트문명)과의 교류를 통해 수준 높은 독특한 문명(BC 3000~1450, 미노아인, 청동기)으로 탄생이 되었다는 것을 의미한다.

유럽 최초의 문명은 이렇게 그리스본토가 아닌 본토 아래에 있는 크레타섬에서 BC 3000년 무렵 시작되었다. 원래 크레타섬은 아나톨리아반도(현재 튀르기예)에서 청동기문화를 지닌 신석기농경민(미노아인)이 이주하여 정착한 곳이었다. 차츰 인구수가 늘어나자 섬이라는 지정학적 한계로 늘어난 인구수만큼의 경작지 확보가 어려웠다. 하여 그들은 농사(포도, 올리브, 허브 등) 대신 배를 건조하고 항해술을 발달시켜 바다로 나갔다.

그 덕분에 크레타문명은 인근지역(페니키아나 트로이문명)으로부터 다양한 도구와 무기, 귀금속, 술잔, 도자기 등을 제작할 수 있는 기술과 예술성을 확보할 수 있었다. 그 결과 중개무역이 활성화되었고, 그 과정에서 문자체계(선형문자 A, 현재 해독 불가)도 발명되어 문명으로 거듭나는 계기가 마련되었다.

또한, 인근 이집트로부터도 발달 된 건축양식을 받아들여 크노소스궁전을 짓고 궁전 내벽에는 프레스코벽화를 남겼다.

그러나 BC 1450년 무렵 크레타-미노아문명이 갑자기 역사 속으로 사라졌는데, 여기에는 2가지 설이 존재한다. 첫번째 원인은 BC 1600년경 크레타섬 근처 산토리 티라섬의 화산폭발로 크레타섬의 궁전이 파괴되고, 몇해 동안 화산재로 인해 이어진 흉년으로 멸망했다는 것이다. 또 다른 원인은 BC 1500년경 자연재해로 이미 힘을 상실한 크레타문명이 그리스본토에서 건너온 미케네군에 의해 BC 1450년 무렵 무너졌다는 것이다(테세우스신화 참조).

(2) 미케네문명

슐리만이 트로이문명과 미케네문명(BC 1600~1200) 유적지들을 발굴하기 전에는 고대 그리스문명에 대해 알려진 것은 호메로스(Homeros, BC 9C 무렵)의 서사시, 『일리아스』와 『오디세이아』를 통해 전해지는 정도였다. 슐리만이 미케네문명 유적지를 발굴한 이후 고대 그리스문명은 새롭게 조명되기 시작했다.

BC 2000년 무렵, 미케네인(그리스어 사용)이 그리스본토인 발칸반도에서 그리스남부로 남하하여 정착하였다. 이주한 그들(신석기농경민)은 처음에는 농사(올리브, 무화과 및 포도)를 지었으나 석회질바위가 많아서 대규모로 농사짓기가 어려웠다. 이러한 척박한 환경때문에 크레타-미노아문명의 사람들이 그랬듯이 이들도 항해술을 연마하여 바다를 개척하기에 이르렀다. 이들이 개척한 에게해는 육지로 둘러싸여 있고 파도도 높지 않았으며 주변에 섬이 잘 형성되어 있어 장거리 항해에 최적이었다. 하여 인근의 이집트, 메소포타미아, 히타이트제국을 넘어 미지의 세계까지 그들의 특산물(올리브유와 포도주 및 도자기 등)을 가지고 활발히 교역하면서 선형문자 B도 개발하여 사용하였다.

BC 1600년 무렵이 되자 펠로폰네소스반도에는 아카이아(Achaea)지방을 중심으로 작은 소왕국들(미케네, 스파르타, 코린트, 아테네, 테베, 키프로스 등)이 세워지면서 미케네문명(BC 1600~1200, 청동기문명)이 탄생했다. 아카이아지방을 중심으로 미케네문명이 형성되었기에 미케네인을 아카이아인이라고도 불렀다.

소왕국 중 전차와 창을 사용하는 미케네가 가장 호전적이었다. 강건하고 육중한 방어벽으로 둘러싸인 미케네궁전(거대한 성채, 요새)은 행정, 경제, 종교적 측면에서 지역사회의 구심적 역할을 하였다. 이렇듯 미케네를 중심으로 힘을 키운 미케네문명 사람들은 크레타-미노아문명이 화산재해로 쇠락한 틈을 타 1450년 크레타섬을 정복하고 에게해의 해상 패권을 차지하였다. 크레타섬에 이어 아나톨리아 해안지방으로도 진출함에 따라 트로이와 동지중해 선박통행권을 두고 트로이전쟁이 일어났다. 트로이전쟁은 BC 1250년경 그리스연합군이 함선을 모아 트로이를 공격한 대규모 전쟁이었다. 아가멤논을 총사령관으로 하여 트로이를 상대로 10년간 전쟁이 계속되다가 오디세우스의 트로이목마 작전으로 그리스연합군(미케네문명)의 승리로 끝났다.

이렇게 강력한 제국을 건설한 미케네문명도 BC 1200년경 미케네를 비롯한 여러 도시의 궁전들이 모조리 불타 사라져 버리는 사건이 일어났다. 이때 문자(선형문자 B)도 사라지고 400년간 고대 그리스는 암흑시대(BC 1200~800, 그리스신화시대)를 거치게 된다. 이 미케네문명 붕괴의 원인으로 두 가지 설이 존재한다. 첫번째는 북쪽에서 성장하던 철기로 무장한 도리아인이 남하하여

미케네문명의 유적과 유물 일부

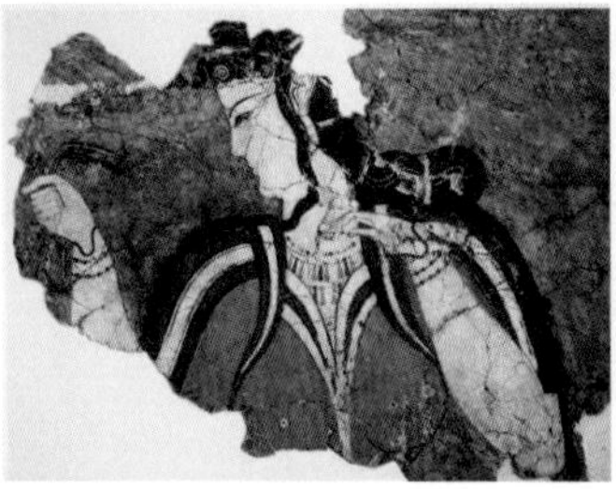

미케네의 프레스코

미케네 선형문자 B의 예

방어용 성벽(방벽)

(출처: 네이버)

멸망시켰다는 것이고, 두번째는 BC 1200~1150년 무렵, 이집트와 레바논 지방에 들끓던 바다민족(여러 민족의 연맹)이라 불리는 민족에 의해 동쪽지중해 문명권 전역이 순식간에 초토화되면서 멸망했다는 것이다.

(3) 질병 극복을 위한 노력

크노소스궁전을 통해 크레타-미노아문명(BC 3000~1450, 미노아인)의 생활상을 살펴보면, 약 3만 명 정도의 인구가 궁전 안팎에 모여 살았는데, 전쟁의 흔적은 찾아볼 수가 없다. 단, 지리적 여건상 이집트의 영향을 받아 신전치료와 다양한 약초를 질병치료에 사용했을 것으로 짐작해볼 수 있다.

트로이전쟁을 그린 호메로스의 서사시를 통해 미케네문명의 의료행위 수준을 알아보면, 『일리아스』 서두에 진노한 아폴론(제우스와 레토의 아들)이 화살을 쏘아 9일 동안 그리스연합군 진중에 무서운 역병을 퍼뜨렸다는 이야기가 나온다. 이 이야기에서 알 수 있듯이 아폴론은 치유의 신에 앞서 역병의 원인(초자연적인 질병관)이기도 하였다. 건강, 의료와 위생, 약과 관련된 신들이 많이 존재했지만, 중심이 된 의신(醫神)은 단연 아폴론(Apollon)이었고, 질병이 낫기 위해서는 아폴론신전에서 정성껏 기도해야 했다. 당시 아폴론신전(神殿,

Temple of Apollon)은 지중해의 여러 곳에 세워졌으며, 역사적으로 유명한 곳은 델포이에 세워진 신전이다. 델포이의 옛 지명은 피톤이었는데, 신화에 의하면, 아버지인 제우스는 쌍둥이 남매 아폴론과 아르테미스의 탄생을 기뻐하며 아폴론에게 예언을 관장하는 능력을 주었다고 한다. 아폴론이 태어난 지 나흘이 지나자, 제우스는 그에게 황금왕관과 현악기인 리라, 백조가 끄는 마차를 주며, 피톤(델포이)으로 가라고 명령을 내렸다. 그곳에서 헤라의 명령으로 어머니 레토가 임신한 동안, 이들을 줄곧 괴롭혔던 큰 뱀 피톤을 아폴론은 화살로 쏘아 퇴치했다. 이후 아폴론은 피톤이 지키던 가이아의 신전을 차지하고, 지명도 피톤에서 델포이로 바꾸었다고 한다. 이렇게 델포이신전은 아폴론신전으로 바뀌었고, 신전의 피티아를 통해 사람들에게 신탁을 내렸다. 그 후로 인간은 가이아의 뜻이 아닌, 제우스의 뜻을 알리는 아폴론신탁으로 미래에 대해 알 수 있게 되었다. 이는 피톤이라는 구시대에서 델포이라는 이름의 새로운 시대로 바뀌었음을 의미하는 사건으로 해석할 수 있다. 이 시기에 아폴론신탁은 매년 가장 따뜻한 9개월 동안에만 이루어졌다.

이처럼 크레타-미케네문명(BC 3000~1200) 역시 인근 오리엔트문명과 마찬가지로 도시 한가운데 신전을 짓고 치유의 신들(특히, 아폴론)에게 기도했다.

한편, 호메로스의 서사시 중에 전투이야기가 나오는 만큼 창상과 창상치료법(상처를 치료하고 나서 붕대로 상처부위를 감쌌다는 이야기)이 함께 언급되어 있다. 비록 호메로스의 서사시에 언급된 종교적 치료(주문, 부적과 같은 종교의식과 신전치료)와 경험적인 의술(다양한 약초치료와 간단한 외과술)이 단편적이지만, 고고학적이고 합리적인 여러 가지 증거가 충분히 담겨 있어 호메로스의학이라 지칭한다. 이 호메로스의학은 지정학적으로 인근 오리엔트문명(특히 이집트)과 소아시아(트로이문명)와 같은 인근 지역과 꾸준한 교류(무역과 전쟁)를 통해 형성된 교직물이란 생각이 든다.

(4) 여기서 잠깐

① 크레타-미노아문명

• 크노소스궁전

20세기 초에 아서 에반스가 크노소스궁전(미궁의 궁전터) 터를 발굴했다. 크노소스궁전을 떠받치는 아래서 위로 갈수록 넓어지는 기둥 모양이나 여신과 황소숭배사상을 의미하는 유물 및 제사의식 등은 인근 이집트문화의 영향을 많이 받은 것 같다.

크노소스궁전을 통해 그 당시 미노아인의 생활상을 살펴볼 수 있는데, 크노소스궁전 중앙에 있는 창고의 대형항아리(피토아)에 곡물, 올리브유, 포도주, 콩 등과 같은 식량을 저장해 두고 필요에 따라 재분배하는 시스템을 갖추고 있었던 것 같다.

크레타-미노아문명 번영기(BC 1700, 미노스왕 시기)에 제작된 뱀을 양손에 들고 있는 여신(혹은 사제)은 농업을 관장하는 신으로 뱀은 재생을, 드러난 가슴은 풍요를 의미하는 것 같다. 양날도끼(신성한 물건)의 방은 신성한 종교적인 공간으로 숫자 8모양의 방패도 함께 걸려 있는데, 신에게 제사를 지낼 때 양날 도끼로 신에게 바칠 소를 희생시키는데 사용한 것 같다. 학자들은 크레

크레타문명의 유적과 유물

크노소스 궁전 터

크노소스 궁전의 돌고래 프레스코 벽화

크노소스 궁전의 여사제들 프레스코 벽화

(출처: 네이버)

타-미노아문명은 여사제 중심으로 신정정치가 이루어진 사회로 여사제의 지위가 매우 높았거나 모계사회였을 수도 있다고 보고 있다. 크노소스궁전벽에는 황소점프 프레스코화가 그려져 있어 황소가 신성시되었던 것 같다. 그리고 해양문화답게 돌고래, 물고기, 성게 등 다양한 바다생물 프레스코화도 그려져 있다.

• 제우스와 크레타섬

제우스의 아버지인 크로노스는 어머니 가이아의 명을 받아 제1대 하늘의 신이자 아버지인 우라노스를 거세하고 제2대 하늘의 신이 되었다. 이에 우라노스가 크로노스에게 너도 나처럼 자식에 의해 제거될 것이라고 저주를 퍼부었다. 크로노스는 우라노스의 저주를 피하고자 아내 레아가 나은 자식을 낳는 족족 삼켜버렸다. 그러자 레아는 6번째 출산한 제우스 대신 돌덩이(옴파로스, 배꼽돌)를 삼키게 한 후 제우스를 크레타섬의 이다산 목동들에게 빼돌려 성장하도록 했다. 크레타섬에서 장성한 제우스는 크로노스를 찾아가 구토약(메티스의 조언)을 몰래 먹여 5명의 형제(헤스티아, 데메테르, 헤라, 하데스, 포세이돈)를 토해내게 하였고, 5명의 형제와 힘을 모아 티탄족과의 전쟁(티타노마키아)에서 승리 후 크로노스를 몰아내고 신 중의 신으로 우뚝 서게 된다.

• 제우스와 에우로파 그리고 미노타우로스

제우스는 페니키아의 에우로파공주에게 반해 흰소로 변신하여 접근하였고, 그녀가 흰소의 등에 올라타자 바다를 헤엄쳐서 크레타섬으로 납치하였다. 이는 페니키아의 발달된 선진문명을 크레타-미노아문명에서 받아들인 것이 된다. 이렇듯 유럽 최초의 문명이 에우로파(Europa)에서 시작되었다고

크레타-미노아문명의 전설

제우스 흰소로 변한 제우스와 에우로파 미노타우로스를 베는 테세우스

(출처: 위키피디아)

하여 그녀의 이름을 따 유럽(Europe)이라는 말이 생겨났다. 제우스와 에우로파 사이에는 3명의 아들(미노스, 라다만티스, 사르페돈)이 태어났다. 3명의 아들 중 미노스는 왕이 되고 싶어 바다의 신 포세이돈을 찾아가 자신을 왕으로 인정한다는 증표로 흰소를 보내달라 요청하면서, 왕이 된 후 흰소를 제물로 제사를 지내겠다는 약속을 했다. 그러나 왕이 된 후 미노스왕은 왕비 파시파에의 반대로 그 흰소 대신 늙고 병든소를 제물로 바쳤고, 포세이돈에게 이내 들통이 나버렸다. 포세이돈의 저주로 인해 파시파에와 흰소 사이에서 사람을 잡아먹는 괴우(반인반수, 미노타우로스)가 태어났고, 미노스왕은 다이달로스를 시켜 미궁을 만들어 미노타우로스를 가두었다.

그리고 미노스왕은 약소국인 아테네에 1년마다 젊은 남녀 14명을 미노타우로스의 먹이로 바치라고 협박했다. 그러자 아테네의 왕자 테세우스는 아버지 아이게우스왕에게 자신이 제물로 가겠다고 자청했다. 아이게우스왕은 이를 허락하면서 성공하고 돌아올 때 흰돛을 달고 돌아오라고 지시했다.

테세우스가 미노타우로스를 퇴치하기 위해 미궁에 도착했을 때 미노스왕의 딸 아리아드네가 그를 보고 반해 미노타우로스를 퇴치한 후 미궁을 빠져 나오는 법(명주실 뭉치를 입구에 묶어 놓고 돌아올 때는 풀어 놓은 실을 따라 나오라고 함)을 일러주었다. 그리하여 테세우스는 미노타우로스를 죽이고 무사히 미궁을 빠져나올 수 있었다. 그러나 아테네로 돌아오는 길에 흰돛을 다는 것을 잊어버렸고, 멀리서 흰돛이 없는 것을 확인한 아이게우스왕은 슬픔에 바다에 몸을 던져 죽었고, 이 바다가 아이게우스왕의 이름을 따서 에게해가 되었다는 이야기가 전해진다.

• 전제 군주 미노스왕

BC 1700년 무렵 미노스왕이 크레타문명의 부흥기를 이끌었다는 전설이 전해져 온다.

그리스역사가 투키디데스(BC 464~400)는 미노스왕이 조직한 최초의 해군(그리스인)이 해상패권을 장악한 기원이 되었다고 했다. 그리고 미노스왕이 크레타 인근섬들을 근거지로 삼고 있는 해적을 소탕함으로써 인근해역에서 항해가 수월해져 상업적인 이익을 얻게 되었다. 그래서 크레타문명을 미노스문명이라고도 부르게 되었다.

호메로스(BC 9C 무렵)는 크레타-미노아문명 당시 크레타섬에는 사람들이 많이 살고 있었고, 미노스왕은 9년에 1번씩 제우스의 신탁을 받았다고 했다.

② 트로이전쟁

미케네문명의 최고 전성기의 영광과 풍요로움은 호메로스의 서사시(『일리아스』)와 기타 문학작품을 통해 자주 언급되고 있다. 특히 호메로스는 트로이전쟁(BC 1250 무렵) 당시 활약했던 미케네문명의 아카이아인 영웅들을 언급하면서 그리스연합군 총사령관 미케네왕(아가멤논)의 권세와 왕실의 부유함을 황금으로 뒤덮은 미케네라고 그의 서사시에 생생하게 묘사한 바 있다. 트로이전쟁은 BC 1250년 무렵, 그리스연합군과 트로이와의 전쟁 이야기인데, 신화와 역사로 구분하여 서술해 보면 다음과 같다.

트로이전쟁을 신화적 관점으로 보면, 트로이전쟁의 원인은 그리스신화로 거슬러 올라간다. 바다의 여신 테티스와 펠레우스(아킬리우스의 부모)의 결혼식에 초대받지 못한 불화의 여신 에리스가 황금사과를 남겨두고 가면서 황금사과의 주인이 세상에서 가장 아름다운 여신이 될 것이라고 했다. 헤라(명예와 권력)와 아프로디테(아름다운 여인), 아테나(지혜)가 서로 다투다가 트로이왕자 파리스의 심판에 의해 아프로디테가 주인이 되었다. 그 대가로 아프로디테는 파리스에게 스파르타의 왕비 헬레네의 사랑을 얻게 해 주었다. 아내를 빼앗긴 스파르타의 메넬라오스는 형 미케네의 아가멤논과 함께 그리스도시국가동맹을 만들어 트로이원정길에 나서 전쟁이 시작되었다. 그리스연합군(아가멤논, 아킬리우스, 오디세우스, 메넬라오스 등)과 트로이군(프리아모스, 헥토르, 아이네아스, 파리스 등)의 숱한 영웅들과 신들이 얽혀 10년 동안이나 계속된 이 전쟁은 오디세우스의 계책(트로이목마)으로 그리스군의 승리로 끝났다. 여기까지가 호메로스서사시 『일리아스』이고, 트로이전쟁이 끝난 후 오디세우스가 고향 이타카로 돌아오기까지 10년 동안 겪었던 파란만장한 모험담이 호메로스서사시 『오디세이아』이다. 10년간의 여정은 신들과 인간들 사이의 갈등뿐 아니라 한 개인(오디세우스)의 성장과 심리를 통찰력 있게 묘사한 점에서 특별한 가치가 있다.

트로이전쟁(BC 1250 무렵)을 역사적 관점으로만 보면, 동지중해의 패권을 둘러싼 그리스반도의 국가들과 트로이를 중심으로 하는 이오니아지방 국가

트로이전쟁

아프로디테와 황금사과

오디세우스의 트로이 목마

(출처: 위키피디아)

들 사이의 분쟁이라고 볼 수 있다. 그 당시 지중해의 패권은 지금의 시리아, 레바논 등 당시 이오니아로 일컬어지는 지역에 있던 국가들이 소유하고 있었다. 결국, 미케네문명과 트로이문명이 동 · 서양으로 분리된 상태에서의 최초 충돌이었고 그런 면에서 역사적으로 큰 의미를 지닌다.

③ 페니키아

페니키아(BC 3000~500)는 오늘날 레바논과 시리아, 이스라엘 일부에 걸친 지역으로 BC 3000년에 문명이 발생한 곳이다. 페니키아인들은 히브리어와 유사한 셈어를 사용한 뛰어난 선원이었다.

BC 20세기부터 레반트지역에서는 문자를 만들려는 다양한 시도가 있었다. 또한, 이미 이 지역에는 오래전부터 사용되고 있는 설형문자(메소포타미아 쐐기문자, BC 3300)는 물론 이집트문자(히어로클리프, BC 3000)와 크레타섬의 문자(선형문자 A, BC 2700), 히타이트문자 등 다양한 문자들이 소개되어 있었다. 그렇기에 페니키아를 비롯한 레반트지역 사람들은 일찍부터 문자의 효용과 가치를 알고 있었다. 아울러 여러 문명권이 만나 교역하는 과정에서 여러 언어를 쉽고 빠르게 표기할 수 있는 문자의 필요성이 점차 증가되었을 것이다.

이러한 배경에서 페니키아인은 기존의 문자들을 활용하여 쉽고 간단한 페니키아문자(Phoenician alphabet)를 만들어 사용했다. 페니키아인은 지중해 주변 여러 곳에 자신들이 만든 문자를 전파하였다. BC 1050~850년 사이 페니키아문자는 이 지역 제1의 문자의 위치를 차지했다. 뛰어난 선원이 발명한 페니키아문자는 왕성한 무역을 통해 고대 세계 전역으로 전파되었다. 이 문자는 서쪽으로는 그리스문자를 거쳐 현재 세계에서 가장 널리 사용되고 있는 라틴문자로 이어졌으며, 동쪽으로는 히브리문자, 아랍문자를 포함한 아시아 여러 문자의 선조가 되었다. 따라서 현재 세계에서 사용하고 있는 대부분 문자는 바로 페니키아문자에 기반을 두고 있다고 보면 된다.

BC 2000년부터 1000년 무렵, 페니키아는 이집트나 히타이트족의 지배를 받았으나, BC 1500년 무렵에는 페니키아의 항구도시들이 독립하면서 독립국가 형태가 되어갔다.

BC 1000년 무렵에 페니키아인은 돛 하나만 매단 목선으로도 항해하여 아프리카 대서양 연안까지 진출하여 식민지와 교역소를 세웠다. 이 식민지 해안에 최초의 등대를 세워 배를 정박하기 위한 해안선을 표시했다. 세계 각지를 항해하던 페니키아 상인은 동양에서 비단, 향수, 향신료 같은 이국적 물건들을 사들였고, 북아프리카에서는 흑단, 상아, 호박, 귀금속 등을 들여왔다.

BC 9세기 초에는 완전한 독립을 쟁취하고 지중해서부에 식민지를 건설하기 시작했다. 그리고 BC 8세기에는 스페인남부와 모로코에도 식민지를 건설하고 유럽과 아프리카의 대서양 연안을 따라 무역로를 확장해 나갔다.

2) 고대 그리스

(1) 그리스신화시대

미케네문명 몰락 후(BC 1180 무렵) 모든 것을 잃은 미케네인은 BC 1100~800년(그리스신화시대) 무렵, 가난과 고립을 면치 못했고, 도시국가는 부족국가 수준으로 퇴보했으며, 문자(선형문자 B)도 잃어버린 채 암흑의 시대를 지냈다.

이때 유랑시인 호메로스(Homeros, BC 9C 무렵)가 트로이전쟁의 영웅들과 그들과 얽힌 신들의 이야기(일리아스와 오디세이아)를 구전으로 전하며 다녔다. 그가 전하고 다닌 신화는 그 당시 지리적, 정치적 상황을 고려해 볼 때 오롯이 고대 그리스의 이야기(神話)로만 보기에는 다소 무리가 따른다. 그리스신화는 인근 오리엔트문명(이집트와 메소포타미아)과 소아시아지역(아나톨리아 반도의 트로이문명)에 떠도는 이야기들(각종 신화)을 모아 호메로스가 그리스의 신화로 각색했을 가능성이 크기 때문이다. 예컨대, 이집트신앙의 영향을 받아 세상의 추상적 개념(자연)을 신으로 의인화하여 지하세계를 상징하는 하데스, 바다를 관장하는 포세이돈, 태양을 상징하는 아폴론 등 자연현상을 의인화한 것 같다. 그리고 그리스인들이 이집트사제들에게 제단, 축제, 신전 등의 전통을 배웠다고 전하는 그리스역사의 아버지 헤로도토스(Herodotos, BC 484~425, 이집트와 페르시아제국 여행)가 이를 뒷받침해 준다.

어쨌든 이렇게 형성된 그리스신화는 그리스의 신과 영웅, 우주관, 그리스 고유의 종교의례와 의식행위의 기원으로 오늘날에도 서양의 문화유산(서양문명의 문화, 예술, 문학 등)에도 그 영향이 남아있다.

(2) 아르카익시대

BC 800년 무렵, 고대 그리스에는 작은 정치집단(다수가 권력을 갖는 민주정)인 폴리스(올림푸스, 델포이, 테베, 스파르타, 아테네, 레스보스, 밀레투스, 로도스 등)가 형성되었다. 히타이트제국이 바다민족에 의해 멸망하면서 히타이트의 철기원천제작기술이 그리스인에게 보급되었기에 가능했다.

폴리스는 공동방위의 거점이자 교역의 중심으로 도시 중앙에는 아크로폴리스(성채)와 아고라(광장)를 설치해 두었다. 독립성이 강한 폴리스들은 통일된 국가형태를 취하지 않고 있다가 필요할 때마다 공동방위를 목적으로 여러 폴리스가 동맹을 맺었다. 일례로, BC 776년에 그리스는 하나라는 명분을 내세워 제1회 올림피아경기(고대올림픽, 제례의식)를 개최했다.

또한, 폴리스는 교역거점의 역할도 수행했는데, 그중 아테네는 올리브유와 도자기를 수출하고 곡물과 노예를 수입하는 무역국가로 급성장했다. BC 6세기가 되자 소아시아와 흑해연안지방에서 노예무역이 활발해지고, 은화가 보급되면서 상업은 점점 더 활기를 띠었다.

이렇게 무역이 활발해지면서 페니키아의 알파벳의 자음에 모음을 추가한 문자체계가 개발되었다. 하여 그동안 구전으로 전해지던 호메로스의 서사시 『일리아스』와 『오디세이아』가 기록으로 남겨지면서 고대 그리스문학이 한 단계 높은 수준에 도달하게 되었다. 『일리아스』와 『오디세이아』는 고대 그리스의 암흑기(BC 1100~800)에 방랑시인 호메로스가 음유한 아킬리우스와 오디세이아 등 트로이전쟁의 전후의 전쟁영웅의 모험과 그들과 얽힌 신들의 이야기이다.

이 시기 고대 그리스인은 페르시아제국과의 마라톤전투(BC 492~490년, 제1차 페르시아전쟁)와 살라미스해전(BC 480~479, 제2차 페르시아전쟁)에서 모두 승리했는데, 이는 동양이 서양에게 패배한 첫 번째 전쟁이었다. 그 과정에 그리스에서는 시민의 권리가 강화되어 민주정치(데모크라시)가 발달하기 시작하였다.

이처럼 그리스의 폴리스들은 식민지 개척이나 무역활동을 하면서 인근 지역과 끊임없이 전쟁을 벌였고, 그 과정에서 다양한 분야(철학사상, 정치, 경제, 과학, 의학 등)에서 눈부신 업적을 쌓았는데, 이는 훗날 아테네가 황금기(BC 480~332)를 맞이하는 발판이 된다.

(3) 질병 극복을 위한 노력

① 그리스신화시대

그리스신화시대(BC 1100~800) 때 의학은 이렇다 할만한 발전없이 에게문명의 질병치료방식에서 크게 벗어나지 못했던 것 같다. 그리스인은 주변 여러 민족(특히, 이집트)의 영향을 받아 질병의 원인을 신에게서 찾으려 했다. 호메로스(BC 9C 무렵)도 전염병은 신에 의한 것으로 생각했고, 헤시오도스(BC 9C 무렵) 역시 제우스의 뜻으로 질병이 발생한다고 보았다. 하여 그리스인은 약초나 간단한 외과술과 같은 경험적인 치료법을 사용하기는 했지만, 신전치료에 의존했던 것 같다.

• 아폴론, 아스클레피오스신전치료

BC 8세기를 전후(그리스신화시대)로 아폴론신탁이 전성기를 맞아 이전보다 더 자주 행해졌다. BC 8세기부터 AD 393년까지의 신탁 중 기록물로서 가치있는 신탁의 내용이 일부 전해지고 있다. 마지막으로 기록된 신탁은 AD 393년에 있었는데, 로마 황제 테오도시우스 1세의 명령에 따라 성전은 폐쇄되었다.

BC 6세기 무렵에는 그리스본토 펠로폰네소스의 작은 계곡, 에피다우로스(Epidaurus)에 아스클레피오스신전(Sanctuary of Asklepios, 현재 유네스코 세계유산 등재)이 세워졌다.

에피다우로스신전과 관련 신들

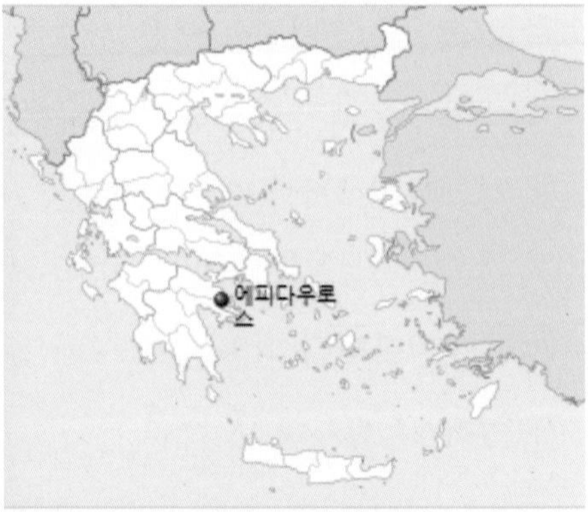

아폴론　　　　　　　아스클레피오스　　펠로폰네소스 반도의 에피다우로스

(출처: 위키피디아)　　　(출처: https://www.hani.co.kr/arti/PRINT/935487.html)

아스클레피오스(Asclepios)는 처음부터 의신은 아니었지만, 아폴론(미케네 문명시기부터 치유의 신)의 아들로 추대되면서 가능해졌다. 전설에 따르면, 아스클레피오스는 아폴론이 테살리아왕의 딸(코르니스)을 사랑하여 얻은 자식이라고 한다. 이후 그는 아폴론과 더불어 치유의 신이 되어 의신으로 추앙받았다. 이는 고대 이집트 최초의 의사 임호텝(Imhotep)이 뒤에 의신으로 숭앙받았던 경우와 같아 이집트의 영향을 받은 것으로 추정된다.

아스클레피오스숭배의 기원과 성장에 대한 종교학자들의 설명은 다양하지만, BC 6세기부터 아스클레피오스가 대표적인 의신으로 부각이 되었고, 그리스신전치료가 그 주변에 결정화되었다는 것은 부정할 수 없는 사실이다. 한마디로 에피다우로스는 의술의 신인 아폴론(Apollon), 아스클레피오스(Asclepios), 히기에이아(Hygieia)에게 바쳐진 땅이었다. 펠로폰네소스의 작은 계곡, 에피다우로스(Epidaurus)에 세워진 아스클레피오스신전(Sanctuary of Asklepios, 현재 유네스코 세계유산 등재)은 그리스 의술의 신 아스클레피오스숭배의 귀중한 사례다.

② 아르카익시대 자연철학

아르카익시대(BC 800~480)에 이르러 트라키아로부터 유입된 디오니소스 신앙(허무주의 성향 강함)과 그리스 특유의 관습이 융합하여 초현실적 이상세계를 추구하는 오르페우스교가 탄생했다. 오르페우스교로 인해 그리스인의 주지적 전통(이성적 사유)이 무너지려 하자, 이오니아지방의 밀레투스(Miletus, 오늘날 튀르키예 서부해안지역)에서 자연철학사상(자연을 분석하고 증명하는 사고방식으로 의학의 변화에 영향을 미침)이 태동했다. 동서문화 교류의 요충지였던 이오니아지방의 밀레투스에서 신에 대한 믿음 대신 자연을 관찰하려는 주지적 성향(자연철학)이 강해져 사상적으로 대혁신이 일어났다.

• 자연철학

이오니아지방의 밀레투스는 에게해를 통해 외부(유럽, 페르시아제국)로 나가기 쉬운 그리스의 변방에 있는 큰 무역항이었다. 이러한 배경으로 여러 인종이 접촉하면서 사상(조로아스터교, 브라만교, 불교 등)적 교류가 가능한 환경이 형성되어 새로운 사상(자연철학)이 탄생하기에 안성맞춤이었다. 이렇게 사상적으로 자유로운 환경 속에서 이오니아학파(밀레투스학파), 시칠리아학파, 크니도스학파 및 코스학파 등이 등장했다. 이 가운데 코스학파에서 훗날 합리적인 의술의 대명사 히포크라테스를 탄생시킨다.

밀레투스지방에서 자연철학자들은 세계의 기원과 본성이라는 추상적이고 형이상학적 문제를 다루었다. 그들은 종교적 신념 대신 과학적 신념을 채택했고, 신화적 비유 대신 과학적 방법을 사용하고자 했다. 즉, 신화의 세계에서 탈피했다는 점이 고대 그리스자연철학이 갖는 주요한 의의라고 할 수 있다.

(4) 여기서 잠깐

① 고대 그리스신화

유럽에서 농업이 처음 시작된 것은 BC 6500년 그리스 발칸반도에서였다. 아마도 그들은 비옥한 초승달지대에서 건너온 이주자들의 영향을 받아 콩과 식물을 재배하고 소와 양, 염소를 기르게 되었을 것이다. BC 5400년경에는 발칸반도 북부에서 독자적으로 시작된 농경문화가 북부와 서부를 거쳐 BC 5000년경 지중해 주변으로 퍼져 스페인에까지 전해졌다.

농업에 종사하던 발칸반도의 초기 거주자들(그리스신화에서는 티탄족, 모계중심)은 인근지역(오리엔트문명)의 영향을 받아 자연의 모든 것에 영혼을 부여(애니미즘 사상)했다. 인간의 모습으로 가정된 이러한 영혼들은 지역신화에서 신으로 등장했다.

그러나 발칸반도북부에서 미케네인(부계중심)이 남하하면서 영웅적 자질을 바탕으로 한 그들의 새로운 판테온 신들(올림포스 12신)이 기존 발칸반도의 신화에 유입되었다. 그 결과 농경사회에 존재했던 오래된 신들은 유입된 더욱 강력한 신들에 융합되었거나, 그렇지 못한 신들은 쇠퇴하여 사라졌다.

고대 그리스신화에서 올림포스 12신은 기존의 지역 신(티탄)을 물리친 이후(티타노마키아), 올림포스산 정상에서 사는 그리스 판테온(그리스어의 모든 신들이라는 말에서 유래한 말로 모든 신을 모시는 신전을 의미)의 주역 12신을 일컫는다. 숫자 12는 고대 바빌론에서 통용되던 12천문성좌도와 관계된 것으로 추정된다. 티탄은 그리스신화에 등장하는 거대하고 강력한 신의 종족으로 다음 세대인 올림푸스신이 세상을 지배하기 전 이른바 황금시대를 다스렸다. 이 티탄족과 제우스가 이끄는 신들과 전쟁(티타노마키아)이 일어나는데, 제우스를 비롯한 올림포스신들이 이 전쟁에서 승리하고 티탄족을 지하세계인 타르타로스에 감금하고 봉인했다. 결국, 북부에서 남하한 미케네인의 신들(올림푸스 12신)이 제우스를 필두로 판테온을 차지했다.

예술과 시에 표현된 고전적인 구성에 따르면, 올림포스 12신은 제우스(Zeus), 헤라(Hera), 포세이돈(Poseidon), 아테나(Athena), 아폴론(Apollon), 헤르메스(Hermes), 아레스(Ares), 헤파이스토스(Hephaestus), 아르테미스(Artemis), 아프로디테(Aphrodite), 데메테르(Demeter), 디오니소스(Dionysos)이다. 대부분 신은 삶의 특정한 모습과 연관되어 있다. 일례로, 아프로디테는 사랑과 미의 여신, 마르스는 전쟁의 신, 하데스는 죽음의 신, 아테나는 지혜와 용기의 여신, 아폴론과 디오니소스 같은 일부 신들은 복잡한 특성을 가지며 다양한 영역을 관장하기도 하였다. 반면, 헤스티아(난로)와 헬리오스(태양)처럼 좀 더 전형적인 화신의 성향을 가진 신들도 있었다. 대부분 주요 신전은 거대 범 그리스신앙의 중심이었고, 제한된 숫자의 신들에게만 헌신하는 경향이었다. 그러나 개별 종교와 마을에서는 일반적으로 비주류 신들에게도 숭배의식이 거행되었다. 많은 도시에서 잘 알려진 신들은 독특한 지역의식과 함께 찬양받았으며, 영웅시대 동안에는 영웅 또는 반신으로 숭배가 부가되기도 했다.

② 헬레네스와 헬라스

프로메테우스와 에피메테우스의 후손인 데오칼리온과 피라가 결합하여 헬렌(테살리아의 왕)이 태어났고, 그와 오르세이스 사이에 헬레네스(이오니아인, 도리아인, 아카이아인)가 태어났다. BC 11세기부터 내려온 이오니아인과 도리아인의 후손(헬렌의 후손)을 헬레네스라 하고 그들이 사는 지역을 헬라스라 한다.

③ 고대 그리스 치유의 신(파이안-아폴론-아스클레피오스 관계)

그리스신화에 등장하는 파이안(Paean, 파이온, 파이에온)은 올림포스에서 저승의 신 하데스와 전쟁의 신 아레스의 상처를 치료해준 최초의 치유의 신으로 알려져 있다.

호메로스의 『일리아스』와 헤시오도스의 『단편』에서 파이안은 개별적인 치유의 신으로 등장했다.

하지만 차츰 파이안은 한명의 독자적인 신이라기보다는 의술의 신 아폴론을 형용하는 별칭으로 여겨지기 시작했다. 가령 아폴론 파이안이라고 하면 두 명의 신을 이르는 것이 아니라 치유의 신 아폴론이라는 뜻이 된다. 나중에 파이안이라는 별칭은 아스클레피오스에게도 사용되었다.

아폴론은 그리스신화에 나오는 올림포스 12신(올림포스산에 주거한다고 그리스인이 믿던 신들) 중 태양, 음악, 시, 예언, 의술, 궁술을 관장하는 신으로 대개 머리에 월계관을 쓰고 손에는 리라를 든 아름다운 용모의 젊은이로 묘사된다. 델포이섬에 있는 아폴론신전은 앞일을 예언하는 신탁으로 유명하다.

아스클레피오스는 아폴론과 테살리아 왕의 딸 코로니스 사이에서 태어난 아들로 켄타우로스(반인반마) 케이론에게서 의술을 배워 나중에 의술의 신으로 추앙받는다. 대개 뱀이 휘감긴 지팡이를 들고 있는 모습으로 묘사된다. 호메로스(Homeros, BC 9C 무렵, 그리스신화시대 말기에 활동한 음유시인)가 『일리아스』에서 아스클레피오스(아폴론의 아들, 의학의 신)를 의학에 정통한 나무랄 데 없는 의사라고 최초로 언급했다. 그리고 그의 아내 에피온(Epione)은 통증의 경감, 맏딸 히게아이아(Hygeia, 위생을 의미하는 영어 hygiene의 어원)는 질병의 예방, 작은딸 파나케이아(Panakeia, 만병통치약이라는 의미의 영어 panacea의 어원)는 약으로 치료, 아들 텔레스포로스(Telesphoros)는 환자의 회복을 도왔다고 언급했다. 또 다른 그의 두 아들 포달레이리오스(Podaleirios)와 마카온(Machaon)은 군의(軍醫)로서 전자는 내과의고 후자는 외과의라고 언급했다.

④ 자연철학파

• 이오니아학파 (밀레투스학파)

우주만물의 근원(아르케)은 무엇인가? 라는 이 질문을 던진 이오니아학파의 탈레스를 필두로 그리스에서 자연철학사상이 나타났다. 이오니아학파(밀레투스학파)는 아르카익시대에 성립된 그리스 최초의 자연철학학파이다. 이오니아지방의 밀레투스 출신 탈레스가 창시했다. 이후 아낙시만드로스와 아낙시메네스로 학풍이 이어졌다. 이들의 활약 시기는 소크라테스, 플라톤보다 백 년 이상 앞선다. 이들은 자연현상을 의인화된 신들의 의지에 의한 것으로 보는 관점에 반하여 자연의 바탕에 있는 만물의 근원을 설명하려고 했다.

탈레스(Thales, BC 624~BC 546)는 동물과 식물의 기본요소는 물이며, 물에서 대지와 공기가 탄생했다고 생각했다. 만물의 근원이 물이라는 의견을 제시하면서, 지진이 일어나는 원인을 물 위에 떠 있는 땅덩이의 흔들림으로 설명했다. 이는 자연현상의 원인을 신의 체계(이전 고대인의 초자연적인 사고)가 아닌 자연 자체에서 찾으려는 시도(관찰)였다. 그런 이유에서 훗날 아리스토텔레스(BC 384~322)는 탈레스를 서양 최초의 자연철학자로 꼽았다.

아낙시만드로스(Anaximandros, BC 610~546)는 탈레스의 문제의식을 계승했으나 만물의 근원이 물이라는 주장에는 동의하지 않았다. 그는 아페이론(apeiron, 한계를 가지지 않음)을 아르케로 제시하였는데, 이는 아무런 한정성이 없는 것이라는 의미가 담긴 개념이다. 그는 아페이론에 차고 더운 온도작용이 가해져 어떤 유동체가 되고, 그 유동체가 공기가 되고, 공기로부터 만

이오니아지방의 밀레투스

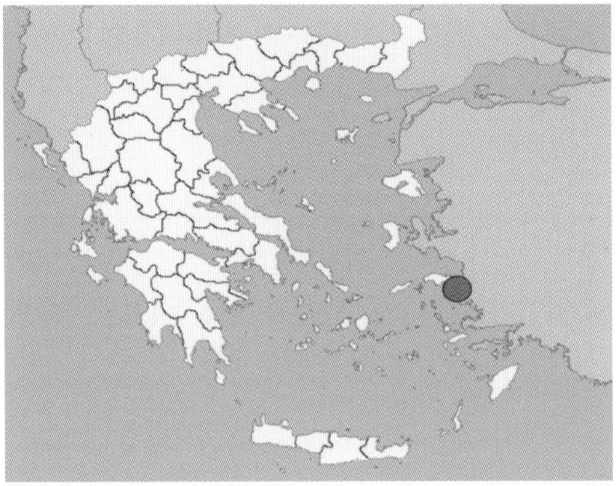

(출처: 위키피디아)

물이 생성했다가 제각기의 운명에 따라 소멸된다고 주장하였다. 또한, 우주는 대립적인 힘들(地 · 水 · 火 · 風)의 균형에 의해 이루어져 있고, 이 대립적인 힘들의 균형이 우주와 생명의 본질이라고 생각했다.

아낙시만드로스의 뒤를 따르는 아낙시메네스(Anaximenes, BC 585~525)는 만물의 아르케를 프시케(Psyche)라고 생각했다. 이는 물질보다는 어떤 작용의 주체에 가까운 개념으로 숨결 · 공기 · 영혼 · 생명을 뜻한다. 그는 공기가 만물의 근원이며, 이 공기가 희박해지거나 밀집되면서 만물이 생겨난다고 생각했다.

또 다른 이오니아학파 철학자로 헤라클레이토스(Heracleitos, BC 540~480?)가 있다. 그는 이 세계는 신이 만든 것도 아니며 어떠한 인간이 만든 것 또한 아니다. "불이 만물의 근원적인 요소이며, 언제나 살아 있는 불로서 정해진 만큼 연소되고 정해진 만큼 꺼지면서 언제나 있었고 또 있으며 언제까지나 있을 것이다"라면서 세계의 원질을 불에 비유하였다. 또한, 변화만이 우주의 변함없는 본질이라고도 생각했다. "사람들은 같은 강에 발을 담그지만 흐르는 물은

늘 다르다"라는 그의 유명한 문구는 만물이 끊임없이 변한다는 것을 극적으로 표현한 예이다.

• 시칠리아학파

시칠리아학파의 대표적인 인물로는 피타고라스와 엠페도클레스가 있다.

피타고라스(Pythagoras, BC 582~BC 497)는 우주의 기본원리를 물질적 요소가 아닌 수(數)에서 찾았고, 4를 건강에 중요한 숫자로 생각했다. 그는 오르페우스(음악의 신, 음악과 연주로 영혼을 달래는 힘이 있음)의 신비로움에 영향을 받아 제자들과 함께 독특한 종교적 공동체(피타고라스파)를 만들어 생활했다. 피타고라스는 영혼과 영적인 우주에 관심을 가져 인간의 육체는 사라지지만 영혼은 계속해서 태어난다(윤회)고 주장했는데, 인도의 불교(BC 6세기 무렵)사상의 영향을 받은 것 같다. 피타고라스파는 식이요법, 운동, 음악, 명상을 질병치료 시 처방했다.

엠페도클레스(Empedocles, BC 490~430)는 모든 생물과 무생물은 4가지 기본원소(물, 불, 공기, 흙)로 구성되어 있다고 주장했다. 즉, 만물을 이루는 근원으로 흙, 물, 불, 공기의 네 뿌리를 제시했다(Poem on Nature). 이미 BC 8세기경의 우파니샤드(Upanişad) 시대에 고대 인도에서는 모든 물체의 바탕을 지(地) · 수(水) · 화(火) · 풍(風)의 넷으로 분류했다. 이 네 가지를 4대(四大) 또는 4대종(四大種)이라 했다.

그리고 이 뿌리들(물, 불, 공기, 흙)이 사랑의 힘으로 결합하여 만물을 이루고, 이들이 분해되면 다시 이 네 종류의 뿌리로 되돌아간다는 것이다(불교의 인연설, 노자의 도가사상과 유사). 이를 바탕으로 플라톤과 아리스토텔레스가 받아들인 4원소설은 근대 화학이 탄생하기까지 약 2천 년간 서양인들의 물질관을 지배해 왔다. 그리고 이 아리스토텔레스의 물질관은 르네상스에 이르기까지 서양인들의 우주관, 운동관 등과 결합하여 정연한 자연관의 체계를 이루었다.

이 4가지 기본원소이론은 훗날 히포크라테스와 갈레노스를 거쳐 근대 초기까지도 의학이론의 중심적 역할을 했다. 엠페도클레스파의 질병에 대한 처방은 규칙적인 운동과 식사, 마음과 몸과 행동의 정화에 관한 피타고라스파의 주장을 따랐다.

• 크니도스학파와 코스학파

트로이전쟁에서 살아남은 아스클레피오스의 둘째 아들 포달레이리오스가 소아시아 해변(이오니아 해안)에 정착했다. 그의 자손들이 코스섬과 크니도스 반도에서 번성해 BC 6세기와 5세기 사이 크니도스학파와 코스학파를 형성하여, 두학파 간에는 의술에 관한 견해 차이가 거의 없었다.

크니도스학파는 메소포타미아의 의술과 비슷한 체계를 가지고 질병을 증상에 기초한 정밀한 진단을 중시하여, 각 장기의 증상에 따라 정교하게 질병을 분류했으나 치료법은 단순하였다. 이 학파에 속하는 의학자로는 페르시아궁정에서 시의로 활동했던 고대 그리스의사 크테시아스(Ctesias, BC 5C 무렵)가 있다. 그는 아르타 크세르크세스 2세의 의사로 BC 401년 그가 형 키루스와 전쟁을 할 당시 동행했다.

코스학파는 BC 5세기 무렵에 소아시아 서부지역에서 뛰어난 의학적 업적을 남긴 학파이다. 이 학파는 환자의 치료 시 이론적 토대보다는 경험을 더 중시하여 질병보다 환자 자신을 더 강조하였다. 이러한 배경으로 훗날 코스(Cos) 출신의 히포크라테스(Hippocrates, BC 460~377)가 배출된다.

④ 제1차, 제2차 페르시아전쟁

페르시아제국(아케메네스왕조) 다리우스 1세(BC 522~486)와 그의 아들 크세르크세스 1세(BC 486~465) 때 그리스연합국과 격돌한 페르시아전쟁(마라톤전투, 테르모필라이전투, 살라미스해전)에서 페르시아가 모두 패배하였다. 이 전쟁은 동양이 서양에게 패배한 최초의 전쟁으로 기록되어 있다.

제1차 페르시아전쟁(BC 492~490)은 고대 그리스연합군(아르카익시대)과 페르시아 아케메네스왕조(다리우스 1세)가 벌인 전쟁이다. 당시 페르시아제국(키루스 2세부터 다리우스 1세 때)은 서남아시아지역을 넘어 그리스의 폴리스들도 지배했다. BC 500년경, 페르시아에 대해 불만을 품고 있었던 이오니아지역을 중심으로 한 폴리스연합은 페르시아에 반란을 일으켰다. 이에 BC 490년 페르시아제국은 원정군을 조직하여 이오니아반란을 지원한 아테나를 정벌하기 위해 아티카지방 동쪽의 마라톤평야에 상륙하여 아테네를 향해 진군했다. 페르시아군의 침략에 아테네는 스파르타에 전령을 보내어 지원군을 파견해 달라고 했으나 스파르타는 지원군을 보내지 않았다. 아테네를 중심으로 한 폴리스연합군은 수적으로 열세에도 불구하고 밀티아데스의 팔랑크스 보병전에서 승기를 잡고 있었다. 이때 페르시아의 함선이 그리스 본토로 움직이는 것을 본 페이디피데스(Pheidippides)가 약 40km를 쉬지 않고 달려 본토에 알리고 직후 사망했다고 전해진다(마라톤전투의 일화). 덕분에 그리스가 페르시아전쟁에서 승리하였고 이를 기리기 위해 마라톤경기가 탄생했다. 정규군의 육전에서 한 번도 패한 적 없는 페르시아육군은 마라톤전투에서 유일하게 패배함으로 자존심의 상처를 입었고 이오니아의 그리스계 국가들에 대한 영향력의 약화를 우려할 처지가 되었다.

제2차 페르시아전쟁(BC 480~479)은 아테네 인근 살라미스와 육지 사이의

해협에서 아테네와 페르시아제국의 아케메네스왕조(크세르크세스 1세) 사이에 벌어진 전쟁이다. 마라톤전투에서 패배한 페르시아제국은 더 큰 군단을 꾸려 재차 침입하지만 그리스의 테미스토클레스는 아테네 남서부에 항구를 만들어 아테네의 해군력(은을 활용하여 제작한 신형전함)을 강화시켜 살라미스해전을 승리로 이끌었다.

참고문헌

1. 루츠 붕크 저. 안성찬 옮김. 역사와 배(클라시커 50). 해냄. 2006년.
2. 세뮤얼 노아 크레이머 저. 박성식 역. 역사는 수메르에서 시작되었다. 가람기획. 2000년.
3. 린다 시빌텔로 저. 인류 역사에 담긴 음식문화 이야기. 도서출판 린. 2017년.
4. 정연규, 신세용 저. 가림토 한글 문자(인류의 문자를 탄생시킨). 한국문화사. 2012년.
5. 알렉스울프 저. 김민수 옮김. 오정윤 감수. 통합형 세계사 교과서 1 빅북. 2011년.
6. 윤일구. 함무라비법전(고대법의 기원). 한국학술정보 출판. 2015.
7. 김종환. 길가메시서사시. 지식을 만드는 지식 출판. 2023.
8. 주동주. 수메르문명과 역사. 종합출판범우. 2022.
9. 새뮤얼 노아 크레이머 저. 박성식 옮김. 역사는 수메르에서 시작되었다. 가람기획. 2007.
10. 타임라이프북스 편집부. 나일강의 사람들: 고대이집트 (타임라이프 세계사 01). 가람기획. 2006년.
11. 피터 클레이턴(Peter Clayton) 저. 정영목 역. 파라오의 역사. 까치. 2004년.
12. 내셔널 지오그래픽. 2010년. 9월호.
13. 김형준 엮음. 이야기 인도사. 청아출판사. 2006년.
14. 함석헌 옮김. 바가바드 기타. 한길사. 1996년.
15. 라인히르트 저. 김제명 외 5인 옮김. 인도유럽인, 세상을 바꾼 쿠르간 유목민. 푸른 역사. 2013년.
16. 정진성, 허은영, 박혜련, 허선희. 타레피스트를 위한 아유르베다. BC 성인당. 2009.
17. 브리태니커 대백과사전. 2012.
18. 김춘경, 이수연, 이윤주, 정종진, 최웅용 공저. 상담학 사전. 2016.
19. 박종운, 박찬국. 고대 인도의학의 형성과 체계. 대한한의학원전학회지 11: 513~674, 1998.
20. 김춘경, 이수연, 이윤주, 정종진, 최웅용. 상담학 사전. 2016. 01. 15.
21. 김진희, 한창현, 김남일. 아유르베다의 정의와 인도전통의학과의 관계에 대한 고찰. 한국한의학연구원 전통의학정보연구본부 문화연구센터. 한국의사학회지 23: 1~10, 2010.
22. 김지연. 인도 아유르베다 교육 및 면허발급 체계에 대한 연구. 원광대. 석사학위논문. 2016.
23. 서지영. 인도 전통의학에 관한 연구-아유르베다 중심으로. 동국대 한의대 석사학위논문. 2007.
24. 김선미. 전인치유 요가와 아유르베다의 소통. 서울대 아시아연구소 아시아지역리뷰. 2019.
25. 이재숙. 우파니샤드 1: 우파니샤드의 사상적 형성과 이론체계. 한길사. 2015.
26. 조두상. 수메르 문자의 생성 발달과 아카드어 표기에 관한 연구. 부산대학교 인문학연구소. 코키토 제27: 261~296, 2012.
27. 박영규. 교양으로 읽는 중국사 1: 삼황오제에서 춘추전국시대까지. 웅진싱크빅. 2006년
28. 이효성. 한권으로 읽는 세계사. 지경사. 2006년.
29. 김희영. 이야기 중국사 1: 이야기 역사 시리즈. 청아출판사. 2008년.

30. 진순신. 이야기 중국사 1. 시대정신. 1992년.
31. 사마천 저. 사마천 사기 제1권 본기. 학오재. 2016.
32. 빈미정. 황제신화전설에 대한 문헌적 고찰. 중국문학 44집. 2005년.
33. 김종미. 중국문헌(中國文獻)에 나타나는 "치우(蚩尤)"의 이중형상(1) -제국(帝國)의 희생양, 치우(蚩尤)의 악마형상-. 중국어문학지. 2007년.
34. 김선자. 만들어진 민족주의 황제 신화. 책세상. 2007년.
35. 김선자. 중국 신화(상): 우주 거인 반고에서 전쟁 영웅 치우까지. 웅진지식하우스. 2011.
36. 썬킴. 썬킴의 거침없는 중국사: 신화시대부터 청나라까지 영화처럼 읽는 중국역사 이야기. 지식의 숲. 2023.
37. 진순신. 이야기 중국사 1. 시대정신. 1992년.
38. 최승훈. 난경입문(難經入門). 법인문화사. 1998년.
39. 의성당편집부. 안덕균 감수. 한글신농본초경. 의성당. 2012년.
40. 박종희. 의역. 신농본초경. 신일서적(주). 2014년.
41. 육창수 저. 음양오행설. 신일상사. 2004년.
42. 양회석. 세계 3대 창세신화 비교 연구-중국, 중동, 인도를 중심으로. 전남대학교 인문학연구소. 52: 67~106, 2018.
43. 조달숙. 중국의 전설적인 명의. Chindia Journal. 011: 32~33, 2011.
44. 최종덕. 중의학의 철학과 역사적 조건들. 과학철학 7: 121~135, 2001.
45. 김진국. 침 치료가 성인남녀의 근골격계 만성통증 개선에 미치는 효과크기 분석. 경기대학교 대학원 대체의학과 박사학위논문. 2021.
46. 폴 카틀리지 저. 고대 그리스. 고유서가. 2019.
47. 토마스 R 마틴 저. 고대 그리스사. 책과 함께. 2015.
48. 김헌 저. 고대 그리스인들. 살림. 2004.
49. 아폴로도로스 저. 그리스신화. 민음사. 2022.
50. 토마스 불핀치 저. 그리스신화. 한국 헤르만헤세. 2015.
51. 반덕진. 고대 의학에 관하여 저자의 논적에 대한 연구. 대한의사학회. 37: 487, 2010.
52. Hodge, A. Trevor. The Mystery of Apollo's E at Delphi. American Journal of Archaeology. 85: 83~84, 1981.
53. 성영곤. 아스클레피오스신전 의술과 히포크라테스의학. 서양고대사연구. 46: 95~136, 2016.
54. 쑨룽지. 서구와 중화 문명 중심의 세계관이 아닌 새로운 시각의 세계사를 찾고 있다면 신세계사 1. 흐름출판. 2020.
55. 이한규 저. 단숨에 정리하는 그리스철학 이야기. 좋은 날들. 2014.
56. 김은중 저. 이토록 재미있는 의학 이야기. 반니. 2022.
57. 헤로도토스 저자(글). 천병희 옮김. 헤로도토스 역사. 숲. 2022.
58. 연규동. 세계의 문자 사전. 출판 따비. 2023.

59. 피에르 그리말. 그리스 로마 신화사전. 열린책들. 2003.

60. 정상균 저. 다다 혁명 운동과 고대 이집트 역사. 출판 학고방. 2022.

61. 박규호, 선현숙 외 2명. 그리스 로마 신화 인물사전 10(신화는 아직도 우리 곁에 끝나지 않은 이야기로 존재한다). 한국인문고전연구소. 2021.

62. Arab, Sameh M. "Medicine in Ancient Egypt-Part 1". 《Arab World Books》. 2011년 11월 18일에 확인함.

63. Erik Hornung. Conceptions of God in Ancient Egypt. Cornell Paperbacks. 1996.

64. Edwin Smith papyrus (Egyptian medical book). 《Encyclopedia Britannica》 Online판. 2016년 1월 1일에 확인함.

65. Eun Joo Lee, Jun Yeon Lee, In Soon Shin, Hee Young Kim, Bong Hyo Lee. A Study on the Young Chu(靈樞) of the Huang Di Nei Jing (黃帝內經), The Journal of East-West Medicines, 36: 192~194, 2011.

66. Fagan, Brian M. The Seventy Great Inventions of the Ancient World. Thames & Hudson. 2004.

67. George Hart. Egyptian Myths. British Museum Press. 1997.

68. Guoshiyu, Zhongguo Zhenjiushi, Tianjin. Tianjinkexuejishuchubanshe. p.7, 1879.

69. Hinduism. Encyclopædia Britannica. Student and Home Edition. Chicago: Encyclopædia Britannica. 2009.

70. Ian Shaw. The Oxford History of Ancient Egypt. Oxford University Press. 2003.

71. John Kaisermann, Milos Pawlowski, Yavor Mendel. History of medicine. 2019.

72. John Baines & Jaromir Malek. The Cultural Atlas of Ancient Egypt, revised edition, Facts on File. 2000.

73. Kim Ki-wook, etc. Lecture Chinese Medicine, Goyang, Gyeonggi, Daeseong. pp.25~37, 2006.

74. Merzbach, Uta C, and Carl B. Boyer. A History of Mathematics. Hoboken, NJ: John Wiley. p. 10, 2011.

75. Marcel Mazoyer, Laurence Roudart. A history of world agriculture: From the neolithic age to the current crisis, New York: Monthly Review Press. 2006.

76. Roy M. MacLeod, The Library Of Alexandria: Centre Of Learning In The Ancient World. I.B. Tauris. 2004.

77. Sohn Sung-chul, Kim Gab-sung and Yoon Jong-hwa. Research of Huangdimingtangjing with a treatise, The Journal of Korean Acupuncture & Moxibustion Society. 20: 196~199, 2003.

78. Valmiki. Goldman, Robert P. ed. The Ramayana of Valmiki: An Epic of Ancient India, Volume 1: Balakanda. Ramayana of Valmiki. Princeton, New Jersey: Princeton University Press. p. 23.1990.

79. Watkin, David. A History of Western Architecture 4판. Laurence King Publishing. 2005.

80. https://ko.wikipedia.org/wiki/%EC%9A%B0%ED%88%AC (샤마시)

81. https://ko.wikipedia.org/wiki/%ED%83%88%EB%AC%B4%EB%93%9C (유대인)

82. https://ko.wikipedia.org/wiki/%EA%B8%B8%EA%B0%80%EB%A9%94%EC%8B%9C_%EC%84%9C%EC%82%AC%EC%8B%9C (길가메시서사시)

83. https://ko.wikipedia.org/wiki/%EC%A7%80%EA%B5%AC%EB%9D%BC%ED%8A%B8 (지구라트)

84. https://ko.wikipedia.org/wiki/%EC%A0%90%EC%84%B1%EC%88%A0%EC%9D%98_%EC%97%AD%EC%82%AC (점성술의 역사)

85. https://blog.naver.com/ysckorea/222222211162 (세계사 세계여행 성경 역사)

86. http://en.wikipedia.org/wiki/Imhotep (임호텝)

87. https://terms.naver.com/entry.naver?docId=970785&cid=47318&categoryId=47318 (사자의 서)

88. https://blog.naver.com/ldh5111/222906161303 (4대설)

89. https://ko.wikipedia.org/wiki/%EB%A6%AC%EA%B7%B8%EB%B2%A0%EB%8B%A4 (리그베다)

90. https://namu.wiki/w/%EB%B2%A0%EB%8B%A4%20%EC%8B%9C%EB%8C%80 (베다시대)

91. https://ko.wikipedia.org/wiki/%EB%B6%88%EA%B5%90%EC%9D%98_%EC%97%AD%EC%82%AC (불교의 역사)

92. https://ko.wikipedia.org/wiki/%EB%A7%88%ED%95%98%EB%B0%94%EB%9D%BC%ED%83%80 (마하바라타)

93. https://ko.wikipedia.org/wiki/%EB%9D%BC%EB%A7%88%EC%95%BC%EB%82%98 (라마야나)

94. https://ko.wikipedia.org/wiki/%EC%9E%90%EC%9D%B4%EB%82%98%EA%B5%90 (자이나교)

95. https://azurebluea.tistory.com/3 (중국 역대 왕조)

96. https://www.posri.re.kr/files/file_pdf/53/210/1128/53_210_1128_file_pdf_1101-09_02_Culture.pdf (편작, 중국 명의)

97. https://ko.wikipedia.org/wiki/%EA%B0%91%EA%B3%A8_%EB%AC%B8%EC%9E%90 (갑골문자)

98. https://ko.wikipedia.org/wiki/%EB%B0%A9%EC%88%A0 (방술)

99. https://ko.wikipedia.org/wiki/%EC%A0%9C%EC%9E%90%EB%B0%B1%EA%B0%80(제자백가)

100. https://heritage.unesco.or.kr/%E3%80%8E%ED%99%A9%EC%A0%9C%EB%82%B4%EA%B2%BD%E3%80%8F/ (황제내경)

101. https://librewiki.net/wiki/%EC%82%BC%EC%98%A4%EB%A0%A5%EA%B8%B0 (삼오력기)

102. http://www.ohmynews.com/NWS_Web/View/at_pg.aspx?CNTN_CD=A0001558196 (서양의 역사와 문학이 시작된 트로이)

103. http://www.handmk.com/news/articleView.html?idxno=13176 (아르카익시대)

104. https://ko.wikipedia.org/wiki/%EA%B3%A0%EB%8C%80_%EA%B7%B8%EB%A6%AC%EC%8A%A4 (고대 그리스)

105. https://ko.wikipedia.org/wiki/%EC%9B%90%EC%A7%88 (원질)

표지 사진 출처

1. 31p, 이집트 벽화 (출처: https://jmagazine.joins.com/monthly/view/318349)

2. 31p, 메소포타미아인 (출처: https://www.meisterdrucke.us/fine-art-prints/Sumerian/216851/Statue-of-the-official-Ebih-Il%2C-from-the-Temple-of-Ishtar-at-Mari%2C-Iraq%2C-Middle-Euphrates%2C-Early-Dynastic-Period%2C-c.2500-BC-%28gypsum-and-lapis-lazuli%29-%28see-also-%20121796-and-71507%29.html)

3. 31p, 임호텝 (출처: https://www.worldhistory.org/image/4514/imhotep/)

4. 31p, 인더스문명의 제사장 (출처: https://www.harappa.com/slide/priest-king-mohenjo-daro)

5. 31p, 신농 (출처: http://weekly.chosun.com/news/articleView.html?idxno=15682)

6. 31p, 아스클레피오스 (출처: https://www.hani.co.kr/arti/PRINT/935487.html)

Part 3. 고전기

The Classic World

BC 480~AD 476년

독일의 실존주의 철학자 칼 야스퍼스(Karl Theodor Jaspers, 1883~1969)가 1949년 『역사의 기원과 목표』에서 기축시대의 문명(BC 800~200, Axial Age Civilization)이라는 개념을 제시했다. 기축시대(BC 800~200)는 시기적으로 고대(BC 1만 년~500) 말엽부터 고전기(BC 500~AD 500) 초기에 해당이 된다. 이 시기에 동 · 서양의 4개지역(그리스, 페르시아제국, 인도, 중국)에서 시기는 다소 달랐지만 대부분 급격한 도시화와 전쟁, 인구증가 등 사회경 · 제적 변화와 혼란으로 도덕성이 피폐한 상황이 빚어졌다.

이 시기에 인류 역사상 농업혁명 이후 잉여물을 둘러싸고 무자비한 약탈과 폭력이 심화되는 상황이 전개되었고, 기존의 자연의 힘이나 희생제의, 관습만으로는 기축시대에 전개된 현실의 고통을 해결하기 어려웠다. 그 고통의 현실을 해결해보고자 오늘날 인류의 스승 역할을 하는 성인들이 동 · 서양에서 한꺼번에 등장했다. 그리스에서는 탈레스(우주의 근원은 물)를 비롯한 다수의 자연철학자들(BC 7~5C)과 소크라테스(너 자신을 알라), 플라톤, 아리스토텔레스 같은 숱한 사상가들(아테네황금기, BC 480~338)이 출현했다. 페르시아제국에서는 자라투스트라가 조로아스터교(BC 640 무렵)를 창시하고 우주의 작용이 선과 악의 투쟁이라는 주장을 펼쳤다. 인도에서는 우파니샤드가 집대성(BC 700~400)되었고 지수화풍(地水火風) 4대(4大)가 거론되었으며, 붓다(무아의 깨달음, BC 6C)가 천상천하 유아독존을 설파했다. 중국에서는 노자, 공자, 맹자, 묵자 등이 세상을 주유(제자백가, BC 480~221)했다.

이렇듯, 유라시아 전역에 걸쳐 등장한 기축시대의 종교와 사상은 제례의식(자연의 힘이나 희생제의)에만 신경을 썼던 이전의 종교들과 근본적으로 달랐다.

비록 이 시기에 동 · 서양은 거리상 멀리 떨어져 있었지만, 페르시아제국(Pre-Islamic Persia)이 동 · 서양의 교차로에서 문화교류의 가교역할을 했다. 그 결과 동 · 서양은 종교와 사상에 있어 도덕성, 자기수양, 금욕을 강조했다는 공통점을 갖게 되었다.

고대문명 중 이집트(파피루스의학), 그리스, 페르시아제국, 인도, 중국은 인류 역사에서 의학발달의 핵심이며, 기초가 되는 중요한 역할을 담당하였다. 이렇게 발달한 고대 의학은 페르시아제국(Pre-Islamic Persia)의 가교역할로 고전기에 더욱 발전하는 계기가 마련되었다. 즉, 그리스 · 로마(아스클레피오스 신전치료, 히포크라테스의학, 알렉산드리아의학분파, 갈레노스의학), 페르시아제국(준디샤푸르대학 · 병원을 통한 의학발전), 인도(아유르베다의학 체계화), 중국(편작의 음양오행론확립, 황제내경과 신농본초경 편찬)에서 상당한 수준으로 의학이 발전했다.

1

고전기 서양

BC 480~AD 476년

서양의 고전기(BC 480~AD 476)에 아테네황금기(Classical Greece, BC 480~338)를 시작으로 헬레니즘시대(BC 323~146 or 30)를 거쳐 로마제국(BC 27~AD 476)으로 이어지는 역사가 펼쳐졌다.

BC 338년에 그리스 역사상 황금기를 구가하던 아테네가 마케도니아의 필리포스 2세에게 점령당해 멸망하는 일이 일어났다. 그러나 아테네황금기 때 이룬 정치(최초의 민주주의), 교육제도, 철학(소피스트), 의 · 과학(아스클레피오스신전치료와 히포크라테스의학), 예술(파르테논신전)은 알렉산더대왕(필리포스 2세의 아들)에 의해 헬레니즘세계(동서문화 융합의 산물)로 승계되었다.

이렇게 헬레니즘세계로 승계된 고대 그리스(아테네황금기)의 다양한 업적들은 로마제국에도 막대한 영향을 미쳤다. 또한, 중세기에는 비잔틴제국(330~1453)과 이슬람제국(7~15C)의 문화발전에도 영향을 미치게 되며, 중세 말엽에는 서유럽에서 르네상스(14C 중엽~16C 말)를 촉발하는 원동력이 된다. 그리고 18세기와 19세기 유럽과 아메리카에서 일어난 다양한 신고전주의 부활운동에도 영감을 주는 원천이 된다.

그래서 아테네황금기는 오늘날까지도 서구문명의 기틀을 다지고 서남아시아와 북아프리카 전역까지 풍부한 문화를 남긴 헬레니즘문화의 요람 또는 서구문명의 토대라고 일컬어지고 있다.

1) 아테네황금기

아테네황금기(Classical Greece, BC 480~338) 때 정치(민주주의: 솔론), 철학(논리와 이성: 소크라테스, 플라톤, 아리스토텔레스, 데모크리토스 등), 예술(파르테논신전), 의학(히포크라테스) 등 다양한 분야에서 눈부신 발전이 있었다.

현대의 정치, 철학, 예술, 의 · 과학, 문학의 상당 부분이 바로 이 아테네황금기에서 유래할 만큼 아테네에서 꽃피운 문화는 차후 로마제국과 서구세계 전반에도 심대한 영향을 미치게 된다.

그래서 역사가들은 도시국가 아테네의 문화적 성과가 너무 혁명적이라 인류 역사의 새로운 장(章)을 연 황금기라고 평가하고 있다.

(1) 역사

고대 그리스신화 속의 바다의 신 포세이돈과 농업과 지혜의 여신 아테나가 한 도시의 수호신자리를 두고 갈등하고 있었다. 그 당시 아테네시민들은 포세이돈 대신 올리브나무를 가져다준 아테나여신을 수호신으로 선택했고, 이후 도시명도 아테네가 되었다. 올리브나무열매에서 짜낸 올리브유는 아테네의 주요 수출품이 되어 아테네의 경제에 큰 도움이 되었다.

아테네는 페리클레스시대(Pericles, BC 495~429, 아테네전성기)에 여러 폴

올리브나무와 아네테 여신(왼쪽부터)

(출처: 위키피디아)

리스와 델로스동맹을 맺고 맹주의 자리를 차지했다. 페리클레스는 해군력을 바탕으로 제3차 페르시아전쟁(에우리메돈전투)을 승리로 이끈 후 해상무역의 주도권을 잡았다. 이 승리를 기념하여 그는 아테나여신에게 파르테논신전을 봉헌했다. 에우리메돈전투는 BC 466년에 아테네가 이끄는 델로스동맹과 페르시아제국 아케메네스왕조 사이에 벌어진 전투로 이 전투에서 승리하면서 아테네의 위상은 정점에 이르렀다. BC 449년 페르시아전쟁 종결을 목적으로 델로스동맹과 페르시아제국 아케메네스왕조 사이에 칼리아스협약을 맺었다. 이때 페르시아제국의 선진지식은 그리스로 전달되어, 헤로도토스와 데모크리토스의 지식과 철학의 발전에 영향을 미쳤다.

한편, BC 5~4세기가 진행되는 동안 그리스의 독립적인 폴리스끼리 내전(펠로폰네소스전쟁: BC 431~404, 코린토스전투: BC 395~387)이 끊이지 않았다. 투키디데스의 『펠로폰네소스전쟁사』에 의하면 전쟁이 일어나자 아테네인은 펠로폰네소스동맹군을 피해 폐쇄적 구조인 아크로폴리스에 모여 항전하였다. 이 폐쇄적인 구조때문에 역병(장티푸스, 인류 최초의 펜데믹으로 기록)이 퍼져 아테네인구의 30% 정도가 사망하였으며 이는 아테네가 전쟁에서 패배한 원인이 되었다. 서로의 이해가 맞는 폴리스끼리 연합전선을 구축하는가 하면, 때로는 적국인 페르시아제국(아케메네스왕조)과 손을 잡기도 했다(BC 387, 페르시아제국 주도 안탈키다스평화조약). 짧은 기간동안 아테네, 스파르타, 테베가 차례로 고대 그리스의 패권을 장악했으나 만성적인 전쟁으로 그리스의 폴리스들은 쇠퇴하기 시작했다.

그 사이 그리스 최북단의 마케도니아의 필리포스 2세가 그리스연합군을 상대로 승리하여 BC 338년에 그리스 전역이 마케도니아의 지배 하에 들어가면서 아테네황금기는 막을 내렸다.

(2) 질병 극복을 위한 노력 히포크라테스의학

펠로폰네소스전쟁(BC 431~404) 때 겪은 아테네역병 이후 세상의 원리원칙을 신화가 아닌 이성으로 이해하려는 철학적 사고가 나타났다. 소크라테스(Socrates, BC 470~399, 소피스트), 플라톤(Platon, BC 428~348, 이데아, 이상주의), 아리스토텔레스(Aristoteles, BC 387~322, 현실주의)와 같은 철학자들(BC 5C 아테네의 궤변학파)이 기존의 신화적 가치관에서 벗어나 합리적인 우주론을 제시하고자 했다. 또한, 그들은 기존의 신화적 뇌피셜에 근거한 의술(예: 신전치료)에 대해 비판했다. 이들 아테네황금기 때 철학자들의 태동은 아르카익시대에 이오니아지방 밀레투스에서 자연철학이 태동하지 않았다면 불가능했을 것이다.

당시 의사들도 의술을 진정한 의학(medicine)으로 발전시키고자 했다. 특히, 히포크라테스(Hippocrates, BC 460~377)는 종교적, 마술적 치유법에서 벗어나 합리적 의학전통을 세우려고 노력했다. BC 5세기 무렵, 소아시아 서부지역에는 환자의 치료 시 경험을 중시하고, 질병자체보다 환자를 존중한 코스학파가 있었다. 이러한 배경으로 아테네황금기 때 명의 히포크라테스가 배출된 것이다.

그러나 이러한 신화적 뇌피셜에서 벗어난 합리적인 우주론과 히포크라테스의학의 등장에도 불구하고, 당시 신전치료(아스클레피오스 의술)는 사라지지 않고 잔존했다.

① 히포크라테스 합리적이고 비종교적인 의학의 대명사

원시사회에서 질병을 고치는 일은 무당이나 주술사들이 담당했다. 이는 죄를 지었거나 좋지 않은 행위에 대한 신의 처벌이라는 믿음 때문이었다. 하지만 그리스자연철학자들은 질병을 초자연적인 현상으로 생각하지 않고 자연적, 과학적, 논리적으로 파악하려고 애썼다. 이러한 자연철학을 바탕으로 질병의 원인을 최초로 이성적으로 설명하려고 한 시도가 히포크라테스(Hippocrates, BC 460~377)의 4체액설이다.

히포크라테스는 인체는 온, 냉, 습, 건의 성질을 지닌 혈액, 점액, 노란담즙, 흑담즙 등 4가지 체액으로 구성되어 있으며, 이 4가지 체액이 균형을 이룰 때 건강이 유지되며 불균형일 때 질병이 발생한다고 설(說)했다. 이는 질병의 원인을 액체의 변화에서 찾는 일종의 액체병리학이론이다. 따라서 치료는 한 가지 체액이 많을 때 반대되는 성질의 체액을 보충해주는 것이었고, 이 히포크라테스의 치료법은 그 시대를 지배했다. 4체액설은 그리스자연철학자 엠페도클레스(Empedocles, BC490?~430?)의 자연의 시(Poem on Nature)에 처음으로 언급된 것을 그의 제자들이 4원소설(우주는 흙, 공기, 물, 불 4가지로 구성)로 정리한 것에 근원을 두고 있다. 그러나 인도에서는 이미 BC 8세기경 우파니샤드(Upanisad, BC 700~400)시대에 모든 물체의 근원을 지(地)수(水)화(火)풍(風) 4대(四大 또는 四大種)로 분류한 바 있다(적취설).

이처럼 그리스에서는 자연철학의 발전과 함께 BC 5세기부터 새롭고, 학문적인 의학전통이 성장했다. 소포클레스(Sopocles, BC 496~406, 비극 오이

디푸스왕의 작가)가 "칼로 수술해야 할 때 주문을 외운다면 좋은 의사는 못 되오"라고 단언했다. 이 같은 사회적 인식에 힘입어 히포크라테스(Hippocrates, BC 460~377)를 따르는 의사들은 한 목소리로 주술적 치료(사이비 과학, pseud-science)를 비판하기에 이르렀다.

BC 400년 무렵 히포크라테스가 쓴 『신성병에 대하여(on the sacred disease)』에서 나병과 같은 신성병(神聖病) 역시 다른 질병들처럼 자연적인 원인으로 보았다. 이를 기점으로 자연법칙의 개념을 기초로 하여 그동안의 신 중심 질병관에 변화를 일으켰다. 그래서 고대 그리스의학을 논할 때, 히포크라테스(코스섬에서 태어난 그리스의 의학자)를 합리적이고 비종교적인 의학의 대명사로 대변하는 것 같다.

히포크라테스의 또 다른 저서 『히포크라테스전집(Corpus Hippocraticum, 72권의 저서와 59편의 논문)』을 그가 모두 작성했다는 명확한 증거는 없다.

『히포크라테스전집』에는 해부학, 생리학, 병리학, 치료, 진단, 예후, 외과술, 산부인과, 정신질환, 윤리 등 다양한 내용이 포함되어 있다. 그가 사용한 치료법에는 뜸, 사혈(blood-letting), 하제(purgative drug), 운동 및 식이요법(regimen) 등이 있다. 이 치료법 중 뜸, 운동, 섭생의 조절은 중국 황제내경(전국시대 편찬, BC 480~221)의 치료법과 유사한것 같다.

그래서 이 시점에서 우리가 한번 짚고 넘어가야 할 부분이 있다. 아테나여신이 그랬던 것처럼 이 히포크라테스가 제우스의 머리에서 솟아 나오지는 않았다는 것이다. 즉, 인근 여러 고대 민족들(예: 이집트, 그리스, 페르시아제국, 인도, 중국 등)에 의해 쌓인 의학지식과 경험(다양한 약초치료와 외과술 등)의 교직물로 인해 히포크라테스(코스학파에서 배출한 명의) 의학이 탄생했음을 간과해서는 안 된다. 그래서 "인생은 짧고 의술은 길다"라는 명언을 히포크라테스

히포크라테스와 그의 선서(12세기 비잔티움제국 사본)

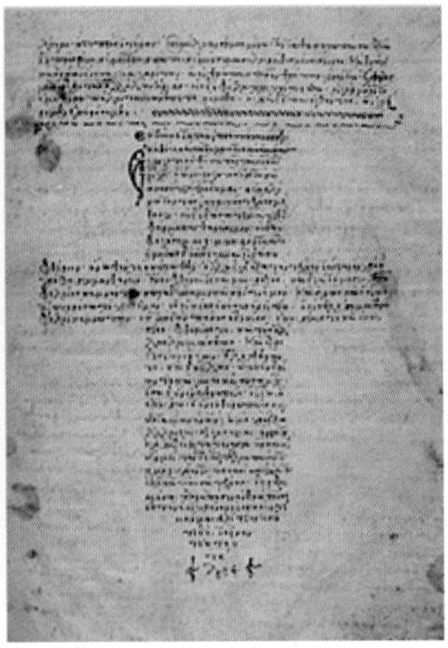

(출처:위키피디아)

가 남긴 게 아닌가 싶다.

② 아스클레피오스신전치료

투키디데스(Thucydides, BC 460~400, 고대 그리스의 역사가)는 『펠로폰네소스전쟁사』에서 전쟁이 일어나자 아테네인은 펠로폰네소스동맹군을 피해 아크로폴리스에 모여 항전했다고 기록했다. 아크로폴리스의 폐쇄적 구조(인구밀집)는 역병(장티푸스, 인류 최초의 펜데믹으로 기록됨)이 퍼지기 좋은 조건으로 그 당시 아테네 인구의 30%가 사망했다. 이러한 상황에서도 이 전쟁이 27년이나 계속되었는데 그 이유는 펠로폰네소스동맹군이 역병이 두려워 아테네에 입성하지 못했기 때문이다.

BC 430년부터 426년까지 엄습한 아테네역병 이후(BC 5C 무렵) 아테네 아크로폴리스 남쪽기슭에 아스클레피오스신전이 세워졌다. 이 신전은 디오니소스극장의 대중적 기능과 파르테논신전의 도시수호적 기능을 겸함으로써 아스클레피오스는 신들과 영웅적 인물들을 제치고, 심지어 자신의 아버지인 아폴론의 명성을 잠식하면서 그리스세계 전역으로 퍼져 나갔다.

아스클레페이온(에피다우로스성역)은 BC 4세기에 최고의 전성기를 이루었고, 이 무렵 많은 곳(아테네, 코린트, 고르디스 등)에 아스클레피오스신전이 세워졌다. 가장 유명한 신전은 소아시아(현 튀르키예) 해변의 도시 페르가몬(BC 4C 중반)과 로도스섬에 있었다. 에피다우로스성역(아스클레페이온)에는 아스클레피오스신전, 톨로스(아테네에 있는 원형건물), 병자들이 치료를 기다리던 엔코이메테리온(Enkoimeterion), 목욕탕, 그리고 무엇보다도 그리스건축에서 가장 순수한 걸작의 하나로 손꼽히는 야외극장이 있었다.

아스클레피오스신전마다 여러 건물과 구역이 있었는데, 가장 중요한 건물에 주 신전이 있었고 특별한 장소에 마련된 신상(에피다우로스 신상은 매우 거대하고 금과 상아로 장식됨)이 있었다. 병들고 아픈 순례자들에게 가장 중요한 장소는 아바톤(치료소, 잠을 자는 곳)이었는데, 순례자가 이곳에서 잠자며 꿈을 꿀 때 치료가 이루어졌다고 한다. 한마디로 병원이라기보다는 근대적 의미에서 성지와 건강 온천의 혼합체인 셈이다.

아스클레피오스(가운데)와 현재 남아 있는 에피다우로스 원형극장 모습

(출처:위키피디아)

2) 헬레니즘시대

알렉산더대왕은 전(全) 그리스를 손에 넣은 뒤 거대한 페르시아제국(아케메네스왕조, BC 550~300)까지 정복하여 아나톨리아(소아시아, 지금의 튀르키예)와 시리아, 페니키아, 고대 유대, 이집트, 메소포타미아, 인도북서부를 포함하는 거대한 제국을 세웠다. 그 결과 그들이 정복한 각국의 토착문화와 지역관습이 융합된 헬레니즘문화가 탄생하게 되었다.

헬레니즘시대(BC 323~146 또는 30)는 이집트 프톨레마이오스왕조(클레오파트라의 자살, BC 30)를 마지막으로 로마제국에 흡수되면서 막을 내렸지만, 그 문화는 기독교가 로마 전역으로 확산이 되기 전까지 유지되었다. 기독교는 1세기 초 팔레스타인에 살았던 나사렛 예수(그리스도, 유대인)라는 유대인의 가르침에서 비롯됐다. 예수 사후 성 바울이 최초로 비유대인들에게도 기독교를 장려했다. 초기 기독교는 이집트 알렉산드리아, 터키 안티오크, 예루살렘, 로마를 중심으로 퍼져나갔다. 일부 로마황제들은 기독교교회를 위협세력으로 받아들여 가혹하게 다뤘다. 특히 네로황제는 기독교인을 무자비하게 학살했으나 이러한 박해 속에서 기독교는 더 강해져 4세기에는 로마제국 전역으로 퍼져 나갔다. 콘스탄티누스황제 1세가 313년 기독교를 합법화하고 니케아 공의회를 소집하여 기본적인 기독교교리가 채택되었고(밀라노칙령), 301년에는 로마제국의 공식종교가 되었다. 395년 로마제국이 동과 서로 분리되자 교회도 서로마의 로마가톨릭교회와 비잔틴제국의 그리스정교회로 갈라졌다.

(1) 역사

그리스최북단의 마케도니아는 그리스인과 트리키아인으로 구성되어 있었으나 그리스인들은 마케도니아를 그리스와 전혀 다른 미개한 왕국으로 여겼

알렉산더대왕의 이수스전투장면과 마케도니아의 팔랑크스 전술 장면(왼쪽부터)

(출처:위키피디아)

다. 그러나 그리스가 내전(펠로폰네소스전쟁과 코린투스전투 등)에 휩싸여 혼란한 틈을 타 BC 338년 마케도니아 필립포스 2세(재위: BC 359~336)가 그리스 전역을 지배했고, BC 336년 그가 암살당한 후에는 그의 아들 알렉산더(당시 18세)가 그의 뒤를 이었다.

왕권을 이어받은 알렉산더대왕(재위: BC 336~323)은 그리스를 마케도니아 지배 하에서 재통일시켰다. 그리고 BC 333년 이수스전투에서 페르시아 제국(아케메네스왕조 다리우스 3세에게 승리)까지 정복했다. 그 당시 그의 제국은 아나톨리아, 시리아, 페니키아, 고대 유대, 메소포타미아, 이집트, 인도북서부까지 이르렀다. 비록 그의 통치한 기간은 13년에 불과했지만, 고대 세계에서뿐만 아니라 역사상 가장 성공적인 군지휘관으로 인정받고 있다.

그리스문화를 동경한 알렉산더대왕은 정복지마다 도시 알렉산드리아를 건설하여 그리스의 문화를 널리 전파하려고 했다. 그 과정 중 폐쇄적이고, 자족적인 고대 그리스의 폴리스문화(고전적 그리스문화)에도 동방의 요소가 가미되어 절충적이고 화합을 모색하는 경향의 헬레니즘문화가 탄생되었다. 즉, 정복지의 특성을 흡수한 헬레니즘문화는 고대 그리스와 서남아시아의 문화가 융합된 산물이라 할 수 있다.

그러나 알렉산더대왕이 후계자를 정해놓지 않고 BC 323년에 바빌론에서 사망하자 그의 휘하 장군들 사이에 내전상태가 40년간 계속되었다. 그 결과 그리스-마케도니아의 안티고노스왕조(BC 306~168), 알렉산드리아 중심의 이집트 프톨레마이오스왕조(BC 323~30), 안티오케이아 중심의 시리아의 셀레우코스왕조(BC 312~60), 페르가몬 중심의 아나톨리아의 아탈로스왕조(BC 282~133) 등 4개 세력으로 분열되었다. 이후 이들 왕국들은 각자의 길을 건다 대부분 서서히 쇠퇴하였고 이집트 프톨레마이오스왕조(클레오파트라의 자살, BC 30)를 마지막으로 로마제국에 흡수되면서 헬레니즘시대는 막을 내렸다.

(2) 질병 극복을 위한 노력

① 프톨레마이오스왕조의 지원

BC 323년 알렉산더대왕이 급서하자 그의 휘하의 장군이었던 프톨레마이오스가 이집트에 프톨레마이오스왕조(Ptolomaios, BC 305~30)를 세웠다.

프톨레마이오스왕조에는 총명한 왕들이 속속 배출되어 그 뒤 수백년간 알렉산드리아를 중심으로 그리스 고전문화와 동방의 문화유산이 융합한 헬레니즘문화를 발전시켰다.

프톨레마이오스 1세(재위: BC 305~285)는 수도 알렉산드리아에 박물관과 도서관 및 뮤제이온(museion)을 설치하여 여러 민족의 학자들에게 제공했다. 그를 이은 프톨레마이오스 2세는 알렉산드리아를 세계 제일의 상업 및 학예(學藝) 도시로 발전시켰다. 그리고 프톨레마이오스 3세는 알렉산드리아를 세계에서 가장 부유한 도시, 가장 교양 있는 시민들이 사는 도시로 만들었다.

이러한 프톨레마이오스왕조의 아낌없는 지원으로 이집트의 알렉산드리아는 학자들의 국제적인 교류(방대한 문헌 교류)의 장이 되어, 여러 언어를 사용하는 민족(그리스어와 페르시아어 등)이 섞인 코이네가 형성되었다.

그 여파로 이집트의 알렉산드리아에서 철학, 수학, 천문학, 음악, 시학, 역사 및 자연과학분야에서 학술진흥이 이루어졌다. 특히, 해부학분야의 발전이 컸는데 이는 이집트의 미라를 만드는 관습과 사체해부에 대한 종교적 편견이 없는 사회적 분위기로 인해 가능했다.

② 알렉산드리아 뮤제이온 출신의 뛰어난 해부학자들

이집트의 수도 알렉산드리아에 설치된 뮤제이온(museion)에서 헤로필로스와 에라시스트라토스와 같은 뛰어난 해부학자가 배출되었다. BC 4세기경 그들은 범죄자들의 인체해부를 바탕으로 정확한 해부학적 저술을 남겼다.

헤로필로스(Herophilos, BC 335~280)는 코스학파와 크니도스학파(해부학 발달)에서 의학을 배운 그리스인 의사다. 그는 대부분 여생을 인체해부에 대해 거부감이 없었던 이집트 알렉산드리아(프톨레마이오스 1세 세움)에서 보내면서 뇌와 척수, 위장관, 림프선, 간, 생식기, 눈, 혈관계 등 인체에 대해 자세히 관찰함으로써 해부학 분야에서 큰 공적을 남겼다. 연구 시 관찰과 경험을, 임상에서는 진단과 예후를, 진단 시 맥박을 중요하게 생각했다. 히포크라테스의 4체액설을 받아들였던 그는 하제와 사혈을 환자치료 시 사용했다.

에라시스트라토스(Erasistratos, BC 304~250)는 헤로필로스와 함께 이집트 알렉산드리아에 해부학학교를 세우고 해부학연구를 진행했다. 그는 생리학적 실험을 강조한 해부학자로 뇌의 중요성을 간파했으며 뇌의 기능 중 운동신경과 감각신경을 구분했다. 또한, 동맥과 정맥을 구분하고 동맥에서만 맥박을 측정할 수 있음을 발견했다. 헤로필로스와 달리 히포크라테스의 체액설(액체병리학) 대신 질병을 신체의 고형부분에 귀착시키는 고체병리학설(固體病理學說)을 주장했다.

③ 알렉산드리아의 의학분파들

알렉산드리아에는 이오니아지역의 코스학파(임상치료 중심)와 크니도스학파(진단 중심, 실험의학), 이탈리아남부 시칠리아의 시칠리아학파(엠페도클레스파, 피타고라스파) 등 3대학파가 있었다.

3대학파 중 단연 두각을 나타낸 의사는 코스학파에서 배출한 명의 히포크라테스(자연치유력 강조, 4체액설 주장)였다.

그러나 히포크라테스 사후(死後) 의사들은 각자의 신념에 따라 여러 의학분파들로 나뉘었다. 그중 교조학파는 히포크라테스를 무조건 따랐으며, 경험학파는 경험을 중시했으며, 방법학파는 복잡한 이론보다 객관적인 논리를 중시했다. 이들 알렉산드리아 출신의 의학분파들은 제각기 다른 관점에서 의술과 과학을 탐구하면서, 로마제국에서 주도권을 잡기 위해 각축전을 벌였다. 그러던 중 절충학파가 여러 학파의 의학이론의 통합을 시도했으나 쉽지 않았다. 결국, 훗날 로마제국의 그리스인 의사 갈레노스에 의해 여러 학파가 하나로 정리된다(그리스 · 로마의학의 계보 참조).

• 교조학파

자연치유력과 4체액설(인체는 혈액, 점액, 노란담즙, 흑담즙으로 구성되어 있음, 액체병리학)을 주장한 히포크라테스의 병리학과 치료법을 아무런 비판없이 무조건 따른 의사들이 교조학파(School of dogmatist)에 속한다. 교조란 신앙이나 신념에 기초한 사고방식으로 사물을 설명하려는 태도 또는 종교에서 권위자가 말한 것

그리스 · 로마 의학의 계보

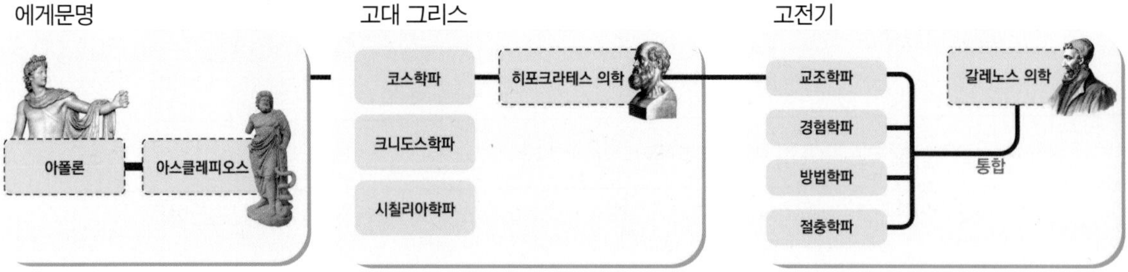

(출처: 위키피디아, https://ko.wikipedia.org/wiki/%EC%95%84%ED%8F%B4%EB%A1%A0)

을 깊이 이해하지 않고 기계적으로 추종하려는 태도를 의미한다.

• 경험학파

BC 3세기 무렵, 사변적 논쟁대신 관찰과 경험을 중시한 경험주의자(School of Empiricist)로 알려진 의사들이 경험학파를 만들었다. 경험학파는 히포크라테스의 관찰과 경험, 예후에 대한 원리를 따라 질병의 원인보다는 치료효과를 중시했다.

• 방법학파

방법학파(School of Methodist)는 복잡한 이론보다 객관적인 진단을 중시했다. 이 학파에 속하는 의사로는 아스클레피아데스, 테미슨과 소라노스가 있다.

아스클레피아데스(Asclepiades, BC 128~40)는 고대 그리스의 의사로 그의 의학은 제자 테미슨을 통해 계승되었다. 에피쿠로스(Epikuros, BC 300 무렵)의 원자설(BC 2C 중엽 로마에 보급)과 에라시스토라토스(Erasistratos, BC 304~250)가 주장한 고체병리학을 수용한 그는 인체는 무한한 수의 원자들의 조합이며, 원자의 운동으로 생명활동이 영위된다는 고체병리학체계(본질적으로 현대의학과 상통)를 세웠다. 이 이론에 근거해 "질병은 자연치유력에 의해서가 아니라 의사가 고치는 것"이라고 했고, 히포크라테스의 4체액설 폐기를 주장했다. 그의 치료법은 "안전, 신속, 아프지 않게"라는 원칙에 따라 단순하고 자연스러운 탓에 민중에게 인기가 있었다. 그리고 실제 치료 시에는 과거부터 존재했던 치료법들(식이요법, 운동, 마사지, 찜질, 관장, 음악 등)을 종합하여 사용했다.

테미슨(Temison, BC 50 무렵)은 스승 아스클레피아데스의 치료법을 보급하고자 의학교를 세우고 방법학파(Methodism)를 창설했다. 그는 질병의 원인보다 치료에 치중하여 모든 질병에 공통되는 법칙을 찾아서 치료하려 했다. 질병관찰 시 긴장상태(status strictus, 대부분의 급성질병), 이완상태(status laxus, 대부분의 만성질병), 혼합상태(status mixtus, 간질), 세 가지 기본상태의 확인을 중요하게 생각했다. 테미슨의 치료법 자체는 경험을 통해 유효한 치료를 취한 점에서 히포크라테스학파와 다름이 없었다. 단, 치유과정에서 자연치유능력을 전적으로 부인한 점에서 히포크라테스의학과 배치되었고, 종국에는 그리스병리학을 지배해 오던 4체액설(히포크라테스가 주장한 액체병리학)의 폐기를 주장했다.

소라노스(Soranus, 98~138)는 트라야누스(Trojanis, 재위: 98~117), 하드리아누스(Hadrianus, 재위: 117~138) 두 제왕시대에 로마에서 활약한 의사로 알렉산드리아 출신이다. 그의 많은 저술 가운데 『산부인과학』과 『급성 및 만성병』이 유명하다. 『산부인과학』에는 난산의 원인이 매우 자세히 합리적으로 기술되어 있으며 처치법이 구체적으로 적절하게 설명되어 있다. 이처럼 그는 산과와 부인과에서 뛰어난 업적과 가르침을 남겼다. 『급성 및 만성병』

에서 본래적 증상(primary symptom)과 부수적 증상(secondary symptom)을 최초로 구별한 것은 큰 공적이다.

• 절충학파

스토아학파의 프로이마설(靈氣論, Pneumatism, 인간의 생명과 건강의 본원이 靈氣라는 설)을 수용한 절충학파(School of Electics)는 다른 여러 학파들의 설을 새로운 관점에서 종합하려 했다.

절충학파는 글자 그대로 한 학파에 치우치지 않고 모든 학파의 장점을 취하려고 했으며, 이 학파에는 아르키게네스, 아르타이오스, 아테나이오스, 루프스 등이 속했다.

아르키게네스(Archigenes, BC 100 무렵)는 로마제국에서 주로 활동한 절충주의자로, 맥박으로 진단하는 법을 크게 발전시켰으며, 그의 사지절단술은 외과술에 있어 일류로 꼽힌다.

아르타이오스(Athenaeus, 170~223)는 히포크라테스를 충실히 따르면서 절충학파와 방법학파의 사상이나 원칙을 취했고 해부학을 중시했으며, 나타난 병인보다 숨은 병인을 탐구하여 진단 시 맥진을 중요하게 생각했다. 또한, 호흡을 통해 몸에 들어온 프로이마(靈氣)가 심장과 혈관을 거쳐 전신으로 퍼져 생명현상을 주재한다고 주장했다. 그는 스토아학파의 프로이마설(인간의 생명과 건강의 본원이 靈氣라는 설)에 온(溫), 냉(冷), 습(濕), 건(乾)을 결합한 의학이론을 완성했다. 즉, 질병은 온, 냉, 습, 건의 부조화로 생기므로 본래의 조화상태로 바꾸면 치료가 된다고 주장했다. 예컨대, 과도한 온(溫)에는 냉(冷)으로, 과도한 습(濕)에는 건(乾)으로 대응함을 원칙으로 했다. 이것은 마치 고대 중의학의 음양오행과 기, 혈관계를 방불케 한다.

3) 초기 고대 로마와 로마제국

BC 2000년대 초, 이탈리아반도에는 유럽에서 이주해 온 것으로 추정되는 여러 민족이 살고 있었다. 이들 대부분은 BC 8세기까지 부족의 형태를 벗어나지 못했다. 그러나 라틴인만이 에트루리아(BC 800~350)문명의 영향을 받아 도시국가의 형태로 발전했는데, 그것이 바로 초기 고대 로마(왕정, BC 753~509)의 모습이다. 에트루리아(Etruria)는 이탈리아중부에 있던 옛 나라로 로마공화정 이전에 이탈리아에 존재했던 주요 문명국가였다. 그리스역사가 헤로도토스는 최초의 에트루리아인들이 기근을 피해 소아시아의 서해안에서 온 리디아인이었다고 하였다.

이처럼 초기 고대 로마는 에트루리아문명의 영향을 받다가, BC 6세기 후반경 독립하여 공화정(BC 509~27)을 수립했다. 이 시기에 카르타고와의 전쟁(포에니전쟁, BC 260~147)에서 승리하면서 지중해를 아우르는 고대문명으로 탈바꿈했다.

그리고 고대 그리스 도시국가들이 세력다툼을 하는 틈을 타 BC 146년에는 그리스의 영토까지 함락시켰다. 이때 그리스를 정치적으로는 함락시켰지만, 그리스적인 헬레니즘문화가 로마제국에 스며들어 다방면에 큰 영향을 미쳤다.

4세기 말(395)에 이르러 계속 번영을 누리던 로마제국은 테오도시우스 1세 사망 직전 라틴적 로마(서로마제국, 로마가톨릭)와 그리스적 로마(비잔틴제국, 그리스정교)로 이분되었다. 서로마제국은 게르만족의 침입으로 476년 멸망하지만, 비잔틴제국은 그 후로도 1천 년 동안 역사를 더 이어갔다.

(1) 역사

고전기(BC 500~AD 500)에 왕정(BC 753~509)과 공화정(BC 509~27)을 거쳐 제정시대(로마제국, BC 27~AD 476)로 이어지는 로마의 역사가 펼쳐졌다.

• 왕정

BC 753년경 티베르강 저지대에 있는 도하지점에 건설된 도시가 초기 로마의 모습이다(로마건국신화 참조). 초대 왕 로물루스 이후로 250년 동안 로마는 7명의 왕이 통치하는 전설의 왕정(BC 753~509)시대였다. 왕정시대의 마지막 3명의 왕이 에트루리아 출신인 것을 보면 BC 6세기까지만 해도 에트루리아의 통치에서 벗어나지 못했던 것 같다.

• 공화정

BC 509년에 고대 로마인 루키우스 유니우스 브루투스(Lucius Junius Brutus, BC 545~509)가 에트루리아 왕의 폭정에 민중봉기를 일으켰다. 그는 군주제를 폐지하고, 귀족과 평민계급이 행정장관을 선출하는 제도를 만들어 공화정을 수립하였다(BC 509~27). 이로 인해 이탈리아반도 전체를 포괄하는 거대한 도시동맹이 맺어졌고, 도시마다 각기 다른 자치권과 의무를 부여하는 분할통치와 도로망 정비로 세계적인 제국으로 비약하는 토대가 마련되었다.

로마공화정 후기(BC 264 무렵), 로마가 카르타고의 군대가 주둔하고 있던 시칠리아를 자국의 지배영역으로 여기면서 카르타고와의 전쟁은 불가피했다. 이것이 바로 3차에 걸친 포에니전쟁(BC 260~147)이었고 최후의 승자가 로마가 되면서, 카르타고가 지배하던 지중해 패권은 로마로 넘어갔다.

그리고 그리스도시국가들끼리 세력 다툼이 일어난 틈에 그리스의 영토를 함락(BC 146)시켰지만, 문화적으로는 그리스적인 것(헬레니즘문화)이 로마를 지배했다. 예컨대, 그리스인과 접촉할 기회가 늘어나면서 로마의 주피터는 그리스의 제우스 신처럼 떠받들어졌고, 로마의 렙툰은 그리스의 포세이돈의 이름이 변한 것으로 보면 된다. 또한, 이집트의 이시스 신과 페르시아제국의 미트라 신을 숭배하는 로마인들도 많이 생겨났다. 이렇다 할 문화가 없었던 로마는 공화정과 제국 초기에 그들이 정복한 민족(그리스, 이집트 등)의 종교와 문화의 영향을 많이 받았다.

포에니전쟁에서 승리한 로마는 정복한 도시를 속주(식민지)로 삼아 곡물과 과한 세금부과로 원성이 자자했다(식민지 반란의 원인). 게다가 포에니전쟁의 여파로 자영농민(자유시민)의 경제적 몰락과 식민지반란, 연이은 노예들의 반란(예: 스파르타쿠스 반란)으로 혼란스러웠다.

이에 질서를 바로잡고자 카이사르, 크라수스, 폼페이우스가 동맹을 맺어 삼두정치(BC 62~31)를 시작하면서 공화정은 막을 내렸다. 카이사르가 권력을 장악하고 종신독재관이 되었지만(BC 48) 불만을 품은 브루투스에게 암살 당하면서 1차 삼두정치는 끝이 났다. 그 후 안토니우스, 레피두스, 옥타비아누스의 삼두정치가 또 다시 시작되었으나 BC 31년 악티움전투에서 옥타비아누스가 안토니우스에게 대승한 후 제정로마시대(BC 27~AD 476)의 막이 열렸다.

• 제정로마

BC 27년 옥타비아누스(아우구스투스: 존엄한 자)가 군대와 재정을 장악한 후 삼두정치를 폐시하고 독재정치를 시작했다. 옥타비아누스가 제국을 통합한 후 200년간 로마제국은 식민도시건설, 군대배치, 도로망연결, 라틴어, 로마법, 로마풍의 생활양식과 화폐, 도량형 등을 보급하여 주변지역을 지배했다. 중동(파르티아, 사산조 페르시아), 인도(마우리아제국, 쿠샨과 굽타왕조), 중국(진 · 한, 위진남북조)과의 무역이 활기를 띤 이 시기를 로마의 평화시대(팍스 로마나, pax romana)라 불렀다. 5인의 황제(96~180)가 지배한 100년 동안 로마는 전성기(5현제시대)를 누렸고, 그중 트라야누스황제(재위: 98~117 때)의 로마의 영토는 동쪽으로 카스피해연안에서 서쪽으로 대서양연안에까지 이르렀다.

2세기 마르크스 아울렐리우스황제(재위: 161~180) 때 비단길을 통해 대규모 교역이 성행하면서 천연두(안토니우스 펜데믹, 165~180)가 로마제국에 퍼졌다. 사마천(BC 145~86)은 사기에 "양쯔강 이남의 땅은 기후가 습하며 성인남자는 젊어서 죽는다"라고 기록했다. 이 기록으로 미루어 보면 중국은 로마제국보다 앞서 천연두가 만연했고, 비단길을 통한 교역으로 중국에서 로마로 천연두가 옮겨진 것으로 추정된다. 천연두로 인해 로마제국의 인구가 격감했고, 이로 인해 경제적으로 큰 타격을 입게 되면서 약탈과 대혼란이 벌어졌다.

313년에 콘스탄티누스 1세는 안정적 제국의 통치체제를 구축하고자 밀라노칙령을 내려 그리스도교를 공인하였다. 이로써 로마의 전통적인 다신교가 기독교로 대체되었고, 기독교는 제정로마시대(BC 27~AD 476)의 문화적 일체감을 되살렸다.

그러나 4세기 후반, 게르만족의 대이동(흉노족의 서진이 원인) 시기부터 로마는 쇠약해지기 시작했고, 거듭되는 야만족의 공격으로 더는 버텨낼 힘이 없었다. 4세기 말(395), 테오도시우스 1세 사망직전에 로마는 그리스적 로마(동로마제국 또는 비잔틴제국)와 라틴적 로마(서로마제국)로 분리되었다.

4세기 후반에서 5세기 사이, 게르만족의 침입으로 476년 친위용병대장 오도아케르에게 황제 로물루스 아우구스투스가 강제 퇴위당하면서 서로마가 멸망했다.

서로마제국 멸망 후 게르만족에 의해 서고트왕국(스페인), 동고트 · 롬바르드왕국(이탈리아), 반달왕국(아프리카 북부), 부르군트왕국(남프랑스), 앵글로색슨왕국(영국) 등 여러 국가가 세워지면서 유럽에서 중세가 시작되었다.

한편, 서로마제국 멸망 후에도 동쪽에서는 1453년 오스만제국에 의해 멸망하기 전까지 비잔틴제국(동로마제국)이 천 년을 더 존속했다.

(2) 질병 극복을 위한 노력

오랜 기간 에트루리아의 영향을 받아온 초기 고대 로마에는 동물의 내장으로 점(占)을 치는 행위가 성행했다. 그리고 전염병을 막기 위해 일찍이 로마제국에도 그리스의 아스클레피오스신전치료가 도입되어 있었다.

그러던 중 로마제국이 배움의 중심지며, 수많은 고대 그리스의학자료들이 보유된 이집트의 알렉산드리아(Great Library, 프톨레마이어스왕조의 지원으로 의학발전)를 정복하는 일이 생겼다. 이후 헬레니즘시대의 산물인 알렉산드리아의학이 로마제국에 스며들었다. 즉, 알렉산드리아 출신의 여러 의학파들(교조학파, 경험학파, 방법학파, 절충학파)이 로마제국에서 주도권을 잡기 위해 각축전을 벌였다. 이때 등장한 이가 로마제국의 그리스의사 갈레노스(Claudius Galenos, 130~200 무렵)였다. 그는 뛰어난 진료기술로 로마황제의 주치의를 역임하면서 여러 의학파들의 의학이론을 하나로 통합해냈다. 그 결과 신비적인 치료술과 미신(점)은 해를 거듭할수록 좀 더 합리적인 방식으로 발전해갔다.

그러나 로마제국 후기의 기근과 재앙으로 민간이나 신전치료 등이 다시 성행하면서 아스클레피오스는 로마제국에서도 건강을 주관하는 신으로 자리잡았다. 하여 치유와 구원의 종교인 기독교가 로마제국에 도입되었을 때 아스클레피오스는 이교도신 중 그리스도교의 유일한 경쟁상대였다.

이처럼 로마제국에는 알렉산드리아에서 발전된 그리스의학과 종교성향이 강한 아스클레피오스신전치료가 공존했던 것으로 보인다.

① 위대한 의인(醫人) 갈레노스

클라우디오스 갈레노스(Claudius Galenos, 130~200 무렵)는 학문과 예술의 중심지며 아스클레피오스신전치료가 성행했던 소아시아 페르가몬(Pergamon) 출신이다. 그는 알렉산드리아(세계 도처의 의사들이 의학과 의술을 펼친 곳)의 여러 의학파들로부터 의학을 배우고, 직접적인 환자의 관찰과 치료를 통해 임상경험을 축적한 후 고향으로 돌아와 한동안 의관으로 지냈다.

당시 로마제국은 종교적인 이유로 인체해부를 금지하는 분위기였다. 그러던 중 갈레노스는 검투사의 담당의가 되어 검투사들의 상처를 치료하면서 인간의 해부학적 구조, 뼈, 관절, 근육에 대해 자세히 관찰할 수 있었다. 덕분에 골절이나 큰 상처에 대한 치료법을 발전시키고, 해부와 임상을 근거로 한 방법론을 세워 의학사에서 중요한 위치를 차지하였다.

그리고 마르쿠스 아울렐리우스황제(Marcuss Aurelius, 재위: 161~180)의 주치의로 활동하면서 해부학, 생리학, 약리학, 병리학, 치료술, 위생, 식이요법, 철학 등 엄청난 양의 지식을 그리스어로 저술하였다.

그의 가장 큰 업적은 히포크라테스 사후 로마제국에서 각축전을 벌이던 여러 의학파들(알렉산드리아에서 파생)의 의학이론을 통합하여 하나로 정리(갈레노스의학)해낸 것이다.

이렇게 여러 의학파들의 의학이론을 통합하여 정리한 갈레노스의학이론은 당시의 기준으로는 모든 생명현상을 설명할 수 있었다. 또한, 그는 완벽한 생명을 만들어 낸 주체로 신을 상정하여 당시 로마제국의 종교계의 강한 지원을 받았다. 갈레노스의 의견을 반박하는 학자는 곧 신을 거부하는 것이 되었고 갈레노스이론 자체가 종교가 되었다. 다시 의학이 종교의 지배를 받게 된 셈이다.

그 후 갈레노스의 의학사상과 저서들은 유럽과 중동의 이슬람세계에 널리 퍼져 16세기까지는 그 누구도 갈레노스에 반대하거나 도전할 수 없을 만큼 서양의학의 역사 속에서 가장 오랫동안 영향을 미쳤다. 히포크라테스 사후 갈레노스가 여러 의학파들의 의학이론을 통합하여 하나로 만들어 낸 것은 큰 성과였다. 그러나 본의 아니게 그 이후의 르네상스시대 전까지 의학발달사에 큰 그늘을 초래하였다.

그러나 갈레노스의 해부와 생리학지식은 16세기 베살리우스의 『인체에 대하여』와 17세기 하비의 『혈액순환이론』이 등장하면서 오류들이 지적된다.

② 로마의 백과전서 및 약전

로마제국시대에 대한 정보의 대부분은 켈수스의 『의술에 관하여』와 플리니우스의 『박물지』 등 2개의 백과사전에 근거한다.

그리고 디오스코리데스가 남긴 『약전』은 후대에 약학과 약전에 관한 연구의 바탕이 된다.

• 아울루스 코르넬리우스 켈수스

아울루스 코르넬리우스 켈수스(Aulus Cornelius Celsus, BC 30~AD 50)는 티베리우스황제(Tiberius Caeser Augustus, 재위:14~39) 때 활동한 의학자다. 그는 『의학전서(De Medicina)』를 편찬하여 의학과 의술에 관한 지식과 정보를 남겼다. 이 책은 의학의 역사와 건강유지법, 신체 각 장기의 이상 등 매우 다양한 주제가 서술된 금속활자로 인쇄된 최초의 의학서다. 또한 이 책에는 히포크라테스 등 고대 그리스 의사들의 가르침, 아스클레피아데스의학, 알렉산드리아의학 등 다양한 내용이 포함되어 있다.

• 카이우스 플리니우스

카이우스 플리니우스(Caius Plinius, 23~79)는 북부이탈리아 명문가 출신으로 어린시절부터 로마에서 유명한 학자나 문인들의 가르침을 받거나 교우하면서 당대의 대표적인 지식인으로 성장했다. 그의 저서인 『박물지(Historia Naturalis)』는 다수의 고대 문헌과 실제 조사를 통해 의학과 약초뿐만 아니라 역사, 물리, 생물, 화학, 지리학, 요리, 자연철학, 마술, 민속, 식물학 등을 총망라한 자연과학대백과사전이다. 다만, 약물에 대한 기록과 주석은 사실에 근거한 합리적인 것도 많지만 미신과 마법을 근거로 한 경우도 적지 않았다.

• 디오스코리데스

디오스코리데스(Pedanius Dioscorides, 40~90)는 식물학자, 약리학자로 종군의사로 활동하면서 몇백종의 약초의 효능과 사용방법을 기록한 체계적인 『약전』을 남겼다.

③ 검역과 위생시설의 발전

그리스의 전통의학의 영향을 많이 받은 로마제국의 의사들도 영적인 것보다는 자연주의적 관찰에 의존하려 했다.

그리스가 학문과 기술로서의 의학과 의술의 발전에 커다란 공헌을 하였다면, 로마제국의 경우는 위생시설이 돋보인다. 가장 돋보이는 위생시설은 상수도와 정화시설인데, BC 1세기 말무렵 로마제국에는 9개의 수로가 완공되었고 후대에 그 수가 더 늘었다. 상수도시스템과 비슷하게 하수와 오물을 흘려보내는 시설도 있었다. 이러한 상하수도의 형성으로 전염병의 발생이 적었을 것으로 추정된다. 그리고 공중목욕탕이 있어서 부유한 이들이나 중산층이 이용하여 보건위생의 수준도 높았을 것으로 보인다.

군대에는 야전천막이 설치되었으며, 변방의 모든 부대에 부상병을 위한 수용소가 차츰 세워졌고, 장비, 보급품, 약품이 갖추어져 있었다. 제정로마시대(1~2C)에 병원이 세워졌으며, 부상병을 위한 작은 천막과 요새로 시작되어 시간이 지남에 따라 영구적인 시설로 발전하였다.

④ 아스클레피오스신전치료

2세기경(165~180), 비단길을 통해 인도나 중국과 정기적으로 대규모 교역이 이루어졌다. 그 과정에 천연두(안토니우스펜데믹, 165~180)가 로마제국에 퍼졌다. 로마제국은 당시 창궐한 안토니우스역병을 막아주도록 그리스본토에 있는 에피다우로스의 신전에 도움을 청했다. 이때 에피다우로스신전에서 보낸 뱀의 형상으로 아스클레피오스가 로마제국에 소개되었다. 이러한 이유로 일찍이 로마제국에는 아스클레피오스신전이 도입되었다.

이후 아스클레피오스는 아폴론과 함께 건강을 주관하는 신으로 자리잡아 헬레니즘시대에 이어 로마제국에서도 숭배되었다.

아스클레피온(아스클레피오스신전)은 본래는 신전의 기능만 했으나 갈레노스(Claudius Galenos, 130~200 무렵)에 의해 마사지, 진흙 목욕, 약초 등을 이용한 다양한 치료 및 해몽을 통한 심리분석이 이루어졌다.

로마제국의 황제들도 그들의 주치의들(그리스 출신 노예가 대부분)의 영향을 받아 아스클레피오스를 숭배한 이들이 있었다. 일례로, 하드리아누스황제(재위: 117~138)는 제국을 순방하는 과정에서 페르가몬의 아스클레피오스신전을 제우스-아스클레피오스신전으로 개축했다. 카라칼라황제(재위: 211~217)는 스스로 육체적, 정신적 질병을 치유 받기 위해 페르가몬의 아스클레피오스신전에 직접 참배하는 모습을 보였다. 특히, 클라우디우스황제(Claudius Gothicus, 재위: 268~270)는 아스클레피오스숭배로 유명한 코스섬에 대한 공납의 면제를 추진하기도 했다.

전쟁터에서 부상과 질병에 노출된 로마제국의 군인들 사이에서도 아스클레피오스는 인기 있는 신이었다. 아스클레피오스는 군대 주둔지역에서 발굴된 비문에 자주 등장한다. 비문만이 아니라 아스클레피오스에게 바쳐진 제단과 군병원 내 성소까지, 군대와 아스클레피오스의 연계를 보여주는 고고학적 근거는 다양하게 발견되었다. 아스클레피오스의 로마제국 도입은 집정관을 비롯한 정무관들이 주관한 것이었고, 이후 일반대중들만이 아니라 황제 및 군인들과 밀접히 연계되었다.

고대부터 지중해 세계 전역에 걸쳐 많은 수의 신전과 성역이 아스클레피오스에게 봉헌되었다. 특히, 전염병의 창궐과 때를 같이하여 신체적, 정신적 건강을 되찾으려던 사람들은 6세기까지도 그의 신전을 찾았다.

4. 여기서 잠깐

(1) 히포크라테스선서와 제네바선언

히포크라테스선서는 의학윤리를 담은 가장 대표적인 문서 중 하나로서, BC 5세기에서 4세기(아테네황금기) 사이에 기록되었다고 알려져 있다. 이 시대가 남긴 가장 큰 유산 가운데 하나는 히포크라테스선서에 있는 의료행위에 대한 장전일 것이다.

이 선서의 서문은 "나는 의사인 아폴론을 두고, 아스클레피오스를 두고, 히게이아를 두고, 파나케이아를 두고, 그리고 모든 남신과 여신을 두고, 그들로 나의 증인을 삼아 내 능력과 판단에 따라 이 선서와 이 계약을 이행할 것을 맹세합니다"로 시작을 한다. 이 선서의 여러 가지 변형들이 2000년 남짓 동안 세계 곳곳에서 올바른 의료행위의 지침이 되어왔다.

오늘날에도 히포크라테스선서는 의학도들에게 가장 유명한 가르침이 되고 있다. 히포크라테스의 가르침의 핵심은 우선적인 관찰, 질환보다는 환자 존중, 정직한 진단, 자연치유력 등이다.

이제는 오늘날의 상황에 맞게 이 선서를 수정한 제네바선언이 일반적으로 읽히고 있다. 우리나라에서 의과대학을 졸업할 때 쓰이는 선서문도 사실은 제네바선언문이다. 1948년 스위스의 제네바에서 개최된 세계의학협회총회에서 채택된 제네바선언은 1968년 시드니에서 개최된 제22차 세계의학협회에서 최종적으로 수정작업을 거친 후 완성되었다.

① 히포크라테스선서

나는 의술을 주관하는 아폴론과 아스클레피오스와 히기에이아와 파나케이아를 포함하여 모든 신 앞에서, 내 능력과 판단에 따라 이 선서와 그에 따른 조항을 지키겠다고 맹세한다. 나에게 의술을 가르쳐 주신 분을 나의 부모와 다를 바 없이 소중하게 섬기고, 내가 소유한 모든 물질을 그분과 공유하면서 그분이 궁핍할 때는 그분을 도와주고, 그분의 자손을 나의 형제와 같이 여기고, 그들이 의술을 배우고자 하면 보수나 조건 없이 그들에게 의술을 가르치고, 내 아들과 내 스승의 아들과 의술의 원칙을 따르겠다고 선서한 제자들에게만 교훈과 강의를 포함하여 모든 방식의 교수법으로 의술에 관한 지식을 전달할 따름이고, 그 밖의 사람들에게는 전달하지 않겠다.

내 능력과 판단에 따라, 나는 환자에게 도움이 된다고 생각한 처방을 따를 뿐 환자에게 해를 끼칠 수 있는 처방은 절대로 따르지 않겠다. 나는 어떤 요청을 받더라도 치명적인 의약품을 아무에게도 투여하지 않을 뿐만 아니라, 그렇게 하도록 권고하지도 않겠다. 또한, 마찬가지로 나는 어떤 여성에게도 낙태시킬 수 있는 좌약을 주지 않겠다. 나는 내 일생 나의 의술을 순수하고 경건하게 펼쳐 나가겠다.

내가 어떤 집을 방문하든지 오로지 환자를 돕는 일에만 힘쓸 따름이고, 고의로 어떤 형태의 비행을 일삼거나 피해를 주는 일은 절대로 저지르지 않겠으며, 노예든 자유민이든 신분을 가리지 않을 뿐만 아니라 남자이든 여자이든 성별을 구분하지 않고, 모든 환자의 신체를 능욕하는 일이 없도록 하겠다. 나의 직무수행과 관련된 일이든 전혀 관련이 없는 일이든 관계없이, 내가 보거나 들은 사실이 절대로 세상에 알려선 안 될 경우, 나는 일체의 비밀을 결코 누설하지 않겠다.

내가 이 선서를 절대로 어기지 않고 계속해서 지킨다면, 나는 내 일생동안 나의 의술을 베풀면서 모든 사람으로부터 항상 존경을 받게 될 것이다. 하지만 만일 내가 이 선서를 어기고 약속을 저버린다면, 나의 운명은 그와 반대되는 방향으로 치닫게 될 것이다.

② 제네바선언

의업에 종사하는 일원으로서 인정받는 이 순간에,

나의 일생을 인류봉사에 바칠 것을 엄숙히 서약한다.

나의 스승에게 마땅히 받아야 할 존경과 감사를 드리겠다.

나의 의술을 양심과 품위를 유지하면서 베풀겠다.

나는 환자의 건강을 가장 우선으로 배려하겠다.

나의 환자에 관한 모든 비밀을 절대로 지키겠다.

나는 의업의 고귀한 전통과 명예를 유지하겠다.

나는 동료를 형제처럼 여기겠다.

나는 종교나 국적이나 인종이나 정치적 입장이나 사회적 신분을 초월하여

오직 환자에 대한 나의 의무를 다하겠다.

나는 생명이 수태된 순간부터 인간의 생명을 최대한 존중하겠다.

어떤 위협이 닥칠지라도 나의 의학지식을 인륜에 어긋나게 쓰지 않겠다.

나는 아무 거리낌 없이 나의 명예를 걸고 위와 같이 서약한다.

(2) 아테네황금기의 철학자들

아테네(BC 480~338)는 보통 민주주의와 철학이라는 두 가지 키워드로 귀결된다. 그래서 페리클레스(BC 495~429)로 대표되는 민주주의와 소크라테스, 플라톤, 아리스토텔레스로 대표되는 그리스철학이 떠오른다. 아테네의 민주주의는 페리클레스 사후 무너지고 말았지만, 아테네의철학은 거의 천

년간 철학의 중심지 역할을 했다. 훗날 알렉산드리아가 수학과 과학(의학) 분야에서 아테네를 능가했지만, 철학에 관해서는 여전히 아테네가 최고 권위를 유지했다.

① 아낙사고라스

아낙사고라스(Anaxagoras, BC 462~432 아테네철학의 시작점)가 아테네에 출현하기 전까지 그리스철학자들의 활동지역은 이오니아지방의 밀레투스(코스학파, 크니도스학파)나 시칠리아(엠페도클레스파, 피타고라스파) 등 그리스식민지 지역이었다. 페리클레스가 아낙사고라스를 아테네로 불러들여 고대 그리스의 본토이자, 핵심지라 할 수 있는 아테네에서 철학이 시작되었다. 하여 아낙사고라스는 아테네에 철학을 처음 소개한 인물이자 물리적 변화의 제일 원인이 정신(nous)이라고 제안한 첫 인물이 되었다. 그로 말미암아 서양철학사를 지배하는 소크라테스와 플라톤, 아리스토텔레스가 존재할 수 있었다.

아낙사고라스는 만물은 무한히 나뉠 수 있으며, 물질의 가장 적은 부분이라도 4원소의 일부를 포함한다고 주장했다.

② 소크라테스

소크라테스(Socrates, BC 470~399)는 자신이 직접 어떠한 저술이나 일기를 남기지 않았다. 그의 제자 혹은 지인들, 대표적으로 플라톤이 남긴 저술을 통해서 간접적으로 그의 삶과 사상을 접할 수 있다. 즉, 우리가 흔히 생각하는 소크라테스의 일화나 행적은 대부분이 플라톤의 초기 대화편에 근거한 것이다.

그는 저술보다는 대화를 통해 철학활동을 펼쳤고, 특히, 상대방에게 계속

질문을 해서 자신의 무지를 깨닫게 하는 방법을 썼다. 이런 질문을 중심으로 하는 교수법을 소크라테스식 문답법, 혹은 산파법(산파술)이라고 부른다. 소크라테스의 산파술은 논쟁의 상대방에게 접근하는 자세는 상대를 함정에 빠뜨리거나 혹은 심문하려는 것이 아니라, 대부분 자신이 상대보다 더 모른다는 것을 전제하고, 기본적인 것부터 검토해 나아가는 것이다. 이렇게 소크라테스와 대화를 나누면서, 상대방은 이내 자신이 잘 알고 있다고 생각한 개념이 사실은 오류가 있는 개념임을 깨닫게 되고, 당황하거나 화내거나 부끄러워하게 된다. 이를 아포리아(Aporia)라고 한다.

소크라테스는 아테네에서 계속 산파술을 행하고 다닌 끝에, 결국 자기가 안다고 생각하는 것을 정말로 아는 사람은 없다는 걸 깨닫게 되고, "나는 내가 아무것도 모른다는 걸 안다"는 말을 남기게 된다.

③ 데모크리토스

데모크리토스(Democritos, BC 460~380)는 트라키아의 도시 아브델라출신으로 소크라테스와 거의 비슷한 시기에 활동한 철학자다. 젊은 시절 바빌론과 이집트 같은 동방(東方)을 널리 여행한 백과전서적인 박학자였다.

그는 밀레투스(Miletos) 출신 레우키포스(Leukippos, BC 440경)의 원자론을 계승하였다. 데모크리토스는 더는 나뉘지 않는 원자(Atom)가 세계를 구성하는 원질이라고 정의하였다. 그는 원자는 무수하며, 여러 가지 크기(무게)나 형태를 가지고 있고, 광대한 진공 속에 회전하는 운동을 하면서 비슷한 것은 서로 합쳐진다고 주장했다. 그래서 무거운 원자들의 무리는 우주의 중심(대지)이 되고, 가벼운 원자들의 무리는 하늘 높이 천체가 된다고 했다.

그러나 그의 직관에서 태어난 원자론은 훗날 플라톤이나 아리스토텔레스에 의해, 유물론적 사상이라고 무시되었다. 하여 과학적 원자론으로서 그 존재의 실증은 근대에 이르러서야 가능해진다.

④ 플라톤

플라톤(Platon, BC 429~347)은 히포크라테스와 동시대에 살았던 소크라테스의 제자이자 아리스토텔레스의 스승이다. 플라톤은 40세경 아테네에서 아카데미아에 학교를 열었으며, 많은 저작(30권이 넘는 대화편)을 남겼다. 그는 피타고라스, 파르메니데스, 헤라클레이토스 등의 영향을 받아 데모크리토스의 유물론적 사상과 대립했다.

플라톤은 객관적 관념론의 창시자로 인간의 영혼은 이데아(eidos)세계에 있다는 이데아설을 제창했다. 그는 이데아야말로 비물질적, 초세계적인 절대적 참실재이며 이에 대하여 물질적, 감각적인 존재는 잠정적, 상대적이고, 이 감각에 호소하는 경험적인 사물의 세계는 이데아의 그림자, 모상(模相)이라는 이원론적 세계관을 내세웠다.

플라톤의 의학적 사유는 논리적이었지만 직접적인 실험의 결여로 인체에 관해서는 많은 오류가 있다. 그의 가르침(연역적 추론)을 따르던 의사들을 관찰보다 합리적인 추론을 중시했다. 또한, 그들은 모든 질병을 체액에 따라 분류하고 과잉체액을 내보내기 위해 사혈을 시행했다.

⑤ 아리스토텔레스

아리스토텔레스(Aristoteles, BC 384~322)는 그리스 북쪽 스타게이라에서 태어났다. 그의 아버지 니코마코스(Nikomachos)는 마케도니아의 왕이었던 아민타스 3세(Amyntas III)의 친구이자 주치의였고, 그의 어머니 파에스

아테네황금기의 철학자들

아낙사고라스

데모크리토스

소크라테스

플라톤

아리스토텔레스

(출처: 위키피디아)

티스(Phaestis)는 부유한 가문의 후손이었다. 그래서 그는 매우 유복한 어린 시절을 보냈으며, 당시 지중해연안의 귀족자제들처럼 17세의 나이에 아테네로 유학을 떠나, 오랫동안 그곳(플라톤의 아카데미아)에서 수학했다.

그는 정신이 심장에 있다는 오류를 범하긴 했으나 원칙적인 실험주의자로 직접적인 실험이 부족한 플라톤과는 대비되었다. 그리고 논리학, 형이상학, 심리학, 정치학, 동물학 등 다양한 분야에 걸쳐 저술을 남겼다.

이처럼 아리스토텔레스는 지금까지 누구도 하지 못한 체계적이고 방대한 주제를 우리에게 물려주었다.

또한, 아리스토텔레스는 알렉산더대왕이 왕자시절에 스승으로 지내면서 사상적으로 많은 영향을 미치기도 했다.

(3) 알렉산드리아도서관

알렉산드리아도서관은 이집트의 도시, 알렉산드리아에 있었던 가장 크고 영향력 있는 곳이었다. 이 도서관은 프톨레마이오스왕조의 후원으로 발전했으며, BC 3세기에 건립된 이후 로마제국이 이집트를 점령한 BC 30년까지 지식과 학문의 중심지 역할을 했다.

알렉산드리아도서관은 프톨레마이오스 1세 소테르(재위: BC 323~283) 치하에서 최초로 세워졌다. 기록에 의하면 프톨레마이오스 1세는 자신의 아들 교육을 위해 대학자를 아테네로 초빙하였으며, 좀 더 조직적인 교육을 위해 BC 306년에 무제이온(museion)을 설립했는데 이것이 알렉산드리아도서관의 기원이 됐다. 이 도서관은 정원과 공동식당, 독서실과 강의실, 집회실 등을 포함하고 있었으나, 정확한 설계도는 알려져 있지 않다.

알렉산드리아도서관은 최초로 국경에 상관없이 그 당시의 모든 교양서적을 수집하여 세계의 지식을 취합하였다. 이 도서관은 항구로부터의 접근성이 뛰어나 과거자료뿐 아니라 신간도서도 효과적으로 관리할 수 있었다.

이외에도, 도서관은 여행과 숙박, 급여 등(프톨레마이오스왕조의 든든한 후원)을 다양한 국적의 학자들에게 제공하였다. 또한, 도서관은 수학, 천문학, 물리학, 자연과학 관련 새로운 연구 결과들을 보유해 연구기관의 역할도 수행했다.

(4) 엠페도클레스(4원소)-히포크라테스(4체액설)-갈레노스(4기질설)

현재 사용되는 의학용어 중 다수는 그리스어로 돼 있다. 이는 그리스의학이 현대의학에 미친 영향을 보여주는 사례다. 이렇듯 고대문명의 의료 중 그리스의학은 현대의학과 가장 가까운 성향을 가졌다.

그리스자연철학자들은 질병을 초자연적인 현상으로 생각하지 않고 자연적, 과학적, 논리적으로 파악하려고 애썼다. 4원소(흙, 공기, 물, 불)는 그리스자연철학자 엠페도클레스(Empedocles, BC 490?~430?)의 자연의 시(Poem on Nature)에 처음 언급된 것을 그의 제자들이 4원소설(우주는 흙, 공기, 물, 불 4가지로 구성)로 정리한 것이다. 4원소설은 우주는 흙, 공기, 물, 불(earth, air, water, fire)의 4가지 원소로 이루어져 있다는 것으로, 현재 일부분만 남아있는 엠페도클레스의 시 자연의 시(Poem on Nature)에 해설돼 있다.

이러한 4원소설을 도입해 질병의 원인을 최초로 이성적으로 설명하려고 한 시도가 히포크라테스(Hippocrates, BC 460~377)의 4체액설이다. 히포크라테스는 인체가 냉, 건, 습, 열(cold, dry, moist, hot)의 성질을 가진 4가지 체액(점액, 혈액, 노란담즙, 흑담즙)으로 구성되어 있으며, 이 4가지 체액이 균형을 이룰 때 건강이 유지되며 불균형일 때 질병이 발생한다고 주장했다. 이는 질병의 원인을 액체의 변화에서 찾는 일종의 액체병리학이다. 즉, 한 가지 체액이 많을 때 반대되는 성질의 체액을 보충해주는 것이 히포크라테스의 치료법이었고, 이 치료법은 그 시대를 지배했다.

로마제국의 의사 갈레노스는 히포크라테스의 4체액설에 근거하여 모든 인간을 4기질(점액질, 다혈질, 담즙질, 우울질)로 분류하였다. 좀 더 자세히 설명하면, 4원소 중 물의 속성이 강한 사람은 점액이 늘어나 차(冷)고 습(濕)해지고(물-점액-냉 · 습: 점액질, phlegmatic), 공기의 속성이 강한 사람은 혈액이 늘

서양 고대의학의 핵심인물들

엠페도클레스

히포크라테스

갈레노스

(출처: 위키피디아)

어나 열(熱)하고 습(濕)해지며(공기-혈액-열 · 습: 다혈질, sanguine), 불의 속성이 강한 사람은 노란담즙이 늘어나 열(熱)하고 건조(乾燥)해지며(불-노란담즙-열 · 건: 신경질, choleric), 흙의 속성이 강한 사람은 검은 담즙이 늘어나 차(冷)고 건조(乾燥)해진다(흙-검은담즙-냉 · 건: 우울질, melancholic)는 것이다. 이런 식으로 갈레노스는 히포크라테스의 4체액설을 근거로 사람의 속성을 연결한 의학이론(4기질설)을 설했다.

4월소-4체액설-4기질설

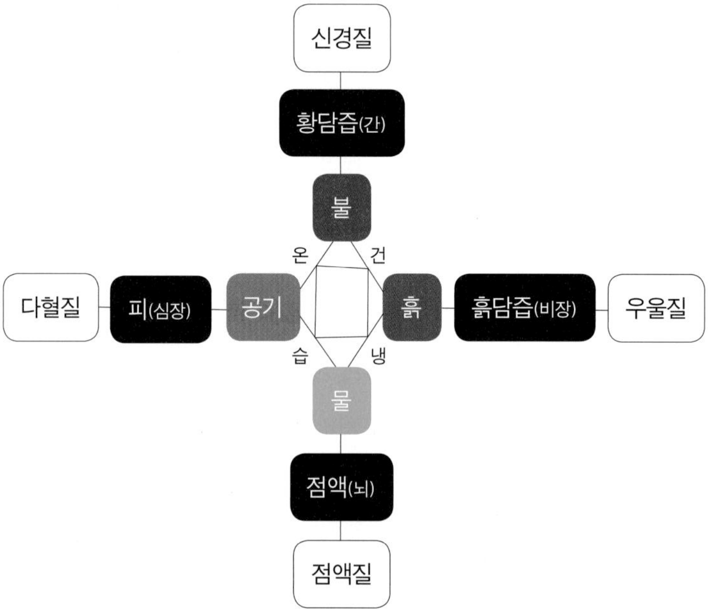

지금보면 과학적 근거가 희박하지만, 당시 그의 영향력은 중세에 이르기까지 거의 절대적이어서 천오백 년 동안 의학계의 정설로 자리잡게 된다.

그러나 16세기 해부학자 베살리우스(Andreas Vesalius, 1514~1564), 17세기 생리학자 하비(William Harvey, 1578~1657), 18세기 병리학자 모르가니(Giovanni Battista Morgagni, 1682~1771)와 같은 과학자들의 실험과 관찰

로 갈레노스의학이 무조건 옳다는 고정관념이 깨지게 된다.

(5) 천 년을 지배한 갈레노스의 의학이론

히포크라테스 사후 알렉산드리아에는 각자의 신념에 따라 여러 의학파들이 형성되어 있었다. 히포크라테스를 무조건 따르던 교조학파, 경험을 중시했던 경험학파, 복잡한 이론보다 객관적인 논리를 중시하던 방법학파, 그리고 절충학파가 여러 의학파들의 학설을 통합하려고 시도했으나 쉽지 않았다.

갈레노스(130~200)가 등장해서야 히포크라테스의 합리적인 과학정신을 기반으로 여러 의학파들의 이론을 종합하고 체계화하였다. 거기에 그의 창조성을 더하여 의학의 역사에 큰 발자취를 남겼다.

당시 그의 영향력(의학이론)은 천 년이 넘는 긴 시간 동안 서양의학을 지배했는데, 이는 갈레노스가 기독교의 관념을 절묘하게 뒷받침했기 때문이다.

즉, 갈레노스는 창조자가 어떤 특정한 목적을 위해 우리 몸의 각 기관을 설계하고 창조했으므로 각 기관은 그 목적에 맞는 기능을 가지게 되었다고 생각했다. 그렇다면 의사의 역할은 각 장기의 기능을 연구하여 신의 의도를 깨닫는 것이 된다. 또한, 그가 주장한 3가지 정기(자연, 생명, 동물)는 기독교 삼위일체(성부, 성자, 성령)의 관념을 정확히 뒷받침했다.

이렇게 갈레노스의 의학이론은 절대적으로 받들어졌으며 그의 이론을 반대하는 것은 기독교를 반대하는 셈이 되어버렸다. 이런 분위기는 중세 기독교세계가 찾아오면서 더욱 심해져서 과학과 의학은 어둠을 맞게 된다.

(6) 에트루리아문명

BC 800년 무렵, 소아시아지역의 리디아를 떠나 이탈리아반도 중부에 도착한 에트루리아인이 토착민 빌라노바인(철기문화) 사이에서 신속히 권력과 지도력을 확보했다. 숙련된 세공기술을 보유했던 그들은 풍부한 광물자원(철, 구리, 금, 은)과 상아 등을 활용하여 그리스본토, 이집트, 레반트, 페니키아, 카르타고와의 무역을 통해 점차 부를 쌓았다.

이를 바탕으로 BC 650년경 이탈리아반도의 유력한 세력으로 등장하였다. 그들은 군사적인 이유로 방어가 쉬운 산꼭대기 계곡이나 하천 근방에 도시를 세웠는데 이는 훗날 로마의 도시형성에 영향을 미치게 된다.

그 후 에트루리아(Etruria, BC 800~290)는 남쪽으로 세력을 더 확장하여 BC 600년경 도시국가 로마에 대한 지배권을 장악했다. 하여 로마왕정시기에는 에트루리아인 왕이 100년간 로마를 지배하기도 했다.

BC 6세기 무렵 무역로를 놓고 그리스(아르카익시대, BC 800~480)와 경쟁하는 과정에서 여러 차례 충돌이 일어났다. 에트루리아는 카르타고의 지원을 받아 몇 차례 전투에서 승리했지만, BC 6세기(BC 509)에 로마를 잃고 위기를 겪었다.

BC 400년경에는 켈트족의 침략을 받았으며, 남쪽에서 세력을 키운 로마가 압박을 가하자 BC 3세기 중반경 멸망했다.

(7) 로마건국신화

① 아이네아스신화

아우구스투스황제(옥타비아누스, 제위: BC 27~AD 14)는 황제로 등극한 후 그에 대한 정당성을 확보하고자 베르길리우스(BC 70~19)에게 아이네아스 신화(『아이네이스』)를 창조하도록 명했다.

트로이장군 아이네아스의 유랑을 노래한 『아이네이스』가 담고 있는 역사적 요소는 로마의 건국을 칭송하고 신화적 기반을 구축하는 데에 있었다.

그 결과 트로이함락(BC 1200)부터 로마건국(BC 753)전까지의 이야기(아이네아스신화, BC 1200~753)가 기존의 로마건국신화(로물누스의 로마건국)와 합쳐져 로마신화의 수준을 한층 더 높였다.

베르길리우스는 호메로스서사시의 "이제는 아이네아스의 힘과 앞으로 태어날 그의 자손들이 대대로 트로이인들을 다스리게 될 것이다" 부분을 활용하여 아이네아스신화를 창조해냈다.

신화에 따르면, 로마건국의 기초를 다진 사람은 트로이의 장군 아이네아스(Aeneas, 인간 앙키세스와 아프로디테 사이에서 태어남)였다. 트로이전쟁이 일어났을 때, 그는 그리스군과 치열하게 싸우다 간신히 살아남았다. 성곽이 붕괴가 되던 밤, 아프로디테로부터 신탁("트로이 재건을 위해 이탈리아로 가라")을 받고 다리가 불편한 아버지(앙키세스)와 아들(아스카니우스)만 데리고 탈출했다. 신탁을 받고 이탈리아를 향해 항해를 하나 정반대 방향으로 가서 카르타고

아이네아스신화 관련 인물들

베르길리우스

아우구스투스

앙키세스, 아이네아스, 아스카니우스

(출처: 구글)

여왕 디도를 만나 환대를 받으면서 계속 머물러 달라는 부탁을 받았다. 그러나 디도의 부탁을 뿌리치고 계속 항해를 하여 마침내 이탈리아의 라비니움(라티움)이라는 도시에 도착한 아이네아스는 라티움의 공주와 결혼하고 왕위에 오른다(트로이의 언어와 전통을 버림). 이에 아이네아스의 아들 아스카니우스(Ascanius)는 새로운 땅을 찾아 떠나 BC 753년 알바롱가(Alba longa)왕국을 세우고, 여기서부터 로마의 왕통이 이어지게 된다.

② 노물루스신화

아이네아스의 아들 아스카니우스(Ascanius)가 세운 알바롱가왕국의 13대 왕인 프로카스(아이네아스와 라비니아에서 태어난 실비우스의 후손)의 맏아들이었던 누미토르는 부왕에 뒤이어 왕위를 물려 받았으나 동생 아물리우스에 의해 왕좌에서 쫓겨났다. 아물리우스는 자신의 왕위찬탈에 대한 후환을 없애기 위해 누미토르의 아들들을 모두 죽이고 딸 레아 실비아는 베스타여신의 사제로 만들었다. 베스타여신을 모시는 사제는 평생 처녀로 지내야 하므로 누미토르의 후손이 태어날 염려가 없었기 때문이었다.

하지만 레아 실비아는 제단에 바칠 물을 길러 신성한 숲으로 갔다가 마르스를 만나 그와 사랑을 나누었다. 얼마 후 그녀가 쌍둥이 아들을 낳자 아물리우스는 두 아이를 티베르강에 내다버리게 하였다. 아물리우스의 시종들은 쌍둥이를 광주리에 넣어 강물에 띄워 보냈다. 하지만 홍수로 강물이 불어 광주리는 바다로 흘러가는 대신 상류인 팔라티누스 언덕기슭에 있는 무화과나무 아래로 밀려갔다. 거기서 로물루스와 레무스는 암늑대(마르스 상징동물)에게 발견되었는데, 암늑대는 두 아이를 자기 새끼들과 함께 젖을 먹여 돌보았다.

그 뒤, 성장한 쌍둥이는 출생의 비밀을 알게 되고, 양치기들을 규합하여 아

티베르강과 늑대건국신화

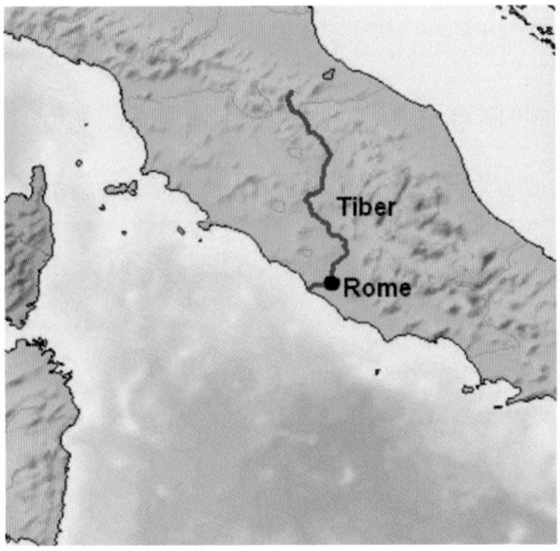

티베르강
(출처: 위키피디아)

로물루스와 레무스

물리우스 왕을 타도한 후 티베리스 강변에 새로운 도시를 세웠다. 그러나 그 과정에 로물루스가 레무스를 죽이고 팔라티움 언덕에 도시 로마를 세우면서 2000년 가까이 이어질 위대한 나라의 역사가 펼쳐지게 된다. 이것이 로마건국의 기원이다(로마건국신화: 늑대신화). 초대왕 로물루스(프로카스의 후손)를 시작으로 약 250년간 로마는 7명의 왕이 통치하는 전설의 왕정시대(BC 753~509)를 거치면서 로마의 이야기는 신화에서 역사(공화정, BC 509~27과 제국시대, BC 27~AD 476)로 이어진다.

(8) 카르타고

BC 8세기 후반 티레에서 온 정착민들이 여왕 엘리사(디도)의 통치 아래 오늘날의 튀니스만 해안가에 페니키아를 세웠다. BC 6세기경 페니키아가 바빌로니아와 페르시아에 잇달아 정복당하자 페니키아의 식민지들은 독립을 쟁취했다. 그중 가장 강력한 식민지였던 카르타고가 곧바로 페니키아의 서쪽 영토까지 차지했다. BC 500년 무렵 카르타고는 금과 은, 주석과 철 무역을 통해 세계에서 가장 부유한 도시이자 막강한 군사강국이 되었다. 그러나 로마(공화정, BC 509~27)와 시칠리아에 대한 지배권을 갖고 잦은 전투를 벌이다 BC 480년 히메라전투에서 패배했다. 이후 카르타고는 한동안 내리막을 걷다가 BC 3세기 로마와의 3차례에 걸친 포에니전쟁에서 패배하면서 BC 202년 멸망했다.

(9) 고대 그리스와 로마의 음식문화

지중해의 고대 음식은 빵과 와인 그리고 올리브유 이 세 가지로 집약된다. 이러한 음식들은 일상생활의 주식인 동시에 신성시되는 대상이기도 했다. 곡식의 여신인 데미테르, 포도주의 신 디오니소스 그리고 올리브나무를 아테네인들에게 준 아테나여신은 특별히 숭배를 받았다. 그리스는 바다에 둘러싸였기 때문에 다양한 해산물에 의존하는 해양국이었고, 주변해역에서는 청어, 가자미, 농어, 장어, 문어, 오징어 등 다양한 어종이 잡혔다. 그리스에서는 사람들이 대개 비슷한 식사를 하여, BC 5세기까지 올리브와 무화과, 염소와 양고기, 보리죽과 부풀리지 않은 빵으로 간소한 식사를 했다. 빵은 인간만이 만들 수 있었기 때문에 문명인을 상징하는 식품이었고 식초는 인기있는 조미료였다. 검은 후추도 사용했지만 주로 약용으로 쓰였다. 양과 염소는 고기로, 젖은 치즈를 만들어 섭취했다. 스파르타의 음식에는 치즈와 보리, 무화과가 주식이었고 매일 돼지육수를 사용한 검은 수프와 식초, 소금을 섭취했다. 포도는 BC 1500년경에 이미 대규모로 재배되었고, 이때부터 포도주도 만들어졌다. 그리스인은 올림푸스 12신들이 넥타르와 암브로시아를 먹기 때문에 영생을 얻는다고 믿었다.

로마는 그리스의 음식문화도 흡수했다. 요리솜씨가 뛰어난 그리스출신 요리사들이 로마에 그리스음식을 전파했다. 로마인구의 10%는 귀족으로 이들은 아침과 저녁을 집에서 먹었고 점심은 가볍게 거리에서 사 먹었다. 아침에는 치즈, 올리브, 빵을 섭취했고 프란디움(prandium)이라는 점심식사는 주로 공중목욕탕을 다녀오면서 섭취했다. 대리석기둥으로 둘러싸인 넓은 야외 공간인 로마광장에는 공중목욕탕과 오늘날의 패스트푸드 같은 음식을 파는 식당이 있었다. 저녁은 가족끼리만 있을 때는 세나(cena)라고 불리는 간단한 식사를 했고, 손님과 함께라면 전채나 후식과 같은 코스가 붙은 연회(convivium)를 즐겼다. 로마의 저녁식사 시간은 늦은 오후나 이른 저녁이었고, 연회는 밤새도록 계속되기도 했다. 그리스인들은 고기와 포도주를 먹을 때 종교적인 의식을 행했지만 로마인들은 음식에 특정한 의미를 두지는 않았다. 로마인들은 돼지고기를 좋아했고 포도주를 곁들여 마셨다. 로마요리의 바탕에는 가룸(garum)이라는 향이 강한 생선소스가 있었다. 가룸은 생선을 소금, 바닷바람, 햇볕 등을 이용해 발효시킨 소스인데 그리스에서 기원하여 훗날 우스터소스(worcestershire sauce)로 이어졌다. 당시 가장 고급육은 닭과 거위였다. 역사적으로 1세기 무렵, 최초의 요리책인 『아피시우스의 요리에 대하여』가 쓰여졌고, 그중 일부가 오늘날까지 전해지고 있다. 이 책의 레시피를 보면 로마인들이 고기와 소스를 좋아했음을 알 수 있다. 가장 흔하게 나타나는 재료는 검은 후추, 가룸, 올리브유, 꿀, 로베지(셀러리와 비슷한 채소), 식초, 와인, 커민, 로우(지중해에서 쓰이는 향초)와 고수였다. 마늘은 천민의 양념이었기에 빠져 있었다. 상류층에게 연회는 고기를 먹는 것을 의미하며 고기는 돼지고기였다. 선호하는 과일로는 포도, 석류, 무화과, 뽕나무 열매, 사과, 배, 마르멜로 열매, 체리, 살구, 복숭아 등이 있다. 서민들은 부풀리거나 부풀지 않은 밀빵, 양귀비 씨나 후추, 소금 또는 치즈와 꿀을 넣은 빵, 둥글거나 네모진 납작한 빵, 포도주, 소금에 절인 채소나 병아리콩 등을 섭취했다.

2

고전기 동양

BC 500~AD 500년

고전기에 서남아시아에서는 페르시아제국(아케메네스왕조, BC 559~330), 파르티아(아르사케스왕조, BC 238~AD 224)와 사산조 페르시아(사산왕조, 224~651)의 역사가 펼쳐졌다. 그리고 중앙아시아지역에서는 인도의 마우리아제국(BC 321~185), 쿠샨과 굽타왕조(BC 50~AD 550)가, 동북아시아에서는 중국의 전국시대(BC 480~221), 진 · 한시대(BC 221~AD 220), 위진남북조시대(AD 221~589)의 역사가 펼쳐졌다. 단, 시기적으로 페르시아 사산왕조 말엽(500~651)과 중국 위진남북조 말엽(500~589)은 중세(500~1453) 전반기기의 역사와 일부 겹쳐진다.

1) 서남아시아

페르시아제국(아케메네스왕조, BC 559~330)은 알렉산더대왕의 침공으로 다리우스 3세(재위: BC 336~330)가 사망하면서 멸망하였다. 이후 7세기 이슬람제국이 발흥할 때까지 800년 동안 페르시아의 영토를 지배한 것은 파르티아(아르사케스왕조, BC 238~AD 224)와 사산조 페르시아(사산왕조, 224~651) 두 개의 왕국이었다.

파르티아는 실크로드를 놓고 로마제국(BC 27~AD 476)과의 전쟁에서 심각한 타격을 입은 후 사산조 페르시아에 의해 224년에 멸망하였다. 이 사산조 페르시아도 비잔틴제국과 끊임없는 전쟁을 치르면서 국력이 약해지다 7세기에 발흥한 이슬람제국에게 651년 멸망했다.

(1) 역사

① 아케메네스왕조

아케메네스(BC 559~330) 페르시아는 키루스 2세(재위: BC 559~529) 때부터 아르타크세르크세스 3세(재위: BC ?~338) 시절까지 약 220여년에 가까운 전성기를 누리며 세계 최강대국으로 군림했다. 그 가운데 키루스 2세는 메디아, 리디아, 신바빌로니아, 엘람 등 수많은 국가를 정복하며 페르시아제국의 영토 대부분을 일구어냈다. 그의 아들 캄비세스 2세(재위: BC 530~522)도 이집트를 정복하며 세계 최강국으로의 지위를 확고히 했다. 캄비세스 2세 사후 명군 다리우스 1세(재위: BC 522~486)는 1차 그리스-페르시아전쟁의 패배에도 불구하고 여전히 제국의 번영을 이끌었다. 다리우스 1세의 뒤를 이은 크세르크세스 1세가 대군을 동원한 2차 그리스-페르시아전쟁에서 패배하면서 페르시아제국은 잠시 침체기를 겪었다. 이후 크세르크세스 1세의 후계자 아르타크세르크세스 1세(재위: BC ?~425) 때는 그리스 도시국가 간의 분란을 이용해 오히려 그리스와의 관계에서 우세를 점하기까지 했다. 아르타크세르크세스 1세 사후 잠시 혼란했으나 아르타크세르크세스 2세(재위: BC ?~358) 때

파르티아와 사산조 페르시아의 영토(왼쪽부터)

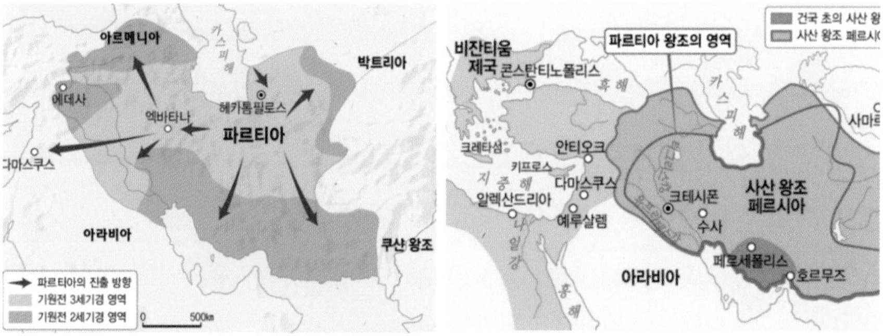

(출처: 네이버 https://blog.naver.com/y7971/223141578996)

안정을 되찾았다. 특히, 아르타크세르크세스 3세 (재위: BC ?~338) 때는 철권 통치로 각지에서 일어나는 반란을 제압하고 제국의 세력을 과시했다. 그러나 아르타크세르크세스 3세가 환관 바고아스에게 암살당하는 일이 일어났다. 이에 다리우스 3세(재위: BC 336~330)가 바고아스를 제거하고 혼란을 수습했지만, 알렉산더대왕의 침공으로 페르시아제국 아케메네스왕조는 멸망하고 말았다.

② 아르사케스왕조

BC 6세기부터 페르시아제국(아케메네스왕조, BC 238~AD 224)의 통치를 받아왔던 파르티아는 BC 333년 알렉산더대왕에게 아케메네스왕조(BC 559~330)가 정복당하자, 그 틈을 타서 독립하였다. 그 후 500년의 역사를 이끌어간 파르티아왕국(아르사케스왕조, BC 238~AD 224)은 페르시아제국과 로마제국으로부터 다양한 예술, 건축, 종교를 폭넓게 수용하여 여러 문화를 망라한 다문화제국으로 발전했다. 전반기에는 주로 그리스문화를 수용했지만, 점차 페르시아 고유의 전통과 관습을 회복해 나갔다.

지중해(로마제국)에서 중동, 인도, 중국에 이르는 교역로의 중간 기착지였던 파르티아왕국의 경제적 원천은 교역이었다. 즉, 파르티아왕국은 로마제국과 중국의 한나라를 잇는 실크로드의 중간무역로에서 일찍부터 황금기를 맞을 수 있었다. 당시 중국이 파르티아왕국을 문화수준이 높은 안식국(安息國)으로 인식할 만큼 중국과 우호적인 통상관계를 유지했다.

파르티아왕국은 동서교역을 독점하다시피 한 이권을 유지하기 위해 중국과 로마제국이 직접 교역하는 일을 경계했다. 그러다 보니 로마제국과 파르티아왕국은 지중해와 흑해, 카스피해를 연결하는 전략적 요충지(아르메니아)와 중국과 로마제국을 연결하는 실크로드라는 생명줄을 놓고 경쟁이 심했다. 하여 로마는 수시로 파르티아왕국에 공격을 감행했으며, 로마제국과의 전쟁은 파르티아왕국에 심각한 타격이 되어 국력의 약화를 초래해 사산조 페르시아에 의해 BC 224에 멸망하였다.

③ 사산왕조

사산조 페르시아(224~651)의 발흥은 파르티아왕국(BC 238~AD 224)의 쇠퇴에서 출발하였다. 사산가문의 아르다시르 1세(재위: ?~241)를 중심으로 세워진 사산조 페르시아는 건국 직후 파르티아왕국을 멸망시키고 서아시아의 패권국이 되었으나, 7세기에 발흥한 이슬람제국에게 651년 멸망하고 말았다.

사산조 페르시아는 중앙집권적인 제국으로 각 지역의 총독은 황제의 직속이었다. 아케메네스왕조 다리우스 1세(재위: BC 522~486) 이후 널리 퍼진 조로아스터교를 국교로 삼은 사산왕조는 독자적인 예술(정교한 도자기 제조기술과 아름다운 금속 세공술)과 건축양식(화려한 궁전)을 발전시켜 나갔다.

한창 때 사산조 페르시아의 영토는 시리아에서 인더스강까지 뻗어 나갔고, 페르시아문화는 유럽서부와 아프리카, 중국까지 파급되어 그 영향력을 과시했다. 중국이 사산왕조를 파사국(波斯國)이라 부를 만큼 중국과의 교류가 활발하여, 조로아스터교가 실크로드를 따라 중국의 북위(386~534)에까지 전파되기도 했다.

(2) 질병 극복을 위한 노력

동서양의 교차로에 있던 페르시아(pre-Islamic Persia. 아케메네스왕조, 아르사케스왕조, 사산왕조)는 그리스, 인도와의 상호교류를 통해 두 의학을 융합한 독창적인 페르시아의학으로 발전시켜 놓았다. 이슬람제국에 정복(651)당한 후에는 독창적인 페르시아의학이 이슬람제국으로 승계(pro-Islamic Persia)되어 이슬람의학의 발전에 큰 역할을 하게 된다.

아케메네스왕조가 알렉산더에게 멸망한 후 이어진 파르티아왕국(BC 238~AD 224) 시대에는 몇 권의 그리스의학 서적이 페르시아어로 번역되기도 했다.

사산왕조(224~651) 때 도시 준디샤푸르(Junishapru)에 세워진 대학병원(Academy of Junishapru)은 근대적 의미의 병원체계를 갖출 정도로 상당한 수준까지 발전되어 있었다.

① 사산왕조의 준디샤푸르대학

271년 사산왕조 샤푸르 1세(재위: 241~272)는 로마제국의 군대를 대패시킨 후 이를 기념하기 위하여 로마와 그리스의 전쟁포로를 시켜 페르시아남서부에 도시 준디샤푸르를 세웠다. 그로부터 반세기 후 사산왕조 샤푸르 2세

(재위: 309~379)는 준디샤푸르를 수도로 정하고 그곳에 준디샤푸르대학을 세우고, 대학 내에 도서관과 의료센터(병원)도 설치하였다. 이후 계속된 사산왕조의 지원으로 준디샤푸르대학은 그리스, 인도, 페르시아인들의 경험과 과학적인 업적을 활용하여 잘 조직된 의료기관(근대병원의 시초)으로 거듭났다.

② 준디샤푸르대학 · 병원과 네스토리우스파

330년경 로마제국의 콘스탄티누스대제가 수도를 로마에서 동쪽의 비잔티움으로 옮기는 일이 있었다. 이로 인해 로마제국이 동 · 서로 분리되면서 기독교교리 간에 갈등이 빚어졌다. 서로마에서는 예수 안에 신격과 인격을 합쳐, 예수의 어머니 마리아는 하느님의 어머니라고 주장했다. 반면, 동로마 비잔틴의 주교 네스토리우스(콘스탄티노플 총대주교 네스토리우스의 교설을 신봉하는 기독교 일파)는 예수의 신격과 인격을 분리하여 마리아는 인격 부분만의 어머니라 주장했다. 이렇게 네스토리우스파는 기독교의 신성과 인성의 불일치를 주장하다가 431년 에페소스공의회에서 이단 선고를 받았다. 이후 451년에는 칼케돈공의회에서 재차 단죄되어 비잔틴제국(동로마제국)에서 추방되었다. 이렇게 비잔틴제국에서 추방된 네스토리우스파는 시리아나 페르시아(사산왕조, 224~651) 등 아랍지역으로 탈출을 감행했다.

그리고 489년에는 비잔틴제국황제 제노(Zeno)의 명령으로 네스토리우스 교리를 가르치는 에데사학교(School of Edesa)가 문을 닫게 되자 그 곳의 학자들도 준디샤푸르대학(Academy of Jundishapru)으로 옮겨와 기용되었다. 즉, 사산왕조시기에 학문적으로 격식이 높은 네스토리우스파가 준디샤푸르대학에 적극적으로 기용되어 페르시아 의학 및 교육이 활성화되었다.

그 후로 이 대학은 페르시아뿐만 아니라 이집트, 시리아, 인도, 그리스, 로마 등 여러 나라의 의사와 학자들이 모여들어 범세계적 교육기관이 되었다. 그 결과, 사산왕조 안에서 조로아스터교와 페르시아 전통뿐 아니라 그리스와 인도 학문까지 정통한 교수들이 의학, 철학, 신학과 과학을 가르치는 학문적 활동이 가능해졌다.

이처럼 사산왕조시기에 다양한 학문에 정통한 학자와 의사들이 모여들어 준디샤푸르대학 · 병원은 동서양과학이 잘 융합된 병원으로 성장 · 발달할 수 있었다.

2) 인도

BC 500년 무렵, 인도 북부는 16개 왕국으로 분할되어 있었고, 그중 가장 강력한 왕국은 마가다왕국(난다왕조)이었다. BC 340년 무렵, 난다왕조는 인도 중부와 북동부의 드넓은 지역에까지 영향력을 행사할 정도로 강력했다. BC 4세기 무렵(BC 326) 그리스 마케도니아의 알렉산더대왕이 인더스 북서부지역을 잠시 정복했지만, 알렉산더대왕은 지친 군대의 반란으로 마가다왕국에 대해 공격도 해보지 못하고 퇴각했다.

그 당시 알렉산더대왕에게 깊은 인상을 받은 찬드라굽타 마우리아가 인도 전체를 하나로 통일시키면서 마우리아제국(BC 321~185)을 세웠다. 이 제국은 아소카왕(재위: BC 268~231) 이후 급속히 쇠퇴하여 인도는 다시 분열상태에 들어갔다. 하여 이전부터 인도에 진입했던 스키타이의 일파인 사카족, 그리스-박트리아왕국, 인도-파르티아, 쿠샨왕조 등이 들어서면서 격변의 시기를 겪었다.

그러나 1세기~6세기 무렵, 인도에는 2개의 거대한 제국인 쿠샨왕조(50~320)와 굽타왕조(320~550)가 들어서면서 찬란한 역사가 펼쳐졌다.

지정학적으로 중국, 페르시아제국, 로마제국 등과 무역하기에 유리한 위치였던 인도는 예술과 문화면에서 그러했듯이 의학분야에서도 그리스 · 로마, 중앙아시아 양식이 혼합된 독특한 양식으로 발전했다.

(1) 역사와 문화

① 마우리아제국

BC 321년 찬드라굽타 마우리아는 군대를 일으켜 난다왕조로부터 왕권을 빼앗고, 마우리아제국(BC 321~185)을 세웠다. 이 제국은 고전기 인도를 이끈 제국으로, 인도 역사상 가장 광대한 영토를 거느렸던 제국 중 하나였다.

마우리아제국에서는 페르시아와 그리스미술양식과 인도고유의 양식이 융합된 석조조형예술이 발달하였다. 아소카왕시대에 세워진 다양한 양식의 석조물은 높은 기둥, 사리탑난간, 사자왕좌 및 기타 거대한 인물로 구성되어 있다.

찬드라굽타의 통치(재위: BC 321~293)하에서 인도의 거의 전 지역이 역사상 처음으로 통일되어 한 정부의 지배를 받았다. 찬드라굽타는 강력한 중앙관료제를 채택하여 엄격하게 법을 집행하고 국가소유농장과 산림, 광산, 작업장을 감독했다. 찬드라굽타정부는 도로와 관개시설 같은 대규모 건설사업으로 원활한 정보소통과 농업생산성을 크게 높였다. 찬드라굽타 마우리아 재위 말기(BC 298 무렵)에 극심한 가뭄으로 수많은 사람이 기아로 사망하는 일이 발생했다. 이에 충격을 받은 그는 정치에 손을 떼고 아들인 빈두사라에게 황제 자리를 물려주고 자이나교에 귀의하였다고 전해진다.

마우리아제국은 찬드라굽타의 아들 빈두사라(재위: 293~268) 치하에서 인도 남부까지 국경을 확장하며 영토를 계속 넓혀 갔다.

빈두사라에 이어 왕이 된 아소카왕(재위: BC 268~231)은 불교로 개종하고 불교교리에 따라 비폭력적인 방법으로 나라를 통치했다. 그는 도로, 관개 등의 공공사업을 전개하는 등 많은 치적을 남겼으나 중국을 통일한 진나라(BC 221~206)의 공격으로 밀려난 유목민 침입으로 제국의 방위가 크게 흔들렸다.

아소카왕 사후 마지막 왕인 브리하드라타가 BC 185년 휘하 장군 슌가에 의해 축출되면서 마우리아제국은 무너졌다. 이후 인도북부는 다시 여러 개의 작은 국가로 쪼개지면서 박트리아왕국을 통치하던 그리스왕 메트리우스(재위: BC 190~167)가 자신의 왕국을 수립하였다. 이 그리스 왕국의 뒤를 이은 스키타이족(사카족의 원류로 알려져 있음)의 통치가 쿠샨왕조가 등장할 때까지 지속이 됐다.

마우리아제국의 석조조형물들

마우리아 조각상

아소카왕의 행렬

아소카왕 사자상

(출처: 위키피디아)

② 쿠샨왕조 굽타왕조

1세기경 중앙아시아에서 출현한 쿠샨왕조(50~320)는 200년 동안 부족왕국들이 느슨하게 연결되어 있던 대제국이었다. 이 왕조는 사산조 페르시아(224~651) 샤푸르 1세의 원정으로 쇠퇴하다, 유목민족의 공격을 받아 멸망하고 말았다.

반면, 쿠샨왕조가 멸망한 뒤 북인도에 들어선 굽타왕조(320~550)는 인도 북부와 동부를 아우르는 영토를 구축하며 인도 역사상 고도로 창조적인 시대를 이끌었다. 그러나 굽타왕조도 550년 훈족의 침입으로 순식간에 무너졌다.

- 쿠샨왕조 대승 불교, 간다라미술

쿠샨왕조(50~320)는 1세기경 대월지를 멸망시키고 세운 왕조로 2세기경 카니슈카왕 때 전성기를 맞이하였다.

지정학적으로 인도양과 실크로드를 연결하는 곳에 위치한 쿠샨왕조는 중국(한나라와 위진, BC 206~AD 316), 로마제국(BC 27~476), 사산조 페르시아(224~651) 등과의 교역으로 부를 축적할 수 있었다. 즉, 실크로드를 이용하는 상인들과 무역업자들은 쿠샨왕조의 영토를 통과해야 했기 때문에 황제는 이들에게 세금을 물려 엄청난 부를 쌓았다. 또한, 이 통로는 서로 다른 문명과 문화를 이어주는 다리역할도 했다. 하여 쿠샨왕조의 예술과 문화는 다양한 문화에서 영향을 받아 그리스와 로마, 인도, 중앙아시아 양식이 혼합된 독특한 양식으로 발전했다.

불교를 장려한 쿠샨왕조의 문화에 가장 큰 영향을 미친 것은 불교였지만, 다른 종교에도 관대하여 페르시아, 로마와 그리스 등 타국의 신을 예를 갖추어 대했다. 이렇게 동서양의 문화가 융합된 결과 쿠샨왕조 시기에 그리스와 불교문화가 융합된 간다라미술이 탄생되었다. 간다라미술은 BC 1세기부터 AD 5세기, 인도북서부 간다라지방에서 발달한 그리스-로마풍의 미술양식이다. 간다라미술은 인물의 생김새가 사실적이고 개성적이며 매우 자연스럽고, 감각적이다.

이렇게 발전하던 쿠샨왕조는 사산조 페르시아의 샤푸르 1세의 침공으로 쇠퇴하다 최종적으로 중앙아시아 유목민족의 공격을 받아 320년에 멸망하였다.

• 굽타왕조 힌두교 성립

쿠샨왕조(50~320)가 멸망한 뒤 찬드라굽타 1세(재위: 320~335)가 쿠샨인과 사카인, 투르크인과 같은 이민족들을 북인도에서 몰아내고 굽타왕조(320~550)를 세웠다. 굽타왕조는 인도역사에서 평화롭고, 부유한 고도의 창조적인 시대로 문화, 예술과 과학에서 창의력이 폭발한 시기였다. 또한, 굽타왕조 때 민족의식이 싹트기 시작하여 브라만교를 바탕으로 한 인도의 민간신앙과 불교를 융합한 힌두교가 왕과 백성들의 지지를 받았다.

뿌자라 불리는 힌두교 예배의식이 대중화되면서 힌두교 신들(브라흐마: 창조의 신, 시바: 파괴의 신, 비슈누: 보존의 신)을 묘사한 아름다운 조각품들이 쏟아져 나왔고, 많은 사원이 건축됐다. 이 시기 산스크리트문학도 꽃을 피웠는데, 400년경에는 인도에서 가장 유명한 시인이었던 칼라다사의 연극과 시가 주목받았다. 4~5세기에 활약한 칼리다사는 우아하고 매끈한 문체로 고대 인도 산스크리트 문학의 최고의 시인이며 극작가로 칭송받았다. 힌두교의 등장으로 불교는 위축되었으나 학문적 연구와 미술적 발전은 계속되었다. 0의 개념(수학자들은 0의 개념을 도입하여 계산을 단순화시킴)과 십진법을 기반으로 한 아라비아 숫자가 처음으로 만들어진 것도 이 시기의 업적이다. 굽타왕조의 천문학자들은 별이 움직이는 것이 지구가 축을 중심으로 돌고 있기 때문이란 사실을 밝혀냈다. 또한, 달과 행성이 빛나는 것은 태양의 빛에 반사되기 때문이라는 사실도 알아냈다.

그러나 찬드라굽타 2세(재위: 380~413) 때부터 중앙아시아의 유목민(훈족)의 침입이 시작되어, 450년대와 505~511년 사이 여러 차례에 걸친 침입으로 제국은 황폐화되어갔고, 결국 550년에 멸망했다.

아름다운 조각품들과 힌두사원

아잔타석굴
(출처: 위키피디아)

비슈누 조각상(붉은사암)

힌두교사원(다사바타라 사원)

(2) 질병 극복을 위한 노력

마우리아제국(BC 321~185)과 쿠샨왕조(50~320)와 같은 불교부흥기(BC 321~AD 320)에 많은 불교저자들에 의해 아유르베다(의학)가 인도 전통의학으로 더욱 발전했다.

이 시기에 아유르베다의학은 내과와 외과분야가 독립적으로 발전하였다. 내과를 다룬 교재 『차라카 상히타, 3세기』와 외과를 다룬 교재 『수수루타 상히타, 4세기』가 집대성되었다.

『차라카 상히타』에는 아유르베다의 철학적 토대와 내과분야의 다양한 치료법들이 수록되어 있다. 『차라카 상히타』는 챠라카 개인의 서적이 아니라, 인도의 타키실라지역을 중심으로 하는 아트레야학파의 의학이 정리된 것으로 추정된다.

해부학과 외과술에 대한 내용이 수록된 『수수루타 상히타』는 병리학, 해부학, 태생학, 치료학, 독물학 등 6장으로 구성되어 있으며, 병리에 관해 적절하고 세련되게 기술되어 있다. 특히, 해부적 기술이 정확하고 외과요법이 명확한 것이 특징이며, 병리에 관해 적절하게 기술되어 있다.

아유르베다의학에는 3가지 기본원리가 있다. 인간은 누구나 자연치유력을 가지고 있다는 것, 인간은 신체, 감각, 마음 그리고 영혼 4가지로 구성되어 있다는 것, 인간의 몸은 3가지 도샤(Tridosha: 비타, 카파, 피타)가 혼합되어 체질이 형성된다는 것 등이다. 따라서 인간의 질병은 3가지 도샤인 바타(골격이 왜소하고 마른 체형, 에테르+공기), 피타(근육발달 체형, 불+물), 카파(지방축적 체형, 물+흙)의 불균형에서 비롯되므로 그 불균형 상태를 조율해 균형을 찾는 것이 아유르베다 치료의 원칙으로 되어있다.

아유르베다 의사는 직업 윤리적, 개인적 도덕적 측면, 외모, 말씨, 복장, 태도 등에서 최상이어야 했다. 그러므로 높은 계급의 의사 밑에서 공부하려는 학생은 훌륭한 도덕적 품성을 지닌 만족할 만한 출신 계급이었다. 스승과 제자는 서로에 대해 강한 책임감으로 유대관계가 이루어져 있었고, 한 의사 당 4~6명의 제자만 허용했다. 교육방식은 아유르베다텍스트를 암기하는 이론교육과 환자방문(임상 수업), 약초채집, 약 제조, 죽은 동물에 시술하는 실습교육으로 이루어져 있었다. 모든 과정을 마친 후 의사로 인정받기 위해서는 의사선서를 하였는데, 이는 고대 그리스의 『히포크라테스선서』와 닮아있다.

당시 의사들은 외과술과 약물 모두를 사용하였으며, 임상활동과 연구를 통해 얻은 지식을 꾸준하게 상히타에 기록하였고, 그 내용은 오늘날까지도 전해지고 있다.

힌두교가 융성한 굽타왕조(320~550)시기, 유명한 약학서인 『나바니타캄』과 동물의 병을 치료하는 수의학 서적인 『하스트야 아유르베다』와 『아슈바샤스트라』가 간행되었지만 대부분 이전에 저술된 의학서를 기초로 하고 있다.

3) 중국

고전기(BC 500~AD 500) 중국에는 전국시대(BC 480~221), 진 · 한(秦: BC 221~202 漢: BC 202~AD 220), 삼국시대(위, 오, 촉, 221~280), 서진(西晉, 265~316), 남북조(317~589)시대의 역사가 펼쳐졌다.

역사적으로 이 시기에 중국은 페르시아(아케메네스왕조, 아르사케스왕조, 사산왕조)와 인도(마우리아제국, 쿠샨과 굽타왕조)를 통해 서역(그리스, 헬레니즘세계, 로마제국)과 활발히 교류했다.

(1) 역사

① 전국시대

춘추시대 후 약 180여 년간의 전란시대를 전국시대(BC 480~221)라 한다. 전국시대 명칭은 유향(劉向)의 저서 『전국책(戰國策)』에서 유래하였다. 이 시기에 맹주인 진(晉)나라가 한(韓), 위(魏), 조(趙) 3국으로 분열되었다. 하여 전국 7웅(진(秦), 한(韓), 위(魏), 조(趙), 연(燕), 제(齊), 초(楚))의 시대가 되어 전쟁 규모가 커지면서 피해가 커졌다. 이에 정치적 협상이 필요하다고 깨달은 왕들은 신분에 상관없이 인재를 등용함으로써 개화결실(제자백가, 諸子百家)의 시기를 맞았다. 제자백가(諸子百家) 가운데 가장 뛰어난 3대학파로 유가(儒家) · 도가(道家) · 묵가(墨家)가 있었다. 대표적인 사상가로 유가의 공자(仁), 맹자(性善說), 순자(性惡說), 도가의 노자(無爲自然)와 장자(齊物論), 묵가의 묵자(兼愛說) 등을 꼽을 수 있다. 이러한 사상은 오리엔트문명권의 인격 신의 개념이나 군주의 신격화 사상과 달리 탈 신화적이었다. 또한, 인본주의와 현실주의적 정치성향도 강해 오히려 그리스의 철학사상과 많이 닮아있었다.

② 진 · 한시대

전국시대 전국칠웅(진, 한, 위. 조, 연. 제. 초) 중 최강국이었던 진(秦)이 BC 221년에 중국역사상 최초로 중원을 통합하여 진나라(秦, BC 221~206)를 세워, 현재 중국의 영어 이름 China의 어원이 되었다.

진나라의 뒤를 이은 한나라(漢, BC 206~AD 220)가 400년에 이르는 전한과 후한의 통치시기를 거치는 동안 중국은 단일된 문화권으로 거듭났다. 이 한나라 통치기에 중국의 영토는 더 넓게 확장이 됐고, 실크로드로 통한 서역과의 교류로 예술과 과학분야에서 심원한 발전이 있었다. 이 시기 실크로드를 통한 여러 문화권의 교류는 중국뿐 아니라 세계역사에도 중대한 영향을 미쳤다. 여기서 서역이란 서남아시아와 남아시아(인도) 그리고 동유럽과 북아프리카지역까지 망라되는 지역이다.

이처럼 중국이 진나라와 한나라(전한과 후한)의 통치시기를 거치는 동안 단일된 한족문화권으로 거듭남으로써 이 진나라와 한나라를 합쳐 진 · 한제국

(BC 221~AD 220)이라고도 한다.

• 진나라

주실동천 이후 동주(東周)의 위세가 약해짐에 따라 전국시대(BC 480~221)로 알려진 내전이 시작되었다. 세력이 강한 국가가 약한 나라를 제거하는 과정이 이어진 끝에 정황제가 중국 최초로 통일국가인 진(秦: BC 221~206)나라를 세우고 진시황제에 등극하였다. 중국서부에 기반을 둔 진나라는 강력한 군대를 보유한 중앙집권적 국가였다. 시황제는 자신이 최초의 황제라는 사실을 증명하기 위하여 자신에게 불리한 자료를 포함하여 모든 사료를 불태우라고 지시했고, 이에 저항하는 학자는 처형되었다(분서갱유). 시황제는 북쪽 유목민족의 침략을 막기 위하여 이전에 통치자들이 건설해 놓은 수많은 짧은 장벽들을 하나로 연결했는데 이것이 만리장성의 시작이다. 그러나 진나라(秦)의 급격한 통일정책과 농민에 대한 과중한 부역(賦役: 만리장성이나 진시황릉 같은 대규모 토목공사)으로 BC 210년 시황제 사후 각지에서 반란(진승 오광의 난 등)이 일어났다.

BC 206년 옛 6국(연, 조, 제, 위, 한, 초) 중 초나라(楚) 귀족인 항우(項羽)가 진(秦)나라를 타도했다. 이후 항우와 그의 협력자였던 유방(劉邦)과의 5년간에 걸친 초한전쟁(楚漢戰爭)이 벌어졌고 유방(한고조)의 승리로 끝났다.

• 한 나라

한(漢, BC 206~AD 220)나라는 초한대전(楚漢大戰)이 마무리된 BC 3세기부터 삼국시대(三國時代)에 들어서기 전 후한(後漢)이 멸망한 3세기 전반까지 400년간 존재했던 왕조이다.

한나라의 역사는 전한(西漢, BC 202~AD 8), 신나라(新, 9~23) 후한(東漢, 25~220)으로 구분된다.

전한(前漢, 또는 西漢: BC 202~AD 8)은 고조(高祖) 유방(劉邦)이 초나라 항우(項羽)와 대륙쟁탈 뒤에 세운 왕조로서 진(秦)에 이어서 중국을 두번째로 통일시킨 왕조다. 초한전쟁에서 승리하고 중국을 재통일한 유방은 시황제의 가혹한 법령들을 폐지하고 세금을 줄여 제국의 안정을 되찾은 능숙한 통치자였다. 그가 통치하는 동안 중국의 영토는 더 확장됐고, 강력한 정부가 수립되었다.

전한의 무제(재위: BC 141~87)는 BC 139년부터 BC 125년 사이, 장건(張騫, BC ?~BC 114)이 인근문화권과 접촉하도록 명하여 대완, 강거, 대하(박트리아, 전에는 그리스-박트리아왕국), 로마제국까지 연결한 실크로드의 기초가 마련되었다. 장건은 전한 제7대 무황제 유철의 명령으로 그때까지 알려진 바가 없는 서역으로 떠나, 천신만고의 모험 끝에 수많은 국가를 탐방하고 정보를 가져와, 서역에 대한 중국의 이해를 크게 넓혔고, 최종적으로 서로 다른 문명의 접촉에도 크나큰 영향을 끼친 장본인이다. 이를 통해 비단길이 개척되었다. 그 결과 이 시기에 예술과 과학의 발전을 이루면서 전성기를 맞았다. 그러나 무제 사후 전한은 외척의 정치개입으로 왕권이 약해졌다. 힘이 약해진 전한은 외척 왕망에게 왕위가 찬탈당해 잠시 신나라(新, 9~23)로 교체되었다. 왕위를 찬탈한 왕망은 노비제폐지, 토지의 국유화, 새로운 화폐제 등과 같은 개혁정책을 내놓았으나 개혁정책에 대한 많은 반대의견과 대홍수로 실패했다.

이후 한왕조의 일족인 광무제 유수(재위: 25~57)가 후한(後漢, 또는 東漢, 25~220)을 재건했다. 후한은 수도를 낙양에 두었는데 그 위치가 전한의 수도 장안보다 동쪽에 있기에 동한(東漢)이라고도 한다. 이 시기에 쿠샨왕조

(50~320), 파르티아왕국(BC 238~AD 224), 로마제국(BC 27~AD 476)과도 관계를 맺고 활발히 교류하였다. 166년 마르쿠스 아우렐리우스황제가 보낸 사절단이 후한에 도착했다고 후한서에 기록되어 있으나 단순히 상인들이었다고 주장하는 시각도 있다. 또한, 많은 여행자가 후한에 들어왔는데 그들 중에는 간다라의 지루가참이나 파르티아왕국의 안세고와 같이 불교를 전파하러 온 승려들도 있었다.

그러나 후한 말, 환관(십상시)의 횡포로 왕권은 또다시 약해졌고, 대토지를 소유한 호족의 세력이 강해지면서 농민들의 삶은 궁핍해졌다. 십상시는 중국 후한 말 영제(靈帝) 때에 정권을 잡아 조정을 농락한 10여 명의 환관들을 말한다. 역사서 『후한서(後漢書)』에는 십상시들이 많은 봉토를 거느리고 그들의 부모형제는 모두 높은 관직에 올라, 그 위세가 가히 대단하였다고 쓰여 있다. 이에 후한말(2C 말)에 후한의 타도를 외치며 장각의 지휘하에 황건적의 난이 일어났고, 호족들도 각 지방에서 독립하여 조조의 위나라, 손권의 오나라, 유비의 촉나라의 삼국으로 분열되었다. 황건적의 난은 후한 말 악정과 생활고에 시달리던 농민들이 일으킨 대반란이다. 태평도의 창시자인 장각이 주도하였으며, 음양오행에서 흙(土)의 덕을 나타내는 황색두건을 머리에 두른 데에서 황건적이란 이름이 붙었다. 황건적의 난은 후한의 멸망을 불러왔다.

③ 위진남북조시대

위진남북조시대(魏晉南北朝時代, 중국의 흑역사)는 조조의 아들 조비(재위: 220~226)가 한나라 마지막 황제인 헌제(재위: 189~220)에게 양위를 받으면서 시작되었다. 이후 익주의 유비가 한을 계승하여 촉한의 황제를 칭했고, 강동의 손권도 오의 황제로 등극하면서 삼국시대로도 불리운다. 후한(後漢)의 붕괴 후 수나라가 등장하기까지 중국은 계속 분열된 채 끊임없는 전쟁에 시달렸다. 삼국시대가 끝나고 잠시 통일이 되어 중국남부가 번영을 이루는 동안 중국북부는 또다시 분열되었다. 이후 중국북부는 탁발선비족이 세운 왕조(386~534)와 북주(577~581)에 의해 되살아났고, 589년 수나라의 양견이 중국 전체를 재통일하면서 끝이 났다.

중국의 흑역사라 할 수 있는 위진남북조시대는 위(魏), 진(晉), 남북조(南北朝) 세 시기로 구분이 된다. 위(魏, 220~265)는 조비가 왕조를 찬탈한 후 조조 때부터 사용한 위(魏)를 국호로 정한 나라이다. 이 시기의 촉나라와 오나라와 합쳐 삼국시대라고도 부른다. 진(晉, 265~420)은 다시 서진(西晉, 265~316)과 동진(東晉, 317~420)으로 구분되는데, 동진시기에 중국북부는 오호십육국(5개 이민족에 의해 세워진 16개국)의 각축장이 되었고, 진의 명맥을 강남의 동진이 이어갔다. 동진의 무장이었던 유유(재위 : 420~422)가 양위를 받아 송(후대의 송과 구분하기 위해 劉宋으로 칭함)을 건국하면서 남북조(420~589)가 시작되었다. 이후 강남에서는 589년까지 약 170년 동안 송, 제, 양, 진의 4왕조가 연이어 들어서게 되는데, 이를 남조라 한다. 북조는 오호십육국의 혼란을 극복하고 중국북부를 통합한 북위(386~534)가 들어선 후 양견(재위: 581~604)이 수(隋)를 건국하는 581년까지 중원, 화북지방에 있던 왕조들을 말한다.

• 삼국시대

삼국시대(三國時代)는 중국역사 중 명나라 나관중의 『삼국지연의(三國志演義)』 덕분에 가장 대중적으로 잘 알려진 시대이다. 삼국지연의는 중국의 위(魏), 촉(蜀), 오(吳) 세 나라의 역사를 바탕으로 전승되어 온 이야기들을 14세기에 나관중(羅貫中)이 장회소설(章回小說)의 형식으로 편찬한 장편 역사소설이다. 삼국시대는 삼국지연의의 후반부(조조 죽음 이후)부터의 역사다. 위나라(魏, 220~265)는 조비가 후한의 황제로부터 직접 제위를 물려받아 중원지역을 차지한 국가이며, 촉나라(蜀, 221~263)는 후한 황실의 후예인 유비가 계승하였으나, 세력권은 서남지방에 한정되었으며, 손권의 오나라(吳, 229~280)는 독자적인 세력으로 장강이남을 차지하였다. 그중 가장 강력한 국가는 북쪽의 위나라였고, 263년 유선(유비의 아들, 재위: 223~263)의 촉(蜀)을 정복하였다. 촉을 물리치는데 앞장섰던 사마의의 손자 사마염은 조환(魏 5대 황제, 조조의 손자, 재위: 260~265)으로부터 선위를 받아 진(晉)의 무제(재위: 265~289)라 선포했다. 그리고 280년 손권 사후 내부분열이 심각해진 오(吳)를 정복하여 삼국시대를 종식시켰다.

• 진(서진 265~317, 동진 317~420)

조조의 위나라를 계승한 사마염(무제)이 삼국시대를 종식시키고 건국한 서진(西晉, 280~316, 화북지방)은 무제 사후 8왕자(八王子)의 난(291~306)으로 알려진 격렬한 권력투쟁에 휘말렸다. 왕자들은 저마다 군사력을 강화하고자 중앙아시아 유목민들을 병사로 모집했는데 이는 유목민족의 중국침략을 부추기는 결과를 낳고 말았다. 북방이민족들의 침략과 정복으로 서진(西晉, 280~316)도 쇠퇴하기 시작하였다. 316년에는 흉노족의 족장 유연이 중국북부 정복을 시작하여 수도 뤄양과 장안을 모두 함락시키자 동쪽으로 쫓겨났는데 이를 동진(東晉)이라 한다. 이 동진은 이후 송왕조, 제왕조, 양왕조, 진왕조 등 한족이 세운 여러 왕조로 계승되었는데 이를 남조라 한다.

• 남북조

남북조의 시작은 동진(東晉)을 무너뜨린 유송(劉宋)에서 시작되었지만,

역사의 중심은 북조에 있었다. 북조는 북위의 수립에서 시작되었다. 북위는 탁발선비족이 세운 나라로, 몽골 동부와 만주 서부에 살던 탁발부가 오호십육국의 혼란한 시기에 남하하여 수립한 나라였다. 북위의 태무제(재위: 423~452)가 북조를 통일하였다. 그러나 이후 황제들의 급진적 한화정책의 부작용으로, 친탁발부, 친중국으로 갈려 분쟁(육진의 난, 524~530)하다가 결국 534년 동위, 서위로 분열되었다. 이후 동위는 북제로, 서위는 북주로 계승되다가, 581년 유목민족과 한족의 피가 섞인 양견에게 북주가 정복당하였다. 이어 양견이 589년 남쪽의 진(陳)마저 멸망시키면서 남북조시대는 종결되었다.

(2) 질병 극복을 위한 노력

① 전국시대

전국시대(BC 480~221) 사람 편작(扁鵲, BC 407~310)이 음양오행설(陰陽五行說)을 정립함으로써 고대 원시적인 자연숭배사상이 계통적인 자연철학사상으로 꽃을 피웠다. 음양오행설은 음양설(陰陽說)과 오행설(五行說)이 합쳐진 개념이다. 음양설(陰陽說)이란 인간은 우주를 본뜬 소우주로 음양이기(陰陽二氣)의 합으로 태어나고 그 분리로써 죽고, 병이란 음양이기의 부조화로써 일어난다는 학설이다. 하여 음양의 과(過)와 부족(不足)은 병적 상태이므로 치료법은 과한 것은 사(瀉)하고 부족한 것은 보(補)하는 것이 기본원칙이다. 오행설(五行說)은 태극(太極)에서 나누인 음양이기중(陰陽二氣中) 음이 변해 양이 되고 양이 합하여 목화토금수(木火土金水)의 오행이 생겨났다는 설이다. 4가 아닌 5라는 점을 제외하고는 인도의 지수화풍(地水火風, BC 8C경 우파니샤드에서 모든 물체의 근원을 지수화풍으로 분류한 四大), 고대 그리스의 엠페도클레스(Empedokles, BC 484~429)의 4원소(불, 물, 공기, 흙)와 많이 닮아있다.

음양오행설에 의하면, 질병(疾病)은 음양(陰陽)과 나무(木), 불(火), 흙(土), 쇠(金), 물(水)로 이루어진 오행(五行)의 조화로 이루어진 인체의 질서가 깨질 때 발생한다. 이 오행(木火土金水)은 인간(소우주)의 오장(五臟)과 오부(五腑)와 대응이 된다. 즉, 음에 해당하는 5개의 기관(심장, 간, 폐, 신장, 비장)과 양에 해당하는 5개의 기관(대장, 소장, 담낭, 위장, 방광)이 서로 조화를 이뤄야 질병을 예방할 수 있다는 논리다.

BC 5~3세기 무렵(전국시대), 오늘날 중국 한의학의 최고(最古) 경전(經典)으로 평가받고 있는 『황제내경(黃帝內經)』이 편찬되었다. 황제내경은 황하유역의 한민족 사이에서 발달된 의학을 중심으로 이루어졌을 것으로 짐작된다. 『황제내경』은 전설적인 의학의 제왕, 황제와 제상 기백(岐伯)의 대화형식으로 전개된 의서로서 의학원론 및 내과학이라 할 수 있는 소문(素問)과 침술의 이론과 실제를 주로 다룬 영추(靈樞)로 구성(9권 81장)되어 있다. 내경(內經)의 치료법은 마음의 치료, 음식의 치료, 몸 전체의 치료, 약물투여, 침과 뜸 등이며 모든 질병에서 한결같이 강조되고 있는 것은 마음의 안정과 올바른 섭생이다. 황제내경은 침구학의 기초이론에서부터 생리, 병리, 진단, 치료, 양생 등을 망라하고 있어 오늘날에도 그 가치를 높이 평가받고 있다. 2세기 후반, 한나라 장중경(150~219)이 황제내경 소문이 최초 참고문헌으로 포함된 글을 썼으며, 금나라 황보밀(215~282)은 침술과 뜸 치료의 옹호자로 그 또한 저서 『침구갑을경』에서 『황제내경』을 인용했다. 당나라 때 『황제내경』 소문은 더욱 확장되고 개정되어 현재 중국 전통의학의 근본을 대표하는 가장 최고의 서적이 되었다. 『황제내경』에서 질병예방과 조기치료를 강조하는 것은 세계보건기구(WHO)가 제시한 건강개념과 일치한다. 황제내경의 논리 정연한 이론과 비침습적 치료법은 시간과 공간적 한계를 넘어 인류에게 도움이 되는 의학 지식의 근원이라 할 수 있다.

그리고 중국 최초의 식물약전『신농본초경(神農本草經, 일찍이 여러 가지 약의 효능을 밝힌 중국 한약재에 대한 기본서)』도 편찬되었다.『신농본초경』은 중국 서부 산간에서 발달한 약물에 관한 지식이 신선가(神仙家)의 사상과 결합된 것으로 보인다. 신농본초경에는 약물총론을 총괄한 서(序)와 약물 365종(種)이 상, 중, 하 삼품(三品)으로 나뉘어 실려 있다. 약물의 군신좌사(君臣佐使), 음양배합(陰陽配合), 칠정화합(七情和合), 오미(五味), 사기(四氣) 등의 이론도 제시되어 있다. 아울러 약물의 별명(別名), 성미(性味), 생장환경(生長環境)과 주치(主治) 등도 소개되어 있다. 이 책은 비교적 높은 역사적 가치와 과학적 의의가 있지만, 경신연년(輕身延年, 몸을 가볍게 하면 수명이 늘어남), 불노신선(不老神仙, 화내지 않으면 신선이 됨) 등 도가적(道家的) 용어도 일부 섞여 있다. 현존하는 최고의 집본(輯本)으로는 명대(明代) 노복(盧復)의 집본(輯本)이다. 비교적 널리 퍼진 것으로 청대(清代) 손성연(孫星衍) 등의 집본(輯本), 청대(清代) 고관광(顧觀光)의 집본, 일본(日本) 삼립지(森立之)의 집본(輯本)(뒤의 三種은 최근에 모두 重刊되었음) 등이다.

② 진 · 한시대

진시황이 전국7웅을 통일한 후 세운 진나라의 치세(BC 221~206)는 15년에 불과했다. 그러나 이 시기 진시황은 분서갱유(焚書坑儒)를 저질러 많은 학자를 죽이고 학술서적을 불살랐는데, 다행히도 의학서적만은 예외여서 의학의 명맥은 보존될 수 있었다.

진나라 이후 한나라(BC 206~AD 220)가 지배한 4백여년은 침구의학의 이론적인 체계가 형성되어 점진적인 발전을 이룬 것으로 평가받고 있다. 한무제(재위: BC 141~87) 때 사마천이 지은『사기열전(史記列傳)』에는 "금속침을 갈고 돌침을 갈도록 하여(厲鍼砥石)"라는 기록이 있다. 후한시대(後漢, 또는 동

황제내경과 신농본초경의 표지(왼쪽부터)

(출처: 나무위키)

한, 25~220) 경학자 허신(58~148)이 지은 『설문해자(說文解字)』에는 "폄(砭)은 돌침으로 병소를 찌르는 것이다(砭,以石刺病也)"라는 기록이 있다.

이 시기 의학발전에 공헌한 대표적인 의사로 장중경과 화타가 있다.

• 장중경

한나라(BC 206~AD 220) 사람 장중경(張仲景, 150~219)은 자신의 실전 의료경험을 망라한 『상한잡병론(傷寒雜病論, 150~210)』을 편찬하였다. 그는 변증론치(辨證論治, 각종 증상을 종합적으로 살펴서 치료를 결정)의 기초를 세웠는데 약을 많이 쓰지 않고 정확한 비율의 조제로 치료효과를 높이고자 했다.

현재는 『상한론(傷寒論)』과 『금궤요략(金匱要略)』 두 권만이 전해 내려오고 있다. 『상한론』에는 차가운 기운에 의한 발열성질병과 치료법에 대한 설명이 서술되어 있다. 『금궤요략』에서는 내과의 각종 질병과 외과, 부인병 등에 대한 설명이 서술되어 있다. 그리고 이 서적에는 현재 사용되는 방법과도 큰 차이가 없는 총 20여 종의 병과 관련된 진맥과 임상경험도 종합적으로 서술되어 있다.

장중경은 "질병의 원인을 규명하여 이에 대처하는 방법을 찾고 이 방법에 따라 처방을 내리며 처방전대로 약을 복용한다"는 원칙을 세워 방제학(方劑學: 약재의 적절한 조합 등 처방을 연구하는 학문)의 발전에도 크게 공헌했다. 그는 고대 중국 대부분의 의사와 달리 마법이나 초자연적 역량 같은 것을 믿지 않았고, 오직 임상경험만을 토대로 질병의 원인과 증세를 규명하고자 했다. 그래서 장중경은 중국의 히포크라테스라 일컬어지고 있고, 중국의학계에서 의성(醫聖) 또는 의학의 원조로 칭송받고 있다.

• 화타

화타(華陀: 145~208)는 후한(後漢, 또는 동한, 25~220) 말 때 의사로 그에 대한 여러 가지 전설이 전해지고 있다. 이를테면 『삼국지연의』에 화타가 주태(周泰)와 관우(關羽)를 치료해준 이야기가 전해진다. 특히, 독화살을 맞은 관우를 치료할 때 관우가 마취도 하지 않은 상태에서 태연히 마량(馬良)과 바둑을 두면서 수술을 받았다는 이야기는 널리 알려진 바 있다. 그러나 관우는

진시황제의 분서갱유 장면

(출처: 나무위키)

장중경과 화타

장중경 (출처: 위키피디아)   화타 (출처: 나무위키)

삼국시대(220~280) 사람이라 시대가 맞지 않는 것과 수술기구가 밝혀지지 않아 신빙성이 희박하다. 하여 화타의 신통한 외과술은 과장되어 전해진 것으로 추정된다. 화타는 도인양생술(導引養生術)에도 능하였다고 전해진다. 현재까지 지앙쑤성(江蘇省, 강소성) 쉬저우(徐州,서주)에는 화타의 기념 비석이 보존되어 의성(醫聖)으로 신봉받고 있다. 화타에게는 번아(樊阿)라는 제자도 있었는데, 그에게는 옻나무 등을 이용한 칠엽청점산(漆葉靑黏散)의 제조법을 가르쳐 주었고, 번아는 그것을 오래 복용해 100살이 넘도록 장수했으며, 침술에도 뛰어났다고 전해진다.

③ 위진남북조시대

후한(後漢) 때 황건족의 난(농민반란)을 시작으로 수나라가 중원을 통일하기까지 400년 가까운 시간 동안 지배층과 농민들이 분열하여 반란전쟁이 이어졌다. 이때를 위진남북조시대(221~589)라 하는데, 이 시대를 기점으로 중국에는 불교가 확산되기 시작했다. 그때까지 조금씩 전해 내려오던 인도의학(아유르베다)의 영향력도 불교의 정착으로 더욱 강해졌다.

전란의 연속, 경제적 불안, 질병의 만연 등으로 많은 명의가 출현하였고, 침구 관련 서적도 다수 출간되었다. 하여 침구의학이 정리된 시기로 평가를 받았지만, 전란으로 대부분 소실되어 이 시기 의학의 전모를 파악하기는 쉽지 않다.

이 시기 알려진 명의로 왕숙화, 황보밀, 갈홍, 도홍경 등이 있다.

• 왕숙화

맥진의 고전 『맥경(脈經)』은 242년 왕숙화(王叔和, 210~285)가 저술한 책으로 그는 경락과 경혈에 대한 이론을 심화시켰고, 침구의 새로운 방법을 제시하는 등 장부경락과 맥진을 결합하여 침구의 변증론치를 시도하였다. 『맥경』은 훗날 중세기에 티베트어와 아라비아어, 페르시아어, 라틴어와 서양의 여러 나라 언어로 번역되어 17, 18세기의 진단술 발달에 기여하였다.

• 황보밀

『침구갑을경(鍼灸甲乙經)』은 259년 황보밀(皇甫謐, 215~282)이 저술한 책으로 모두 12권 128편으로 구성되어 있다. 주로 장부경락과 맥진이론, 혈자리, 침구 취혈, 병인병리와 질병의 증후, 침구의 금기 등에 관한 내용을 담고 있다. 특히, 혈 자리 총수와 명칭을 확정하고 경락계통을 정리하여 침구학을 체계화한 것으로 평가받고 있다.

• 갈홍

갈홍(葛洪, 283~343)은 『주후비급방(肘後備急方)』을 편찬해 구급의료에 사용되는 간단하고 효과적인 침구법을 소개했다. 또한, 그는 위급한 경우 누구나 손쉽게 구하여 약초를 쓸 수 있도록 『후비급방(後備急方)』이라는 처방집을 내기도 하였다. 그리고 그는 불로장생약인 단(丹)을 만들어 내는 연단술과 음

갈홍과 도홍경

갈홍 (출처: 위키피디아)

도홍경 (출처: 위키피디아)

식에 의한 양생법, 호흡법을 통한 양신(養身)을 『포박자(抱朴子) 내외편(內外篇)』에 기술하였다.

- 도홍경

도홍경(陶弘景, 456~536)은 다재다능하여 천문학, 수학, 서예, 연단술, 약리학 및 의술에 능했다. 그가 편술한 『명의별록(名醫別綠)』 속에 원본이 없어진 『신농본초경(神農本草經)』이 내포되어 있다. 그리고 주석을 붙인 『신농본초경집주(神農本草經集註)』 7권을 편찬해 후세 본초서(本草書)의 근거를 제공하는 역할을 했다.

4) 여기서 잠깐

(1) 조로아스터교

조로아스터교(Zoroastrianism)는 페르시아제국의 민족종교로 선악이원론을 특징으로 하는 유일신교다. 창시된 시기는 BC 1800년에서 BC 640년경으로 다양하나 창시자 조로아스터(자라투스트라 Zarathustra)의 출생연대(대개 BC 660)로 보면 BC 640년 무렵이 더 타당하다.

BC 600년경 페르시아의 왕 다리우스 1세(재위: BC 522~486) 때 오늘날 이란 전역에 퍼졌으며, BC 5세기 이미 그리스지방까지 전해진 것으로 보인다. 조로아스터교는 창조신 아후라 마즈다(Ahura Masda)를 중심으로 선과 악의 이분법으로 세계를 구분한 게 특징이다. 조로아스터교는 사산왕조시대에 체계적인 종교로 발전했다. 최고 사제는 종교관할권뿐만 아니라 후대에 왕위계승자의 선정과 국사(國事)에도 중요한 역할을 했다. 그러나 7세기 중반 이슬람의 페르시아 정복 이후 점차 쇠퇴하였다.

(2) 네스토리우스파

네스토리우스파(Nestorianism)는 콘스탄티노플리스 총대주교 네스토리우스(?~ 451?)를 시조로 하는 기독교의 일파다. 그리스도의 위격은 하나가 아니며, 신격과 인격이라는 두 개의 성격으로 분리 구별된다고 보았다(이성설, 二性說). 이것은 구세주(그리스도)의 신격은 예수의 복음서에 깃들고 인격은 사라진 육신 안에 있음을 의미한다. 이 경우 인성(人性)으로써 예수를 낳은 성모마리아는 하느님의 어머니(테오토코스)라는 호칭을 사용할 수 없다는 것을 의미한다. 결국, 431년 에페소스공의회에서 이단으로 판정된 네스토리우스는 면직 파문되어 리비아로 추방되었다.

이 논쟁은 알렉산드리아학파 출신의 알렉산드리아 총대주교 키릴로스와 안티오키아학파 출신의 콘스탄티노플리스 총대주교 네스토리우스 사이의 갈등에서 시작되었다. 성모마리아에 대해서 알렉산드리아학파는 하느님의 어머니란 뜻의 테오토코스(Theotokos)를 주장했고, 반대로 네스토리우스가 속한 안티오키아학파에서는 단순히 인간 예수를 낳은 안트로포토코스(Anthropotokos) 혹은 그리스도의 어머니란 뜻의 크리스토토코스(Christotokos)를 주장했다.

이후 네스토리우스가 에페소공의회에서 파문된 뒤 네스토리우스파 기독교는 498년에 크테시폰 셀레우키아(Seleucia)에 새로운 총대주교를 세웠다. 네스토리우스의 신학은 424년경부터 이집트, 시리아, 팔레스티나 지방 및 인도까지도 전파되었다.

(3) 힌두교의 최고 3대 신

힌두교의 최대 3신에는 창조의 신인 브라흐마, 보존의 신 비슈누, 파괴의 신 시바가 있다. 브라흐마는 인격화된 남신으로 신화나 그림 속에서 네 개의 머리와 팔, 두 개의 다리, 수염을 가진 모습으로 등장한다.

비슈누는 악을 제거하고 다르마의 회복을 유지하는 역할을 하는 보존의 신

힌두교의 최대 3신

브라흐마(창조신)

비슈누(보존의 신)

시바(파괴의 신)

(출처: 위키피디아)

이다. 그렇기에 비슈누는 창조한 세상을 보호하고 유지하는 역할을 한다.

힌두교에서 시바는 파괴의 신이라고 불리며 절대적인 파괴본능과 힘을 상징한다. 원래 시바는 풍요와 부귀를 상징하는 신이었는데, 바람과 폭풍우의 신인 루드라와 결합해 파괴의 신으로 재탄생됐다.

(4) 제자백가

주실동천 이후의 춘추전국시대(東周, 先秦時代, BC 771~221)는 왕권이 쇠약해짐에 따라 제후들의 세력이 강화되면서 약육강식시대로 접어들어 천하가 소란스러웠다. 이 시기에 여러 사상가가 등장했는데 그 학파를 제자백가(諸子百家, Hundred Schools of Thought)라 한다.

제자백가는 인격 신의 개념이나 군주의 신격화에 집중된 오리엔트문명권과 달리, 탈 신화적(그리스자연철학과 유사)이고 실용적인 경향을 띠었다.

제자백가

제자백가	학자	주요사상
도가	노자, 장자	무위자연(無爲自然), 인위의 배격
유가	공자, 맹자, 순자	효제(孝悌), 인의(仁義), 예지(禮智)를 바탕으로 한 정치
묵가	묵자	겸애(兼愛)
법가	관자, 한비자	부국강병(富國强兵)

① 도가

도가(道家) 또는 노장사상(老莊思想)에서 노자(老子)의 도덕(道德)은 보통 말하는 도덕(Virtue)이 아니라 유가(儒家)의 인의(仁義)라는 도덕의 상위개념으로서 도(道, Tao)를 말한다. 따라서 노자의 도(道)는 형이상학적 본체임과 동시에 인성론(人性論)의 중심이 된다.

도가는 제자백가의 하나로, 도(道)는 인위(人爲)를 초월한 곳에 있다 하여 인위(仁爲)를 배제하고 무위자연(無爲自然)이 될 것을 권했다.

현실적이며 긍정적인 유가가 군주의 통치권을 합리화하여 역대왕조의 통치이념으로써 사회의 기본사상으로 자리잡은 것에 비해, 노자의 도가사상은 정치적 혼란에 직면해서는 절대적인 가치를 생각하게 함으로써 현상세계의 어쩔 수 없는 모순을 풀어버리는 지혜를 가르쳤다. 전설에 따르면 노자는 물소를 타고 주나라를 떠났다고 한다.

물소를 타고 주나라를 떠나는 노자

(출처: 위키피디아)

② 유가

유가는 공자(孔子)를 시조로 중국의 전통적인 정교일치(政敎一致)사상을 받들고, 인(仁)의 도덕을 최고의 이념으로 하여 수신(修身) · 제가(齊家) · 치국(治國) · 평천하(平天下)를 목적으로 하는 윤리학 · 정치학으로 동양철학사상 중추적 역할을 하였다.

공자의 인은 부처의 자비(慈悲)나 예수의 박애(博愛)와 비슷한 내용을 갖는

덕(德)이지만, 인도(人道)와 밀접한 관계가 있다. 즉, 공자는 종교와 달리 현생(現生)의 삶에만 관심을 가졌다.

공자와 자사를 이은 맹자(孟子)는 성선설(性善說)에 의한 4덕(四德)과 4단(四端)을 강조하였다. 즉, 그는 사람의 마음속에는 인 · 의 · 예 · 지(仁義禮智)의 고유한 덕이 있다고 하였다. 전국시대 말기에는 순자(荀子)가 나와 역시 공자를 이었으며, 성악설(性惡說)을 주장했다.

유가의 경전(經傳)으로는 대학(大學) · 중용(中庸) · 논어(論語) · 맹자(孟子)의 4서와 시경(詩經) · 서경(書經) · 역경(易經) · 예기(禮記) · 춘추(春秋)의 5경이 있다.

③ 묵가

묵가는 묵자(墨子)를 시조로 하며, 겸애(兼愛)를 주장하여 유가의 형식주의와 계급제도를 타파하고, 하늘(天)이 만민을 겸애(兼愛: 박애의 뜻)하는 것과 같이 사람들도 서로 겸애해야 한다고 주장함으로써 사리사욕을 타파할 것을 주장하였으며, 절검(節儉)과 근로(勤勞)를 내세웠다.

④ 법가

법가는 관자(管子)를 시조로 하는 학파로 신불해(申不害)와 상앙(商鞅)을 거쳐 한비자(韓非子)에 이르러 집대성되었다. 법가는 정치철학을 세우고 그것을 실천함으로써 부국강병을 이루어 천하통일을 도모하려는 학파였다. 진나라 · 한나라의 성립기에 법가의 사상이 중용되었다.

(5) 편작의 일화

전국시대(BC 480~221) 의학자였던 편작(扁鵲)은 중국역사 전체를 통틀어 손꼽히는 전설적인 명의이자, 정사(正史)에 기록된 최초의 명의이다. 사마천의 『사기(史記)』에 수록된 편작창공열전(扁鵲倉公傳)에 의하면 전국시대의 제(齊)나라 사람인 편작이 전국을 유랑하며 의술을 행하였다고 한다. 난경(難經)의 저자이기도 한 편작은 진단과 예후판정의 근거가 되는 진맥에 관한 지식에도 통달했다고 전해진다.

한 일화로 괵나라 태자가 궐(厥: 혼절 또는 기절의 증상)에 걸려 거의 죽음에 이르렀을 때 편작이 태자를 치료하여 다시 살아나게 하였고, 이에 탄복한 사람들은 그를 기사회생의 명의라고 칭송하며 우러러보았다고 전해진다.

그러나 정작 편작은 자신의 의술을 아버지나 형의 의술과 비교하며 그 자신을 최하급의 의사로 분류하였다. 그의 아버지는 환자가 몸의 이상을 느끼지 못해도 병의 원인을 알아내서 치료하였는데, 편작은 이러한 아버지를 상공(上工: 최고의 의술을 가진 자)이라 칭하였다. 또한, 그의 형은 환자에게 증상이 나타나지 않아도 이미 발병한 상태임을 알아내어 조기치료를 함으로써

편작

(출처: 위키피디아)

완치시키는 능력이 있었기에 중공(中工)이라 칭하였지만, 편작 자신은 병이 이미 깊어져 죽음이 임박한 환자들을 치료하여 명성을 얻는 의술을 행하였기 때문에 최하급의 의사, 즉 하공(下工)이라고 칭하였다.

(6) 고전기 중국의 질병 극복을 위한 노력 요약

전국시대 (BC 480~221)	- 편작: 음양오행설 정립 - 『황제내경』 편찬됨 - 『신농본초경』 편찬됨
진 · 한 (BC 221~AD 220)	- 장중경: 『상한잡병론』 편찬 - 허신: 『설문해자』에 돌침 기록
위진남북조시대 (221~589)	- 불교 확산과 함께 인도의학이 중국에 전달됨 - 왕숙화의 『맥경(脈經)』: 경락과 경혈이론 - 황보밀의 『침구갑을경(鍼灸甲乙經)』: 침구학 체계화 - 갈홍의 『주후비급방(肘後備急方)』: 간단한 침구법 소개 - 갈홍의 『후비급방(後備急方)』: 손쉬운 약초처방법 제시 - 갈홍의 『포박자(抱朴子) 내외편(內外篇)』: 연단술과 양생법 기술 - 도홍경의 『명의별록(名醫別綠)』: 원본이 없어진 『신농본초경(神農本草經)』이 내포됨

참고문헌

1. 강철웅 역. 소크라테스의 변명. 이제이북스. 2014년.
2. 이효성. 한권으로 읽는 세계사. 지경사. 2006년.
3. 엘버트 S, 라이언즈 R, 조지프 페투르첼리저. 황상익, 권복규 옮김. 세계의학의 역사. 한울출판사. 1994년.
4. 미야자키 마사카츠 저. 이영주 옮김. 하룻밤에 읽는 세계사. RHK. 2017년.
5. 황상익. 세계의학의 역사. 한울아카데미. 1996년.
6. 이종훈, 김희남. 세계를 바꾼 연설과 선언. 서해문집. 2016.
7. 크리스토퍼 켈리 저. 이지은 옮김, 로마제국. 고유서가. 2015년.
8. 황상익. 인물로 보는 의학의 역사. 여문각. 2004년.
9. 린타시비텔로 저. 최정희, 이영미, 김소영 옮김. 인류 역사에 담긴 음식문화 이야기. 린. 2017년.
10. 알렉스 울포 저. 김민수 옮김. 통합형세계사 교과서. 빅북. 2011년.
11. 카렌 암스트롱 저. 정명옥 옮김. 종교의 탄생과 철학의 시작 축의시대. 교양인. 2010년.
12. 전홍석. 근현대 과학기술시대에 대한 기축문명론적 성찰과 전망-생명생태 성장사회: 칼 야스퍼스의 역사철학적 독해-한국동서철학학회. 102: 295~326, 2021.
13. Master Hua's Classic of the Central Viscera: A Translation of Hua Tuo's Zhong Zang Jing. Blue Poppy Enterprises, Inc. 1993.
14. 연금술 현자의 돌. 시공 디스커버리 총서. 1998.
15. 윤덕노 저. 음식으로 읽는 로마사. 더난출판. 2020.
16. 김형곤, 강미숙 저. 서양문화사. 2013.
17. 반덕진. 고대의학에 관하여의 저자의 논적에 대한 연구. 대한의사학회. 37: 487, 2010.
18. 신명주. 로마에서의 아스클레피오스 숭배. 서양사론. 153: 73~105, 2022.
19. 네니세 대스페이루 저작. 좋아하는 철학자의 문장 하나쯤. 지식의숲. 2020
20. 버트런드 러셀. 러셀 서양 철학사. 을유문화사. 2009.
21. 이종훈, 김희남. 세계를 바꾼 연설과 선언. 서해문집. 2016.
22. 이재담. 생물산책. 과학창의재단. 2012.
23. 이부영. 의학개론(알렉산드리아의학). 2006.
24. 디오게네스 라에르티오스 저. 김주일,김인곤,김재홍,이정호 옮김. 유명한 철학자들의 생애와 사상 1. 나남출판. 2021.
25. 강철웅 저. 소크라테스의 변명. 이제이북스. 2014년.
26. 이효성 저. 한권으로 읽는 세계사. 지경사. 2006년.
27. 엘버트 S, 라이언즈 R, 조지프 페투르첼리 저. 황상익, 권복규 옮김. 세계의학의 역사. 한울출판사. 1994년.

28. 미야자키 마사카츠 저. 이영주 옮김. 하룻밤에 읽는 세계사. RHK. 2017년.
29. 황상익 저. 세계의학의 역사. 한울아카데미. 1996년.
30. 크리스토퍼 켈리 저. 이지은 옮김, 로마제국. 고유서가. 2015년.
31. 황상익 저. 인물로 보는 의학의 역사. 여문각. 2004년.
32. 린타시비텔로 저. 최정희, 이영미, 김소영 옮김. 인류 역사에 담긴 음식문화 이야기. 린. 2017년.
33. 알렉스 울포 저. 김민수 옮김. 통합형세계사 교과서. 빅북. 2011년.
34. 카렌 암스트롱 저. 정명옥 옮김. 종교의 탄생과 철학의 시작 축의시대. 교양인. 2010년.
35. 전홍석 저. 근현대 과학기술시대에 대한 기축문명론적 성찰과 전망-생명생태 성장사회: 칼 야스퍼스의 역사철학적 독해-한국동서철학학회. 102: 295~326, 2021.
36. 반덕진. 고대의학에 관하여의 저자의 논적에 대한 연구. 대한의사학회. 37: 487. 2010.
37. 신명주 저. 로마에서의 아스클레피오스 숭배. 서양사론. 153: 73~105, 2022.
38. 유원준 저. 중국역사지리. 내일의 나. 2023.
39. 중국사연구실 편역. 중국역사(상). 신서원. 2002.
40. 네니세 대스페이루 저. 좋아하는 철학자의 문장 하나쯤. 지식의숲. 2020.
41. 이재담 저. 생물산책. 과학창의재단. 2012.
42. 연금술 현자의 돌. 시공 디스커버리 총서. 1998.
43. 윤덕노 저. 음식으로 읽는 로마사. 더난출판. 2020.
44. 김형곤, 강미숙 저. 서양문화사. 2013.
45. https://ko.wikipedia.org/wiki/%EC%82%B4%EB%9D%BC%EB%AF%B8%EC%8A%A4_%ED%95%B4%EC%A0%84 (살라미스해전)
46. https://search.naver.com/search.naver?where=nexearch&sm=top_hty&fbm=0&ie=utf8&query=%EA%B0%88%EB%A0%88%EB%85%B8%EC%8A%A4+%EC%9D%98%ED%95%99 (갈레노스의학)
47. http://preview.kyobobook.co.kr/epubPreviewPopup.jsp?type=web&barcode=4808984051300&search=Y&orderClick=LAT (로마인의 식문화)
48. https://yoda.wiki/wiki/Medicine_in_ancient_Rome (고대 로마)
49. https://ko.wikipedia.org/wiki/%EC%95%8C%EB%A0%89%EC%82%B0%EB%93%9C%EB%A6%AC%EC%95%84_%EB%8F%84%EC%84%9C%EA%B4%80 (알렉산드리아도서관)
50. Master Hua's Classic of the Central Viscera: A Translation of Hua Tuo's Zhong Zang Jing
51. Green, Peter. Alexander The Great and the Hellenistic Age. Orion Publishing Group, Limited, 2008.
52. https://blog.naver.com/ssjj0425/222100337004 (중국역사 연대표)
53. https://blog.naver.com/ldh5111/222906161303 (4대설)
54. https://ko.wikipedia.org/wiki/%EB%A7%88%ED%95%98%EB%B0%94%EB%9D%BC%ED%83%80 (마하바라타)

55. https://namu.wiki/w/%EB%84%A4%EC%8A%A4%ED%86%A0%EB%A6%AC%EC%9A%B0%EC%8A%A4%ED%8C%8C (네스토리우스파)

56. https://namu.wiki/w/%EC%95%84%EC%BC%80%EB%A9%94%EB%84%A4%EC%8A%A4%20%EC%99%95%EC%A1%B0 (페르시아제국 아케메네스왕조)

57. https://ko.wikipedia.org/wiki/%EB%B9%84%EC%8A%88%EB%88%84 (비슈누)

58. https://ko.wikipedia.org/wiki/%EC%8B%9C%EB%B0%94 (시바)

59. https://ko.wikipedia.org/wiki/%EB%B8%8C%EB%9D%BC%ED%9D%90%EB%A7%88 (브라흐마)

60. https://blog.naver.com/y7971/223141578996 (파르티아왕국과 사산조 페르시아의 영토)

표지 사진 출처

1. 147p, 파르테논신전 (출처: https://m.gettyimagesbank.com/view/Parthenon-temple-in-sunny-day/1206898221)
2. 147p, 히포크라테스 (출처: https://ko.wikipedia.org/wiki/%ED%9E%88%ED%8F%AC%ED%81%AC%EB%9D%BC%ED%85%8C%EC%8A%A4)
3. 147p, 갈레노스 (출처: https://ko.wikipedia.org/wiki/%EA%B0%88%EB%A0%88%EB%85%B8%EC%8A%A4)
4. 147p, 아잔타동굴 (출처: https://namu.wiki/w/%EC%95%84%EC%9E%94%ED%83%80%20%EB%8F%99%EA%B5%B4)
5. 147p, 음양오행 (출처: https://m.blog.naver.com/premeduab/221118959218)
6. 147p, 황제내경 (출처: https://namu.wiki/w/%ED%99%A9%EC%A0%9C%EB%82%B4%EA%B2%BD#rfn-2)
7. 147p, 신농본초경 (출처: https://blog.naver.com/kwon3348/220880404114)

Part 4. 중세

The Medieval World

476년~1453년

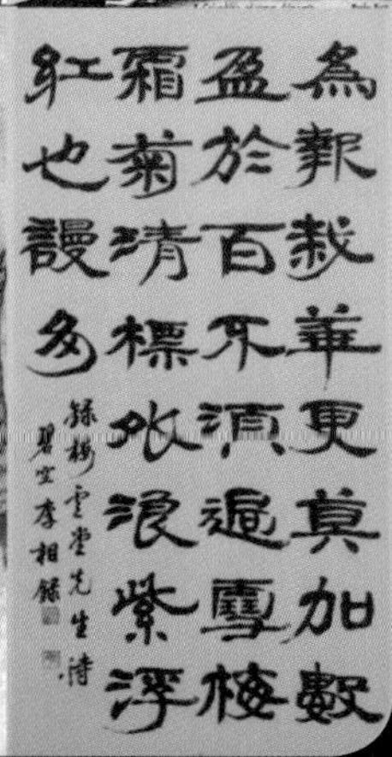

중세(中世, Medium aevum)란 서로마제국이 멸망한 5세기(476, 게르만족에게 멸망)부터 비잔틴제국(동로마제국)이 멸망(1453, 오스만제국에게 멸망)할 때까지 대략 천 년의 세월을 일컫는다. 간단히 서로마제국의 멸망을 중세의 출발점으로, 비잔틴제국(동로마제국)의 멸망을 중세의 종말점으로 보면 된다.

역사학자들은 중세를 암흑시대라고 하는데, 이는 지극히 서구유럽 중심적 사고방식이 아닐 수 없다. 같은 유럽문화권이지만 동구의 비잔틴제국(동로마제국)은 중세 1천 년 동안 서구와는 비교가 되지 않을 만큼 발전하였고, 또 번영을 누렸다.

더욱이 동양문화권에서는 서남아시아(사산조 페르시아와 이슬람제국), 인도(무굴제국), 중국(수, 당, 송나라, 금나라, 몽골제국 등)이 번영을 누린 시기였다. 즉, 서남아시아에서는 이 시기에 사산왕조(224~651)를 멸망시킨 이슬람제국(아랍인부터 튀르크족까지: 632~1922)이 중동의 주도권을 잡고 학문적으로나 문화적으로 큰 발전을 이루었다. 그리고 인도에서는 이슬람교의 전파로 힌두적인 요소와 이슬람적 요소가 뒤섞인 독특한 문화의 무굴제국(1526~1858)

이 번영을 누렸으며, 중국(589~15C)은 한족이 세운 수, 당, 송나라를 거치며 문화적으로 발전하였다. 이어 송나라를 멸망시킨 여진족이 세운 금나라(1115~1234)와 몽골초원에서 일어난 몽골제국(1206~15C)의 찬란한 역사가 펼쳐졌다. 이들 동양문화권에서는 시대적으로 맞물린 국가 간의 종교나 철학사상, 의학분야에서 교류가 활발히 이루어졌다.

서구유럽의 경우, 중세가 되기 전(고전기)에는 그리스 · 로마의학의 영향으로 종교를 벗어나 과학적인 방향을 추구하고 있었다. 그러나 기독교가 로마에서 공인을 받은 후 의학은 종교의 영향력 아래 다시 놓이게 되었다. 단, 갈레노스의학만이 절대적인 영향력을 발휘하였다. 그 배경에는 그가 완벽한 생명을 만들어낸 주체로 신을 상정함으로써 당시 종교계의 강한 지원을 받았기 때문이다. 그러나 중세후기 페스트라는 전염병이 전 유럽을 초토화시키자 기독교와 갈레노스의학은 이를 더는 감당하지 못했다.

의학이 종교의 영향력 아래 놓인 서구유럽의 사회적 분위기에서 과학적 의학(그리스 · 로마의학)을 연구하고자 했던 이들은 수도원에 남아 의학자료를 보존하거나(수도원의학), 의학연구가 자유로웠던 동방(아랍이나 비잔틴제국 등)으로 떠나는 방법을 택했다. 이때 동방으로 떠난 이들과 함께 그리스 · 로마의 의학자료가 비잔틴제국과 이슬람세계로 옮겨졌다. 특히, 학문적으로 개방되어 있던 이슬람세계는 서양에서 넘어온 그리스의학을 번역, 보존, 발전 및 동방의 의학(인도 아유르베다의학)과 합쳐 독특한 이슬람의학으로 꽃을 피웠다. 이런 방식으로 고대 그리스 · 로마의학은 중세기 기독교의 압박에도 사라지지 않고 그 명맥을 이어갔다.

1
서구유럽

벨기에의 역사학자, 앙리 피렌(Henri Pirenne, 1862~1935)은 중세를 초기 500년(Early Middle Ages, 476~1000), 절정기 300년(High Middle Ages, 1000~1300), 후기 150년(Late Middle Ages, 1300~1453)으로 구분하였다.

본 고에서는 편의상 중세 초기 500년을 중세 전반기, 중세 절정기 300년과 중세 후기 150년을 합친 450년을 중세 후반기로 묶어 서술하였다.

1) 역사

중세 전반기(초반기, 476~1000, 서로마멸망, 기독교제국), 서로마제국을 멸망시키고 그 영토를 접수한 게르만족이 기독교(로마가톨릭)로 개종하면서 차츰 유럽 전역이 기독교제국으로 되어갔다. 이는 서구유럽이 인간중심의 문화와 예술이 배제된 종교(기독교) 중심의 시대가 되어버렸다는 것을 의미한다.

중세 후반기(절정기와 후기 450, 1000~1450, 십자군전쟁과 흑사병, 자치도시와 신흥재벌 등장 및 르네상스운동 개막)에 기독교제국과 이슬람제국 간의 충돌로 그 당시로써는 불가피한 역사의 행로인 십자군전쟁(1095~1291)이 벌어졌다. 전쟁의 결과는 이슬람제국의 승리로 끝났으며, 이로 인해 서구의 로마교황과 동구의 비잔틴제국 황제는 모두 군사적으로나 종교적으로 실추되었다. 또한, 십자군전쟁의 여파로 흑사병이 유럽 전역에 퍼져 유럽인구의 1/4이 감소하면서 봉건제도가 무너지고 왕권이 강화(사회제도의 변화) 되었다.

반면, 십자군전쟁 중 이탈리아의 베네치아나 제노바같이 새롭게 형성된 자치도시들이 몽골제국(1206~15C)과 동방무역을 재개하면서 신흥재벌세력으로 등장하였다. 이들 신흥재벌의 후원에 힘입어 14세기경(1350 무렵) 북부 이탈리아(베네치아, 피렌체)를 중심으로 전개되던 르네상스운동은 차츰 유럽 전역으로 퍼져 중세를 근세(15~18C, 대서양 항해시대)와 이어주는 가교역할을 하게 된다.

(1) 중세 전반기

① 서로마제국의 멸망

중세의 시작을 단순히 게르만족의 침략에 의한 서로마제국의 멸망으로 보는 견해도 있지만, 근본적인 원인은 좀 더 복잡했다. 중국 한나라(BC 221~AD 220) 무제(재위: BC 141~87)의 압박으로 훈족(동양 유목민, 대표적인 인물: 아틸라)이 서쪽 유럽으로 밀려드는 사건이 일어났다. 그러자 그곳에 살고 있던 게르만족이 피난처를 찾아 2세기 무렵 로마제국(안토니우스역병시기)의 영토로 밀려들었고, 3세기 초부터는 효과적인 전투부대로 변모해갔다.

395년, 테오도시우스황제 사망 직전 로마제국이 동 · 서로 분열되면서 힘이 약해졌고, 결국 476년 게르만족(고트족) 용병대장 오도아케르에 의해 마지막 황제 로물루스 아우구스툴루스가 폐위되면서 중세가 시작된 것이다.

서로마제국 멸망 후 문화적으로 뒤떨어진 게르만족이 옛 로마제국 영토에 정착하면서 안타깝게도 발달된 로마제국의 법, 상업, 문화, 지식은 사실상 자취를 감추고 말았다.

② 기독교세계와 교구의 동 · 서 분열

유럽 각지에 침입한 게르만족(문화와 문자 없음)이 차츰 로마의 문화 · 종교에 동화되면서 서구유럽을 시작으로 유럽 전체가 기독교세계가 되어갔다. 이렇게 기독교가 자리잡은 지역을 통틀어 기독교제국이라 불렀고, 기독교가 팽창하면서 유럽 전역에는 웅장한 대성당을 비롯해 수천 개의 교회가 세워졌다. 교황은 로마의 지도자로서 종교적 권위뿐 아니라 정치적 권위까지 행사하게 되었다.

4세기에는 기독교교회를 대표하는 알렉산드리아, 안티오크, 예루살렘, 로마와 콘스탄티노플과 같은 5대 중심지가 세워졌다. 그러나 610년 무함마드가 이슬람교를 창시한 이후 알렉산드리아, 안티오크, 예루살렘이 아랍이슬람교도의 손에 넘어가면서 로마와 콘스탄티노플 2개 교구만 남게 되었다.

476년 서로마제국은 멸망했으나 로마교구는 그대로 유지되었고 콘스탄티노플교구는 비잔틴제국(동로마제국) 황제의 관할권에 들어갔다. 본래 기독교는 로마교구가 중심이었기에 권위는 유지할 수 있었지만, 군사력의 뒷받침이 없어 힘을 쓸 수 없었다. 이에 콘스탄티노플교구가 로마교구를 무시하게 되자 로마교구는 세력 확장을 위해 게르만족에 대한 포교 강화 차 성상숭배를 인정하였다. 이에 콘스탄티노플교구(비잔틴제국 레오 3세)는 성상숭배가 기독교교리에 어긋난다고 주장하며, 726년 성상파괴령을 내렸다. 그러자 로마교황 그레고리우스 2세는 성상파괴령에 대해 정면으로 거부했다. 이어 로마교황 레오 3세(800 무렵)는 게르만족출신의 프랑크왕(카롤루스대제)에게 서로마제국황제의 왕관을 수여하였고, 이후 로마교구는 콘스탄티노플교구처럼 힘을 갖게 되었다. 카롤루스대제 사후 프랑크왕국이 분열되면서 로마교황의 힘이 다시 약해지자, 962년 교황은 동프랑크왕 오토 1세에게 신성로마제국 왕위를 수여했다. 이후 신성로마제국의 황제는 로마교황을 적극적으로 지원하였고 로마교황은 황제의 권위를 인정했지만, 후에 교황과 황제는 유럽사회의 주도권 다툼을 벌이게 된다.

이처럼 로마와 콘스탄티노플 두교구 사이의 의견차이로 인해 로마를 거점으로 하는 서방교회(로마가톨릭, 라틴어, 반헬레니즘)와 콘스탄티노플에 기반을 둔 동방교회(그리스정교, 그리스어, 헬레니즘기조)로 독자적인 길(동서분열)을 걸으며 각자의 특징을 살려 나갔다.

(2) 중세 후반기

① 십자군전쟁

십자군전쟁(1095~1291)의 명분은 이슬람세력에 떨어진 성지 예루살렘(실은 유대교, 기독교, 이슬람교의 공동성지)을 탈환하는 것이었지만, 실질적으로는 1092년 비잔틴제국 알렉시오스 1세 콤니노스황제(재위: 1081~1118)가 셀주크제국(1037~1194)을 비잔틴제국에서 몰아내고자 로마교황청에 군사원조 요청에 대한 교황 우르반 2세(제159대 교황, 재위: 1088~1099)의 응답이었다.

이렇게 시작된 십자군전쟁(8차례 1095~1291)은 200년이나 계속되었고, 200년 동안 계속된 이 십자군전쟁은 처음의 명분은 사라지고 침략과 약탈로 얼룩지게 되었다.

1096년 1차 십자군이 출정하여 예루살렘 탈환에 성공했지만, 1187년 이

십자군전쟁을 일으킨 알렉시오스 1세와 교황 우르반 2세(왼쪽부터)

(출처: 위키피디아)

슬람세력의 술탄 살라딘(1138?~1193)이 십자군(2차 십자군전쟁)으로부터 예루살렘을 되찾아가 성지탈환은 실패로 끝났다. 살라딘은 12세기경 티크리트(현재 이라크북부) 출신의 쿠르드족 무슬림장군이자 전사였으며 이집트, 시리아의 술탄이었다. 2차 십자군원정에 맞서서 이슬람을 이끌었다. 전성기에 그는 이집트, 시리아, 예멘, 이라크, 메카, 헤자즈 등지를 아우르는 아이유브왕조를 세웠다. 서양에서는 살라딘이라는 이름으로 유명하지만, 그의 본명은 유수프(Yousuf)였다. 그는 십자군과 맞서 전쟁을 치를 당시에 탐욕스럽고 무자비했던 십자군에 비해 온건하고 자비로운 군주로 덕망이 높았다. 그가 보인 기사도정신과 자비심은 서방세계에 널리 전해져 수많은 전설과 기록으로 남았다. 살라딘이라는 그의 이름은 아랍어로 "정의와 신념"을 의미한다.

결국, 십자군전쟁의 실패로 비잔틴제국(동로마제국)은 쇠퇴했고, 일시적으로 강화되었던 로마가톨릭 교황권 역시 권위가 땅에 떨어졌다. 그 결과 종교적으로는 교황권쇠퇴와 교회의 분열, 정치적으로는 봉건영주와 기사의 몰락으로 왕권강화와 중앙집권의 계기가 마련되었다.

십자군전쟁(1096년 예루살렘 탈환과 1204년 비잔틴제국 콘스탄티노플을 함락 장면)

(출처: 위키피디아)

② 흑사병 창궐

십자군전쟁(11~13C)의 여파로 중세 후반기 서구유럽에는 흑사병이 창궐했고, 서구유럽 전역에 퍼진 흑사병으로 사회는 불안과 공포에 휩싸였다. 흑사병은 서구유럽의 사회구조(봉건 · 영주제도)를 붕괴(유럽 인구의 1/4 감소)시킬 정도로 유럽사회에 큰 영향을 미쳤다.

서구유럽으로의 흑사병의 전파경로를 살펴보면, 흑사병은 중앙아시아의 건조한 평원지대(몽골지역)에서 시작되어 비단길을 따라 서쪽으로 이동해 1343년경에는 크림반도에 도착하였다. 당시 크림반도의 카파지방은 십자군 전쟁이 한창이었고, 이곳을 공격하던 타타르족이 견고한 십자군의 성벽을 깨뜨리지 못하자, 투척기를 이용해 흑사병에 걸려 죽은 병사의 사체를 성안에 던져놓고 떠나버렸다. 이후 전쟁에서 살아남은 이탈리아병사들이 제네바로 귀환하면서 화물선에 들끓던 쥐(매개체)가 지중해해운망을 따라 서구유럽 전역으로 퍼진 것이다. 이때 흑사병으로 유럽의 총인구의 30~50%가 사망하고 말았다.

타타르족의 투척기

(출처: https://bes365.tistory.com/7228)

영국 웨이머스의 흑사병 기념 동판과 닥터 쉬나벨(파울 페르스트 1656년 작)

(출처: 위키피디아)

흑사병의 영향으로 당시 서구유럽의 곳곳에서 염세주의가 두드러져 매우 음울하였다(보가치오의 『데카메론』에 잘 묘사). 당시 흑사병을 인간의 죄에 대한 신의 심판으로 받아들인 일부 사람들은 고행(채찍질)으로 죄를 씻어야 한다는 주장을 하고 다니기도 했다.

그러나 성직자나 어린아이도 예외없이 흑사병으로 희생되자 사람들은 신의 심판에 대해 의심하기 시작했다. 그리고 흑사병이 창궐한 시기에 도시를 빠져나가거나 가축의 도시출입을 막거나 40일간 해외에서 온 배를 격리(방역)하는 등의 흑사병 치료에 대한 경험적 지식이 축적되기 시작했다. 일례로, 흑사병의 증세를 살펴 가래톳 흑사병과 폐렴성 흑사병이 다름을 파악하는 의사도 나타났다.

③ 자치도시 형성

십자군전쟁(11~13C) 동안에 지역의 공동체들이 성벽 안쪽에서 안전을 도모하면서 성주변에 자치도시가 발달하기 시작했다. 점점 더 많은 도시가 영주에게 자치권을 얻어내면서 12세기까지 더 많은 자치도시가 생겨났다.

십자군전쟁 중 병사수송에 관여했던 베네치아와 제노바와 같은 자치도시들은 몽골제국과의 동방무역으로 빠르게 성장하면서, 신흥재벌(이탈리아 거상)세력이 되었다.

특히, 4차 십자군원정(1202~1204) 이후에는 이탈리아상인들이 힘이 약해진 비잔틴제국으로부터 동지중해와 흑해교역권을 빼앗았다. 이후 그들은 피렌체와 베네치아와 같은 항구도시를 교역거점으로 동방의 물자들(후추, 모직물 등)을 사들이면서 해상공화국으로 발전했다. 이들 해상공화국에는 황제의 군대나 교황의 사절이라도 시장의 허가 없이는 안으로 들어갈 수 없을 정도로 자치도시의 권한은 막강했다.

④ 시민학교와 대학의 발흥

중세 전반기(476~1000), 서구유럽의 지성활동의 중심은 수도원이었다. 수도원에서는 주로 성서에 편중된 지성활동이 이루어져 학술적 활동이 활성화되지 못했는데, 특히 의학은 더욱 그러했다.

그러던 중 중세 후반기(1000~1453)에 들어서면서 십자군전쟁 동안 형성된 자치도시에 시민학교(살레르노의학교, 12C에 절정)와 대학이 세워졌다. 이처럼 자치도시의 출현은 교육활동 변환의 전기를 마련하였으며, 중세기에 대학의 출현에 큰 영향을 미쳤다.

특히, 11~13세기에는 대학교에 의대가 설치되면서 일반인도 교육을 받으면 의사가 될 수 있는 길이 열렸다. 이들 대학에서는 교원과 학생이 조합(길드)을 만들어 자신들이 소재한 도시당국과 영주들로부터 보호를 받으며 성장했다. 교육과 연구의 중심추가 수도원에서 대학으로 옮겨가게 된 셈이다.

이 시기에 세워진 대학으로는 볼로냐대학교(1088), 파리대학교(11C 중엽 교육 시작, 1150 확립), 옥스퍼드대학교(1096 교육 시작, 1167 확립), 모데나대학교(1175), 팔렌시아대학교(1208), 케임브리지대학교(1209), 살라망카대학교(1218), 몽펠리에대학교(1220), 파도바대학교(1222), 툴루즈대학교(1229), 오를레앙대학교(1235), 시에나대학교(1240), 코임브라대학교(1288) 등이 있다.

⑤ 신흥재벌의 후원과 르네상스운동의 개막

중세 후반기(1000~1450)에는 인쇄술의 발달로 지식의 대량복제(서적출판)가 가능해졌다. 이제 금지되어 있던 지식이 대중에게 전파되면서 지식은 소수 성직자와 사회지배층의 전유물이 될 수 없게 되었다.

더욱이 동방무역으로 부를 축적한 북부이탈리아(자치도시)의 신흥재벌은 종교적 속박에서 벗어나길 원했다. 그들은 그리스 · 로마의 고전에서 인간 본연의 모습(인문주의)을 찾아내고자 정치 · 경제 · 교통 · 교육 · 의과학뿐만 아니라 문화와 예술 등 여러 면에 걸쳐 아낌없는 후원을 하였다(르네상스시대의 개막).

신흥재벌(이탈리아 거상)은 해상무역을 통해 동방에서 새로운 학문과 기술을 들여왔을 뿐 아니라 학문과 예술을 후원하여 유럽에서 르네상스(Renaissance)시대가 열리는데 결정적인 역할을 하게 된다. 르네상스라는 새로운 문화현상의 배경에는 이탈리아 피렌체공화국(자치도시형태)에서 가장 영향력 높은 메디치(Medici)가로 대표되는 신흥재벌이 있었다. 이 가문은 교황청(敎皇廳)과의 거래로 막대한 부를 축적하면서 유럽 전역으로 사업을 확장해 나갔다. 4명의 교황(레오 10세, 클레멘스 7세, 피우스 4세, 레오 11세)과 피렌체의 통치자(토스카나대공)를 배출할 정도로 막강한 권력을 행사했다. 메디치가의 후원으로 르네상스시대를 통해 인문주의사상, 기술과 과학, 예술분야 등에 걸쳐 일대변혁이 일어났다.

르네상스(Renaissance)란 신생 혹은 재생을 의미하는데, 이는 중세 이전의 고대 그리스 · 로마 문화로의 회귀, 즉 고대문명의 부활을 뜻한다.

최초의 인문주의자로 평가받고 있는 페트라르카(Francesco Petrarca, 1304~1374)는 중세를 인간의 개성이 억압된 암흑의 시대로 보았고, 고전학문을 부흥시켜 문화의 절정기를 이룬 고대로 돌아가야 한다고 주장하였다. 페트라르카의 이러한 생각은 당시 인문주의자들도 가지고 있었던 확신이었다. 그들은 르네상스를 통해 단순한 라틴학문의 부흥만 이루는 것이 아니라 인간성회복, 즉 인간의 지적(知的) · 창조적 힘을 다시 부흥시키고자 했다.

이러한 움직임은 문예분야에 국한된 것만이 아니라 정치 · 경제 · 문화 · 종교 · 기술과 과학 등 사회 전반적으로 다양한 분야에서 일어났다.

북부이탈리아를 중심으로 문화적 · 예술적 부흥을 꿈꾸었던 르네상스인들은 고대인들이 도달하였던 학문과 예술의 정점에 다다르기 위해 중세기에 비잔틴제국(동로마제국)과 이슬람세계로 유입되었던 대량의 그리스의 원전들을 수집하여 연구하였다. 그 결과, 그동안 중세기에는 소개된 바가 없었던 그리스, 헬레니즘세계, 로마제국시대의 다양한 서적들(의학 포함)이 새롭게 도입되었다. 하여 이탈리아북부에서는 지적, 창조적 인문주의자들의 활동이 활기를 띠면서 개인적인 영역에서 관념적 탐구가 가능해졌다.

또한, 이 시기에 선박제조, 항해술, 지도제작 등 기술에 대한 사회적 요구가 급증하여 장인들의 사회적 위상이 높아졌다. 이처럼 르네상스운동으로 인해 촉발된 과학과 기술의 변혁은 15세기 유럽의 대탐험이 시작되는데 일조하게 된다.

즉, 신흥재벌의 후원으로 1350년 무렵 북부이탈리아를 중심으로 전개되던 르네상스운동은 16세기 중반부터 알프스를 넘어 프랑스 · 영국 · 독일 등 북부지역으로 전파되어 근세 유럽문화의 바탕을 형성한다. 이렇듯 르네상스운동(1350~16C)은 중세(476~15C 중반)를 근세(15~18C, 대서양 항해시대)와 이어주는 가교역할을 하게 된다. 이탈리아의 르네상스는 주로 부유한 신흥재벌 계급에 의해 문예부흥을 중심으로 전개되었고, 북유럽의 르네상스는 종교분야를 중심으로 전개되어 훗날 종교개혁으로 연결된다.

2) 질병 극복을 위한 노력

서구유럽의 고전기에는 자연철학에 힘입어 종교를 벗어나 과학적인 방향을 추구하는 그리스 · 로마의학이 대세였다. 그러나 중세 전반기(476~1000), 유럽 전체가 기독교제국이 되어가면서, 서서히 영향력을 넓혀 가던 기독교가 종교적으로 의학에 접근하였다. 즉, 그리스의 자연철학과 의학을 승계한 로마의학자들의 노력으로 과학적 의학이 꽃피울 무렵, 아쉽게도 의학이 다시 종교의 지배를 받게 된 셈이다(의학의 암흑기). 이런 암울한 상황에서 의료인들은 2가지 길 중 하나를 선택해야 했다. 하나는 서구유럽을 떠나 종교적 지배로부터 자유로운 동방(비잔틴제국, 페르시아제국, 이슬람제국 등)에서 과학적 의학을 이어가는 방법, 다른 하나는 서구유럽에 남아 수도원에서 소극적으로 의학연구를 하는 것이었다. 수도원 중 가장 유명한 곳은 성 베네딕트가 창시한 베네딕트교단이었다. 성 베네딕트(480~554)는 몬테카시노의 수도원(고대 아폴론신전이 있던 곳)을 세우고 환자의 간호를 장려하였다. 이곳에서 수도사들은 의학교육을 받아 질병에 걸린 환자를 치료했으며, 치료과정에서 자연스럽게 약초와 약제연구가 진행되었다.

수도회의 영향력이 컸던 중세 전반기(476~1000), 거의 모든 수도원에 서기를 둔 도서관과 요양원이 설치되어 있었다. 수도원에서는 수도사들이 의학연구(고대 그리스의학서적의 번역, 보관 및 약초연구)와 환자의 질병치료를 주도했다(수도원의학). 많은 수도원에는 의술분과가 설치되어 수도사 중심으로 의학연구가 진행되었지만, 종교적 이유로 종국에는 이마저도 금지되었다. 1130년 클레르몽 종교회의에서 수도원 내의 의료를 금지하는 법이 만들어지면서 그동안 수도원에서 소극적으로 행해졌던 의학연구마저 중단되었다. 예수의 치유기적에 대한 믿음으로 질병의 치유는 기도와 신의 은총으로 가능하다고 믿어 의학연구가 금지된 것이다. 하여 수도원의 치료법은 기도, 안수, 액막이, 성화, 성유 등 초자연적이고 미신적인 물품을 사용하는 비과학적인 것이 대부분이었다.

중세 후반기(1000~1450), 자치도시에 시민학교(살레르노의학교, 12C에 절정기)와 대학이 세워져(1088~1240), 일반인도 교육을 받으면 정식으로 의사가 될 수 있었다. 그렇지만 대학에서 교육받은 정식의사는 상류계급만을 위한 의사였고, 일반 대중은 이발사나 발치꾼, 민속요법사에게 치료를 받는 경우가 많았다. 십자군전쟁 중(11~13C) 몽골제국(13C 초 등장)과의 동방무역이 성행하면서 베네치아와 제노바와 같은 도시에 많은 수의 약국이 문을 열었다. 약국은 의사와 환자가 만나는 장소로 이용되기도 하고, 점성술이나 연금술에 대해 논의하는 곳으로도 이용되었다.

중세 후반기에 십자군전쟁의 여파로 흑사병이 창궐하자 사람들은 집단적 공포나 광기, 히스테리를 일으켰다. 차츰 교회에 대한 믿음이 사라지면서 많은 사람이 절망과 두려움으로 돌팔이의사나 점성술사를 찾아가 그들의 비과학적인 치료를 받기도 했다. 그러나 14세기 들어 르네상스화가들이 해부학에 관심을 가지기 시작했고, 이러한 관심은 15, 16세기(근세)에도 계속 이어져 신체부위의 이상과 질병 발생이 관련이 있다는 사실이 밝혀졌다. 예술적 목적에서 발전한 해부학이 중세기까지 통용되었던 전통의학의 붕괴를 가져왔고, 급기야 훗날 현대의학 발전의 밑거름이 된다.

(1) 중세 전반기

① 수도원의학

초창기 교회(기독교제국)는 십자가에 못 박힌 예수의 초기 사도들이 임박한 재림과 최후의 심판, 현세의 종말을 확신하고 있었다. 하여 치유는 오직 신의 자비를 통해서만 가능하다는 믿음이 팽배했다.

이에 죄를 지어 질병에 걸린 환자들이 신에게 용서를 받을 수 있도록 수도원이 세워졌고, 치료방법으로는 신을 향한 기도와 회개, 악마를 쫓는 퇴마의식 등이 사용되었다. 이 시대의 많은 회화와 조각은 죄로 인해 고통받는 몸과 속죄를 위해 고통을 받아야 하는 몸을 강조하고 있어 몸을 영혼의 의복

정도로 보았음을 알 수 있다.

한마디로 현세의 삶에 대한 초월적인 태도로 인간의 육체적 고통엔 별 관심이 없었다. 이러한 영향으로 중세 초기 500년 동안 대부분의 의학연구가 멈춰진 의학의 암흑시대였다.

하여 고대로부터 전수된 외과술이 소작술로 대치되었으며, 약물학은 실험적 특성을 살리지 못하고 단순한 본초학(민속의학 수준) 수준으로 퇴보하였다. 약초들의 종류와 각각의 사용법의 경우 지역의 문화나 토속종교 등에 뿌리를 두고 있는 경우가 많았다. 다만, 신을 상정한 갈레노스의학만이 그 당시 유일한 의학이론으로 인정받았다.

(2) 중세 후반기

① 성요한병원 기사단

1099년 십자군이 예루살렘을 정복(1차 십자군전쟁)하고 지배하게 되면서 기사단이 결성되었다. 4년 뒤인 1113년 교황 파스칼리스 2세에 의해 가톨릭의 한 수도회단체인 성요한병원기사단이란 이름을 얻게 되었다. 3차 십자군 원정 시, 야전병원출범 이후 1191년 교황 클레멘트 3세의 승인을 얻어 정형화된 진료방식이 형성되었다. 교황이 승인한 것을 계기로 로마뿐만 아니라 유럽의 거의 전 도시에 병원이 세워졌다.

② 시민학교와 의대 교육

동방무역으로 자치도시(베네치아, 제노바)가 발달하면서 시민학교와 대학교가 세워졌다.

• 살레르노의학교

살레르노의학교(Schola Medica Salernitana)는 세계 최초의 의과대학교로 신분이나 종교적 차별없이 의학을 가르친 시민학교였다. 의학지식을 갈망하는 예비의학도들이 몰려들어 살레르노는 히포크라테스도시라고 불리기도 했다.

의사가 되려면 살레르노의학교에서 5년 동안 공부한 후 1년간의 실습과정을 거쳐야 했다. 이렇게 6년을 보내고 나면 학위를 받게 되는데 학위명 독토르(doctor)는 오늘날 닥터(doctor)의 어원이 되었다.

12세기에 살레르노의학교는 최고의 전성기를 맞이했다. 살레르노면허증 없이는 이탈리아에서 진료를 할 수 없을 정도로 독점적 지위를 황제 프리드리히 2세에게 받을 정도였다.

살레르노의학도들은 종교와 미신을 극복하려고 노력했지만, 새로운 의학이론을 만들어내지는 못했다. 중세기동안 억눌려 있던 그리스 · 로마의학을 받아들이고 적용하는 데 그쳤다. 히포크라테스의 4체액설과 갈레노스의학이론에 근거하여 몸 안에 있는 나쁜 액(혈액)을 밖으로 빼내는 사혈을 그대로 사용했으니 말이다. 그래도 살레르노의학교는 중세기에 종교의 압박에서 벗어나 자유롭게 공부하고 연구할 수 있는 공간을 만들었다는 면에서 의의가 있다. 살레르노의학교 자체에서 만든 의학교재는 시(poem)로 되어 있었다. 1480년에 362수의 시로 처음 만들어진 『살레르노 양생학』은 전 유럽에 퍼졌다. 살레르노 양생학(養生學)은 몸을 튼튼하게 하고, 질병이 생기지 않고, 오래 살기 위한 생활수칙에 관한 것이었다.

• 다양한 대학교들

11~13세기(1088~1240)에 볼로냐, 파리, 옥스퍼드, 캠브리지, 몽펠리에, 파도바 등과 같은 대학들이 세워져 의사의 교육과 훈련, 의사조직의 제도화, 전염병에 대한 개념과 공중보건정책의 수립을 위해 결정적인 역할을 했다. 최초의 의사자격시험은 1140년 이탈리아 남쪽섬 시칠리아에서 시행되었고, 그 이후로 전 유럽으로 퍼졌다. 이제 의대에서 정규교육을 받고 자격시험을 통과하면 면허를 받고 의사가 될 수 있게 되었다.

대학의 교육과정을 살펴보면, 초기에는 자연과학보다 자연철학이나 신학 중심으로 구성되어 실질적인 의술의 발전은 기대할 수 없었다. 무엇보다 해부학적 지식이 매우 부족하여 해부학이 정식과목으로 인정받지 못해 외과술 같은 적극적인 치료는 잘 사용되지 못했다.

그러다 차츰 이슬람제국(아랍세계)과 비잔티움제국으로부터 자연철학 관련 저술들이 전승되면서 과학혁명의 밑바탕을 다지게 된다. 그러나 의과대학교의 주요교재는 여전히 이븐 시나(Ibn-Sina, 980~1037)의 『의학정전』, 갈레노스(Claudios Galenos, 129~200)의 『몇 가지 기술』, 히포크라테스(Hippocrates, BC 460~377)의 『잠언집』과 디오스코리데스(Pedanios Dioskorides, ?~?)의 『약전』 등으로 이론교육의 비중이 높았다.

3) 여기서 잠깐

(1) 스콜라의학과 볼로냐대학

기독교에서는 완벽한 천상세계(이데아)를 강조했던 플라톤의 이론이 구미에 맞았기에 1200년 중반까지 아리스토텔레스철학을 받아들이지 않았다. 그런데 아랍학자들을 통해 완벽하게 해석된 아리스토텔레스철학(삼단논법)이 다시 서구유럽으로 전해지면서 이런 분위기는 반전되었다.

바로 아리스토텔레스의 삼단논법(과학적 이론)으로 기독교교리를 설명하려 했던 것이 스콜라철학이다. 이는 기독교연구가 교회가 아닌 학교(schola)에서 이루어졌다는 것을 의미한다. 스콜라철학을 한마디로 정의한다면, "믿기 위해서 이해한다"이며, 이 스콜라철학을 사상적 배경으로 발전한 것이 스콜라의학이다. 스콜라의학은 1100~1200년대에 유럽 여러 지역에서 생긴 대학에서 자리를 잡아나갔다. 스콜라의학자는 아리스토텔레스의 삼단논법을 사용해 문제를 제기하고, 증명하고 반론을 듣고 답변하는 과정을 통해 의학 이론들을 정립해 나갔다. 그러나 여기에는 문제점이 있었다. 바로 권위(종교적, 지위적)에 의존하여 과학적 근거없이 성경말씀으로 결론이 나거나, 높은 지위에 있는 교수의 한마디로 결정이 되는 것이었다.

그러던 중 다양한 직업조합(길드)이 대유행하는 사회적 분위기 속에서 교수와 학생들의 조합이 만들어졌다. 이 조합을 우니베르지타스(Universitas)라고 불렀는데 오늘날 대학의 어원이 되었다. 이렇게 만들어진 교수-학생 조합이 최초의 대학으로 발전하게 되어 볼로냐대학이 설립되었다.

이 볼로냐대학에서는 학생과 교수 간에 매우 민주적인 관계가 유지되었으며, 학문연구에 있어 종교로부터 어느 정도 거리를 유지하고 있었다. 처음에

법대로 시작한 볼로냐대학은 1156년 의대를 만들었는데 스콜라의학에서 벗어나 과학적인 의학연구를 할 수 있는 시작점이 만들어졌다.

(2) 피렌체의 메디치가문

이탈리아 피렌체공화국에는 메디치가라는 영향력 높은 시민가문이 있었다.

조반니 데 메디치로 시작되는 메디치가문은 4명의 교황(교황 레오 10세, 교황 클레멘스 7세, 피우스 4세, 레오 11세)을 배출함으로써 자신들의 권력 아래 피렌체를 두었다.

조반니 데 메디치는 농장주 출신으로 13세기에 무젤로에서 피렌체로 이주하여 환전상을 운영하면서 부를 축적했다. 이후 교황청(敎皇廳)과의 거래로 막대한 부를 축적하여 유럽 전역으로 사업영역을 확대했다.

메디치가문을 피렌체의 중심에 세운 코시모 데 메디치는 학문(인문주의학자들)과 예술을 후원하여 르네상스시대가 피렌체에서 열리는데 결정적인 역할을 했다. 그는 1296년에 피렌체에 두오모성당(산타마리아 델 피오레 대성당)을 세우기 시작했고 플라톤아카데미를 지원하여 인문주의자들을 후원했다. 인문주의(人文主義, humanism) 또는 인본주의는 철학사유체계의 근원으로서 인간의 존재를 중요시하고 인간의 능력과 성품 그리고 인간의 행복을 귀중하게 생각하는 정신이다. 하여 인간중심적 사고에 따른 인류사회의 가치를 중시하여 신이 세상을 지배한다는 신본주의, 모든 사물에 정령이 깃들어 있다는 애니미즘 및 기타 샤머니즘, 피상적으로 관찰된 자연의 원리에 따라 살아야 한다는 자연환원주의에는 반대했다. 인문주의를 중요하게 여기는 사람을 인문주의자, 인본주의자, 휴머니스트 등으로 부른다.

로렌초 데 메디치는 15세기 후반 이탈리아의 정치적 문화적 마스터 마인

피렌체와 메디치가문 사람들

(출처: 위키피디아)

드로 뽑힐 정도로 그의 생애는 이탈리아 르네상스의 절정기와 일치한다.

그리고 카테리나 데 메디치는 프랑스 국왕 앙리 2세와 혼인, 1559년에 앙리 2세가 사망한 후, 프랑스의 섭정으로서 군림하였다. 그러나 이렇게 번창하던 메디치가문은 18세기 후엽 1737년 잔 가스토네 데 메디치의 사망으로 막을 내리게 된다.

(3) 중세 서구유럽의 음식 문화

중세의 음식문화는 변변치 않았다는 편견과 달리 상당한 양의 요리책들이 저술되기도 했고 영주들도 음식에 관심이 많아 요리문화가 발달하였다.

십자군전쟁 이후 본격적으로 국가별로 요리가 분화되기 시작했다. 제일 먼저 이탈리아에서 요리의 분화가 일어났고, 이후 르네상스시대를 거치면서 프랑스요리, 영국요리 등 유럽의 요리문화가 다양해졌다.

이러한 배경에는 십자군전쟁 이후 동방과의 무역발달로 전보다 더 많은 교류가 가능해졌기 때문이다.

당시 지역마다 민족마다 식품과 음식이 많이 혼합되었다. 고대 로마와 라틴계의 영향으로 고기와 과일 스튜, 시금치와 멜론, 복숭아, 체리, 살구 등 핵과 과일 등을 섭취하였다. 그리고 아랍인의 영향으로 설탕, 샤프론, 쌀, 오렌지를 섭취하였다. 빵은 하층민의 식생활에서 큰 부분을 차지했으며 유럽에서 빵의 원료인 밀은 곡창지대인 폴란드와 우크라이나에서 수입하여 섭취하였다.

1465년 이탈리아에 처음으로 인쇄기가 들어온 이후 1474년 『정직한 탐닉과 건강에 대하여(De Honesta Voluptate et Valetudine)』라는 책이 로마에서 인쇄되었다. 의학안내서와 생활지침서인 이 책은 요리법이 포함되어 있는 최초의 요리서로 알려져 있다. 특히, 이 시기에 발달한 달걀조리법(오믈렛, 팬케이크, 커스터드 등)은 현대까지 이어져 내려오고 있다. 스튜도 중세기에 기원을 둔 음식의 한 형태이며, 중부유럽에서 보양식으로 많이 섭취했던 맥주 수프 또한 중세 때 만들어진 음식으로 알려져 있다. 그 밖에 타르트, 키슈, 크레이프, 마카롱, 진저브레드와 같은 디저트들도 중세를 기원으로 하고 있으며, 아몬드밀크 같은 식물성음료도 중세 때 만들어졌다. 와인에 향신료를 타서 마셨는데, 이는 고대 그리스의 의학자 히포크라테스가 약으로 처방까지 했기에 히포크라테스의 술이라는 의미로 히포크라라고 불렸다.

중세기에는 "하느님이 내려준 음식을 도구를 써서 먹는 건 불경하다"고 생각했기 때문에 가급적 손으로 음식을 섭취하여 포크가 없었고, 숟가락 정도 사용했다. 다만, 손으로 식사를 했기에 중 · 상류층 사이에서 손의 청결도가 중요해 만찬 시 남들이 보는 앞에서 하인이 그릇에 담아온 물(오늘날 finger bowl)로 손을 씻은 다음에 섭취했다.

2

비잔틴제국(동로마제국)

330 또는 395~1453년

비잔틴제국(330 또는 395~1453)은 정치적으로는 로마제국의 이념과 제도를, 문화적으로는 헬레니즘을, 생활면에서는 그리스전통을 따랐으며, 국교는 그리스정교였다.

헬레니즘문화에 토대를 두고 그리스정교가 가미된 비잔틴제국의 문화(예술과 음악, 그리고 건축)는 서구유럽의 라틴 · 게르만문화권과는 비교도 안될 정도로 발전하였다. 이 탁월한 수준의 비잔틴문화는 종교적 갈등(로마가톨릭과 그리스정교)으로 서구유럽예술에는 거의 아무런 영향을 끼치지 못했다. 그러나 중세기 동안 유지된 비잔틴제국의 문화는 근세 서구유럽에는 그리스정신을 전해주었으며, 발칸반도와 러시아에 거주하는 슬라브계민족(그리스정교 포교)의 문화수준을 한단계 높여주었다.

비잔틴제국의 수도 비잔티움(콘스탄티노플)은 지리적으로 항구와 산물이 풍부한 지중해와 흑해 사이에 위치했다. 그로 인해 비잔틴제국은 서구유럽과 중동사이에서 중개무역을 통해 14세기까지 부를 축적할 수 있었다. 또한, 이러한 입지적 조건으로 비잔틴제국은 그리스와 동방의 문화적 전통을 융화,

콘스탄티노플의 위치

(출처 : https://blog.naver.com/hoihoi1987/222836162053)

계승하기에도 유리했다.

비잔틴제국의 의학분야의 업적은 의학지식을 교과서(진단에 대한 설명과 도면이 포함)로 편집하고 표준화하는 편찬작업에서 빛이 났다. 특히, 아스클레피오스, 히포크라테스와 갈레노스의 자료를 보존하고 확장시켜 놓았다. 비록, 새로운 비잔틴의학이론을 만들어 내지는 못했지만, 그리스 · 로마의 의료관행과 의료행위를 보존 · 포괄했으며, 이슬람의학(사산왕조의 발전된 의학의 전승)의 발전에 큰 영향을 미쳤다.

중세기 비잔틴제국은 1453년 오스만튀르크(메메드 2세)에게 수도 콘스탄티노플이 함락되기 전까지 동방으로부터 서구유럽문화를 보호하는 방파제 역할을 하였고, 그리스 · 로마의 지식을 수집 · 보관했다가 르네상스시대에 서구유럽(이탈리아)에 보급하는 역할도 했다.

1) 역사

비잔틴제국(330 또는 395~1453)은 로마제국 콘스탄티누스 1세(Constsntinus, 재위: 324~337)가 수도를 로마에서 비잔티움으로 옮긴 330년에 시작되었다. 테오도시우스황제 사후 로마제국이 공식적으로 서로마제국과 동로마제국으로 분리된 395년으로 보는 역사가도 있다.

비잔틴제국은 지리적으로 로마제국의 동쪽에 있어 동로마제국이라고도 한다. 비잔틴제국이란 이름은 훗날 역사가들이 비잔틴제국의 수도였던 비잔티움(콘스탄티노플로 도시명칭 변경)의 이름을 따서 붙인 것이다.

소아시아에 근거지를 둔 비잔틴제국은 그 영토가 가장 넓었던 6세기에 유럽남부와 아프리카북부, 그리고 중동에까지 이르렀다.

6세기 초반 서쪽(로마가톨릭)에서 권위를 회복하려고 노력했으나 사산조 페르시아(224~651)의 위협이 점점 강해져 동쪽에도 신경을 쓰지 않을 수 없었다.

이렇게 동과 서로 전쟁을 치르느라 정신이 없었음에도 한동안 수도 콘스탄티노플(중개무역의 요충지)을 통해 경제적 번영을 누렸다.

번영의 시기와 맞물려 젊고 야심 찬 유스티아누스 1세(재위: 527~565)의 등장은 비잔틴제국의 큰 행운이었다. 그의 야망은 유럽에서 옛 로마제국을 재건하는 것이었다. 유스티아누스황제는 지중해지역에 옛 로마제국의 재건을 위해 유럽 남부, 아프리카 북부, 중동지역까지 영토를 넓히면서 전성기를 구가했다. 그러나 전쟁을 치르느라 막대한 비용을 쏟아붓는 바람에 국고가 바닥을 드러냈고, 설상가상으로 선페스트(펜데믹, 흑사병의 일종)가 퍼져 동로마 인구의 50%가 사망하는 일이 일어났다. 이로 인해 유스티아누스 1세 사후

콘스탄티누스 1세와 유스티아누스 1세(왼쪽부터)

(출처: 위키피디아)

제국이 약해지자 발칸반도는 슬라브족에게 침략당했고, 동쪽은 사산조 페르시아의 침략을 받았다.

비잔틴제국은 영토를 지키기 위해 노력했으나, 616년 사산조 페르시아가 시리아와 팔레스타인, 이집트를 차지하고, 아나톨리아까지 밀고 들어왔다. 단, 627년에 니네베전투의 승리로 사산조 페르시아에 정복될 뻔했던 위기를 모면했으나, 그 후로도 비잔틴제국을 향한 위협은 계속되었다.

634년 비잔틴제국이 사산조 페르시아와 치른 전쟁으로 아직 지쳐있을 때 새로운 위협이 나타났다. 634~698년에는 이슬람교 아래 똘똘 뭉친 아랍인들이 비잔틴제국을 공격하여 순식간에 시리아와 팔레스타인, 이집트, 북아프리카를 손에 넣었다.

1071년에는 셀주크튀르크제국에게 아나톨리아를 점령당했고, 12세기에 들어 이탈리아상인들에게 무역주도권을 빼앗기면서 비잔틴제국의 경제는 치명타를 입었다.

1204년에는 4차 십자군에게 콘스탄티노플이 함락당하면서 비잔틴제국의 최후는 앞당겨졌다. 이렇게 비잔틴제국은 서유럽과 튀르크족으로부터 끊임없이 위협을 받는 처지에 놓였다가 1453년 오스만튀르크제국에 콘스탄티노플이 함락당하면서 막을 내렸다.

2) 질병 극복을 위한 노력

중세 전반기(476~1000), 서구유럽에서는 의학이 종교의 지배 하에 다시 들어가게 되면서 의학연구가 금지되었다. 이에 학문적으로 소양이 깊었던 의학자들 일부가 서구유럽에서 비잔틴제국으로 옮겨왔다. 이들에 의해 고대 그리스·로마의 의료관행이 비잔틴제국에서 보존되고 발전될 수 있었다. 이렇게 비잔틴제국에서 발전된 의학을 기존의 로마의학과 구분하여 비잔틴의학이라 한다.

중세의학의 쇠퇴기에 비잔틴제국에 모여든 의학자들은 그리스의 합리적 의학을 유지하고자 노력했다. 그중 고대 그리스의학의 전통을 후대에 전하는 데 큰 역할을 한 사람으로 율리아우스황제의 시의(侍醫)였던 오레이바시오스(Oreobasios, BC 325~403)가 있다. 그는 알렉산드리아에서 의학을 배웠으며, 말년에는 비잔틴제국에서 살면서 갈레노스의 의서를 비롯해 다른 의학자들의 저술을 모아 대규모의 총서(의학전서, Collecta medinalia)를 편찬했다. 그는 이 책에 자신의 풍부한 의료상의 경험도 기술했지만, 갈레노스의 업적을 높이 찬미함으로써 갈레노스숭배의 계기를 만들었다.

당시 비잔틴제국에서 의학자들의 주요 학문적 업적은 의학지식을 교과서(진단에 대한 설명과 도면이 포함)로 편집하고 표준화하는 편찬작업이었다. 그 과정에 아스클레피오스, 히포크라테스와 갈레노스의 자료가 보존되고 확장되었지만, 본인들만의 새로운 의학이론을 만들어내지는 못했다. 그렇다 해도 그들에 의해 고대 그리스 · 로마의 의료 관행과 의료행위가 보존 · 포괄되었으며, 이슬람의학의 발전에도 큰 영향을 미쳤다.

그러나 비잔틴제국은 유스티아누스 1세(재위: 527~565) 때 이집트에서 들어와 소아시아와 북아프리카를 휩쓴 선페스트의 대유행과 아랍인들의 침략으로 혼란기를 겪었다. 선페스트로 인한 역병이 콘스탄티노플리스를 덮쳤고, 유스티니아누스황제도 감염되어 사경을 헤맸다. 이러한 영향으로 7세기 중반에서 9세기 초는 신학 이외에는 발전이 없이 의 · 과학 분야는 학문의 정체기를 겪었다. 이 시기에 민간요법이 크게 성행하여 연금술사와 점성술사에 의해 비방, 주문, 부적 등과 같은 신비한 행위가 의료에 사용되었다. 한마디로 선페스트 이후 비잔틴의학은 더 이상의 발전이 없는 퇴보된 상태였다.

1071년에는 셀주크튀르크제국에게 아나톨리아를 점령당하고, 1204년 4차 십자군에게 콘스탄티노플을 함락당하는 등 비잔틴제국 말기에는 서유럽과 튀르크족으로부터 끊임없이 위협을 받는 처지에 놓이면서 의학의 발전은 더 기대하기 어려웠다.

3) 여기서 잠깐

(1) 중세 비잔틴제국의 음식문화

비잔틴제국에는 라틴과 서유럽에서 사라져버린 로마음식인 가룸(garum)이 남아있었다. 가룸은 페니키아, 고대 그리스, 고대 로마, 카르타고, 비잔틴제국 등에서 사용하던 어장이다. 비잔틴제국사람들은 로마인 만큼 음식에 관심이 많았고 시장에는 항상 식재료가 넘쳐났다. 그중에는 캐비어, 육두구 껍질과 씨 그리고 레몬 같은 당시로는 희귀한 것들도 있었다. 서아시아로부터 가지, 메론, 오렌지가 전해졌고, 소, 양, 염소를 거래하는 시장, 돼지만 따로 파는 시장이 매일 열렸으며 신선한 생선도 넘쳐났다.

3
사산조 페르시아
500~651년

배화교(拜火教, 불 숭배)라고 불리던 조로아스터교는 실크로드를 따라 중국 당나라(618~907)까지 전파되어 당나라 수도 장안에 배화교사원이 세워지기도 했다. 이처럼 사산조 페르시아(224~651)가 형성한 강력한 정체성과 문화는 중세기에 중국에까지 파급되어 그 영향력을 발휘했다.

사산왕조(Pro-Islamic Persia)의 과학과 의술에 대한 정보들이 이슬람제국으로 승계되어 이슬람의학의 발전(사산왕조의 발전된 의학의 전승)에 크게 공헌하게 된다. 이렇게 발전한 이슬람의학과 그 밖의 이슬람황금시대의 업적은 훗날 스페인을 통해 유럽으로 건너가 르네상스시대를 열게 되는 단초(緞綃)가 된다.

1) 역사

중세기동안 사산조 페르시아(500~651)는 지중해를 지배하던 비잔틴제국(동로마제국, 330 또는 395~1453)과 함께 서반구를 양분하는 강대국으로 군림했다. 그 과정에 계속된 비잔틴제국과의 충돌이 도를 넘는 수준에 다다라 7세기 초 아라비아에서 발흥한 아랍이슬람세력의 공격으로 651년에 멸망했다.

2) 질병 극복을 위한 노력

사산왕조 말엽(500~651)에 아베스타경전(Avesta)이 집대성되었고 준디샤푸르병원의 활동이 최고 정점에 달했다.

① 아베스타 경전의 집대성

건강과 질병에 대해 다룬 조로아스터교의 경전인 아베스타(Avesta)가 사산왕조 말엽(500~651)에 집대성된 것 같다.

그 당시 많은 텍스트가 존재했으나 대부분 소실되었고, 현존하는 4개의 텍스트도 각양각색의 수정과 변화를 거쳐온 것이다.

아베스타(의학)는 보건과학, 법의학, 외과학, 약초학, 정신의학 등 5개 분야로 구성되어 있다. 보건과학은 전염병에 대한 검역, 신성한 4원소(물, 불, 바람, 흙)가 오염되지 않도록 유지하는 법, 주변 지역을 청결히 유지하는 법에 대해, 법의학은 병의 원인을 찾아내기 위하여 시체를 해부하는 법에 대해, 외과학은 두개골 등 수술하는 법에 대해, 약초학은 약초의 성질과 치료법에 대해, 정신의학(신의 말씀과 기도로 치료하는 의학)은 인간의 상처 받은 영혼의 치료법(시 낭송, 음악치료 등)에 대해 담고 있다.

② 준디샤푸르병원의 발전

사산왕조 말엽, 호로스 1세(재위: 531~579)는 학문(철학)의 발전을 위해 준디샤푸르대학 · 병원을 열렬히 후원하였다. 일례로, 그는 552년에 여러 나라에서 온 다수의 의사와 종교지도자들이 참가한 세계 최초의 의학심포지엄을 개최하였다. 또한, 기술과 경험을 서로 교환하는 장을 만들기 위하여 공개토론회도 개최하였다. 그리고 다양한 의학서적들을 수집, 번역, 편집하여 준디샤푸르대학에서 의학서적으로 사용될 수 있도록 후원하였다.

이처럼 사산왕조 말엽(500~651), 준디샤푸르대학 · 병원의 활약은 최고 정점에 달하여 중요한 의료센터로 자리매김하였다.

그러던 중, 사산조 페르시아가 무슬림(muslim)의 침략을 받아 651년 패망하면서 학교, 대학, 도서관들이 파괴되며 수많은 서적이 불타고 학자 또는 의사들이 살해당하거나 바그다드로 옮겨가는 일이 생겼다. 바그다드로 옮겨간 준디샤푸르대학 · 병원 학자나 의사들에 의해 수준높은 사산왕조의 의료센터 및 의학은 이슬람세계로 전파 · 승계되어 이슬람의학의 발전에 큰 영향을 미쳤다.

이렇게 페르시아의학은 이슬람의학의 필수적인 구성요소가 되어 이슬람제국과 일체화되었다. 즉, 훗날 이슬람제국의 병원들은 준디샤푸르병원을 모델로 세워지게 된다. 일례로, 바그다드에 처음 세운 마레스탄(Marestan) 메디칼센터를 들 수 있는데, 마레스탄은 페르시아병원을 뜻하는 비마레스탄(Bimarestan)을 줄인 말이니 말이다. 이렇게 해서 사산왕조의 준디샤푸르병원의 명성은 최소한 869년까지 지속이 된다.

3) 여기서 잠깐

(1) 사산왕조

사산왕조(224~651)는 사산가문의 아르다시르 1세가 224년에 건국한 직후 아르사케스왕조 파르티아를 멸망시키고 서아시아의 패권국이 되었다. 이후 수백년 동안 지중해를 지배하던 로마제국과 함께 서반구를 양분하는 강대국으로 군림했으나 7세기 초 아라비아에서 발흥한 아랍이슬람세력의 공격으로 멸망했다. 사산왕조의 역사는 이란의 민족사에서 매우 중요한 부분을 차지한다. 이슬람교의 도래 이후 페르시아인들이 정치-군사 부문에서 주도권을 잃고 아랍인에서 튀르크인, 몽골인 등 수많은 이민족들이 유입되었지만, 사산왕조시대에 형성된 이란이라는 강력한 정체성은 사라지지 않았다. 뿐만 아니라 문화적인 측면에서도 페르시아문화는 전 근대시대 내내 서아시아지역에서 지배적인 지위를 누렸다. 하여 사산왕조의 역사적 중요성은 결코 무시할 수 없다.

사산왕조 치하에서 이란의 사회계급은 크게 4가지로 나뉜다. 첫째 전사(Arteshtaran), 둘째 사제(Mobadan), 셋째 관료(Dabiran), 넷째 평민(Vasteryoshan-Hootkheshan)이다. 여기서 관료는 빠지기도 하므로, 실질적으로 전사-사제-평민으로 인도의 카스트제도나 중세 유럽의 3신분제와 유사하다고 할 수 있다. 사산왕조는 철저한 신분제사회로, 각 신분 사이의 경계는 매우 엄격했다. 성직자들의 계급과 위계에 대한 것은 별로 알려진 것이 없다. 사제집단, 특히 고위층 사제들은 귀족들과 함께 사회적 지위가 굉장히 높았기에 매우 강한 정치적 영향력을 발휘했다. 게다가 교육, 결혼, 예배의식의 참여, 축제와 애도식 등 사회의 모든 일이 종교의 규례와 종교적 전통에 따라 진행되다 보니 종교의 영향력이 높을 수밖에 없었다.

4
아랍이슬람제국
632~1453년

아랍이슬람의 역사는 632년 시작되어 1923년인 20세기까지 이어지나, 본 장에서는 중세기(476~1453)에 펼쳐진 이슬람세력의 역사와 그 시기에 이루어진 질병극복을 위한 노력을 중점으로 서술하였다.

1) 역사

아랍인은 본래 아라비아반도 일대에 거주하는 사람들을 가리키는 말이었다. 그러나 아랍무슬림(muslim) 세력이 중동 전역을 지배한 이후 이슬람교(7C에 무함마드가 창시)를 받아들이고 아랍어를 쓰는 사람을 두루 가리키는 말로 확장되었다. 즉, 인종(혈통)적인 성격보다는 아랍어(셈어)를 모어(母語)로 공유하는 이슬람교도라는 개념이 강하다. 정통칼리프시대에 아랍인은 이슬람세력을 크게 확장하여, 아라비아반도를 중심으로 페르시아고원에서 북아프리카까지 넓은 영역을 다스렸다.

6세기 무렵까지는 아라비아반도에 한정되어 있던 아랍인이 7세기 초 무함마드(610, 이슬람교창시)의 강력한 메시지(세상 끝까지 이슬람교를 알리라는 계시)에 의해 하나로 똘똘 뭉쳐 중동과 중앙아시아, 북아프리카, 그리고 스페인에 이르는 거대한 제국들을 정복하기 시작했다.

이 무렵(7C)에 비잔틴제국(동로마제국)과 사산조 페르시아 두제국은 아라비아반도를 사이에 두고 대치하면서 전쟁이 잦았다. 전쟁자금이 필요한 두 제국은 주민들에게 과중한 세금을 부과하게 되었고 주민들의 원망을 샀다. 이 틈에 아랍인은 바닷길 무역에서 얻은 부를 바탕으로 지역주민들에게 세금을 줄여주었으며, 이교도라 할지라도 인두세만 내면 그들의 종교를 허용해 이슬람교를 쉽게 받아들이게 했다.

이러한 영향으로 이집트인, 메소포타미아인(이라크인), 시리아인, 팔레스타인인 등 중동지역의 많은 주민이 종교적(이슬람교)으로 언어적으로 이슬람세계에 동화되면서 아랍인은 이베리아반도의 안달루시아까지 진출하게 되었다.

그 과정 중 아랍인은 그들이 접촉한 사산조 페르시아와 비잔틴제국의 다양한 문화(예술과 의 · 과학 등)를 받아들여 이슬람제국 특유의 문명(동서의 융복합 형태)으로 발전시켰다. 특히, 학문적으로 개방되어 있던 아랍인들은 번역과 보존을 통해 발전시킨 그리스의학과 동방의 의학(인도 아유르베다의학)을 합쳐 독특한 이슬람의학으로 꽃을 피웠다.

(1) 이슬람제국의 성립 배경

7세기경, 중동지역에서는 메카의 검은 바위(순례지)에서 무함마드((Muhammad, 570~632)가 탄생하였다. 무함마드는 나이 40세(610) 때 가브리엘 천사로부터 신은 하나이며, 세상 끝까지 이슬람교를 알리라는 계시를 받았

천사 가브리엘의 게시를 받는 무함마드(14세기 그림)

(출처: 위키피디아)

다. 그가 받은 계시는 이슬람교성전인 코란의 기초가 되었다. 이렇게 무함마드는 610년에 이슬람교를 창시했다. 이슬람이란 유일신 알라에게 절대복종한다는 뜻이며, 이슬람교도를 무슬림이라 한다. 이슬람교는 전지전능한 유일신 알라 앞에 완전평등을 주장하고 형제애와 공동체성을 강조한다. 무함마드는 알라의 계시내용을 포교하는 예언자였고 그 내용을 정리한 경전이 『코란』이다. 창시 후 아라비아지역이 하나의 조직으로 통일되었고, 무함마드 사후 교세가 크게 확장되었다.

612년부터 무함마드는 메카에서 알라(하느님)의 메시지를 설파하기 시작했고, 그를 따르는 추종자들은 그를 선지자라 불렀다. 그러나 당시 아랍인 대부분이 다신교를 믿고 있던 상황에서 무함마드의 일신교사상은 분노를 불러일으켰다. 무함마드는 622년 박해를 피해 메카에서 메디나로 피신했는데, 헤지라(탈출)라 불리는 이 사건은 무슬림시대의 시작이자 이슬람달력의 원년으로 기록되었다. 탈출한 무함마드는 움마(Ummah, 이슬람 공동체)를 만들어 힘을 기른 후 630년 병력을 이끌고 메카를 향해 돌진했고 정복에 성공했다.

그 후로 메카주민들은 이슬람교를 받아들였으며, 그로부터 2년 후인 632년 무함마드는 세상을 떠났다.

① 정통칼리프시대

632년 무함마드 사후 30년간 무슬림 공동체(움마)에서 정통칼리프(계승자) 시대(이슬람의 성립시대, 632~661)가 시작되었고, 무함마드를 계승한 4명의 칼리프가 차례로 통치했다. 정통칼리프시대에 아랍인은 이슬람세력을 크게 확장하여 아라비아반도를 중심으로 페르시아고원에서 북아프리카까지 넓은 영역을 다스렸다. 세상 끝까지 이슬람교를 알리라는 가브리엘천사의 계시 하에 칼리프는 정복한 민족을 이슬람교로 개종시켰다.

정통칼리프시대 칼리프들은 이슬람교의 이름으로 아랍인들을 통일시켰고, 이슬람제국건설에 박차를 가했다. 그들은 성전(지하드)을 내세워 페르시아의 사산왕조(224~651)를 파괴하고, 비잔틴제국(330~1453)으로부터는 시리아와 팔레스타인, 이집트, 리비아를 빼앗으며 승승장구했다. 정통칼리프시대의 이슬람제국은 중동 역사상 최고의 정복국가(초대형제국)라고 봐도 무방할 정도로 급격한 팽창과 성장을 이루었다.

이렇게 아랍인은 비잔틴제국(330 또는 395~1453)과 사산조 페르시아(224~651) 두제국으로 분할되어 있었던 동방의 지도를 바꾸어 버렸다.

그러나 차츰 칼리프의 계승을 놓고 내전이 일어났고, 제4대 칼리프인 알리 이븐 아비 탈리브(재위: 656~661)가 암살당하게 되면서 정통칼리프시대는 막을 내렸다.

② 우마이야왕조시대

정통칼리프시대가 막을 내리고, 무아위야 1세(재위: 661~680)가 새로운 칼리프가 되어 우마이야왕조(661~750)를 세웠다. 역대 이슬람제국 중 최대 판도를 이룩한 우마이야왕조는 서쪽으로는 현재의 포르투갈, 동쪽으로는 현재의 파키스탄에 이르는 광대한 영토를 정복했다.

그러나 8세기 내내 계속된 시아파와 수니파의 반목, 아랍부족들 간의 불화, 아랍인들에게만 세금혜택이 돌아가는 것에 대한 피정복지 주민들의 분노가 쌓이면서 우마이야왕조 칼리프의 권력이 약해졌다. 특히, 747년에 아바스가문에서 종교적, 정치적 반란을 일으켜 우마이야왕조의 위기는 극에 달했다. 결국, 750년에 우마이야왕조는 아부 알 아바스(재위: 750~754)에게 무자비하게 패하면서 막을 내렸다. 이때 우마이야왕조의 아브드 알 라만이 스페인으로 달아나 독립적인 후우마이야를 세우고 코로도바를 수도로 삼았다.

③ 아바스제국

750년에 우마이야왕조를 패하고 들어선 아바스왕조(750~1258)의 초대 칼리프인 아부 알 아바스(재위: 750~754)가 수도로 삼은 바그다드는 세계에서 가장 큰 도시이자 문화와 상업의 중심지가 되었다.

초기 아바스왕조의 칼리프들은 수니파 무슬림학자들이 이슬람법전과 교리를 정교하게 만들 수 있도록 전폭적으로 지원했다. 그러면서도 아바스제국 내에 사는 수많은 다른 민족과 종교에 대해서는 관대했다. 그 결과, 그들이 접촉한 다양한 문명으로부터 예술, 음악, 문학과 과학을 받아들여 이슬람 고유의 전통문화로 발전시킴으로써 이슬람문화의 황금기를 맞았다. 특히, 아바스왕조의 하룬 알 라사드(재위: 786~809)는 비툴 히크마(지혜의 집)를 세우

아바스제국 당시의 바그다드의 모습(가상)

(출처: https://www.newarab.com/features/does-science-owe-its-development-9th-century-baghdad)

고 학자들을 그곳에 배속시켜서 국정에 관한 조언을 하게 했으며 법학자, 시인, 수학자, 과학자, 음악가 등 다방면에 뛰어난 인물들을 궁정에 들였다. 지혜의 집에서 소크라테스, 아리스토텔레스, 히포크라테스, 아르키메데스, 유클리드, 프톨레마이오스, 피타고라스, 갈레노스 등 고대 그리스 · 로마의 현인들이 집필한 저서들이 번역되었다. 그리고 인도로부터는 인도 숫자와 0의 개념과 아유르베다의학 등을, 중국으로부터는 연금술과 종이, 비단, 도자기 기술 등을 받아들여 예술과 문화가 융성하고 유능한 관리들이 국정을 잘 이끌면서 아바스왕조의 국력은 갈수록 강력해졌고, 수도 바그다드는 당대에 가장 화려한 도시로 번영했다.

그러나 이러한 아바스왕조의 최고 전성기(5대 하룬 알 라시드, 재위: 786~809)가 지나고, 후계자들 사이에 내전이 일어나면서 아바스왕조(750~1037)의 칼리프권위도 추락하기 시작했고, 862~870년 사이에 분열의 길로 들어섰다.

861년에는 사파르왕조가 페르시아와 아프가니스탄에 독자적으로 왕국을 세웠다. 그리고 이어 886년 아르메니아에서 기독교들이 독립을 찾았고, 899년에는 시아파의 종파가 일으킨 반란으로 아바스왕조는 이렇게 이슬람중심부를 잃어갔다.

905년(1차 중흥기) 아바스왕조가 간신히 이집트를 탈환했지만 9년 후 아프리카를 통치하던 시아파 파티마왕조에게 정복당했다.

945년에는 시아파인 부이왕조(945~1056)가 바그다드를 무너뜨리고, 사실상 아바스제국의 땅으로 남아있던 지역의 지배자(부이왕조의 지배시대)가 되었다.

990년대에는 마흐무드가 이끄는 튀르크족이 부이왕조의 동부를 점령하고 가즈나왕조를 세웠으나, 오구즈 튀르크의 토그릴 베그(재위: 1037~1063)가 1037년에 가즈니제국을 격파하고 아바스칼리프로부터 술탄칭호를 받았다. 이때부터 아바스왕조의 칼리프는 종교적인 권위만 겨우 유지하고, 세속권력은 셀주크왕조의 술탄에게 모조리 내주었다. 제37대 칼리프이자 아바스왕조의 마지막 칼리프였던 알 무스타심 때(1258) 몽골제국이 쳐들어 왔고, 이 전쟁에서 그가 비참하게 생을 마감하면서 바그다드 아바스왕조는 끝이 났다.

④ 튀르크제국: 셀주크제국과 오스만제국

일반적으로 BC 1700년경부터 중앙아시아에서 생존을 위한 이동과 전쟁이 반복되는 유목문화가 싹트기 시작하였다. 이 중앙아시아는 이슬람문화가 존재하기 이전부터 비단길을 통해 인도, 동아시아, 유럽을 연결하던 교차로였다.

중앙아시아는 원래 백인들만 존재하던 곳이라고 오해하기 쉽지만, 이 지역에 있던 청동기의 안드로노보문화권(BC 2300~1450)의 유목백인들은 주위 유목 동양인들에게 많은 영향을 주었다. 이 안드로노보문화권 유목민들에게 영향을 받은 몽골로이드/코카소이드계 튀르크족은 주로 아무다리야강과 카스피해에서부터 알타이산맥과 텐산산맥까지를 배경으로 여러 시대에 걸쳐 고유한 문화를 발전시켜 왔다.

이 튀르크족은 돌궐족의 후예로 중앙아시아(흉노족, 돌궐족, 몽골족)를 중심으로 시베리아에서 발칸반도에 이르는 광대한 지역에 퍼져 거주하면서 튀르크어족 언어를 모국어로 사용하였다.

이들 튀르크계 유목민족들이 7세기부터는 이슬람교를 받아들여 중앙아시아에서는 튀르크인들이 주도한 이슬람문명이 존재하기 시작하였다.

1037년에는 오구즈 튀르크 일파인 셀주크튀르크족이 가즈나왕조(990년대에 마흐무드가 이끄는 튀르크족이 세운 왕조)를 정복했고, 이후 11~15세기 동안 중동 대부분 지역과 중앙아시아지역을 다양한 튀르크족(셀주크튀르크와 오스만튀르크)이 실질적으로 지배했다.

• 셀주크튀르크제국

10세기 후반, 오구즈 튀르크의 토그릴 베그(재위: 1037~1063)가 가즈니제국을 격파하고 아바스 칼리프로부터 술탄칭호를 받았다. 그의 통치 아래에서 거대한 술탄국가인 셀주크제국(1037~1194)이 세워졌다. 술탄(Sultan)이란 이슬람교의 종교적 최고 권위자인 칼리프가 수여한 정치적 지배자의 칭호이다. 본래는 종교적 최고 권위자인 칼리프가 세속의 군주에게 하사하던 칭호이다. 중세 때 술탄은 실질적으로 칼리프를 능가하는 권력을 휘둘렀으며, 사실상 이슬람세계의 지배자로서 활동했다.

셀주크제국의 토그릴 베그의 후계자 알프 아르슬란(재위: 1063~1072)이 만지케르트에서 비잔틴군대를 물리치고 아나톨리아까지 점령했다.

알프 아르슬란의 아들이자 후계자인 말리크 샤(재위: 1072~1092)는 아나톨리아 정복을 마무리짓고 그곳을 룸(Rum)이라 불렀다. 그러나 말리크 통치 말기가 되자 내전이 제국 전체로 확대되어, 1095년부터 1100년 사이에 셀주크제국은 여러 개의 국가로 잘게 쪼개졌다. 이런 상황에서 비잔틴제국과 파티마왕조의 공격에 대비하기는 힘들었다. 1차 십자군의 지원을 받은 비잔틴제국에게 1095년 아나톨리아를 되돌려주게 되었고, 1098년에는 파티마왕조(909~1171)에게 팔레스타인을 빼앗겼다. 파티마왕조는 시아파이슬람의 한 분파인 이스마일파 성향의 독립왕조로서, 당시 아바스제국에서 독립한 군소 왕조중 가장 강력한 국가였다.

이렇게 12세기 내내 셀주크술탄왕국은 내리막길을 걷게 되었고, 마지막 술탄 토그릴 베그 3세가 1194년 살해당하면서 사실상 룸 술탄국(셀주크튀르크 왕국, 1037~1194)은 붕괴가 되었다.

• 오스만튀르크제국

셀주크튀르크족이 세운 셀주크제국이 붕괴(1194)가 되고, 비잔틴제국의 힘이 갈수록 약해지면서 아나톨리아는 권력의 공백상태에 빠졌다. 그러던 중 아나톨리아에 있는 작은 국가의 수장인 오스만 1세(재위: 1299~1326)가 이 기회를 틈타 아나톨리아와 유럽 남동부에 오스만제국(중세부터 근대, 1299~1923)을 세웠다.

오스만 1세와 그의 아들 오르한(재위: 1326~1360)이 비잔틴제국의 광대한 지역을 정복하기 시작했다. 1360년에는 오스만제국은 아나톨리아 북서쪽 대부분을 지배했으며, 그리스와 발칸반도까지 정복지를 확대하여 1400년에는 비잔틴제국의 영토 대부분을 손에 넣었다. 그 과정에 오스만제국은 비잔틴제국의 뛰어난 문화유산을 보존하면서, 이슬람제국과는 조화를 이루는 정책을 펼쳤나.

1453년에 오스만제국의 무함마드 2세(메메드 2세, 재위: 1451~1481)가 비잔틴제국의 콘스탄티노플을 함락시키면서 비잔틴제국은 종식되고, 수도명은 이스탄불로 바뀌었다. 오스만제국은 이스탄불을 배경으로 무려 6세기 동안 유럽 동서부와 지중해동부(지중해 근처의 땅 대부분)에서 절대강자의 지위를 확고히 하고 화려한 문화의 꽃을 피웠다. 오스만튀르크제국의 역사는 20세기(1923)까지 이어지나 본 장에서는 1453년까지의 역사까지 서술했다.

2) 질병 극복을 위한 노력

중세기(476~1453), 서구유럽은 로마가톨릭교회의 반(反)헬레니즘적 성향(교조적 기독교철학의 영향으로 수도원의학 중심)으로 그리스 · 로마의 의과학 관련 지식과 저서가 많이 소실되었다. 특히, 교조적 기독교철학(특정한 사상 및 종교의 이론과 교의 맹신)에 근거 한 수도원(본초학 수준)의 영향으로 서구유럽의 의학에는 뚜렷한 발전이 보이지 않았다(의학의 암흑시대).

이처럼 정체상태에 빠진 서구유럽의 의학과 쇠퇴기에 들어간 비잔틴의학의 풍토에서 이슬람의학자들(아랍저자들: 아라비아인, 네스토리우스파 기독교인, 사산조 페르시아인, 유대인 등)은 번역과 검증과정을 거친 사산조 페르시아 및 그리스 · 로마의학(헬레니즘 의학)을 임상에 도입하여 독창적인 의학으로 발전시켜 놓았다. 일례로, 연금술의 발전과 함께 약학이 발달했으며, 일찍부터 생긴 병원 덕분으로 임상실습을 할 수 있는 좋은 조건이 제공되었다. 특히, 환자의 정신요법에 힘을 기울여 환자의 정서와 질병과의 관계를 잘 파악하였다.

이슬람황금시대는 전통적으로 13세기에 끝난 것으로 여겨졌지만, 실질적으로는 서쪽의 오스만제국에 의해 15세기와 16세기까지 그 발전이 연장되었다. 오스만제국(1299~1923)은 건국 후 중세를 거치면서 600년 동안 수학, 천문학, 의학 등 다양한 분야에서 과학과 기술분야에서 큰 발전을 이루어 냈다.

즉, 이슬람의학은 단순히 사산조 페르시아와 고대 그리스 · 로마의학을 계승하는데 그치지 않고 인도 아유르베다의학과 융합하는 등 중세 및 그 이후 근대 서양의학의 발전에 큰 공헌을 하게 된다.

(1) 이슬람의학의 발달 배경

2세기 말 기독교는 중동지역의 시리아에 기반을 확보하고자 여러 곳에 학교를 세웠는데, 그중에 니시비스(Nisibis)와 에데사(Edessa)에 세운 학교가 유명했다. 시리아는 이미 오래 전에 그리스문물을 받아들여 그리스의학의 교육과 보급에 힘써왔다.

431년 콘스탄티노플의 대주교 네스토리우스가 이단(그리스도를 인격체로 보고 마리아를 사람으로서의 예수의 어머니로 보는 등 정통교회와 다른 생각을 함)이라 지탄받고 에페소스(Ephesus)에서 국외로 추방되는 일이 있었다. 그를 따르던 네스토리우스파는 시리아와 사산조 페르시아(224~651)로 옮겨 갔다.

시리아로 옮긴 네스토리우스파는 에데사에서 새로운 기독교적 학문의 거점을 마련했고, 이후 네스토리우스파는 중앙아시아와 중국에 이르기까지 널리 퍼졌다.

사산조 페르시아(224~651)로 피신한 네스토리우스파는 준디샤푸르대학(Academy of Jundishapru)에 적극적으로 기용되어 의학교육과 연구분야가 학문적으로 활성화되는 계기를 마련되는데 공헌했다.

이렇게 네스토리우스파가 시리아와 사산조 페르시아에 이식시킨 그리스의학은 아랍문화권 속에 수용되었고 이것을 기초로 이슬람의학이 발전하게 되었다. 이 사건으로 의학의 역사에 있어서 이슬람의학(아랍의학)은 부흥기를 맞았다.

네스토리우스파 외에 로마가 예루살렘을 정복하였을 당시 그리스와 로마의 지식을 지닌 채 아랍지역으로 피신한 유대인 의사들과 알렉산드리아에서 동방으로 향한 플라톤학파(수학적 사변과 결부된 형이상학설 체계화)도 이슬람의학의 발전에 적지 않은 역할을 했다.

(2) 고전 문헌의 번역

몇 세기에 걸쳐 아랍저자들(아라비아인, 네스토리우스파 기독교인, 사산조 페르시아인, 유대인 모두 포함)은 고대 그리스 · 로마의 문화(헬레니즘으로 승계된 전통과 지식)를 보전하는 것 이상의 일을 해냈다. 그들은 의학을 위시하여 철학, 수학, 과학에 걸쳐 광대한 양의 정보를 지닌 그리스와 로마의 문헌을 수집하여 번역하고 주석을 달아 놓았다.

번역작업은 Dschondisapo시(市)의 의학교에 소속된 기독교도에 의해 시작되었는데 처음에는 시리아 어본(語本)에서 아랍어로 중역(重譯)하였는데, 나중에는 의사 요한니티우스(Johannitius, 809~873)라는 아랍 기독교도가 원어를 직접 번역하였다. 그들의 번역은 그리스의학 외에도 플라톤, 아리스토텔레스, 유클리드(BC 300 무렵 활약한 그리스수학자)에 이르기까지 방대했다. 또한, 그들이 라틴어로 번역한 『갈레노스 의학입문』은 중세 서방에 소개되어 교재로 널리 사용되었다.

특히, 아랍저자들은 번역작업을 통해 화학과 약리학을 발전시켜 놓았다. 그리고 현재까지 사용되고 있는 화학용어인 시럽(syrup), 줄렙(julep, 물약), 알칼리(alkali), 알코올(alcohol), 증류(alembic) 등이 아랍어에서 기원한 것을 볼 때, 아랍인들의 역할이 얼마나 컸는지를 충분히 짐작할 수 있다. 약리학에 관한 연구 중 주요분야는 독물학이었다. 독을 만들고 해독시키는 방법과 진정제와 진통제를 연구하는 의사가 많았다. 특히, 주목할 만한 치료법으로 마취(마약을 적신 스펀지를 입과 코에 대어 마취하는 기술)를 들 수 있다. 마약(최면약이 쓰이기도 함)을 적신 스펀지를 입과 코에 대어 마취를 하는 기술은 훗날 서양에까지 알려지기도 했다.

또한, 아랍저자들은 고대 로마제국의 저작인 「디오스코리데스의 약전(De Materia Medica)」을 자세히 연구해서 식물과 동물, 광물까지 포함된 새로운 약들을 아랍약전에 추가하여 기록할 정도로 치료에 사용할 수 있는 수많은 종류의 약을 찾아놓았다. 그중 정향과 불로장생약이나 조제약들 일부는 인도나 중국에서 기원된 것들도 있었다. 그리고 아랍의사들은 약의 복용량이 증가함에 따라 약물의 효과가 증가한다는 것을 발견하여, 환자의 상태에 따라 복용량을 결정하는 방법도 알아냈다.

이렇듯 아랍저자들은 그리스문헌의 수집, 번역 및 보전을 통해 엠페도클레스, 히포크라테스, 갈레노스로 이어지는 고대 그리스 · 로마의 약리학과 의학도 계승하여 발전시켜 놓았다.

(3) 해부학 발달의 저해

사후세계를 믿는 이슬람제국에서는 인체해부가 금지되어 있어 해부학에 관한 지식은 갈레노스의 해부학지식에 의존할 수밖에 없었다. 이슬람교도는 죄를 짓지 않으면 죽은 뒤 육신에 있던 영혼이 깨어나 천국에서 보답을 받는다고 믿었다. 그런 과정을 방해받지 않기 위해 해부는 종교적으로 금지되어 실제 인체해부를 통한 검증하지 못했다는 약점을 가지고 있다.

(4) 대형병원 발달

사산왕조(224~651)의 발전된 의료시스템(준디샤푸르병원)을 승계한 이슬람세계는 대도시마다 대형병원을 세웠다. 이 대형병원의 시스템은 입원실과 대규모 도서관을 갖추었을 뿐 아니라 위생시설도 훌륭해 현대의 병원과 비교해도 크게 뒤지지 않을 만큼 독보적이었다. 이슬람세계 초기에는 정식으로 공부하지 않은 의사들도 자유롭게 환자를 치료할 수 있었지만, 10세기 초반부터는 의사직을 수행하기 위해서는 전문기관에서 훈련받은 후 시험에 반드시 통과해야 했다.

① 바그다드의 알 아두디병원

알 아두디병원은 981년 당시 바그다드의 통치자였던 아두드 알 다울라에 의해 설립되었다. 설립 당시 알 아두디병원은 25명의 전문의가 배치되어 있었으며, 의사양성을 위한 교육기관의 역할도 했다. 그러나 1258년 바그다드 포위전에서 훌라구 칸이 이끄는 몽골족들에 의해 알 아두디병원은 파괴되었다.

② 카이로의 알 푸스타트병원

최초의 이집트병원 중 하나는 872년에 설립된 알 푸스타트병원인데 약 600년 동안 운영되었다. 알 푸스타트병원에는 성별로 구분된 목욕탕, 개별병동, 요양 중인 환자의 개인물품보관소 등을 갖추고 있어 현대병원과 많은 부분이 유사했다. 알 푸스타트병원은 의료업무 외에도 교육기관이었으며 약 10만 권의 책이 소장되어 있었다.

알 푸스타트병원은 와끄프(waqf, 기부금) 수익으로 병원을 운영한 덕택에 모든 치료를 무료로 제공했다. 알 푸스타트병원 근처에는 응급상황에서 치료를 제공하는 약국을 설치되어 있었으며, 정신질환자들도 치료했다.

③ 카이로의 알 만수리병원

알 만수리병원은 카이로에 있는 병원으로 1284년에 완공되었다. 알 만수리병원은 8000개의 병상을 수용할 수 있었으며 연간 기부금으로 총 100만 디르함을 지원받았다. 이전의 알 푸스타트병원처럼 알 만수리병원도 정신질환자들을 치료하였으며, 치료의 한 형태로 음악치료를 도입했다.

④ 다마스쿠스의 알 왈리드병원

도시 다마스쿠스는 706년에서 707년 사이에 설립된 최초의 이슬람병원의 본거지로 알려져 있다. 알 왈리드병원은 나병 등 감염성질환자나 가난한 사람들을 위한 치료센터의 역할을 하도록 설계되었다. 이는 나병환자들을 한 병동에 모아 무료로 치료함으로써 나병의 확산을 줄이기 위함이었다.

⑤ 다마스쿠스의 알 누리병원

알 누리병원은 1156년 다마스쿠스에 설립되었다. 약 700년 동안 운영된 알 누리병원은 환자의 진료기록(혁신적인 진료방식)을 시작한 최초의 병원이었다.

(5) 사산조 페르시아의학계 유산을 잇는 의학자 배출

5세기경 네스토리우스파가 사산조 페르시아에 이식시킨 그리스 · 로마의 학이 아랍문화권 속에 수용되면서 이슬람의학(아랍의학)은 부흥기를 맞았다.

이를 바탕으로 9세기 중반부터 약 200년 동안 이슬람의학은 수학, 천문학, 물리학, 연금술 등의 과학발전과 함께 전성기를 맞았다. 이 시기에 사산조 페르시아의학계 유산을 잇는 거장들이 다수 배출되었다. 대표적인 의학자로 알 라지(Al-Razi, 865~925/935)와 이븐 시나(Ibn-Sina, 980~1037)가 있다.

① 알 라지

알 라지(Al-Razi, 865~925/935)는 페르시아인 의사로 연금술, 해부학, 생리학 등에 능통하여 다양한 주제를 다룬 서적을 편찬했다. 그러나 안타깝게도 대부분 소실되어 현재 남아있는 것이 거의 없다. 그래도 그의 지식은 상당 부분이 아랍세계로 전파되어 이슬람의학의 발전에 지대한 영향을 미쳤다.

알 라지의 저서 『중용의 자유』는 그 시대의 내과와 외과의 지식을 모아놓은 훌륭한 저서로 꼽히고 있다. 그의 또 다른 저서인 『천연두 및 마진(痲疹)(De variolis et morbilis)』은 당시 유행하던 천연두와 마진의 경과와 증상을 정확히, 자세히 기술해 놓아서 질병분류학분야에서 매우 가치가 높다. 이븐 시나의 『의학정전(醫學正典)』이 나오기 전까지 그가 저술한 『의학총서(Comprehensive Book)』는 가장 권위 있는 의학서적이었다.

알 라지는 갈레노스의 의학이론을 신봉하여 환자치료 시 사혈을 사용했고, 환자의 상태를 진단하기 위해 소변검사와 맥진을 사용하였으며, 식이요법도 중요시했다.

② 이븐 시나

이븐 시나(Ibn-Sina, 980~1037)는 중세기에 유명한 의사이며 박식가(polymath)였다. 그는 당시 갈레노스와 견줄만한 위치를 차지한 의학자였다.

그의 수많은 저서 중 제일 유명한 저서는 중세기 대학에서 표준의학 교과서로 쓰인 『의학정전(The Canon of Medicine)』이다.

『의학정전』은 총 5권으로 이루어져 있는데, 1권은 해부학과 의술의 기본 이론, 2권은 위생학, 3권은 인체장기와 기관의 질병들, 4권은 일반 질병들, 5권은 처방 등으로 의학이론과 임상에 관한 모든 분야를 체계적으로 정리한 획기적인 의서이다. 특히, 3권에는 각 기관의 질병과 관련된 증상과 징후들이 간단한 해부학적 설명과 함께 서술되어 있다. 그는 질병의 분류, 원인, 역학, 증상과 증후, 진단과 치료의 순으로 서술하였는데, 이는 현대 서양의학의 방법과 매우 유사하다.

이븐 시나는 『의학정전』에 약물의 효과를 발견하고 증명하는 7가지 기본 법칙을 제시하였는데, 순수한 약물의 사용, 약물을 1가지 질환에만 사용하여 평가, 대조군의 사용, 약물용량의 단계적인 증가, 장기간 관찰, 재현성, 동물이 아닌 임상실험 등이다. 이는 현대 임상연구에서 사용되는 기본적인 규칙 및 임상약리학의 방법과 매우 유사하다.

『의학정전』의 30페이지 분량을 소변검사에 할애할 만큼 이븐 시나는 소변검사를 중요하게 생각했다. 소변검사용으로 아침 첫 소변을 취해야 한다고 했으며, 소변의 색, 혼탁도, 농도, 냄새, 침전물, 요양, 거품의 존재 등을 관찰해야 한다고 서술했다.

12세기부터 19세기까지 약 600년 동안 프랑스와 이탈리아의 모든 대학에서 이븐 시나의 『의학정전』이 의학연구의 기본서로 사용되었으며, 19세기 초까지 프랑스 몽펠리에 의과대학에서 강의교재로 사용되었다. 이에 그를 근대의학의 아버지(Father of Modern Medicine), 의사들의 왕(Prince of Physician)이라 칭했다.

이처럼 『의학정전』은 생리학, 위생학, 병리학, 치료학, 약물학을 다룬 백과사전으로 동서양 의학사에서 가장 큰 영향력을 발휘하였다. 그러나 『의학정전』은 부정적 결과도 간과할 수 없다. 즉, 사람들은 이 책을 글자 그대로 교회의 정전(Canon)으로 삼아, 이것만 알면 모든 것을 다 안다는 식으로 생각하게 되었다. 그래서 그들은 스스로 그리스고전을 연구하려 하지 않게 되었다. 특히, 철저히 아리스토텔레스와 갈레노스의 의학을 따라 해부생리 및 병리설에 있어 잘못된 현학적 이론도 신중한 검토없이 맹목적으로 따름으로써 임상적 관찰을 토대로 한 히포크라테스의학의 본질을 잃어버리게 만들었다.

③ 그 밖의 의학자들

알 파라비(Al-Farabi, 872~950)는 사회심리학에 대한 최초의 총서를 저술하였으며, 알 비루니(Al-Biruni, 973-1048)는 『약제학(Book of Pharmacy)』을 저술하였다.

알 자라위(Al-Zahrawi)는 이슬람세계와 중세시대의 가장 위대한 외과의사로 수술의 아버지로 불리었다. 30권 분량의 『백과사전(Kitabal-Tausf)』의 수술기록은 후에 라틴어로 번역되어 인기를 얻어 이후 500년 동안 유럽의 표준교과서가 되었다. 수술절차와 수술도구 분야에 대한 그의 선구적 공헌은 근대까지 동서양에 큰 영향을 미쳤으며 일부는 오늘날에도 의학에 여전히 적용되고 있다.

알리 압바스(Ali Abbas, ~994)는 10세기 후반, 히포크라테스, 갈레노스, 알라지 등의 저서들을 쉽게 풀이한 『왕자(王子)의 서(書)(Liber Regius)』라는 의학 전서를 펴냈다. 이 책은 이슬람권에서 매우 중요시되어, 이븐 시나의 『의학정전』이 나오기 전까지 살레르노대학(Salerno)에서 의학교과서로 사용되

이븐 시나와 의학정전

이븐 시나
(출처: 위키피디아)

의학정전(1484년에 쓰여진 라틴어 번역본)

었다.

이블 카심(936~1013)은 외과술의 가치와 해부학을 강조한 체계적인 외과 교과서를 집필하였다. 이러한 그의 의학적 견해는 외과술과 해부학을 천시하는 이슬람의학 사상과는 상충하는 것이었다.

벤 마이몬(1135~1204)은 4체액설을 수용하기는 하였으나 이성적이고 실제적인 치료법에 많은 관심을 두었다. 그의 저서에는 식이요법, 위생, 응급처치 및 일반적인 의학적 주제 등에 대한 지혜로운 생각을 담겨 있다.

이처럼 알 라지와 이븐 시나 외에도 알 자라위(Al-Zahrawi, 936~1013), 알 비루니(Al-Biruni, 973~1048), 알리 압바스(~994), 이블 카심(936~1013), 벤 마이몬(1135~1204) 등의 의학자들도 소위 중세기 이슬람 의 · 과학의 황금시대(Isramic Golden Age of Science)를 여는데 한몫을 했다.

그런데 12세기 십자군전쟁이 한창이던 시기에 이르러 동쪽 이슬람의학은 차츰 그 힘이 기울기 시작하였다. 도시의 병원과 학교가 여전히 의학발전에 자극을 주기는 했지만, 형식에 치우쳤다. 그러나 서쪽 이슬람의학(튀르크제국)

은 아벤조아르와 그의 제자 아베로에스 덕분에 발전이 이어졌다.

아벤조아르(Avenzoar, 1113~1162)의 집안은 대대로 의사였는데 부친이 이븐 시나의 『의학정전』을 경멸했기 때문에 그 책의 여백에 처방을 적어 수첩 대신으로 썼다는 일화가 있다. 아벤조아르는 좋은 교육을 받은 알 라지에 버금가는 훌륭한 임상가(臨床家)로서 명망을 떨쳤고 높은 자리에도 올랐다. 그는 백과사전식 지식의 번거로움을 버리고, 치밀한 증상관찰과 자가경험에 입각한 독자적 판단으로 병리학과 치료법의 지견을 넓혔다.

아베로에스(Averroës, 1126~1198)는 철학자로서 더 유명한 의사였다. 그의 주저(主著)는 7권으로 된 『의학원론(醫學原論), 일명 Colliget』이 있다. 이 책은 실제 임상보다는 이론적 의학지식 위주였다.

(6) 교육기관과 병원

의사교육과 환자들을 위한 새로운 치료법개발을 목적으로 마드라사(madrasa)와 바미리스탄이 세워졌지만, 이슬람세계가 형성된 초기부터 마드라사가 존재했던 것은 아니다.

아바스왕조(750~1037) 말기에 셀주크제국에서 마드라사 니타미야(Madrasah Niẓāmiyyah)라 불리는 최초의 공립교육기관이 설립되었으며, 이를 바탕으로 공교육체제가 완성되었다. 이처럼 교육기관(마드라사)은 10세기경 페르시아동북부에서 시작되어 급속히 이슬람세계 각지로 퍼져 나갔다. 일례로, 파티마왕조와 맘루크왕조 이후 중동지역에는 많은 지배계급이 와크프라고 알려진 기금의 형태로 많은 마드라사를 설립하였다. 마드라사를 설립하는 일은 설립자의 계급적 위치를 나타내 줄 뿐만 아니라 부와 명예를 그들 후손에게 세습할 좋은 방책이었다.

① 마드라사: 교육기관

마드라사(madrasa)의 어원은 배우다(Darasa)를 의미하는 아랍어에서 파생된 것으로, 이슬람신학교를 의미한다.

마드라사는 이슬람세계의 전통적 교육기관으로 10세기 페르시아 동북부에서 시작되어 급속히 이슬람세계 각지로 퍼져 나갔다.

셀주크제국(1037~1194)시대에 마드라사가 처음으로 이슬람세계에 세워졌다. 초기에는 마드라사가 모스크의 한 부분으로 운영되었으나, 11세기경 교육을 위한 장소로 제도화되어 정착되었다. 초등교육부터 전문가를 대상으로 하는 고등교육까지 이루어졌다. 신학교의 기능뿐만 아니라 기숙사와 모스크 시설을 갖추어 복합단지(Complex)로 설립 · 운영되었다.

대체로 개인이 헌납하는 와끄프(Waqf, 이슬람종교 기금)에 의해 운영되었다. 입학연령이나 수학연한은 제한이 없었으며 한과목을 이수한 후 다른 과목을 이수하는 것이 당시 마드라사의 교육제도였다. 학생들은 아랍어부터 시작하여 논리학 · 신학 · 철학 등을 차례로 배웠으며, 최종목표는 이슬람법학을 공부하는 것이었다.

셀주크제국(1037~1194)시대에 처음 발원한 마드라사(교육기관)는 1331년에 오스만 술탄이 수니파 이슬람의 전통에 따라 마드라사를 새롭게 설립했고, 오스만 1세 치세 때 최고점에 도달했다.

비록 마드라사는 법학교육이 중심이었지만, 오스만제국 슐리만 1세가 의학을 새로운 커리큘럼으로 추가하여 학생들은 이곳에서 의학을 비롯해 다양한 학문을 교육받을 수 있었다.

이후 마드라사는 이슬람세계에 널리 퍼져 작은 마을에는 하나 이상, 대도시에는 많은 마드라사가 세워졌다. 수세기 동안, 마드라사와 같은 무슬림교육기관이 이슬람세계 전역에 전파되어 신앙과 연관된 교과목 외에도 수학, 천문학, 의학, 지리학, 지구과학, 철학 등의 교육이 이루어졌다. 현재 중동에는 서구식교육이 유입됨에 따라 서구식학제가 운영되고 있으며, 이와 함께 개인의 선택에 따라 전통이슬람교육을 받을 수 있는 마드라사가 함께 운영되고 있다.

② 바미리스탄: 교육을 겸한 병원

1399년 오스만제국의 수도 부르사에 최초의 바미리스탄인 다알 시파(문학적으로 "건강의 집")가 세워졌다. 바미리스탄에는 강의실, 약국, 주방, 도서관, 모스크, 때로는 환자들을 위한 예배당도 설치되어 있었다. 이 바미리스탄의 목표는 인종, 종교, 성별에 차별없이 환자의 건강을 돌보는 것이었다. 바미리스탄에서 총체적 접근방식(삶의 질, 신체적, 정신적 건강 모두에 대한 관리 및 치료를 포함)으로 환자를 치료하였는데 이는 아마도 인도의학의 영향을 받은 듯하다.

바미리스탄은 초기에는 주로 환자를 치료할 용도로 사용되었으나 차츰 의학교육을 위한 센터로 발전하였다. 일례로, 바그다드, 다마스쿠스, 카이로와 같은 대도시에 설치된 바미리스탄은 환자를 돌보는 데에만 그치지 않고, 의대생들을 위한 교육기관의 역할도 했다.

카이로, 바그다드, 다마스쿠스의 주요 바미리스탄에서 의학교육을 받는 학생들은 의사들의 감독 하에 종종 환자들을 방문했는데, 이는 오늘날의 의료레지던트에 버금가는 제도였다. 오늘날의 의학훈련프로그램과 마찬가지로, 의사들의 감독하에 바미리스탄에서 의대생들이 다양한 질병을 치료하고 다양한 상황에 대처하는 실제 경험을 쌓을 수 있게 했다.

이러한 바미리스탄 제도는 무역과 지적 교류를 통해 전 세계로 퍼졌다.

3. 여기서 잠깐

(1) 중세기 서양과 이슬람제국 사이 의학의 흐름

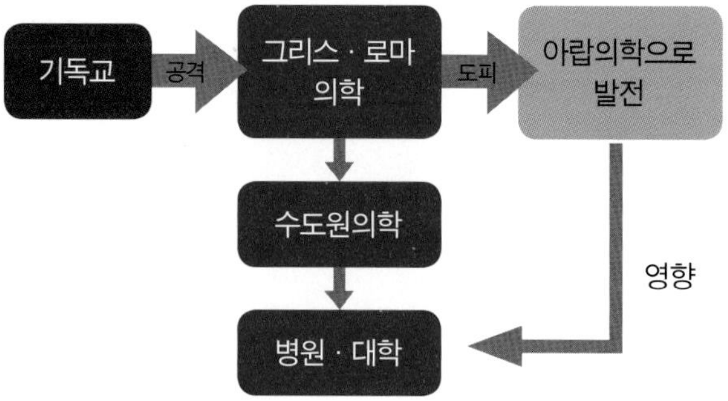

기독교가 그리스 · 로마의학을 금지하는 분위기에서 의학(연구)은 수도원에서 소극적으로 이루어졌으나, 유럽을 떠나 동방으로 이동한 학자들과 이들 받아들인 아랍저자들의 노력(번역, 보전, 발전)으로 이슬람의학이 탄생했다. 중세 후기 르네상스시대에 다시 이슬람 의 · 과학 지식이 서유럽으로 재유입되어 이후 서유럽 의학발전에 막대한 영향을 미치게 된다.

(2) 이슬람의학의 핵심

11세기에 페르시아어(북인도를 지배한 페르시아 사산왕조 때)와 아랍어로 번역된 인도 아유르베다의학(문헌)을 아랍의사들이 접하게 되었다. 이미 고대 그리스 · 로마의학(히포크라테스와 갈레노스)을 존중했던 아랍의사들은 그리스 · 로마의학과 아유르베다의학을 접목한 융복합형의 이슬람의학으로 발전시켜 놓았다. 그 과정에 아유르베다의학의 많은 부분이 이슬람세계에 흡수되어 이슬람의학이 더욱 발전되었을 것이다. 이슬람의학의 자연을 이용한 세계관, 통합과 균형 중시, 맥진단법 사용 등이 아유르베다의학과 유사한 것이 그 때문인 것 같다.

① 자연을 이용한 세계관

이슬람의학은 헬레니즘세계로 승계된 그리스 자연철학과 의학의 영향을 받아 4원소(물, 불, 바람, 흙)를 근간으로 한 의학체계를 지니고 있다. 즉, 각각의 4원소에 대한 이해와 인체에 대한 대입은 자연에서의 물, 불, 바람, 흙의 속성에서 유추했다. 또한, 4원소, 4계절, 4기질, 4단계의 인간의 연령 그리고 황도의 순환까지 연결하여 협의로는 인체의 기능과 광의로는 천체의 움직임과 관련되어 있다는 사고체계까지 확장했다.

히포크라테스의 4체액설의 영향을 받아 4체액(혈액, 점액, 노란담즙, 흑담즙)으로 이루어진 인체의 건강을 유지하기 위해서는 체액의 균형이 중요하다고 보았다. 따라서 혈액, 점액, 담즙, 흑담즙의 균형을 맞추기 위해 한 · 열 · 조 · 습의 원리에 따라 약초를 달여서 처방하였다. 단, 엠페도클레스와 그의 제자들(BC 5C 무렵)의 4원소 "우주의 근원은 물, 불, 바람, 흙이다"는 이미 인도의 우파니샤드 시대(BC 700~400) 사문들이 4대(적취설: "우주 삼라만성은 지수화풍으로 이루어져 있다")를 언급했기에 가능했다는 생각이 든다.

② 통합과 균형을 중시

이슬람의학은 육체만을 파악하는데 그치지 않고 정신과 영혼을 중시하는 전인적 관점에서 인간을 바라보았다. 즉, 신체를 부분으로 나누어 살펴보는 서양의학과 달리 통합적이고 균형적인 관점에서 인체를 바라보았는데, 이는 근본적으로는 인도의학(아유르베다의학)의 영향을 받은 듯하다.

③ 맥진을 주요 진단법으로 사용

이븐 시나가 11세기에 저술한 『질병 진단법(Book on Pulsology)』에 맥 관찰의 중요성이 서술되어 있다. 이 책은 9개 항목으로 구성되어 있는데 이 중 4항목~9항목까지가 맥에 대한 진단법일 정도로 이븐 시나는 맥을 매우 중요하게 생각했다. 그는 과도한 걱정을 하거나, 사혈을 너무 지나치게 하거나, 불면증이 있거나, 수척해지거나, 과도한 운동을 하면 맥이 약해진다고 보았다. 또한, 사람의 나이, 성별, 수면 같은 각기 다른 요소에 의해서도 맥이 달라진다고 보았다.

(3) 수니파와 시아파의 분열

수니파와 시아파는 이슬람창시자 무함마드 사후(632)에 후계자 선정방식을 놓고 충돌하며 분열한 이슬람의 양대종파이다. 간단히 말하면 수니파는 누구든지 칼리프가 될 수 있다고 주장하는 종파이며, 시아파는 오로지 무함마드의 후손만이 칼리프가 되어야 한다는 종파이다.

아라비아반도에서 세력을 확장하던 이슬람세계는 예언자 무함마드 사후(632) 큰 내분에 휩싸이게 된다. 당시 권력을 쥐고 있던 무아위아는 공동체 만장일치로 후계자를 선출하던 관행을 무시하고 자신의 아들 야지드에게 권력을 세습했다. 이에 무함마드의 손자였던 후세인은 이들을 신앙심이 없는 세속화된 권력집단이라 비판하면서 반기를 들었다. 하지만 그들은 야지드에게 처참하게 죽임을 당하게 되는데, 이 사건을 계기로 이슬람세계는 수니파(현재 90% 차지, 종주국은 사우디아라비아)와 후세인을 따르는 시아파(현재 10% 차지, 종주국은 이란)로 완전히 분열되었다. 수니란 말은 코란(이슬람교의 경전)과 함께 무함마드의 순나(말과 행동, 관행)를 따르는 사람들을 의미하며 시아는 무함마드와 그 후손들을 따르는 사람들을 뜻한다.

(4) 중세 이슬람세계의 음식 문화

이슬람국가의 지배자인 칼리프와 술탄은 조리사를 거느리고 있었다. 조리사들은 군주를 독살 위협에서 지키기 위해 음식을 감시하는 조리장의 통제를 받았다. 중세기 이슬람제국의 식사는 메제(meze)라고 불리는 전채요리로 시작이 되었다. 최초의 전채요리는 타진인데, 고기와 과일을 약한 불로 오래 끓여 입안에서 살살 녹는 스튜형태였다. 재료로 양고기, 말린 살구, 커민, 고수, 계피, 생강, 후추, 샤프란, 아몬드 등이 사용되었다. 양이나 염소젖으로 요거트와 치즈가 만들어졌으며, 가지와 병아리콩을 갈아서 타이니(마늘, 소금, 깨를 넣어 만든 페이스트)와 섞어서 후무스(hummus)를 만들어 먹었는데, 이 요리법은 오늘날까지 그대로 전수되고 있다.

곡류는 탄누르(tannure)라고 부르는 오븐의 옆벽에 밀가루 반죽을 붙여서 굽는 빵이 주종이었다. 무슬림의 식사는 설탕이 듬뿍 들어간 화려한 디저트로 마무리되었다. 827~1001년 시칠리아를 장악한 무슬림은 시칠리아에서 사탕수수를 재배했으며, 이 설탕을 이용한 달콤한 디저트들은 대개 수녀원에서 만들어졌다. 원래 하렘의 보호를 받던 무슬림 여인들이 신변의 위험을 피해 기독교로 개종하고 수녀원에 입교하면서 자연스럽게 수녀원으로 디저트 만드는 법이 전해졌다. 여기서 바클라바(baklava)같은 전설적인 디저트가 만들어졌다. 바클라바는 얇은 종잇장 같은 필로(phyllo) 반죽에 버터와 다진 파스타치오를 켜켜이 올리고 구운 뒤 오렌지꽃물을 섞은 설탕시럽을 끼얹은 화려하고 섬세한 디저트다.

① 할랄 고기

식용으로 쓸 고기는 교리에 따라 도축되었는데, 짐승의 경동맥을 한칼에 끊는 방식이다. 이 방식으로 잡은 것을 할랄고기라 한다. 중세의 무슬림은 양과 낙타(할랄 고기)를 즐겨 섭취했다.

② 발효음료(술) 금기

발효음료(술)를 마시는 것은 금기였다. 무함마드는 사람들이 술에 취해 기도를 게을리하지 않도록 술을 금했다.

③ 커피

오랜 옛날(6~7C경으로 추정) 아프리카의 에디오피아(Ethiopia) 양치기소년 칼디(Kaldi)가 살았다. 어느 날 칼디는 자기가 기르고 있는 염소들이 흥분하여 이리저리 뛰어다니더니 그날 밤 잠을 자지 못하는 것을 발견했다. 염소들이 갑작스레 흥분하는 모습을 본 칼디는 그 뒤로 염소들이 주변에 있는 어떤 나무의 빨간 열매를 따 먹었을 때 이러한 현상이 일어난다는 것을 알게 되었다. 그 열매를 먹어 본 칼디는 자신도 머리가 맑아지고 신기하게 기분이 상쾌해짐을 느낄 수 있었다. 칼디는 이러한 사실을 가까운 이슬람사원 승려에게 알렸고, 승려는 여러 가지 실험을 거쳐 그 빨간 열매가 기분이 좋아지고 잠을 쫓는 데 효과가 있음을 알게 되었다. 그 뒤로 커피는 신비의 열매로 알려지면서 곧 여러 사원으로 퍼졌다.

기독교문화권인 유럽에는 12세기 십자군전쟁 때 처음 들어왔으나 이교도의 음료라 하여 배척당했다. 그러던 중 밀무역으로 이탈리아에 들어온 뒤 교황으로부터 그리스도교의 음료로 공인받게 되어 일부 귀족들과 상인들을 중심으로 곧 유럽 전역으로 퍼져 나갔다.

처음에는 커피 잎과 열매를 따서 염소처럼 씹어 먹었다. 그러다가 물에 우려서 차처럼 마시거나 열매를 갈아서 동물의 지방과 섞어서 먹기도 했다. 16세기가 되어서야 열매를 볶고 빻은 다음 뜨거운 물을 부어 마시는 현대적 커피가 만들어졌다. 이슬람교에서는 성직자들이 커피를 마시면 기도 중 졸음을 쫓아주므로 커피는 경건한 의식에 쓰이는 음료로 자리잡았다.

5
인도
550~1526년

굽타왕조(320~550)의 붕괴 이후, 인도는 유럽처럼 중소 국가들이 난립하는 시기를 겪었다. 이 시기부터 무굴제국(1526~1858)이 등장하기 전까지를 흔히 인도사에서 중세(550~1526 무렵)로 보고 있다.

1) 역사

인도 북방지역에서는 바르다나왕조 이후 구자라트계 프라티하라왕조(816~1018)와 팔라왕조(750~1174)가 흥성하였다. 이 두왕조는 데칸고원의 라슈트라쿠타왕조(753~982)와 8~10세기에 걸쳐 카나우지에서 삼각구도를 이루었다.

인도 남방지역에서는 힌두왕국인 팔라바왕국(3~9C), 촐라왕국(9~13C), 찰루키아왕국(6~13C), 비자야나가르왕국(14~17C) 등이 동남아시아 및 이슬람 문화권과 활발하게 교역을 했다.

651년 사산조 페르시아를 정복한 이슬람제국은 720년 무렵에 현재의 파키스탄근방을 병합하고 무력을 앞세워 인도의 문을 열고자 했다. 이렇듯 8세기를 넘어서면서 북부인도에 이슬람세력이 유입되어 인도역사는 새로운 장을 맞았다.

10세기 이후 부터는 이슬람제국의 인도침략이 본격화되어 몇세기에 걸쳐 북서쪽지방에서 수많은 이슬람왕조들이 난립하였다. 이슬람계통의 가즈니왕조(962~1186)와 고르왕조(1117~1215)가 인도의 델리를 점령하면서 인도에서 이슬람교가 본격적으로 발걸음을 떼게 되었다. 이 시기부터 인도역사는 새로운 장(이슬람왕조)을 맞아, 인도고유의 힌두적 요소와 이슬람적 요소가 뒤섞인 독특한 문화가 펼쳐졌다. 이후 북인도지역에서는 델리술탄국과 데칸술탄국 등의 이슬람왕조가 번영하였으나, 남인도지역에서는 비자야나가르제국 등의 힌두교왕조가 번영하였다. 델리술탄 왕조시대에는 이슬람의 세력이 인도를 지배했지만 인도의 중심중교인 힌두교를 변화시키는데는 실패했다. 일부는 이슬람으로 개종했을지언정 전체적인 사회에서는 여전히 브라만이 중심이 되는 카스트제도가 유지되고 있었다.

그러나 1398년 몽골의 티무르가 델리를 침공하면서 인도는 초토화되기 시작했다. 이후 인도에는 무굴제국(인도 근세~근대, 1526~1858)이 세워지면서 중세기 인도의 역사는 끝이 났다.

2) 질병 극복을 위한 노력

아유르베다의학(종교와 과학적 요소의 혼합형)은 인도의 종교와 자연철학이 종교적 요소와 과학적 요소를 의료에 연계하는데 중심적 역할을 한 결과물이다.

이 시기 인도 의사들은 질병에 관한 지식이 매우 풍부하였으며, 비교적 학문적인 체계를 갖추고 있었다. 다만, 힌두교의 『마누법전(Law of Manu)』에 의해 질병치료와 관련한 외과술과 약초요법이 규제를 받았다. 마누법전은 산스크리트어의 운문(韻文)으로 쓰인 12장 2684조(條)로 이루어져 있는 고대 인도의 법전이다. 현존하는 마누법전은 BC 200년~AD 200년에 완성된 것으로 국왕이나 종성(種姓)의 의무, 민법이나 형법, 의례나 제사, 일상 행사 등 인도인의 생활 전체를 규정하고 있다. 이 법전은 카스트제도에 입각한 사회를 유지하고 브라만의 특권을 지키려고 하는 의도로 쓰여 졌으며, 가장 권위 있는 힌두법전으로 과거 2000년간 존숭되어왔다.

한편, 아유르베다의학은 불교의 전파경로를 따라 점차 아시아 전역으로 전파되었다. 특히, 당나라의 유명한 의사였던 손사막도 아유르베다의학에 뿌리를 둔 불교의학에 많은 영향을 받았다고 한다.

11세기 무렵 이슬람세계의 아랍의사들이 페르시아어(북인도를 지배한 페르시아 사산왕조 때)와 아랍어로 번역된 아유르베다문헌을 접하는 일이 있었다. 이미 고대 그리스 · 로마의학(히포크라테스와 갈레노스)을 존경했던 아랍의사들은 그리스 · 로마의학과 아유르베다의학을 접목하여 독특한 이슬람의학으로 발전시켰다. 그 과정에서 아유르베다의학의 많은 부분이 이슬람의학에 흡수됨으로써 이슬람의학의 관점(자연을 이용한 세계관, 통합과 균형 중시, 한 · 열 · 조 · 습을 속성을 활용한 약용이론, 정신과 육체관계 중시하는 관점 등)이 아유르베다의학과 유사하게 된 것 같다.

즉, 인도 중세기(이슬람왕조시대)는 고유의 인도의학(아유르베다의학)을 받아들여 발전된 이슬람의학(인도의학과 그리스 · 로마의학의 혼합형)이 대세였을 것이다.

3) 여기서 잠깐

(1) 중세 인도의 음식문화

인도아대륙은 중국이나 유럽대륙 전체에 필적할 만큼 광대하므로 그만큼 다양한 음식들이 발달했다. 그래서 같은 인도요리인데도 남부지역 요리와 북부지역 요리는 다른 모습을 보인다. 그나마 그 넓은 분포를 하나로 묶을 특징이라면 다양하고 풍부한 향신료를 사용한다는 정도이다.

특히, 한 두 가지의 향신료만을 사용하기보다는 여러 종류의 향신료들을 섞어서 사용하는 것을 선호한다는 것이다. 그래서 같은 향신료를 사용해도 다른 결과가 나온다. 가정집만 봐도 향신료 수십가지는 구비해 두고 필요한 향신료들을 조합해서 사용하는 것이 특징이다. 그런데 중세에 들어와 무슬림이 들어와 술탄왕국을 건설한 이후 인도의 음식문화에도 적잖은 변화가 일어났다. 무슬림의 교리에 따라 돼지고기를 먹는 것이 금지되었고 그 대신 들어온 것이 치킨과 난이었다. 무슬림의 영향에 따른 치킨과 난의 공통점은 탄두리라고 부르는 화덕에서 구워낸다는 점이다.

6
중국: 한족, 여진족, 몽골족
589~1405년

중세기 중국의 기술력과 경제력은 서구유럽보다 우위에 있었다는 것은 익히 잘 알려진 사실이다. 이 시기에 한족이 세운 수(隋代, 589~618), 당(唐代, 618~907), 송(宋, 960~1279)나라 순으로 중원을 차지했다. 이어 중원에는 북송(960~1127)을 멸망시킨 금나라(金, 1115~1234)와 금나라와 남송(1127~1279)을 멸망시킨 몽골제국(1206~1405)의 역사가 펼쳐졌다.

1) 역사

(1) 수 · 당 · 오대십국 및 송나라

수나라(隋代, 589~618)는 위진남북조를 통일한 한족이 세운 왕조이지만, 동북방 이민족왕조들의 문화를 융합하여 수나라 고유의 문화를 이룩하였다.

수의 문화를 계승한 당나라(唐代, 618~907)는 비단길(장건 개척)을 통한 유럽과의 활발한 교역으로 중국 고유문화를 서양에 전파한 중국 역사상 가장 번창한 나라였다.

송나라(宋, 907~1279)는 중국의 귀중한 유산들이 거의 나왔다고 해도 과언이 아닐 정도로 사상과 각종 실용기술의 발달이 두드러진 나라였다. 일례로, 11세기에 화약, 인쇄, 제지 등 다양한 기술이 사회 각 분야에 본격적으로 도입되었고, 문화와 사상도 진일보했다.

한족이 세운 송나라의 세력이 약해지면서 중원에는 여진족이 세운 금나라와 몽골족이 세운 몽골제국의 역사가 펼쳐졌다.

① 수나라

후한(25~220)말 이후 400년간 이어진 내전 끝에 589년 마침내 북주(北周)의 대귀족 출신인 수문제(양견, 楊堅)가 중국을 재통일하고 수나라(隋 589~618)를 창건했다. 수문제는 단호한 개혁과 강력한 중앙집권체제를 확립함과 동시에 지방행정의 간소화를 단행했다. 20여년만에 국가가 안정되고 경제가 번영하여 역사상 선정으로 일컬어지는 개황의 치(開皇之治)를 이룩했다. 그러나 2대 황제 수양제는 대규모 토목공사(대운하 건설, 도로건설)와 고구려원정의 실패로 백성들의 반란을 불러일으켰다. 613년부터 전국에서 소작농들의 반란이 일어나 농업의 기반이 무너졌고, 이후 혼란기를 거쳐 수나라는 결국 39년만에 멸망하였다.

② 당나라

618년 수양제가 측근 신하들에게 암살당하자 수나라장군 이연이 반란을 일으켜 당나라를 세우고 초대 황제가 되었다. 그의 아들 이세민은 현무문의 정변으로 권력을 장악하고 2대 황제 당 태종(재위: 626~649)에 올랐다. 당 태종이 집권하는 동안 중국은 중앙아시아로 지배권을 넓히기 시작했다. 태종의 유능한 통치덕분에 중국은 평화와 질서를 회복했고, 농업생산성이 증가로 경제적 번영을 누렸다. 그러나 현종 때 일어난 안녹산의 난(755~763)을 비롯해 갖가지 내전에 시달리다 결국 907년에 붕괴되었고, 이후 중국은 5대10국(907~960)으로 다시 분열되었다.

③ 5대10국

당이 멸망한 907년부터 송나라(960~1279)가 건국되기 전 약 60년 동안 황하유역 중원에서 흥망한 5개 왕조와 양자강 중하유역을 중심으로 한 대표적인 10개 지방정권을 가리켜 오대십국(五代十國, 907~960)이라 부른다. 당나라 붕괴로 시작된 중국분열은 907~960년까지 지속이 됐다.

④ 송나라

907년 후주의 장군 조광윤(무사)이 군대를 일으켜 후주의 황제로부터 권력을 빼앗아 송나라(960~1279)를 세우고 자신을 태조로 선포했다. 5대10국을 거쳐 당나라의 정치와 제도를 계승한 송나라는 북송시대(960~1127, 개봉)와 금나라에게 남쪽으로 쫓겨 난 남송시대(1127~1279, 임안)로 구분이 된다. 북송은 피를 흘리지 않은 병변(兵變)형식으로 탄생했는데, 이는 중국역사에서 찾아보기 힘든 이례적인 일이었다.

송나라는 문치주의국가로 지식은 매우 발달했으나 군사력이 약한 약점이 있었다. 하여 송나라의 통치는 중국민족의 정착지가 있는 지역에 국한돼 중원전체를 지배하지 못했다. 예컨대 만주와 몽골의 동부지역은 요나라(거란족, 916~1124)가 통치했고, 이 요나라를 정복한 여진족에 의해 금나라

(1115~1234)가 세워졌다. 이후 금나라는 북송(960~1127)을 점령하고 송나라를 남쪽(남송, 1127~1279)으로 몰아냈다.

13세기가 시작될 무렵 중앙아시아 스텝지대의 유목민족인 몽골족은 징기스칸의 통치 아래 통일을 이루었다. 훗날 북쪽의 금나라와 남쪽의 송나라는 모두 몽골족에게 무너졌다.

(2) 금 · 원시대

한족의 뒤를 이어 중원을 차지한 여진족이 세운 금나라(金, 1115~1234)와 몽골족 쿠빌라이(재위: 1260~1294)가 세운 원나라(元, 1260~1368)가 중원을 차지한 시기를 금 · 원시대(1115~1368)라 한다.

① 금나라

여진족(퉁구스계 민족, 말갈족, 만주족)은 962년 발해가 멸망한 후 한동안 만주지역을 떠돌며 거란족(요나라)에게 숨죽여 지내야 했다. 그러나 요나라가 쇠퇴하자 이틈에 1115년 아구타(阿骨打)가 여진을 통일하고 금나라(金,1115~1234)를 세웠다. 이후 금나라는 송나라(북송, 960~1127)와 함께 요나라(916~1124)를 1124년 무너뜨렸다. 그리고 1127년에는 송의 수도(개봉)을 점령하고 화북지대의 패권을 쥐게 되었다(정강의 변). 그러나 회하 부근에서 저지되어 일단 송나라(남송, 1127~1279)는 국경을 방어하였다.

여진족은 그들 고유의 문화에 거란족과 한족의 문화를 받아들였다. 하지만 서서히 한족화가 되어 한자를 더 많이 쓰게 되었고 여진족의 문자는 차츰 사라져 갔다. 대승불교, 유교, 도교, 여진족 고유 토속신앙 등을 주로 많이 믿었으나, 일부 무슬림교도도 있었다.

1189년 금나라는 몽골과 남송을 상대로 두 개의 전선에서 싸워야 하는 불리한 조건이 되었다. 그러다 1215년에는 몽골군대의 압력으로 수도를 베이징에서 카이펑으로 옮겼으나 결국, 1234년 몽골제국에 의해 멸망했다.

② 몽골제국: 징기스칸~몽케(몽골제국, 1206~1259년) → 쿠빌라이(원, 1260~1368년) → 티무르(티무르제국, 1361~1405년)

13세기 초반, 몽골족은 금나라(여진족,1115~1234)와 송나라(한족, 960~1279)에 비해 형편없는 수준이었다. 그러나 1206년 태무진이 여기저기 흩어져 있던 몽골족을 통합하여 몽골제국을 세우고 징기스칸에 등극했다. 징기스칸은 몽골초원의 허허벌판 위에 인류 역사상 최대규모의 단일제국을 건국했으며, 13세기의 구대륙을 제패하여 세계사의 흐름을 크게 바꾼 입지전적 인물로 전 세계에 널리 알려져 있다.

1227년 징기스칸의 뒤를 이은 아들 오고타이(재위: 1227~1244)도 정복사업을 계속하여 몽골제국은 역사상 가장 넓은 영토를 차지했다. 최고의 전성기인 13세기 중반에는 그 영토가 헝가리에서 한국(고려)에까지 걸쳐 있었으며, 동서양을 하나로 잇는 실크로드를 장악하여 무역의 중추적 역할을 했다.

징기스칸(재위: 1206~1227)은 역사상 최초로 유라시아대륙을 하나로 만들었지만 한사람이 통치하기에는 그 면적이 너무 확장되어 있었다. 결국, 마지막 통치자인 몽케(재위: 1251~1259) 사후(1259년 8월 남송정벌 도중 전사) 독립적인 여러 개의 칸국으로 분리되었다.

그러나 몽케의 동생 쿠빌라이(재위: 1260~1294)가 다시 힘을 모아 원나라(元, 1260~1368)를 세우고 칸이 되었다. 쿠빌라이칸의 시대에 원나라 내부에만 1400여 개의 역참이 설치되었고, 이들 역참을 관리하는 참호(站戶) 또한 35~70만호 정도가 배정되어 있었다. 참호를 관리하는 자들은 마필 · 선박 · 수레 등의 교통수단과 사신들이 머무는 숙소를 책임졌으며, 식량과 사료를 항시 준비해두어야만 했다. 당시 몽골제국이 운영했던 이러한 역참제도에 대해서는 이탈리아의 마르코 폴로(1254~1324)가 『동방견문록』에서 경탄어린 어조로 상세하게 묘사한 바 있다. 몽골제국시대에 마련된 이와같은 역참네트워크는 유라시아를 관통하는 내륙교통의 활성화에 크게 기여했다. 중앙아시아에서 전쟁이 격화된 1280년대 말부터 10여년 정도를 제외하고는 대체로 원활하게 운영되었다. 이와 관련하여 역참네트워크를 따라 칸국 간의 외교가 이루어지면서 사신의 왕래 이외에 군인 · 종교인 · 학자 · 기술자 등의 교류가 활발하게 이루어졌던 것 또한 주목할 만하다.

쿠빌라이칸이 왕위에 있는 동안(1260~1294) 중국은 예술과 연극의 황금기를 누렸고, 대규모 건설공사도 붐을 이루면서 최고 전성기를 이뤘다. 원나라 시기에 중앙아시아와 중원지역이 하나로 통합되면서 동양과 서양 간 교류도 전보다 훨씬 활발해졌다. 다양한 문화권에 속한 사람들이 중화권으로 쏟아져 들어옴에 따라 원나라문화에도 대변화가 일어났다. 일례로, 원나라로 들어온 무슬림교도로부터 중동의 발달한 의학, 약학, 의복, 식품 등을 받아들였으며, 왕실에서는 티베트 불교도 성행하였다.

그러나 원나라 말, 일련의 민중반란(홍건족의 난)이 일어났고, 반란군수령 주원장(홍무제)이 원나라를 중원에서 몰아내고 1368년 명나라(한족의 나라)를 세우면서 몽골제국의 역사는 끝이 나는 듯했다.

그렇지만 14세기 말, 튀르크 몽골군사령관 티무르(재위: 1361~1405)가 자신을 징기즈칸의 후손이라 칭하고 몽골제국의 재건을 시도했다. 티무르는 사마르칸트에 도읍을 정하고 오스만튀르크를 앙카라에서 격파해 구(舊)몽골제국의 서반부를 영유하는 제국을 건설했다. 이어 중앙아시아 대부분 지역

몽골제국의 영토와 징기스칸

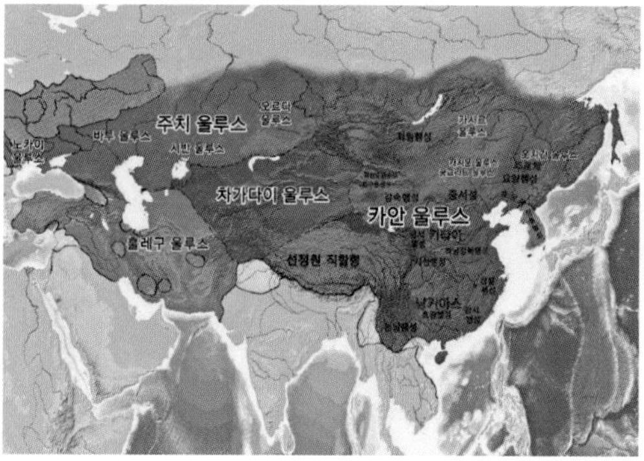

(출처: 위키피디아)

과 페르시아, 메소포타미아 지역까지 병합했다. 그러나 1405년 중국(명나라) 원정 도중에 병사하면서 티무르가 세운 몽골제국도 무너져 버렸다. 티무르는 무자비한 정복자였지만 제국을 완성한 후 독실한 무슬림교도가 되어 예술을 후원했다. 14세기가 지나면서 중앙아시아 서쪽의 몽골족은 유목민족인 튀르크(무슬림)에 동화되어 고유의 문화적 정체성을 대부분 잃어버리고 역사의 뒤안길로 사라져 버렸다.

원나라를 세운 쿠빌라이와 티무르제국을 세운 티무르(왼쪽부터)

(출처: 구글)

2) 질병 극복을 위한 노력

(1) 금 · 원시대 이전

수 · 당 · 송나라시기(589~1279)에 실크로드를 통해 서로 다른 문화권과의 활발한 교류가 이루어졌는데, 의학도 예외는 아니었다. 특히, 인도의 아유르베다의학은 불교(BC 6C 발흥)의 전파경로를 따라 당나라 때 중국에 전해져 많은 영향을 미쳤다.

수와 당대에는 소원방(제병원후론)과 손사막(천금방, 천금익방)과 같은 의학자에 의해 임상의학(질병의 진단 및 치료 등)에 대한 풍부한 경험이 서적으로 편찬되었다.

송나라 이전에는 주로 약초처방이나 침술과 같은 치료술을 중심으로 의학의 대중화가 이루어졌다면, 성리학(性理學, 주자학)이 발달한 송나라 때는 유의(儒醫)가 한의학의 이론적 발전에 크게 이바지하였다.

① 수 · 당 제병원후론(諸病源候論)과 천금방(千金方)

한나라 멸망 후 약 370년간 위진남북조시대의 전란 뒤 수나라(隋, 589~618) 때 비로소 정국이 안정되면서 국가적 차원에서 의학연구가 진행되었다. 수나라의 대의박사(大醫博士) 소원방(巢元方)이 610년 저술한 『제병원후론(諸病源候論)』은 병인(病因), 병리(病理), 병위(病位) 등을 자세히 기술한 진단학에 관한 의서이다. 단, 질병의 원인 · 진단 · 예후 및 치료에 대해서는 신비적이며 미신적인 내용도 어느 정도 포함되어 있다.

당나라(唐, 618~907) 때의 의학자 손사막(孫思邈, 581~682)은 『천금방(千金方)』과 『천금익방(千金翼方)』 각 30권의 방대한 의서를 편찬했다. 이 책들에는 질병의 진단 및 치료의 요점과 질병에 대한 약의 효용에 대해 상세히 설명되어 있다. 손사막(孫思邈, 581~682)은 중국 당(唐)나라 때의 의학자로 유년시대부터 독서를 즐겨 노장백가(老莊百家)의 설(說)을 독파하였다. 수(隨)의 문제(文帝) · 당(唐)의 태종(太宗) · 고종(高宗) 등의 초빙을 받았으나 이에 불응하고 명산(名山)에 은퇴하여 저술에 몰두하였다고 한다. 손사막은 아유르베다의학에 뿌리를 둔 불교의학으로부터 많은 영향을 받았으며, 그의 전기가 승려 법장이 쓴 『화엄경전기(華嚴經傳記)』에 실려 있다.

당대는 다양한 전문의가 있을정도로 의료행위가 전문화되어 있었고, 식이요법전문가도 의사처럼 높은 대우를 받았다. 다만, 서양처럼 외과의는 대체로 지위가 낮았다. 의술은 하나의 비술(秘術)이어서 『황제내경』에도 기술되어 있듯 엄격한 도제제도 하에서 의학교육이 행해졌다.

또한, 당대에 실크로드를 따라 그 종착지인 수도 장안으로 인도 아유르베다의학이 불교의 전파와 함께 흘러들었다. 당나라 때 의서에 "환자에게 자비를 베풀고 인류를 고통에서 널리 구할 것을 기원한다"는 내용이 나오는데 이 자비사상은 인도에서 중국으로 불교와 인도의학(아유르베다의학)이 전달되었음을 보여주는 증거다. 불교전파와 함께 장안으로 차도 들어왔는데, 그 당시 중국인은 간질, 발열, 폐렴, 이질 등 다양한 질환의 치료제로 차를 사용하였다. 이는 무슬림이나 유럽인들이 황금에서 영생의 비밀을 찾으려 했던 것과 달리 그 비밀이 차에 있다고 생각한 것 같다. 찻잎 속의 항산화제가 강력한 생리활성을 한다는 최근 연구결과를 보면, 황금이 아닌 차를 애용한 중국인이 더 합리적으로 보인다.

② 송 유의(儒醫)

송나라(宋, 960~1279) 때에는 중앙관청과 지방관청 소속의원을 비롯해 민간에서도 유의(儒醫), 유의(游醫), 도의(道醫), 승의(僧醫), 여의(女醫) 등 많은 의원이 활동했다. 이 가운데 유교적 사상을 바탕으로 의학의 이치를 연구한 유의(儒醫)가 의서의 정리와 편찬활동을 펼쳤다.

그리고 유의가 정리 · 편찬한 의학지식이 널리 전파되어 다양한 신분의 사람들이 의학의 중요성을 인식하고, 의료활동에 참여하게 되었다. 그리고 내과, 외과, 산부인과, 정형외과(骨科), 유의(乳醫), 양의(瘍醫), 안의(眼醫) 등으로 의학이 전문화되었다. 그 결과, 진맥이나 설진(舌診), 침술, 뜸, 탕약 등을 이용해 역병이나 종기, 안질 등의 치료 등이 이루어져, 송(宋)나라 때 의학이 이미 상당한 수준에 달했던 것 같다.

(2) 금원시대 금원사대가(金元四大家)

금원시대에는 질병치료에 대한 각종 임상경험이 이전보다 풍부해졌고, 의료기술이 발달함에 따라 과거로부터 전해 내려오던 전통요법들이 더욱 발전하였다. 또한, 중국, 티벳, 인도 및 중동 등의 주변 국가와의 물적, 인적교류가 활발해짐에 따라 많은 양의 각종 약재가 수입되거나 수출되어 약물학이나 방제학적 지식도 심화, 발전되는 계기가 마련되었다.

이러한 배경으로 금원사대가(金元四大家)가 등장하여 전통의료에 관한 임상적인 경험의 축적과 전통의료의학의 체계화로 의학의 전성기를 맞이했다. 이들 금원사대가(金元四大家)에는 유완소(劉完素; 守眞, 한량파, 장종정(張從正; 子和, 공하파), 이고(李杲; 東垣, 보토파), 주진형(朱震亨; 丹溪, 자음파) 등 4명의 저명한 의학자가 있었으며, 이들의 학설은 당시와 후세의 동양의학에 지대한 영향을 미친다.

유완소는 질병이 대부분 화열(火熱)로 인하여 발생한다고 하였다. 즉, 육기

(六氣)는 모두 화(火)를 따라 변화한다는 육기배종화화(六氣皆從火化)라는 학설을 내세우고, 치료에 한량약제(寒涼藥劑)를 주로 사용하여 한량파(寒涼派)로 분류되었다.

장종정은 "사기(邪氣)가 없어져야 정기(正氣)가 안정되니 공법(攻法)을 쓰기를 두려워하여 병을 키우는 것은 옳지 않다(邪去則正安, 不可畏攻而養病)"고 하였다. 한(汗), 토(吐), 하(下) 3법을 응용하여 질병치료 시 사용하여 공하파(攻下派)로 분류되었다.

이고는 "사람은 위기(胃氣)를 근본으로 한다(人以胃氣爲本)"고 하였으며, 비위를 온보(溫補)하는 법에 뛰어나 보토파(補土派)로 분류되었다.

주진형은 "양(陽)은 항상 유여(有餘)하고 음(陰)은 항상 부족하다(陽常有餘, 陰常不足)"고 하였으며, 질병치료 시 자음강화법(滋陰降火法)을 사용하여 자음파(滋陰派)로 분류되었다.

① 유완소

유완소(劉完素, 1110~1200, 한량파)는 금나라의 의사로 자는 수진(守眞), 호는 통현처사(通玄處士)이며 하간(河間, 현재의 허베이성 창저우시 허젠시) 출신으로 금원사대가(金元四大家) 중 한 사람이다.

유완소는 『황제내경(黃帝內經)』 가운데 하나인 『소문(素問)』에 등장하는 오운육기(五運六氣) 또는 운기학설(運氣學說) 이론에 따른 치료법을 연구했다. 유완소는 운기(運氣)가 사계절(봄 · 여름 · 가을 · 겨울), 오행(五行: 火 · 水 · 木 · 金 · 土), 천간(天干), 지지(地支)의 변환 과정에 따라 변하는 것과 변하지 않는 것으로 나뉜다고 하였다. 그리고 기후의 변화는 인체에 형성되는 각종 질병의 원인이 되는 육음(六淫: 風 · 寒 · 暑 · 濕 · 燥 · 火)으로 이어진다고 했다.

저서로는 『소문현기원병식(素問玄機原病式)』, 『황제소문선명론방(黃帝素問宣明論方)』, 『선명내방(宣明內方)』, 『내경운기요지론(內經運氣要旨論)』, 『상한표본심법류췌(傷寒標本心法類萃)』, 『삼소론(三消論)』, 『의방정요(醫方精要)』 등이 있다.

② 장종정

장종정(張從正, 1156~1228)은 금나라의 의사로 자는 자화(子和), 호는 대인(戴人)이며 수주 고성(睢州 考城, 현재의 허난성 카이펑시 란카오현) 출신으로, 금원사대가(金元四大家) 중 한사람이다. 장종정은 어린 시절부터 독서를 많이 하면서 의술을 연마했고 『내경(內經)』, 『난경(難經)』, 『상한론(傷寒論)』 등에 능통했을 정도로 유완소의 학술사상을 계승했다고 한다.

흥정(興定, 금 선종) 시대에는 태의(太醫)를 역임했지만 얼마 지나지 않아서 물러났다. 장종정은 한(汗) · 토(吐) · 하(下) 원칙을 인체에 남아있는 사악한 기운을 물리치기 위한 치료법으로 규정했다. 이는 단순히 땀 배출, 구토, 노폐물 배출을 통해 치료하는 것이 아니라 인체에 침투한 사악한 기운을 물리치고 배출시키는 것을 의미한다.

장종정은 또한 "질병을 고치는 데는 악(惡)을 쫓아내는 것이 중요하고 사(邪)를 떨쳐버리면 평안해진다."라고 규정했을 정도로 심리치료법을 활용하기도 했다. 장종정은 『장씨경험방(張氏經驗方)』, 『상한심경(傷寒心鏡)』, 『유문사친(儒門事親)』 등의 저서를 집필했는데 현재는 『유문사친』 15권만이 전해진다.

③ 이고

이고(李杲, 1180~1251)는 금나라의 의사로 자는 명지(明之), 호는 동원노인(東垣老人)이며 진정(眞定, 현재의 허난성 스자좡시 정딩현) 출신으로 금원사대가(金元四大家) 중 한 사람이다. 이고는 어린 시절부터 의술을 좋아했고 장원소(張元素)를 스승으로 모셨다. 장원소(張元素)는 금나라 후기의 의학자이며 자(字)는 결고(潔古)이다. 그는 어린시절에 과거시험을 위해 오경을 공부하다가 그만두고 의학을 배우기 시작했다고 한다. 그는 기후와 개인의 체질 등을 고려해 약을 제조하고 치료함으로써 당시 한의학에 변화를 많이 주었다. 그의 저서로는 의학계원(醫學啓源), 진주낭(珍珠囊), 장부표본약식(臟腑標本藥式), 약주난경(藥注難經) 등이 있다.

당시 금나라에서는 중원에서 일어난 계속된 전란과 불안정한 정세로 인해 주민들이 극심한 배고픔, 추위, 심리적 불안감에 시달렸고 나중에 수많은 질병이 발생했다. 이고는 인체에서 원기(元氣)가 충족되면 질병이 발생하지 않지만 반대로 원기가 충족되지 않으면 질병에 시달리게 된다는 내상학설(內傷學說)을 제시했다. 특히 자신의 저서인 『비위론(脾胃論)』에서는 "인체 안에서 비위가 손상되면 100가지 질병들이 생겨난다"는 내상비위 백병유생(內傷脾胃 百病由生) 이론을 제기했다.

이고는 또한 『내경(內經)』에 명시된 인체에 남아 있는 중기(中氣)를 끌어올려야 한다는 이론을 바탕으로 보중익기탕(補中益氣湯), 용담사간탕(龍膽瀉肝湯) 등의 새로운 한약을 발명했다. 저서로는 『비위론(脾胃論)』, 『내외상변혹론(內外傷辨惑論)』, 『난실비장(蘭室秘藏)』, 『의학발명(醫學發明)』, 『상한회요(傷寒會要)』, 『약상론(藥象論)』, 『약용법상(用藥法象)』, 『동원시효방(東垣試效方)』 등이 있다.

④ 주진형

주진형(朱震亨, 1281~1358)은 원나라의 의사로 자는 언수(彦修), 호는 단계(丹溪)이며 무주 의오(婺州 義烏, 현재의 저장성 진화시 이우시) 출신으로 금원사대가(金元四大家) 중 한 사람이다. 주진형은 어린 시절부터 사서오경과 성리학을 배웠고 36세 시절에 허겸(許謙)의 제자가 되면서 유학을 배웠다. 44세 시절이던 1325년에 의사인 나지제(羅知悌)의 제자가 되면서 의학을 배웠고 『황제내경(黃帝內經)』을 비롯한 고전의학서를 연구했다.

주진형은 유완소(劉完素), 이고(李杲)가 제시한 학설을 발전시키면서 "사람의 몸에 있는 양(陽)과 음(陰)은 항상 남아 돈다"는 상화(相火)이론을 제시했다. 주진형은 상화에 의지하는 인체는 오장(五臟, 내장)을 따뜻하게 하고 기를 충전하지만 반대로 상화가 망동하면 각종 질병이 일어난다고 했다. 그리고 건강 관리를 잘 하기 위해서는 식욕(食慾)과 색욕(色慾)을 절제하고 인체의 음분(陰分)을 보양할 것을 주장했다.

주진형은 경옥고(瓊玉膏), 월국환(越鞠丸), 대보음환(大補陰丸) 등의 새로운 한약을 발명 했다. 저서로는 『단계심법(丹溪心法)』, 『격치여론(格致餘論)』, 『국

금원사대가들

유완소 장종정 이고 주진형 (출처: 위키피디아)

방발휘(局方發揮)』, 『본초연의보유(本草衍義補遺)』, 『금궤구원(金匱鉤元)』, 『상한론변(傷寒論辨)』, 『외과정요발휘(外科精要發揮)』 등이 있다.

3) 여기서 잠깐

(1) 몽골제국의 의학

13세기 초 북방에서 일어난 몽골족은 여진족이 세운 금나라(1115~1234)를 멸망시키고 난 후 1279년에는 남송까지 멸망시키면서 중원을 통일하였다. 몽골족은 유목민족의 생활방식(목축이나 사냥)이나 기후조건을 반영하여 뜸, 정골요법, 외상에 대한 치료법, 사혈, 말젖을 발효시킨 전통음료인 마유주 요법(소화기 질환 및 폐질환) 등과 같은 몽골고유의 전통치료법을 일찍부터 발전시켰다. 특히, 뜸은 추위에 오래 노출되어 생기는 병의치료에 효과적인 치료법으로서 다른 민족보다 훨씬 앞서 있었다. 다만, 13세기 이전 몽골족은 샤머니즘적 전통의학의 영향으로 무당들의 치료가 성행했다.

몽골족이 중원을 통일하는 과정에 전쟁이 끊이지 않았고 전염병이 크게 돌아 수많은 사람이 죽어 나갔다. 이를 해결하기 위해, 징기스칸은 실크로드를 통해 중국, 인도, 아랍 및 유럽의 국가들(신흥자치도시)과 활발히 교류하면서 의료분야에서 새로운 도약을 시도했다. 일례로, 1204년에는 의사에 대한 세금을 면제하는 법령을 제정하여 전통의학의 발전을 도모하는 법적 요건을 마련하였으며 군대에서 의료를 담당하는 군의관제도도 도입하였다.

(2) 중세기 중국의 음식문화

당대에 무슬림상인들이 실크로드를 통해 페르시아와 중동으로부터 들여온 식품에는 설탕, 시금치, 상추, 아몬드, 무화과 및 여러 종류의 포도와 그 가공품인 시럽, 와인, 건포도 등이 있었다. 차는 이국적인 음료로 시작했지만 8세기경 육우(陸羽)가 『다서(茶書)』를 펴내자 일반인의 관심을 얻게 되었다. 기독교가 로마제국에 퍼진 것처럼 차는 불교의 전파와 함께 실크로드를 따라 그 종착지인 장안으로 흘러들었다.

음양의 조화를 중시하는 중국의 요리는 송나라시대에 크게 발달해 이때 중국의 3대 요리인 사천요리, 광동요리, 북경요리가 확립되었다.

예로부터 중국인의 생활에는 7가지 생필품이 있었다. 장작, 쌀, 기름, 소금, 된장, 식초, 차가 그것이다. 조정은 소금과 차를 독점거래를 하였다.

송나라시대, 황제의 주방에는 천명 이상의 요리사들이 호위대의 감시를 받으며 음식을 만들었다. 술과 차를 파는 다방을 비롯해 식당이나 요식업자들이 생겨나 귀족의 가정에서 만드는 것보다 더 고급스럽고 맛있는 요리를 만들어 팔았다. 서민층은 국수집과 같은 길거리 노점에서 값싼 음식을 사 먹었다.

(3) 중세기 몽골제국의 음식문화

중국을 정복하는 과정에서 몽골인은 유목민에서 정착민으로, 나아가 도시인으로 순식간에 변모했다. 그들의 음식 역시 요리로 발전했다. 그전까지 유목민이었던 몽골인들은 초원에서 가축을 치는 것을 주업으로 삼았으며, 주로 양과 염소의 젖으로 만든 우유, 버터, 치즈 등을 주식으로 삼았다. 그들이 가장 좋아한 음식은 마유를 발효시킨 쿠미스라는 술이었다.

원시적이고 야만적인 몽골족의 음식문화는 13~14세기에 확연히 달라졌다. 음식역사학자 폴 앤서니 부엔텔(Paul Anthony Buentello, 1974~)에 따르면, 이 변화의 중심에는 튀르크족이 있었다고 한다. 몽골인들은 문자를 해독할 수 있는 다른 문화권보다 상류층인 튀르크족에게 확장한 영토의 관리직을 맡겼는데, 그들은 무슬림상인들과 접촉했고 아랍과 페르시아음식에 대해 잘 알고 있었다. 또 몽골인은 몰랐던 곡류음식에 익숙해져 여러 종류의 빵과 국수, 페이스트리를 만들 수 있었고 탄두르(Tandoor)와 같은 이동식 진흙 화덕을 사용할 수 있었다.

참고문헌

1. 정영근 외 3인 저. 교육학적 사유를 여는 교육의 철학과 역사(증보개정판). 문음사. 2010.
2. 김은중 저. 이토록 재미있는 의학 이야기. 반니. 2022.
3. 미야자키 마사카츠 지음. 이영주 옮김. 하룻밤에 읽는 세계사. RHK. 2017.
4. 카렌 암스트롱 저. 장병옥 역, 이슬람, 을유문화사. 2007.
5. 후안신주 저. 오근석 역. 18인의 위대한 황제들. 이른 아침. 2006.
6. 필립 K. 히티. 아랍인의 역사. 1937.
7. 마이클 우드, 피터 퍼타도, 박누리, 김희진. 수니파와 시아파의 분열. 죽기 전에 꼭 알아야 할 세계역사. 1001 Days. 2009.
8. 베르나르 베르베르 저. 이세욱 역. 신. 열린책들. 2011.
9. 프레데릭 르누아르 · 마리 드뤼케르 저. 양영란 역. 신의 탄생. 김영사. 2014.
10. 국사편찬위원회. 국정 도서 편찬 위원회. 고등학교 국사. (주)두산. 2004.
11. 동국대학교 불교문화대학 불교교재편찬위원회. 불교사상의 이해 22쇄판. 불교시대사. 2012.
12. 파울 프리샤우어 저. 이윤기 역. 세계풍속사(하). 도서출판 까치. 1991.
13. 전상운 역. 중국의학은 어떻게 시작되었는가. 사이언스북스. 2002.
14. 야마다 케니지 저. 윤석희, 박상영 공역. 중국의학의 기원. 수퍼노바. 2016.
15. 인명편찬위원회. 손사막. 민중서관.
16. Austin Alchon, Suzanne. A pest in the land: new world epidemics in a global perspective. University of New Mexico Press. 2003.
17. The Yin-Hai Jing-Wei. Essential Subtleties on the Silver Sea. A Chinese Classic on Ophthalmology. 1999.
18. David Herlihy. The Black Death and the Transformation of the West, Massachusetts: Harvard University Press. 1997.
19. 류정아. 금원시기의 시대적 배경과 의학 의술유파의 등장. 한의학전문대학원 한의학입문 중국의학사. 2017.
20. 최효재, 신길조. 이븐 시나를 중심으로 고찰한 이슬람의학의 이해. 대한한방내과학회지 36: 252~264, 2015.
21. 이민숙. 문학과 의학의 교융(交融), 송대 의학지식의 전파와 그 의미-홍매의 夷堅志를 중심으로. 한국중국소설학회. 50: 23~48, 2016.
22. 유왕근. 몽골 전통의료의 현황 및 역사적 발달과정. 대한예방한의학회지 8: 125~132, 2014.
23. 김상원. 동아시아의 자연치유 연구-유의에 대하여-동방문화대학원대학교 자연치유연구소 2: 85~101, 2017.
24. 중국의학사 연구 동향과 전망-융합 · 소통을 통한 의학사 연구의 다원화-의학학회지 29:735~768, 2020.

25. 유왕근. 몽골 전통의료의 현황 및 역사적 발달과정. 대구한의대학교 보건학부. 대한예방한의학회지 18: 125~132, 2014.

26. Yi Jian Zhi. A study on meaning of the spread of medical knowledge in Song Dynasty knowledge. Korean J Medical History 31: 93~128, 2022.

27. 김덕곤. 한국한의학과 인도전통의학의 비교연구. 대한한의학회지 26: 201~216.

28. 김진희, 한창현, 김남일. 아유르베다의 정의와 인도전통의학과의 관계에 대한 고찰. 한국의사학회지 23: 1~10, 2010.

30. https://encykorea.aks.ac.kr/Article/E0036518 (여진족)

31. https://encykorea.aks.ac.kr/Article/E0044928 (이슬람교)

32. https://ko.wikipedia.org/wiki/%EC%9D%B4%EC%8A%AC%EB%9E%8C_%EC%A0%9C%EA%B5%AD (이슬람제국)

33. https://namu.wiki/w/%EB%8D%B8%EB%A6%AC%20%EC%88%A0%ED%83%84%EA%B5%AD (델리술탄왕조)

34. https://namu.wiki/w/%EC%B9%AD%EA%B8%B0%EC%A6%88%20%EC%B9%B8 (징기스칸)

35. http://contents2.kocw.or.kr/KOCW/document/2017/pusan/lyujeongah/9.pdf (금원시대 의학)

36. https://namu.wiki/w/%EC%A4%91%EC%84%B8 (중세)

37. https://commons.wikimedia.org/wiki/File:EmperorSuleiman.jpg. (슐리만)

38. https://ko.wikipedia.org/wiki/%EC%98%88%EB%8B%88%EC%B2%B4%EB%A6%AC (예니 체리)

39. https://ko.wikipedia.org/wiki/%EC%9D%B8%EB%AC%B8%EC%A3%BC%EC%9D%98 (인문주의)

40. http://terms.naver.com/entry.nhn?docId=2060447&cid=47331&categoryId=47331 (토속신앙-애니미즘, 샤머니즘, 토테미즘)

41. https://ko.wikipedia.org/wiki/%EC%9D%B8%EB%8F%84%EC%9D%98_%EC%97%AD%EC%82%AC (인도의 역사)

42. https://terms.naver.com/entry.naver?docId=2211993&cid=51085&categoryId=51085&expCategoryId=51085 (아라비아 의학)

43. https://m.blog.naver.com/kbs4547/20162138873 (점성술과 천문학, 의학의 인연)

44. https://yoda.wiki/wiki/Science_and_technology_in_the_Ottoman_Empire (마드리사)

45. https://m.blog.naver.com/kbs4547/20197824440 (중세 아랍-이슬람과학의 위대한 유산과 연금술)

46. https://m.blog.naver.com/PostView.naver?isHttpsRedirect=true&blogId=cjbdja&logNo=150158969505 (기독교의 변화)

47. https://ko.wikipedia.org/wiki/%EC%B2%9C%EC%9D%BC%EC%95%BC%ED%99%94 (천일야화)

48. https://ko.wikipedia.org/wiki/%EB%A7%88%EB%88%84%EC%8A%A4%EB%AF%80%

EB%A6%AC%ED%8B%B0 (마누법전)

49. https://ko.wikipedia.org/wiki/%EB%A9%94%EB%94%94%EC%B9%98%EA%B0%80 (메디치가문)

50. https://ko.wikipedia.org/wiki/%EB%A7%88%EB%93%9C%EB%9D%BC%EC%82%AC (마드리사)

표지 사진 출처

1. 233p, 1차 십자군전쟁 (출처: https://ko.wikipedia.org/wiki/%EC%8B%AD%EC%9E%90%EA%B5%B0)

2. 233p, 성 베네딕트 (출처: https://ko.wikipedia.org/wiki/%EB%88%84%EB%A5%B4%EC%8B%9C%EC%95%84%EC%9D%98_%EB%B2%A0%EB%84%A4%EB%94%95%ED%86%A0)

3. 233p, 흑사병 의사 (출처: https://jmagazine.joins.com/forbes/view/329588)

4. 233p, 이븐시나 (출처: https://en.wikipedia.org/wiki/Avicenna)

5. 233p, 이븐시나 정전 (출처: https://www.google.com/search?q=%EC%9D%B4%EB%B8%-90%EC%8B%9C%EB%82%98+%EC%A0%95%EC%A0%84&tbm=isch&ved=2ahUKEwjol-Ds47uDAxWEcPUHHd95B_AQ2-cCegQIABAA&oq=%EC%9D%B4%EB%B8%90%EC%8B%9C%EB%82%98+%EC%A0%95%EC%A0%84&gs_lcp=CgNpbWcQAzoECCMQJzoFCAAQgAQ6BwgAEIAEEB-g6DggAEIAEEIoFELEDEIMBOgQIABADOggIABCABBCxA1D0BViWF2CuGGgCcAB4AIABhwK-IAfgVkgEGMC4xNy4ymAEAoAEBqgELZ3dzLXdpei1pbWfAAQE&sclient=img&ei=63iSZa-j2IITh1e8P3_OdgA8&bih=719&biw=1490#imgrc=ydtfTM3KaCMyfM)

Early Modern and Modern·Present World

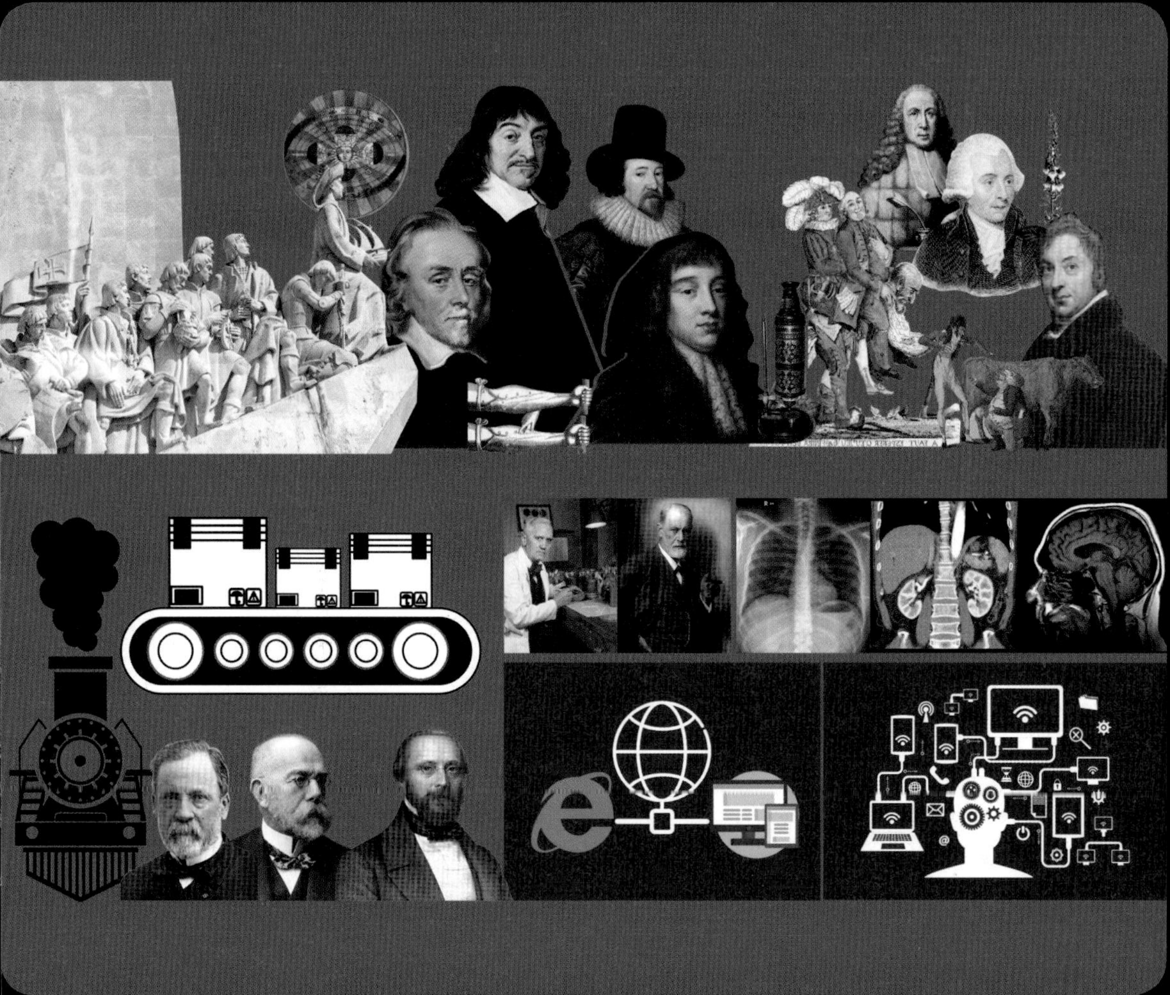

근세(early modern period)에 유럽에서는 탐험기(15~16C), 후발주자들의 합류기(17C)와 쇠퇴기(18C)로 이어진 역사상 대항해시대(15~18C)가 펼쳐졌다. 대항해시대(15~18C)로 인해 유럽은 외부적으로는 급격히 성장했지만, 내부적으로는 종교개혁과 그에 따른 종교적 갈등, 절대군주의 등장, 민족국가의 발흥, 과학혁명, 자본주의 발전과 도시화 등 변화의 물결을 감당해 내야 했다.

15, 16세기(탐험기)에 유럽인들은 르네상스의 산물인 조선술, 항해술과 지도제작 등 과학기술을 동력으로 세계탐험(탐험기)을 시작하여 아메리카대륙, 인도와 동남아시아로 가는 새로운 무역항로를 개척하였다. 이처럼 르네상스는 시기(14~16C)적으로나 기술(발달된 과학기술)적인 면에서 중세를 근세(15~18C)와 이어주는 디딤돌역할을 하였다. 유럽의 르네상스(14C 중엽~16C)는 14세기 중엽(1350)에 이탈리아북부에서 시작되어 15, 16세기에 유럽 전역으로 퍼진 문예부흥운동이었다.

하여 17, 18세기(후발주자들의 합류기와 쇠퇴기)는 세계적으로 이 전시대와는 비교도 안될 만큼 많은 교류가 이루어졌고, 그로 인해 많은 변화가 생겨났다.

이 시기에 스페인과 포르투갈, 프랑스, 네덜란드, 영국 등은 세계를 지배하는 열강의 위치까지 급격히 성장했다.

근대(近代, late modern period)의 시작에 대해서는 적지 않은 견해가 존재하지만, 현대 바로 이전 약 1세기로 18세기 말에서 19세기를 말한다.

이 시기에 영국에서 제1차 산업혁명(1760~1820)이 시작되어 유럽본토로 펴져 나갔다. 이 제1차 산업혁명의 뒤를 이어 유럽과 미국 등 여러 나라에서 제2차 산업혁명(1870~1930)이 진행되면서 새로운 문명형태인 현대산업사회가 탄생했다.

20세기부터 21세기 초, 20년 간격으로 인류대참사의 제1, 2차 세계대전과 현대 발전의 동력이 된 제3, 4차 산업혁명이 일어났다.

의학적 측면에서 근세(15~18C, 유럽의 대항해시대), 근대(18C 말~19C)와 현대(20~21C 초)의 서양의학의 발전에 대해 살펴보면 다음과 같다.

15, 16세기, 르네상스인들에 의해 연구된 다수의 그리스 의 · 과학 관련 원전들이 유럽으로 유입되었다. 그를 기반으로 17세기에는 과학혁명이 일어났고, 18세기에는 계몽주의사상에 힘입어 의학이론과 연구업적들이 다량 축적되었다. 그러나 실질적으로 치료에 활용될 수준의 의학발전은 거의 없었다. 다만, 괄목할 만한 의학적 성과로 디기탈리스(digitalis)와 우두접종(예방접종)이 있었다.

19세기 후반부터는 여러 나라에서 제2차 산업혁명이 진행되면서 산업노동자계층에서 콜레라와 장티푸스와 같은 공중보건 · 위생문제가 발생하였다. 이는 보건위생과 공중위생 관련 연구가 심화 · 발전하는 계기가 되었다.

20세기를 맞은 인류는 제1, 2차 세계대전이라는 광란의 시기를 뒤로한 채 산업혁명의 성과로 얻은 현대과학 · 기술(항생제와 백신, 의료장비와 기술)의 발전과 물질문명(교통 · 통신수단의 발달, 풍부한 먹거리)의 혜택을 누렸다. 그러나 20세기 말부터 인구고령화 및 만성질환자(불균형된 생활습관의 결과) 증가로 인류의 삶의 질(QOL: Quality of Life)은 계속 저하되고 있다. 특히, 21세기 초에 밀어닥친 전염성질환(2019. 11~2023. 05, 코로나 pandemic)에 현대의 · 과학은 효과적으로 대처하지 못하고 있다. 현대의학의 혜택이 계속될 것이라는 허망한 꿈이 처참하게 깨지고 있는 순간이다.

이제는 현대(서양)의학만을 맹신할 것이 아니라 인류의 삶 속에 담겨 있는 다양한 전인적인 치료법을 통합적으로 받아들여 인류의 참 건강 실현을 위한 건강 증진의 길(相生醫學)을 모색해야 한다.

15~16세기

1

근세 서양

15세기~18세기

1) 유럽의 탐험기 15~16세기

15, 16세기에 일어난 유럽의 탐험기는 후대역사가들이 근세라고 부르는 시기가 시작된 대변혁의 시대(새로운 시대의 여명)였다.

유럽국가들은 당시(15C) 바닷길을 장악한 이슬람세력(오스만제국)과 이탈리아 중간상인 때문에 새로운 항로개척이 필수적이었다. 이에 유럽국가들은 포르투갈을 필두로 르네상스의 산물인 지도제작기술과 항해술, 조선술 등을 이용하여 대대적으로 탐험에 나섰다.

의학적 측면에서 15, 16세기에 르네상스인들에 의해 연구된 그리스원전들(의 · 과학)이 유입되었지만, 괄목할 만한 의학의 발전은 없었다. 다만, 예술과 의학의 협력으로 인체해부학분야에서 비약적인 발전이 이루어졌고, 이는 훗날 현대의학(현대의학의 꽃, 외과) 발전의 밑거름이 된다.

(1) 역사적 사변

1453년, 오스만제국 술탄(메메드 2세)이 동서양의 무역요충지인 콘스탄티노플(비잔틴제국 수도)을 점령하고, 동서양을 이어주는 대부분의 육로를 장악했다. 고대 트로이인들이 그랬듯 오스만제국도 아시아국가들과의 모든 교역(향신료 포함)을 통제했다.

그리고 이탈리아의 상인들(베네치아 신흥재벌)은 동양에서 향신료를 포함한 다양한 물품들을 사들여 유럽에 독점적으로 판매하고 있었다.

이에 유럽인들은 오스만제국과 이탈리아상인에게 영향을 받지 않을 새로운 무역로가 필요했다. 그래서 유럽의 가장 서쪽에 있는 포르투갈(인도로 가는 신항로개척)을 필두로 유럽국가들이 새로운 무역로와 거래처를 개척하기 위해 15세기에 대대적으로 탐험(유럽의 대탐험시대 시작)에 나섰다.

탐험에 참여한 국가들에 의해 문호가 개방된 신대륙에서는 정치, 경제, 사회, 문화, 민족, 종교에 있어서 역사적인 대변혁이 일어났다. 반면, 구대륙은 신항로, 신대륙 개척을 통한 막대한 금과 은의 유입으로 경제발전을 이루었는데 이는 훗날 유럽 제국주의의 시발점이 된다.

15세기 후반과 16세기 초에 로마가톨릭교회가 저지른 부정행위와 권력남용에 대한 반발로 유럽에서는 대대적으로 종교개혁운동(16C)이 일어났다. 이는 17세기 종교전쟁으로까지 이어졌다. 르네상스가 고대 학문의 부활을 내세웠다면, 종교개혁은 부패하지 않은 순수한 신앙으로의 회귀를 추구했다. 개신교도(protestant)들은 신성화된 교황 대신 인간 스스로 신과 교감하길 원했다. 종교개혁은 결국 중세사회의 기만이었던 가톨릭교회의 부패와 모순을 들어냄으로써 아리스토텔레스철학을 중심으로 삼은 스콜라철학의 퇴진을 촉발하였고, 신플라톤주의를 받아들임으로써 새로운 과학의 가능성을 열어주었다.

대항해를 가능케 한 포르투갈의 공로자들

엔리케

바르톨로메우 디아스

바스코 다 가마

(출처: 위키피디아)

① 15세기 초부터 중엽 포르투갈 아프리카 서부와 인도 탐험

포르투갈의 항해왕 엔리케(Infante Dom Henrique de Avis, 1394~1460)는 항해학교를 세워서 1415년부터 아프리카대륙 서부해안으로 원정대를 파견하여 탐험에 앞장섰다. 포르투갈원정대가 1445년에 아프리카서부해안 일주에 성공하면서 아프리카에 무역거점을 마련하고 황금과 향신료, 노예를 실어 날랐다. 1488년에는 바르톨로메우 디아스(Bartolomeu Dias, 1450~1500)가 아프리카 최남단인 희망봉을 돌아 인도양에 도달하면서 인도에 갈 가능성을 처음 확인했고, 1497년과 1498년 사이 바스코 다 가마(Vasco da Gama, 1460~1524)가 마침내 인도에 도착해 후추를 값싸게 들여왔다.

② 15세기 말부터 16세기 스페인 아메리카대륙 탐험

포르투갈이 동쪽에서 인도로 가는 뱃길을 찾고 있을 때, 크리스토퍼 콜럼버스(Christopher Columbus, 1450~1506, 이탈리아 제노바출신 항해사)는 대서양을 가로질러 서쪽으로 가는 뱃길이 있다고 확신했다. 그리고 그는 1485년

크리스토퍼 콜럼버스와 페르난도 2세와 이사벨라여왕 부부(왼쪽부터)

(출처: 위키피디아)

에 스페인의 이사벨라여왕을 설득해서 원정에 필요한 지원을 얻어내는데 성공했다. 마침내 1492년에 콜럼버스원정대가 출발했고, 바하마제도(산살바르도)에 상륙함으로써 유럽인으로는 처음 아메리카대륙을 밟았다.

유럽과 아시아의 거리를 착각한 콜럼버스는 자신이 인도에 도착했다고 믿었고 그곳의 원주민을 인디언이라고 불렀다. 그는 1492년부터 1502년까지 대서양을 가로질러 4번의 탐사를 했으며, 서인도제도와 베네수엘라 해변까지 탐험했다. 1506년 숨을 거둘 때까지 자신이 착각하고 있다는 사실을 몰랐다.

콜럼버스가 발견한 대륙을 최초로 신세계라고 부른 사람은 1499년부터 1502년까지 남아메리카 동부해안을 탐사한 이탈리아항해사 아메리고 베스푸치(Amerigo Vespucci, 1454~1512)였다.

1519년부터 1521년에는 스페인의 에르난 코르테스(Hernando Cortes, 1485~1547)가 멕시코에 있는 아즈텍제국을, 1530년대에 들어서는 프란시스코 피사로가 잉카제국을 정복했다. 아메리카대륙 인구의 약 60%가 아즈텍과 잉카문화권에 집중되어 있었는데, 스페인정복자들이 퍼뜨린 구대륙의 전염병인 천연두로 아메리카 토착민들이 거의 사망했다. 이유는 천연두에 대한 면역력이 없어 속수무책으로 죽음을 맞이할 수밖에 없었던 것이다.

스페인의 항해사 페르디난드 마젤란(Ferdinand Magellan, 1480~1521)은 1519년에 남아메리카 최남단에서 태평양으로 탐험대를 이끌고 가 최초로 세계일주를 이끌었다. 그러나 1521년 필리핀 막탄섬에서 사망하여 조국 스페인에 돌아오지 못했다.

이렇게 아메리카대륙 탐험에 성공한 이후 스페인의 합스부르크왕조(1516~1700)는 식민제국으로서 전 유럽을 호령했다. 오늘날 스페인이라는 나라의 시작은 1492년의 아라곤 연합왕국의 페르디난드 2세와 카스티야 연합왕국의 이사벨 1세의 결혼이었다. 즉, 두 가톨릭왕국 국왕의 결혼으로 포르투갈을 제외한 이베리아반도는 하나의 정치적 실체로 통합되었다. 이들은 헌신적으로 나라를 다스려 강력한 스페인 성장의 밑거름을 뿌렸다. 특히, 1492년 10월 이사벨여왕의 후원을 받은 콜럼버스가 아메리카대륙에 당도함으로써 중남미를 모조리 선점했고, 이 지역에서 쏟아져 들어오는 엄청난 양의 금과 은 덕분에 유럽 최대의 부를 누렸다.

③ 16세기 영국과 프랑스 북아메리카 탐험

스페인이 눈을 대양으로 빠르게 돌린 덕분에 이를 바탕으로 막대한 이익을 거머쥐자, 북해의 영국과 대륙의 프랑스 또한 이에 동참하였다.

그러나 스페인과 포르투갈은 의도적으로 그들이 중앙아메리카와 남아메리카에서 새로 건설한 식민지와 그곳으로 가는 바닷길을 비밀에 부쳤다.

따라서 영국과 프랑스를 주축으로 하는 바다와 접해있는 다른 유럽국가들은 아시아로 가는 북서쪽 통로를 찾기 위해 북아메리카에 집중했다. 1520년대에는 프랑스가 기선을 잡기 시작하여 프랑스 국왕이 고용한 조반니 다 베라자노(Giovanni da Verrazzano, 1485~1528)가 캐나다의 내륙을 탐사하기 시작했고, 몬트리올까지 올라가 프랑스의 영유권확장에 일조했다.

영국은 1570년에 마틴 프로비셔(Martin Frobisher)와 존 데이비스(John Davis. 1550~1605)가 신대륙을 향한 항해를 시작하면서 탐험을 재개했다.

(2) 질병 극복을 위한 노력

중세 말엽은 십자군전쟁의 여파로 유럽에서 흑사병이 창궐하면서 민중들 사이에 집단적 공포나 광기, 히스테리 등이 일어났다.

이 시기 의사(대학에서 교육받은 내과의)는 대부분 성직자계급으로 상류층의 치료만을 담당했고, 치료법은 상당히 복잡한 처방이었다. 하여 일반민중들은 이발사(간단한 외과치료)나 민속요법사(간단한 조제약과 마법사용)에게 치료를 받을 수밖에 없었다.

손(기술)을 사용하는 외과의사는 내과의사에 비해 지위가 낮았으며, 이발사나 화가와 같은 길드(이익의 보호 및 증진을 위한 동업자 조직)에 묶였다. 이렇게 외과의가 화가와 같은 길드에 묶이면서 화가들이 해부학에 관심을 가지게 되어 인체해부학분야에서 비약적인 발전이 이루어졌다.

① 예술과 의학의 협력

1506년 라오콘 군상(헬레니즘시대 작품)이 로마에서 발견되었다. 라오콘군상은 트로이신관 라오콘과 그의 두 아들이 포세이돈의 저주를 받는 장면을 묘사한 헬레니즘시대 조각상이다. 인체에 대한 형태와 구조가 중세의 그림들(성스러운 장면이 담김)과 확연히 다른 라오콘군상을 처음 접한 르네상스(14C 중엽~16C) 화가들은 큰 충격을 받았다.

이후 해부학이 젊은 예술가 지망생의 필수과정이 되었으며, 신흥재벌의 후원으로 예술분야에서 지식과 기예를 고루 갖춘 만능인(uorno universale)이 나타나기 시작했다. 레오나르도 다빈치(Leonardo da Vinchi, 1452~1519)가 바로 르네상스시대의 대표적인 만능인으로 인체의 형상을 섬세하고 정확하게 그려냈다. 최후의 심판을 그리고 다비드상을 조각한 미켈란젤로(Michelangelo di Lodovico Buonarroti Simoni, 1475~1564) 또한 그 대표적인 인물이었다. 그들은 예술가였지만 동시에 해부학연구자로서의 공로도 컸다.

해부학분야에서 안드레아스 베살리우스(Andreas Vesalius, 1514~1564)는 1543년 집필한 『인체의 구조에 대하여』를 통해 인체에 대한 완벽한 회화적 재현을 보여주었다. 결과적으로 갈레노스(동물해부에 의존)의 인체해부에 관한 많은 오류가 정정될 수 있었다. 이 도판을 그린 화가들이 누구인가에 대한 의문은 아직도 남아있지만, 해부학자와 화가가 만나 과학과 예술이 결합된 것은 분명한 사실이다.

라오콘군상과 안드레아스 베살리우스(왼쪽부터)

(출처: 위키피디아)

르네상스시대 만능인들의 작품들

최후의 만찬(다빈치)

모나리자(다빈치)

최후의 심판(미켈란젤로)

피에타(미켈란젤로)

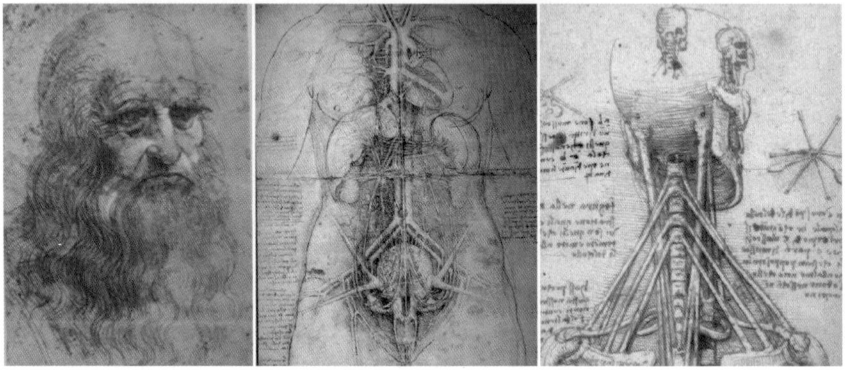

다빈치와 인체해부도

(출처: 위키피디아)

즉, 사혈하기에 적당한 장소를 찾아내는 용도로 사용되던 해부학의 비약적인 발전으로 중세기까지 통용되었던 전통의학의 붕괴를 가져왔다.

해부학이 사실적이고 정확한 묘사로 발전된 것처럼 인쇄술도 발달하여 자연과학과 응용학문, 특히 식물학에도 영향을 주어 의미있는 저작이 배출되었다. 일례로, 1542년 레온하트 푸치스(Leonhard Furchs, 1501~1566)가 출판한 『식물지』는 베살리우스의 『인체구조에 대하여』의 정확성에 필적할 만한 식물도감이라고 평가받으며 후대까지 많은 영향을 끼치게 된다.

② 기술과 과학의 변혁

중세기에 서구유럽에서 비잔틴제국(동로마제국)으로 유입되었던 대량의 그리스원전들이 르네상스시대에 북부이탈리아를 중심으로 재유입(수집 및 연구 목적으로)되었다. 문화적 · 예술적 부흥을 꿈꾸었던 르네상스인들은 고대 그리스 · 로마시대에 이룩된 학문과 예술의 정점에 도달하고자 중세기에는 소개된 바가 없었던 고대 그리스, 헬레니즘, 로마제국시대의 자료들을 도입했다.

결과적으로 이탈리아북부에서 지적, 창조적 인문주의자(人文主義, humanism)들의 활동이 활기를 띠면서 개인적인 영역에서 관념적 탐구가 가능해졌다. 르네상스시대의 인문주의자는 중세 말엽 르네상스운동의 지도자들로 신 중심적 사고에서 인간 중심적 사고를 강조한 학자들을 말한다. 대표적으로 에라스무스, 로렌초 발라, 기욤 부데 등이 있다. 훗날 종교개혁가들은 이들로부터 신학의 주제와 방법에 있어서 지대한 영향을 받게 된다.

또한, 이슬람세계의 학문과 기술(고대 그리스와 로마의 문화보전 · 발전)이 도입되어 연금술이 화학으로 발전했고, 현미경과 망원경이 제작되어 천문학과 물리학의 발전도 가져왔다. 일례로, 1543년에 코페르니쿠스(Nicolaus Co-

17세기 과학혁명의 토대가 된 코페르니쿠스의 지동설

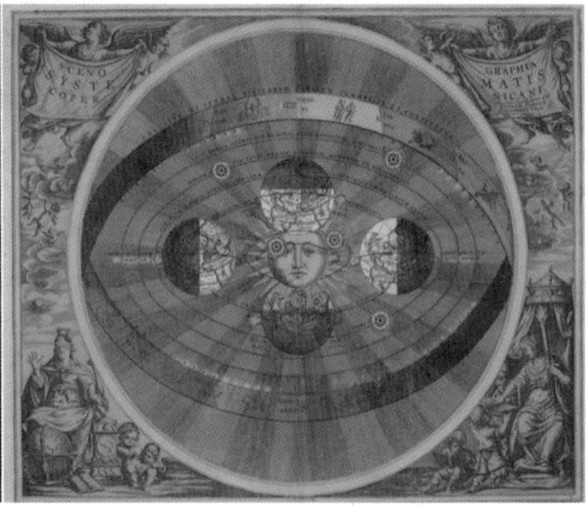

(출처: 위키피디아)

pernicus, 1473~1543)가 『천구의 회전에 관하여』를 출간하여 우주의 중심이 태양이고 지구는 태양의 주위를 도는 천체 중 하나라는 이론(지동설)을 선언했고, 이는 17세기 과학혁명의 토대가 된다.

이 시기, 의학분야에도 인문주의자들의 활동이 활발히 이루어졌다. 니콜로 레오니케노(Niccolo Leoniceno, 1428~1524)는 『히포크라테스의 잠언』을 번역하였고, 토마스 리네커(Thomas Linacre, 1460~1524)는 갈레노스의 저서 일부를 라틴어로 번역하였다. 필리푸스 파라켈수스(Philippus Paracelsus, 1493~1541)는 연금술에 깊은 관심을 가지고 질병치료에 응용하였고 점성술에도 고무적이었다. 파라켈수스는 기존의 갈레노스의학의 권위를 비판하였고, 문예부흥기시대에 활동한 독일계 스위스 본초학자, 연금술사, 점성술사, 광의의 오컬티스트였다. 의학에 화학적 개념을 도입하여 "모든 것은 독이며, 독이 없는 것은 존재하지 않는다. 용량만이 독이 없는 것을 정한다"라는 말을 남김으로써 독물학의 원칙을 확립했다.

프랑스 외과의사 엠브로스 파레(Ambroise Pare, 1510~1590)는 이발사로 시작했지만, 1537년 군에 입대하여 총상을 입은 병사들에게 테레빈유(ter-ebene油, 소나무에서 얻은 액체광물)를 발라 상처를 씻고 치료하면서 명성을 쌓았다.

연금술(연금술사)과 필리푸스 파라켈수스(왼쪽부터)

(출처: 위키피디아)

15, 16세기에 르네상스인들에 의해 연구된 그리스원전들(의 · 과학)이 유입되면서 실질적인 의학발전이 기대되었으나, 괄목할 만한 발전은 없었다. 오히려 동양과의 해상교류를 통해 16세기 중국의 이시진이 발간한 『본초강목(本草綱目)』이 서구에 알려졌고, 무역업자들은 본초강목에 실린 약용식물의 무역으로 이윤을 남겼다. 이 책은 훗날 다윈의 『종의 기원(On the Origin of Species)』에도 영향을 미치게 된다. 『본초강목』은 중국 명나라의 이시진이 지은 약초학연구로 분량이 방대하고, 내용이 충실한 약학저작이라고 평가를 받고 있다. 『종의 기원』은 찰스 다윈의 저술로서 1859년 11월 24일에 출판되었고, 진화생물학의 토대로 여겨지는 과학문헌이다. 자연선택을 통한 종의 진화에 대한 이론을 제시했다. 이 책은 출간 즉시 당시의 종교적인 믿음과 모순된다는 이유로 큰 논쟁을 일으켰다.

17세기

2) 후발주자들의 합류기 17세기

15, 16세기에 스페인과 포르투갈이 눈을 대양으로 돌려 막대한 이익을 거머쥐자, 17세기에는 영국, 프랑스, 네덜란드 같은 유럽국가들이 대양으로 진출하면서 이들 후발주자들 간에 식민지개척을 두고 치열한 경쟁이 벌어졌다. 이들 국가들은 포르투갈과 스페인 양자 간의 토르데시야스조약을 무시하고 앞선 두나라가 얻어낸 영토와 이권을 어느 정도 빼어오는 데에 성공했다. 토르데시야스조약(1494. 6. 7)은 교황의 중재 하에 스페인과 포르투갈 사이의 해외영토에 관한 식민주의적 조약이었다. 이 조약에 따르면 포르투갈은 대서양을 통하여 아시아 및 동인도제도로 진출할 수 있었고, 스페인은 아메리카대륙 쪽으로 진출해야만 했다.

그 후 영국과 네덜란드는 해상무역과 거점확보를 총괄하는 동인도회사를 각각 설치하여 본격적인 범세계적 무역활동에 나섰다. 동인도회사는 대항해시대 당시, 유럽 여러 나라에서 만들었던 아시아무역회사로 이름은 무역회사지만 회사의 수장이 식민지총독을 겸하였다. 영국과 네덜란드는 모두 활발한 활동으로 실질적인 국제 해상무역의 중심으로 떠올랐다. 그러나 결국, 제한된 시장을 놓고 마찰이 잦아지던 와중 충돌하여 영란전쟁이 일어났다. 4차례(1652~1784)의 긴 싸움 끝에 최종적으로 승리한 영국은 해양무역로의 패권을 거머쥐고 대영제국이라는 전성기를 열게 된다.

프랑스 또한 동인도회사를 설립하긴 했으나 시장개척보단 식민지개척(예: 퀘벡)에 더 중점을 둔 경우였다. 이후 영국 또한 식민지개척에 뛰어들면서 두 나라는 아프리카, 남아시아, 북아메리카 등 세계 각지에서 자주 충돌하였다.

17세기는 과학혁명이라는 일대혁신으로 인해 의학분야에서 많은 업적들(해부 · 생리학, 의화학, 새로운 의학도구 등)이 축적된 시기였다.

(1) 역사적 사변

17세기 상반기, 유럽 대부분의 국가는 내부적으로 경제적 어려움을 비롯해 종교와 정치, 사회적 대변혁을 겪었다. 16세기에 시작된 종교개혁운동이 17세기에 종교전쟁으로 번져 절정을 이루었다. 영국은 피를 흘리지 않고 명예혁명을 이루었지만, 유럽 중앙에서는 칼뱅주의자와 가톨릭교회 간의 한 치의 양보도 없는 30년전쟁(1618~1648)이 벌어졌다.

유럽 군국주의시대의 군주들은 인구감소에도 불구하고 대규모군대를 유지하기 위해 많은 세금을 거둬들였고, 이것은 국가안정에 빈번한 위협을 초래했다. 그 가운데 30년전쟁은 군주들이 권력을 키우고자 종교를 정치적 이익을 위한 수단으로 이용한 결과였다.

어찌 되었든 30년전쟁을 종식시킨 베스트팔렌조약(1648)으로 칼뱅주의자에게 종교의 자유가 주어졌고, 종교개혁 이후 유럽을 휩쓴 종교적인 갈등은 진정되었다. 이 과정에서 귀족의 세력이 약화되면서 절대왕정의 시대가 도래했다.

17세기 후반, 스페인은 과도한 정부지출과 아메리카대륙으로부터 수입이 감소되면서 경제적 어려움을 겪게 되었고, 이내 세계열강으로서 스페인의 쇠퇴가 시작되었다.

스페인과 포르투갈과 같은 선두주자들이 쇠퇴하면서 유럽에서 새로운 경제강국으로 부상한 영국과 네덜란드 간 무역경쟁이 심해졌고 결국은 영국과 네덜란드 사이에 4차례에 걸친 영란전쟁(1652~1784)이 일어났다. 최종적으로 이 전쟁에서 승리한 영국은 해양무역로의 패권을 거머쥐고 대영제국이라는 전성기를 맞이하게 된다.

영국이 영란전쟁에서 최종적으로 네덜란드에 승리할 수 있었던 것은 당시 견고한 은행과 안정된 국가채무체계를 바탕으로 해외투자를 통해 막대한 이익을 얻었기 때문이다. 그리고 1685년 루이 14세의 낭트칙령(Edict of Nantes) 철회로 위그노파난민들이 대거 영국남부로 이주해오면서, 영국의 양조와 제지, 유리공예, 도자기, 섬유조직기술이 크게 발전했기 때문이다. 낭트칙령이란 앙리 4세가 1598년 4월 13일 선포한 칙령으로, 프랑스 내에서 가톨릭교도 이외에도 칼뱅주의 개신교 교파인 위그노의 종교적 자유를 인정한 것이다.

(2) 질병 극복을 위한 노력

17세기, 종교전쟁(30년전쟁)의 참상을 경험한 유럽의 지식인들(신플라톤주의자들)은 맹목적인 믿음 대신 과학적 방법이 지식을 얻는 확실한 길이라고 생각했다. 바로 이 종교 · 사상개혁(16C 중엽~17C)이 과학혁명(17C)의 중대한 배경이 된 셈이다.

이슬람세계로부터 전해진 신플라톤주의는 자연세계가 수학으로 표현될 수 있다는 플라톤의 사상을 기반으로 우주 힘의 열쇠를 수학에서 찾으려 했다. 중세 기독교세계(가톨릭교회)에서의 우주는 인간의 힘이 도저히 미칠 수 없는 신성한 신의 영역이었지만, 신플라톤주의자들은 우주와 인간과의 상호교류를 적극적으로 수용했다.

결국, 이러한 신플라톤주의의 영향으로 17세기에 과학혁명이라는 일대혁신이 일어났다. 기계론적인 해석이 많아지고 수학적인 과학용어가 사용되기 시작하였다. 일례로, 데카르트는 수학으로, 갈릴레오는 관찰로, 베이컨은 귀납법으로 기계론적 철학에 입각한 새로운 세계관을 창조하려고 시도했다. 이를 기반으로 의학연구에 실험이 채택되어, 많은 연구업적이 축적되었다.

다만, 중국의 침과 뜸이 네덜란드상인에 의해 유럽에 전해질 만큼 아직 의학교육은 새로 출현한 의학사상이나 연구업적에 보조를 맞추지 못했다.

① 17세기 과학혁명을 주도한 사상가들

16세기 종교개혁을 통한 진보에 대한 믿음이 17세기에 과학혁명의 결과로 나타났다. 영국의 버터필드는 1952년 『근대과학의 기원』이라는 저서에서 서구세계를 근대로 이행한 사건은 종교개혁이나 르네상스(문예부흥)가 아니라 과학혁명이라고 하였다.

과학혁명은 1543년에 코페르니쿠스가 『천구의 회전에 관하여』를 출간하여 우주의 중심이 태양임(지동설)을 선언함으로써 실질적으로 시작되었고, 1687년 아이작 뉴턴(Sir Isaac Newton, 1643~1727)이 『자연철학의 수학적 원리』를 출간하면서 종결되었다. 아이작 뉴턴은 이성을 가장 효과적으로 활용할 수 있는 분야가 바로 수학이라고 주장했다. 뉴턴이 수학적, 합리적, 경험적, 실험적 방법을 사용하여 성공을 거둠으로써 철학자와 사상가들도 형이상학적인 것들 배격하고 합리적이고 경험적인 면을 강조하게 되었다.

르네 데카르트(Rene Descartes, 1596~1650), 갈릴레오 갈릴레이(Galileo Galilei, 1564~1642), 프란시스 베이컨(Francis Bacon, 1561~1626) 등과 같은 사상가들도 과학혁명을 주도하여 서구유럽의 의학발전에 큰 영향을 미쳤다.

하여 17세기(르네상스 이후)부터 세계역사의 주요무대는 서양으로 옮겨졌으며, 그 점에서 의학도 예외는 아니었다.

• 르네 데카르트

르네 데카르트(Rene Descartes, 1596~1650)는 "나는 생각한다. 그러므로 나는 존재한다(cogito ergo sum)"는 말로 잘 알려진 근대철학의 아버지이다. 그는 당시 직접 진료를 하지는 않았지만, 당대의 어느 의사보다도 생명관에 큰 영향을 미친 근대 합리주의의 창시자이다. 1637년 그가 편찬한 『방법서설(Discours de la méthode)』에서 자연에서 일어나는 모든 운동은 기계적이며, 자연이 거대한 기계이듯이 인간도 하나의 기계라고 주장하였다. 또한, 이 우주는 신과 피조물이라고 하는 매우 이질적 두 실체가 있고, 인간에게는 정신(영혼)과 신체라고 하는 이질적인 두 실체가 존재(2원론)한다고 주장했다. 이러한 영혼과 신체 사이의 실체적 구분으로 중세적 자연관(영혼이 자연적 사물 안에 내재한다는 생각)이 밀려나고 기계론적 자연관이 정당화되었다. 그 결과 인류는 신화나 종교적 영감, 예술가의 상상력 등을 미신적이거나 비과학적인 것으로 치부하거나 무시하게 되었다(탈신화, 탈주술로 인간성상실 초래). 더 심각한 것은 인간과 자연이 분리됨으로써 자연은 개발대상이 되어버렸고(산업사회의 자연관), 현대과학 역시 기계적 철학에 기반을 두게 되어 과학사에서 데카르트의 영향력은 매우 컸다.

• 갈릴레오 갈릴레이

갈릴레오 갈릴레이(Galileo Galilei, 1564~1642)는 이탈리아 르네상스 말기의 물리학자 · 천문학자 · 철학자로 근대과학의 거장이다. 그는 물체운동론을 연구하여 관성의 법칙, 낙하 물체의 가속도가 일정하다는 사실을 밝혀 물체의 낙하속도가 무게에 비례한다는 아리스토텔레스의 잘못을 증명하였다. 1609년에는 망원경을 제작하여 달의 산 · 계곡 및 태양의 흑점, 목성의 위성 등을 발견하였으며, 지동설(지구가 자전하면서 태양의 주위를 돈다는 설)을 주장하여 교황청으로부터 종교재판을 받기도 했다.

• 프란시스 베이컨

프란시스 베이컨(Francis Bacon, 1561~1626)은 실험적 방법과 귀납적 방법을 제시한 근대 경험론의 선구자이다. 그의 귀납법은 3단계로 설명이 되는데, 1단계는 실험이나 관찰을 통해 자료를 준비하는 것, 2단계는 그 자료를 정리하여 표를 만드는 것, 3단계는 그 표를 근거로 귀납적 추론(결론)에 이르는 것 등이다. 1620년에 편찬한 『새로운 방법론(Novum Organum)』에서 인간이 네가지 우상(idol: 종족의 우상, 동굴의 우상, 시장의 우상, 극장의 우상)에서 벗어나야 자연에 대한 참다운 지식에 도달할 수 있다고 주장하였다.

17세기 과학혁명을 주도한 사상가들

르네 데카르트 　 갈릴레오 갈릴레이 　 프란시스 베이컨

(출처: 위키피디아)

② 17세기에 등장한 새로운 연구 업적들

17세기는 해부 · 생리학 분야에서 새로운 연구업적들(혈액순환이론, 분비선 발견, 호흡생리 등)이 쌓여 인체의 구조와 생리를 이해하는데 많은 발전이 있었

다. 그 밖에 의화학, 의물리학의 발전과 의학도구(체온계와 현미경)의 발전이 이루어진 시기였다.

• 생리학

윌리엄 하비(William Harvey, 1578~1657)는 아리스토텔레스의 소 우주론의 영향을 받아서 심장연구에 주력한 영국출신의 의사 · 생리학자이다. 아리스토텔레스(BC 4C)와 갈레노스(2C)의 혈액운동에 대한 견해를 인정했지만, 혈액순환의 본질과 심장의 펌프기능을 입증하기 위해 전적으로 관찰과 실험에 근거하여 추론해냈다. 결국, 1628년 저서 『동물의 심장과 혈액의 운동에 관하여』를 통해 혈액순환(폐쇄된 시스템 안에서 혈액이 끊임없이 순환한다)을 입증함으로써 근대 생리학의 문을 활짝 열었다. 하비의 업적은 순수한 과학적 업적이기도 하지만, 생물학분야에서는 천 년이 넘게 지배해 온 갈레노스의 이론을 반박하고 의문을 갖게 해 생물학의 과학혁명을 이루었다. 대정맥 → 우심실 → 폐동맥 → 폐 → 폐정맥 → 좌심방 → 좌심실 → 대동맥으로 이어지는 혈액순환이론을 정립했다.

혈액순환이론을 정립한 하비와 그의 결찰사 실험

(출처: 네이버)

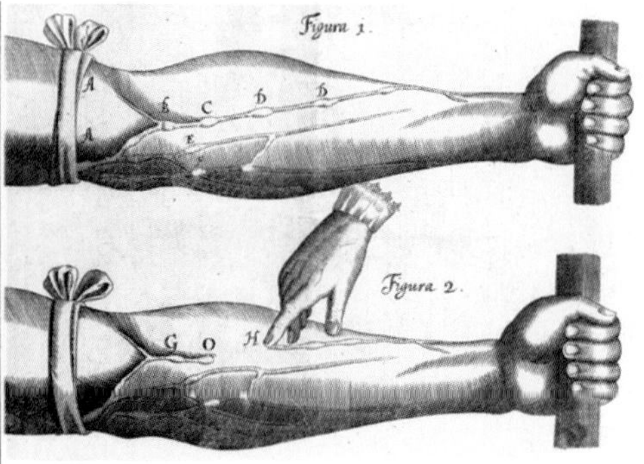

(출처: 위키피디아)

토마스 와튼(Thomas Wharton, 1614~1673)은 분비선의 생리학적인 기능을 비교 · 설명하여 소화선(타액선 · 위선 · 장선, 간장과 췌장), 림프선(임파선, 림프절이라고도 불리는 신체기관), 생식선(난소와 정소)의 차이점을 밝혀냈다. 또한, 관이 없이 혈액으로 바로 분비되는 선(오늘날 내분비선)과 관을 통해 분비되는 선(오늘날 외분비선)이 뚜렷이 구별된다는 사실도 밝혀냈다. 닐스 스텐센(Niles Steensen, 1638~1686)은 1661년 이들 분비선과 림프선의 차이를 구분해냈다.

호흡의 역할이 명백히 밝혀지기까지는 오랜 세월이 걸렸지만, 17세기에 주목할 만한 발전이 있었다. 로버트 보일(Robert Boyle, 1627~1691: 보일의 법칙 발견)이 양초가 연소 되고 동물의 생명이 유지되는 데에는 모두 공기가 필요하다는 사실을 실험을 통해 보여주었다. 그리고 리차드 로위(Richard Lower, 1631~1691)는 처음으로 수혈을 시행하였으며, 검붉은 정맥혈이 동맥혈로 변하는 현상은 혈액이 폐에서 공기와 접촉함으로써 생긴다는 사실을 발견하였다.

• 의화학

의화학은 필리푸스 파라켈수스(Philippus Paracelsus, 1493~1541)의 추종자들이 행한 연금술, 의술, 화학이 한데 섞여 붙여진 이름이다. 파라켈수스는 연금술의 진정한 목적은 금을 만드는 것이 아니라 의약품을 만드는 데 있다고 주장하였다. 그는 연금술의 화학적 기술을 의학과 접목시켜 17세기에 의화학의 시대를 여는 데 공헌했다. 하여 17세기에 이르러 정량적인 실험의 중요성이 인식되었고, 아직 화학이론이 정립된 것은 아니었지만 여러 화학반응의 본성들이 이해되기 시작하였다. 대표적인 의화학자로 요한 루돌프 글라우버와 반 헬몬트를 꼽을 수 있다.

요한 루돌프 글라우버(Johann Rudolf Glauber, 1604~1668)는 1648년에 연금술사의 집을 사들여 자신이 설계한 최신 화학실험실로 개조하였는데, 그것은 연금술의 시대에서 화학의 시대로의 이행을 상징하는 사건이었다. 그가 저술한 『화학 대전』에는 화학연구에 기울인 그의 노력이 잘 반영되어 있다.

반 헬몬트(Jan Baptista van Helmont, 1581~1644)는 파라켈수스의 영향을 받은 연금술사로, 4체액설을 부정하고 정량(定量)적인 실험을 시도하였다. 치료 시 사혈과 하제사용을 반대하는 대신 화학적 약물을 사용하였다. 이러한 약물에 대한 그의 접근은 경험적인 것으로 화학발전에 새 장을 열었다.

• 의물리학(의기계론)

의물리학은 의학적 현상을 기계를 닮은 물체들의 운동으로 설명하려 했던 새로운 의학사상이다. 손꼽히는 의물리학자로 보렐리와 발리비가 있다.

지오반니 알폰소 보렐리(Giovanni Alfonso Borelli, 1608~1679)는 기계론적인 원리를 의학에 적용한 의기계론자로 근육에서 시작해서 모든 장기를 기계론적으로 연구하였다.

조르지오 바글리비(Giorgio Baglivi, 1668~1707)는 장기를 특정기계에 대비시킨 극단적인 기계론자(human machine)였다.

③ 새로운 의학 도구

17세기는 기술적으로 발전된 체온계와 기능적으로 강화된 현미경이 개발되어 임상관찰이 수월해졌다.

• 체온계

1592년에 갈릴레오가 온도변화를 대충 알려주는 수준의 온도계를 처음 만들었다. 그의 영향을 받아 17세기에 산토리오 산토리오(Santorio Santorio, 1561~1636)는 눈금을 넣은 정교한 체온계를 고안하여 처음으로 사용하였다.

이 정교한 체온계는 18세기에 유명한 임상가인 부어하브(Herman Boerhaave, 1668~1738)와 그의 제자들에 의해 환자진단 시 널리 이용된다. 그들은 질병의 진행과정을 측정하는 수단으로 체온이 중요하다는 사실을 강조하였고, 이후 체온계는 임상 시 필수도구가 된다.

• 현미경

현미경은 이미 고대부터 천체관측용(확대경)으로 사용되었지만, 17세기에 안톤 판 레반후크와 로버트 후크에 의해 그 기능이 강화된 형태로 개발되었다.

1660년, 안톤 판 레반후크(Anthony van Leeuwenhock, 1632~1723)는 더 세밀한 대상을 관찰할 수 있도록 높은 배율의 성능을 지닌 현미경을 제작하였다.

이어 1665년 로버트 후크(Robert Hooke, 1635~1703)가 최고의 성능을 가진 현미경을 개발하였다. 그는 자신이 만든 현미경을 이용하여 와인 병마개를 관찰하다 벌집처럼 보이는 작은 공간들을 발견했다. 그 모양이 마치 수도승들이 거주하는 작은 방들처럼 생겼다고 생각하여 셀(cell, 세포)이라는 이름을 붙였다. 그는 현미경으로 관찰한 것을 그림으로 그려 『마이크로그라피아』라는 책을 통해 세상에 알렸다. 이로써 우리 몸을 이루는 기본단위가 세포(cell)라고 처음 명시한 사람이 되었다.

로버트 후크, 그의 현미경과 저서 마이크로그라피아(왼쪽부터)

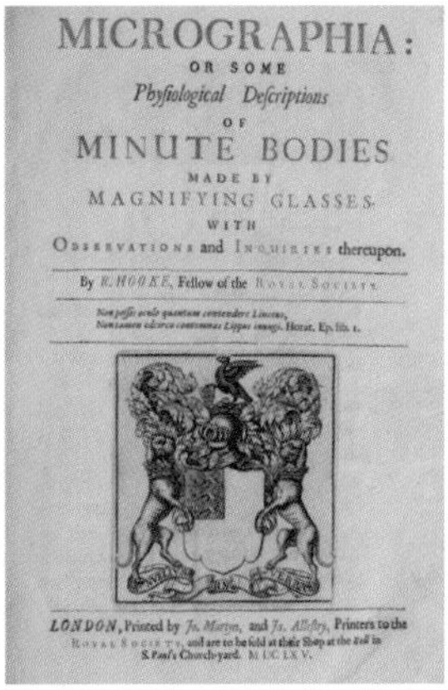

(출처: 위키피디아)

④ 의학교육과 임상가

17세기에는 해부 · 생리학적 발전이 뚜렷했으며, 의화학이나 의물리학과 같은 의학사조도 그 당시를 풍미했다. 그러나 아직 의학교육은 새로 출현한 의학사조나 생리학적 연구업적에 보조를 맞추지 못했다. 대부분 대학의 의학교육은 여전히 고대 이슬람저자들의 저작에 의존했다. 그래도 진단기술과 경험을 바탕으로 환자를 치료하는 토마스 시든햄과 같은 임상가가 활발히 활동했다.

• 의학교육

17세기는 새로운 의학사상의 영향으로 다양한 의학이론이 등장했으나 대학에서 의학교육은 여전히 이슬람저자들의 의학서적에 의존하는 경우가 많았다. 더욱이 의학교육의 기준이 나라마다 크게 달랐고 같은 나라에서도 일관성이 없었다. 결국, 과학자들은 점차 공식적인 제도의 형태를 갖춘 조직적이고 지속적인 단체와 그를 통한 지식의 상호교환을 필요로 했다.

하여 이 시기의 의학교육은 대학보다 실험과 경험적 방법을 선호하는 공공학회나 사설학회를 통해 발전했다. 이러한 과학단체들은 1660년경 본격적으로 창립되었으며, 이들의 전신으로 로마의 린체이 아카데미(1603)와 피렌체의 치멘토아카데미(1657 창립)가 있다. 그리고 왕립학회나 과학아카데미와 같은 단체도 결성되었다.

대학들이 아리스토텔레스의 방법과 논리를 숭배하고 과거에 매달리는 동안 이들 기관에서는 실험과 경험적 방법을 선호하였다. 최초로 실험을 방법론으로 도입한 피렌체의 치멘토아카데미에서는 회원들이 함께모여 실험하고 연구할 수 있었다.

• 임상가

토마스 시든햄(Thomas Sydenham, 1624~1689)은 환자치료에 이론보다는 진단기술과 경험이 중요하다고 생각했다. 그는 당시를 풍미하던 의화학이나 의물리학과 같은 의학사조(실제 환자치료에 별 도움을 주지 못함)에는 별 관심이 없었다. 과학적 의학연구에 몰두하는 의사들은 환자에 대한 해부학적, 생리학적 이해를 중요하게 여겼다. 그러나 그는 질병을 앓고 있는 환자에게 도움을 주는데 관심과 노력을 집중시켰다. 히포크라테스처럼 환자를 돌보는 것이 가장 중요한 의사의 역할임을 강조하였기에 영국의 히포크라테스라고 불리었다.

18세기

3) 쇠퇴기 18세기

18세기는 수세기에 걸친 탐험과 개척, 정복 끝에 유럽인들이 지구상에 존재하는 대부분 문명을 발견하면서 자연스레 대항해시대가 끝나는 시점이다.

이 시기에 마야문명, 잉카제국, 아즈텍제국을 멸망시킨 스페인정복자는 브라질을 제외한 중남미 아메리카대륙을 지배하였다.

한때 유럽에서 독보적인 위치를 차지했던 스페인이 왕위계승전쟁 후 다른 나라의 야심을 채우는 전쟁터로 전락하면서 유럽에는 새로운 질서가 확립되었다.

즉, 영국이나 프랑스, 네덜란드 같은 후발주자들은 북아메리카와 오세아니아, 그리고 아프리카 등지로의 진출을 시도하여 현재의 남아프리카공화국의 보어인과 영연방회원국인 캐나다, 호주, 뉴질랜드, 그리고 미국의 기원이 되었다.

18세기에는 알프스산맥 이북의 의학교에서 임상교육의 놀라운 성과가 있었지만, 실질적으로 치료에 활용할 수준의 의학발전은 아니었다. 다만, 괄목할 만한 성과로 디기탈리스와 우두접종을 들 수 있다.

(1) 역사적 사변

서유럽의 탐험을 통한 신대륙의 발견과 무역로 개척으로 18세기에 들어 베니스와 제노바, 암스테르담, 런던 같은 유럽도시에서 상인자본주의 형태가 나타나기 시작했다. 이들 도시에는 복잡한 은행업무체계와 신용거래체계가 이미 확립되어 왕이나 정부는 물론이고, 장거리 무역상에 대한 재정지원이 이루어졌다. 이를 기반으로 18세기 후반, 영국에서는 대량생산설비를 갖

계몽주의사상가들과 프랑스 인권선언문

볼테르

몽테스키외

프랑스 인권선언문

(출처: 위키피디아)

춘 공장이 들어섰고(제1차 산업혁명, 1760~1820), 상인자본주의는 산업자본주의로 탈바꿈하게 되었다. 이는 유럽인들이 백인이 다른 문명에 비해 우수하다는 백인우월주의와 서구중심주의로 연결되는 제국주의시대의 시발점이 된다. 18세기 상인자본주의의 산업자본주의로의 전환으로 19세기에 제국주의시대가 개막이 된다. 19세기 후반, 유럽열강은 시장의 개척과 자원의 확보, 자본의 투자대상을 찾아 아프리카, 아시아를 침략하여 식민지로 만들게 된다. 이로써 본격적으로 제국주의시대(1870년대부터 1차 세계대전이 시작된 1914년까지)가 전개되며, 대표적인 제국주의국가로 영국, 프랑스, 독일, 러시아, 미국, 일본 등을 들 수 있다.

16세기와 17세기에 걸쳐 유럽에서 일어난 종교개혁과 종교전쟁 그리고 그로 인한 참상을 경험한 유럽의 많은 지식인은 인간사에서 이성이 최우선이 되어야 했다. 이는 18세기 유럽인들의 사고방식을 지배한 계몽주의운동의 토대가 되었다.

계몽주의사상가들은 이성을 무지와 독단, 미신은 물론이고 중세의 특징이기도 한 권위에 대한 맹목적인 복종과 비교했다. 그리하여 정치, 사회뿐 아

앙시앵 레짐(프랑스의 구체제)

(출처: 구글)

니라 철학과 과학분야에도 영향을 미쳐 인류가 이성적이고 과학적인 접근을 견지하게 되었다.

18세기를 대표하는 계몽주의사상가 볼테르(Voltaire, 1694~1778)와 몽테스키외(Montesquieu, 1689~1755)는 이성주의에 입각한 원칙들을 사회와 정치에도 적용하길 원해 종교적 정치적 박해에 맞서 투쟁했다. 볼테르나 토머스 홉스(Thomas Hobbes, 1588~1679), 존 로크(John Locke, 1632~1704), 장 자크 루소(Jean Jacques Rousseau, 1712~1778), 드니 디드로(Denis Diderot, 1713~1784) 같은 프랑스 계몽주의사상가들은 미국독립전쟁과 프랑스혁명을 비롯한 18세기 말의 정치적 대격변에 큰 영향을 미쳤다.

특히, 프랑스의 구체제(앙시앵 레짐)는 18세기 중반 이후로 계몽주의사상가들로부터 공격을 받았다. 앙시앵 레짐(Ancien Régime)은 프랑스 혁명 이전 프랑스왕국의 체제를 가리키는 말로, 구체제(舊體制) 또는 구제도(舊制度)를 의미한다. 극도의 빈곤과 굶주림에 시달리던 프랑스의 중하류층은 미국의 독립전쟁(1775~1783)에 자극받아 프랑스 전제정치의 폐지를 주장하는 일촉즉발의 사태(프랑스혁명)를 일으켰다.

이 프랑스혁명(1789~1799)은 유럽대륙의 역사에서 근대화 초기에 나타난 군주제의 붕괴와 중산층이 지배(인권선언문)하는 근대국가 등장의 분수령이 되었다.

(2) 질병 극복을 위한 노력

18세기 초에 이르면 개신교에 대한 탄압으로 자본가와 학자들이 알프스 이북으로 이동하면서 북부이탈리아(르네상스가 시작된 곳)는 점차 그 명성을 잃어가기 시작했다. 대신 알프스산맥이북에 있는 의학교들이 의사와 의학도들의 관심을 끌게 되었고, 그곳에서 임상교육분야의 놀라운 성과가 있었다.

또한, 모르가니의 장기병리학, 아우엔부르거의 타진법, 존 헌터의 동맥류 제거술 개발, 쉬탈과 라미뜨리의 상반된 의학사상 등장 및 의료체계의 개혁 등 다양한 의학적 성과가 있었다.

그러나 흡각, 사혈 그리고 하제 등이 개업의의 중요한 치료수단일 정도로 실질적인 의학의 발전은 거의 없었다. 다만, 괄목할 만한 업적으로 디기탈리스(digitalis)와 우두접종(예방접종)이 있다.

① 임상의학 교수와 임상가들

• 헤르만 부어하브 임상교수

헤르만 부어하브(Hermann Boerhaave, 1668~1738)는 의사와 의학도들의

관심을 북부이탈리아에서 알프스 이북의 의학교로 옮기는 데 가장 큰 역할을 한 의학자이다. 그는 뛰어난 연구나 주목할만한 새로운 치료법을 개발하지는 않았지만, 그 당시 의학의 변화를 민감하게 파악한 임상의학 교수였다. 그는 다른 사람들의 새로운 발견과 방법론을 잘 이해하여 자신의 것으로 소화하고 종합하는데 탁월했다. 제자들에게 환자를 주의깊게 관찰하고 기억하라고 가르쳤고, 어떠한 하나의 의학이론으로 질병을 이해하고 환자를 치료하지 않고, 여러 가지 의학이론을 모두 받아들여 절충하고 보완하는 노력을 하였다. 그의 이러한 노력은 여러 나라의 의학계에 영향을 미쳐 네덜란드의 라이든대학이 유럽대학의 모델이 되는데 결정적인 역할을 했다.

• 조반니 바티스타 모르가니 장기병리학의 창시자

조반니 바티스타 모르가니(Giovanni Battista Morgagni, 1682~1771)는 해부학분야에서 사후부검을 중심으로 하는 병리해부학을 도입한 해부학자이자 병리학자이다. 그의 저서 『질병의 장소와 원인에 관한 해부학적 연구(De Sedibus et Causis Morborum, 1761)』에는 부검에서 관찰한 수많은 증례와 각 증례의 증상과 사후변화가 잘 표현되어 있다. 그의 목표는 환자 생전의 소견과 부검을 통해 발견한 해부학적 특성을 관련짓는 것이었다. 그 결과 해부학은 비로소 임상의학과 뗄 수 없는 관계가 되었다. 그에 의해 질병이 국소적으로 우리 몸에 자리잡고 있다는 사실이 확인되었다. 따라서 환자가 질병으로 사망하면 부검을 통해 질병이 자리잡고 있던 부위를 확인하는 것이 당연하게 되었다. 모르가니의 저서가 출간된 후 많은 의사가 그를 따라 4체액의 부조화 대신 병든 장기를 통해 환자의 증상을 설명하려 노력하게 되었다.

조반니 바티스타 모르가니와 그의 서적

(출처: 위키피디아)

• 사비에르 비샤 조직병리학의 창시자

사비에르 비샤(Xavier Bichat, 1771~1802)는 해부학 및 외과학 교수로 재직하였다. 당시는 프랑스혁명시기로 농촌경제의 파탄으로 농촌인구가 대거 대도시로 밀려들어 도시빈민층이 되었다. 장례비용이 부담스러운 환자가족들은 장례를 치러주는 조건으로 부검에 동의하여 엄청난 수의 부검연구가 가능했다. 덕분에, 그는 1799년에 조직병리학 관련 최초의 책인 『막에 대하여(treatise on membrance)』를 출간할 수 있었다. 그리고 1801년에는 두 번째 책인 『해부학 총론(general anatomy)』에서 조직이 우리 인체기능의 최소 단위임을 제시했고, 장기의 종류와 무관하게 조직의 종류가 같다면 병리학적으로 같다고 주장했다.

• 레오폴드 아우엔부루거 타진법 창시자

18세기 전에는 환자가 의사에게 편지로 문의하고 처방전을 받는 경우가 드물지 않았다. 17세기부터 내려오는 이런 의료관행에 익숙해진 환자들은 의사가 신체를 손으로 만지며 진찰하는 것을 꺼렸다. 18세기 말 이러한 전통을 깨고 환자의 신체를 적극적으로 검사해야 할 필요성을 주장한 의사가 레오폴드 아우엔부르거(Joseph Leopold Auenbrugger, 1722~1809)였다. 그는 여관과 식당을 겸했던 가정에서 자라며 그의 아버지가 포도주가 얼마나 남아있는지 술통을 두드려 알아내던 어린시절의 경험을 살려, 1761년『타진의 새로운 고안, Inventum Novum』이라는 책을 발표하여 처음으로 타진법을 제안하였다. 타진법(打診法)이란 질병이 의심되는 부위를 일정한 힘으로 가볍게 타격하여 진단하는 방법이다. 그는 신체를 두드렸을 때 나는 소리로 내부 장기의 건강상태를 측정하는 이 방법이 종래의 진단법을 대신할 수 있는 신뢰성 높은 방법이며, 특히 폐질환의 진단을 근본적으로 변화시킬 것이라고 믿었다. 그가 사망한 후 타진법은 사라졌으나 나폴레옹의 주치의 코르비자르(Jean Nicolas Corvisart, 1755~1821)가 프랑스혁명 중 타진법을 개량하고 보급했다. 이후 여러 후배의사들이 타진법을 이어갔는데 그중 한명이 19세기에 청진법을 개발한 라에네크(Laennec, 1781~1826)이다.

레오폴드 아우엔부르거와 그의 서적

(출처: 네이버)

동맥류 제거 시술에 성공한 존 헌터

(출처: 위키피디아)

• 존 헌터 외과의사

존 헌터(John Hunter, 1728~1793)는 동맥류를 제거해내는 시술을 성공시켜 환자가 사지절단술을 받는 고통에서 벗어나게 한 외과의사다. 이러한 성과로 인해 외과의사의 사회적 지위가 향상되었다. 그는 정확성과 과학성을 추구한 실험외과학, 실험병리학, 비교해부학의 개척자이기도 하다. 존 헌터의 제자 가운데에는 외과의사 쿠퍼(Astley Cooper, 1768~1841)와 애버네티(John Abernethy, 1764~1831), 내과의사인 제너(Edward Jeneer, 1749~1823, 우두접종법 개발)와 파킨슨(James Parkinson, 1755~1824) 등이 있다.

② 상반된 의학사상

18세기에는 게오르그 에른스트 쉬탈의 생기론과 줄리앙 라메뜨리의 인간기계론과 같은 상반된 의학사상이 양립했다.

게오르그 에른스트 쉬탈(Georg Ernst Stahl, 1659~1734)은 의학체계론자로 당시 풍미하던 데카르트의 영혼-신체 2원론과 신체기계론에 반대하면서 생기(anima) 또는 영혼의 존재를 전제로 하는 생기론을 주장했다. 결국, 고대부터 내려오던 영혼의 존재를 근대화된 개념으로 재도입한 셈이었다. 쉬탈의 이러한 사상은 기계적 유물론, 기계적 생물관에 대한 반작용으로 나타난 것으로 그를 둘러싸고 있던 종교적 분위기(계몽주의에 대한 반작용)가 의학이론 형성에 적지 않은 영향을 미친 사례다.

반면, 줄리앙 라메뜨리(Julien Offray de La Mettrie, 1709~1751)는 쉬탈과 반대로 인간의 영혼을 과학의 영역으로 끌어냈다. 1748년에 그가 출간한 『인간기계론』에서 자신의 생명관, 정신-신체 관계에 관한 견해를 분명하게 표명했다. 물질이 인간의 영혼까지 포함한 모든 자연현상의 근원이라 여기고, 영혼을 신체의 메커니즘을 통해 설명하려고 하였다. 그때까지 종교의 그늘에 가려져 있던 영혼을 의사로서 자신의 경험과 당시에 알려진 해부학과 생리학지식을 토대로 과학의 영역으로 끌어낸 것이다.

③ 의료체계의 개혁

18세기는 계몽주의의 영향으로 민중의 입장을 존중하고 권리를 인정해야 한다는 사상이 싹터 정신질환자를 대하는 태도와 치료법에 변화가 생겨났다.

필리프 피넬(Philippe Pinel, 1745~1826)은 짐승처럼 족쇄를 채워 놓았던 파리의 비세트르요양원의 환자들을 인간적으로 대할 것을 호소하며 족쇄를 풀어주었다. 생기론을 지지한 피넬은 정신질환자들에 대해 사람들이 가지고 있는 오랜 편견을 깨기 위해서 노력했으며 정확한 진료기록을 남겼다.

1731년 프랑스에 외과학교가 설립되었고, 1743년에는 이발사들이 외과 분야의 일을 할 수 없도록 하는 법령이 공포되었다. 이어 1750년에는 프랑스에 외과실습학교가 설립되어 이발사와 겸업이었던 외과가 독립하여 내과와 동등한 지위를 구축하기에 이르렀다.

1800년에 영국에는 왕립외과학교가 창립되었고, 2년 뒤에는 외과의사조합이 이발사조합으로부터 공식적으로 분리되었다. 그리고 산과(産科)는 산과원(産科院)으로 독립하였고, 소아과도 내과에서 독립하여 1769년 런던에 소아과병원이 창립되는 등 외과가 내과에서 분리되는 의료체계의 개혁이 일어났다.

④ 실질적인 의학분야의 업적

18세기는 의학사상과 임상교육분야의 놀라운 성과에도 불구하고 흡각, 사혈 그리고 하제 등 고대의 치료술이 개업의의 중요한 치료수단일 정도로 실질적인 의학의 발전은 거의 없었다.

18세기에 시행된 괄목할만한 업적은 디기탈리스(digitalis)와 우두 접종(예방접종)이었다.

윌리엄 위더링(William Withering, 1741~1799)은 그의 저서『디기탈리스에 관한 고찰(Account of the Fox-glove, 1785)』에서 팔다리 부종치료에 디기탈리스의 치료효과가 뛰어남을 증명했다. 그 당시 그는 디기탈리스가 심부전에 의한 부종에 치료효과가 있다는 사실을 몰랐으나, 그 약이 주로 심장에 작용한다는 사실까지는 발견했다. 이후 디기탈리스는 오늘날에도 심장기능부전(心臟機能不全)에 쓰이는 대표적 약물로 사용되고 있다.

에드워드 제너(Edward Jenner, 1749~1823)는『천연두 접종의 근거와 효과에 관한 연구(An Inquiry into the Causes and Effects of Variolae Vaccine, 1798)』에서 우두(牛痘, cowpox)와 인체접종의 효과를 연구하고 증명해서 오늘날에도 천연두와 같은 위험한 질병을 예방하는데 결정적인 역할을 했다.

에드워드 제너와 윌리엄 위더링(왼쪽부터)

(출처: 위키피디아)

4) 여기서 잠깐

(1) 프랜시스 베이컨의 우상론

영국의 철학자 프랜시스 베이컨(1521~1626)은 선입견으로 인해 생기는 허위를 우상(idol)이라고 하였다. 우상에는 ① 종족의 우상(집단의 공통된 성질에서 생기는 문제) ② 동굴의 우상(환경, 습관, 교육, 취미 등의 영향으로 인한 문제) ③ 시장의 우상(사람들의 교제, 특히 언어가 사고를 제한하는 것에서 생기는 문제) ④ 극장의 우상(역사, 종교, 전통, 전설 등의 신봉에서 생기는 문제) 등 네 가지가 있다.

① 종족의 우상(種族의 偶像)

인간이라는 종족 전체의 공통적 성질에 의하여 생기는 오류이다. 인간이 가진 생물학적 특징이나 사회적 정서 및 편견을 가지고 사물을 바라보고 이해하거나 해석하는 태도로서, 인간자신의 성질을 만물에 투사하여 그것을 규정하려는 것을 말한다.

예) 꽃이 나를 보고 방긋 웃는다.

② 동굴의 우상(洞窟의 偶像)

평생을 동굴에서 살던 사람이 세상에 나왔을 때 개인의 주관이나 선입견 때문에 넓은 세계를 제대로 파악하지 못하게 되는 폐단을 말한다. 즉, 개인 각자의 특수한 성벽(性癖), 교육(教育), 교양(教養), 습관(習慣), 환경(環境), 호오(好惡), 격정(激情) 등으로 인해 공정한 견해와 판단을 그르치는 것을 말한다.

예) 우물 안 개구리

③ 시장의 우상(市場의 偶像)

사람이 서로 교역하며 관련을 짓는 시장에서 사물들에게 적합치 못한 단어나 이름을 붙여 사용함으로써 생기는 우상을 말한다. 특히, 잘못된 언어를 사용함으로써 사물의 이해를 방해하는 것을 말한다.

예) 엄친 딸

④ 극장의 우상(劇場의 偶像)

학문적 패러다임의 지배를 받아 자신들의 편견과 왜곡을 인식하지 못하거나, 권위나 전통을 지닌 어떤 사람의 학설이나 주장을 무비판적으로 그대로 받아들여 그것에 의지하려는 데서 생겨나는 편견을 말한다. 우리가 일상생활에서 권위있는 사람의 이름을 빌어서 '누구누구는 뭐라고 말했다'는 등으로 자신의 주장을 뒷받침하거나 그대로 옳다고 믿게 되는 것을 말한다.

예) 이 칫솔은 치아건강에 좋은 제품임이 분명하다. 왜냐하면 유명한 아나운서가 선전하는 치약이거든.

19세기

2

근대 서양

18세기 말~19세기

근대(近代, late Modern period)란 대개 현대를 기준으로 하는 시대구분에서 현대 바로 이전 약 1세기를 말한다. 서양역사에서는 넓게는 중세시대 이후에서 현대 이전까지(16C~19C), 짧게는 흔히 산업혁명이 일어난 18세기 말에서 19세기를 근대로 잡는다. 본 고에서는 후자(18C 말~19C)를 근대로 서술하였다.

18세기 후반에 영국에서 제1차 산업혁명(1760~1820)이 시작되어 19세기 초에는 유럽본토로 퍼졌다. 제1차 산업혁명은 광범위한 자본주의의 확산과 더불어 동력기계의 발명과 공장시스템의 도입으로 시작되었다. 이후 제1차 산업혁명은 유럽에서 사회와 정치 전반에 폭넓은 변화를 일으켰다. 일례로, 대량생산설비가 들어서고 공장이 세워지면서 상인자본주의가 근대적 산업자본주의로 탈바꿈했다.

제1차 산업혁명의 뒤를 이어 유럽과 미국 등 여러 나라에서 제2차 산업혁명(1870~1930)이 진행되면서 새로운 문명 형태인 현대산업사회가 탄생했다.

산업혁명의 여파로 빠른 속도로 성장한 산업도시에서 노동자들은 대부분

비좁고 불결한 환경에서 지내면서 질병에 걸리는 일(공중보건문제 발생)이 만연했다.

19세기 초반의 의학수준은 18세기의 연속에 머물렀지만, 19세기 후반에 들어서면서 보건위생과 공중위생 관련 연구가 심화 · 발전하였다. 특히, 세균학(질병의 원인으로 미생물의 발견)을 매개로 임상적 관찰과 병리 · 해부학의 융합으로 질병의 진단과 치료분야에 획기적인 발전이 이루어졌다. 진단법에 있어 혁신은 1816년 라에네크(Laennec, 1781~1826)가 발명한 청진기로 보인다.

1) 역사적 사변

(1) 제1, 2차 산업혁명

영국에서 일어난 제1차 산업혁명(1760~1820, 기계화혁명)은 서양에서 근대가 시작되는 중요한 전환점이 되었다.

제1차 산업혁명으로 기계의 발명, 증기기관의 동력활용, 철도와 증기선의 등장 등이 이루어졌고, 이는 자본주의경제가 본격적으로 출현하는 계기가 되었다. 토지를 소유한 귀족을 대신하여 중산층기업가(유력한 엘리트)가 새로운 계층으로 나타났다. 또한, 수백만 명의 농촌노동자들이 공장에서 일자리를 얻기 위해 도시로 밀려들면서 산업노동자계층도 생겨났다. 이처럼 제1차 산업혁명은 유럽사회 전반에 걸쳐 많은 변화를 일으켰다.

제1차 산업혁명의 뒤를 이어 유럽과 미국 등 여러 나라에서 제2차 산업혁명(1870~1930, 전기에너지 기반 자동화혁명)이 진행되면서 새로운 문명형태인 현대산업사회가 탄생했다. 제2차 산업혁명은 19세기 중반 독일에서 염료를 인공합성하면서부터 시작되었다.

(2) 공중보건 문제

산업혁명 이후 빠르게 성장한 산업도시로 밀려든 산업노동자계층에서 콜레라, 장티푸스와 같은 전염병이 만연되어 공중보건 · 위생 문제가 발생했다.

이에 전염병을 예방하고자 의사, 병원, 공중보건기구 등이 조직되기 시작했고 이는 근대의학이 시작되는 계기가 되었다.

이 공중보건에 가장 큰 공헌을 사람은 영국의 변호사 에드윈 채드윅(Edwin Chadwick, 1800~1890)이다. 그는 법조계뿐만 아니라 언론계에서도 활발히 공중보건운동을 벌였다. 1848년에 『대영제국 노동자들의 위생상태에 관한 보고서』를 펴내 이웃 나라들에서도 공중보건에 개혁을 일으키는 데 영향을 미쳤다.

2) 질병 극복을 위한 노력

19세기 초반 몇십 년은 과학적 근거가 부족한 동종요법, 카이로프랙틱, 수치료, 정골요법, 크리스천 사이언스 같은 치료행위들이 성행하였고, 말라리아에 키니네, 심부전에 디기탈리스, 통증에 아편이 사용되는 정도로 18세기 의학의 연속선상에 있었다.

그러나 19세기 후반에 들어서면서 세균학(질병의 원인으로 미생물의 발견)을 매개로 임상적 관찰과 병리학이 융합되어 질병의 진단과 치료분야에 획기적인 발전이 이루어졌다.

그리고 살아있는 유기체의 기본단위가 세포(세포설)라는 사실도 밝혀졌다. 그리고 새로운 진단도구(예: 청진법)의 도입, 마취기술과 외과수술의 발전 등의 의학적 성과가 축적되었다. 이러한 19세기의 의학적 성과는 20세기에 서양의학이 전성기를 구가하는 기반(근대의학으로 진일보)이 된다.

(1) 19세기 초: 과학적 근거가 부족한 치료행위들

독일 의사 사무엘 하네만(Samuel Hahnemann, 1755~1843)이 창시한 동종요법은 사람에게 어떤 특정한 질병과 비슷한 증상을 유발하는 약물을 소량만 투여하면 증상이 치료된다는 치료법이다. 극소량의 약물을 사용한 나머지 거의 아무런 효과를 얻지 못했으나, 아이러니하게도 사혈처럼 해로운 수단으로부터 환자를 보호해 주는 역할을 했다.

빈센쯔 프리스니츠(Vincenz Prissnitz, 1799~1851)가 창시한 물요법은 고대의 체액 개념에 근거를 두고 있는 치료법으로 그 당시 대단한 인기를 끌어서 유럽과 미국의 여러 곳에 물요법협회가 세워지기도 하였다.

프란쯔 조셉 갈(Franz Joseph Gal, 1758~1828)은 두개골의 형상과 변이가 그 아래 있는 뇌의 기능을 반영하여 사람의 정신적 특성을 결정한다고 하였으나 아무런 과학적 근거가 없는 주장이었다.

앤드류 테일러 스틸(Andrew Taylor Still, 1828~1917)이 창시한 정골요법은 해가 지나면서 정통 주류의학과 차이가 없어졌다.

다니엘 팔머(Daniel D Palmer, 1845~1913)는 1895년에 척추의 구조와 기능의 이상에서 질병이 생긴다는 카이로프랙틱(척추지압요법)을 창시하였다. 그는 척추를 바로잡음으로써 내장의 이상을 치료할 수 있다고 주장하였는데 대부분 근거 없는 주장으로 판명되었다.

마리 베이커 에디(Mary Baker Eddy, 1821~1910)가 창립한 크리스천 사이언스(Christian Science)는 의학보다는 건강과 질병의 회복은 전적으로 신의 뜻으로 보는 종교적인 색채가 강했다.

이렇듯 19세기 초반에는 과학적 근거가 부족한 치료행위들이 성행했다.

(2) 19세기 후반: 서양의학의 근대의학으로 진일보

19세기 후반에는 세균학, 병리학, 세포설, 조직학, 발생학, 생리학, 화학, 약리학 분야에서 비약적인 발전이 있었다. 특히, 질병의 원인으로서 미생물의 발견(세균학)은 질병의 개념과 치료방법, 위생에 대한 개념 등을 변화시켰고, 20세기의 면역학과 바이러스학 발전에 일조하게 된다.

또한, 마취기술과 외과술의 발전, 의사면허제도입과 의료의 전문분과가 이루어져 서양의학이 근대의학으로 진일보할 수 있는 발판이 마련되었다.

① 세균학과 병리학

세균학(細菌學, bacteriology)은 세균을 대상으로 연구하는 학문으로, 세균종들의 식별, 분류, 특징을 구분하는 연구분야이다. 전염병을 퇴치하고 극복하는데 영양과 주거, 작업환경의 개선 등 사회, 경제적 요인의 기여가 큰 것으로 평가되지만, 세균학의 기여가 매우 컸다.

루이 파스퇴르(Louis Pasteur, 1822~1895)는 발효나 부패과정이 자연적으로 발생하는 것이 아니라 공기 중에서 세균이 번식함으로써 비롯된다는 사실을 밝혀냈다. 당시 발효를 화학반응으로 생각하던 대부분 화학자와 달리 발효가 미생물의 작용에 의한 것임을 증명하여 세균학을 발전시켰다. 또한,

19C 세균학과 병리학 분야의 학자들

루이 파스퇴르(프랑스) 로베르트 코흐(독일) 루돌프 비르효(독일)
(출처: 위키피디아)

그는 우유의 살균법도 발견하여 지금도 파스퇴르살균이라는 이름이 쓰이고 있다.

로베르트 코흐(Robert Koch, 1843~1910)는 세균의 배양법과 염색법 및 현미경사진 촬영법을 개발하고 전염병의 병원체를 입증하는 원칙(코흐의 공리)을 제시하여 세균학의 시대를 개척하였다. 1882년 당시 가장 널리 퍼져 있는 결핵을 일으키는 결핵균을 발견하였고, 1883년에는 콜레라균을 발견하는 등 세균성 질병의 정체를 밝히는 데 성과를 올렸다.

이렇듯 병원균들의 존재가 과학적으로 밝혀지고 특정 전염병을 일으킨다는 감염설이 명백히 확인되었다. 이렇게 세균학의 발전으로 질병의 치료와 예방의 지름길을 발견한 듯 보였다. 그러나 그 열광의 시대가 지나면서 질병의 원인을 세균이라고만 단정할 수 없다는 사실이 밝혀지면서 세균학뿐만 아니라 병리학도 주목받기 시작하였다.

병리학(病理學, pathology)은 질병을 일으킨 신체의 조직이나 기관의 기질적 변화 및 기능적 변화를 연구하는 학문이다. 일반적으로 질병에 걸린 개체의 세포, 조직, 장기의 표본을 육안이나 현미경 등을 이용하여 어떤 변화가 나타나는지에 대한 검사방법이 사용된다.

② 세포설과 세포병리학

17세기 현미경이 발명된 이후 계속 개량된 현미경기술 덕분에 세포를 발견하고 관찰하는 일이 가능해졌다. 세포의 발견 이후 과학자들 사이의 논쟁을 거쳐 세포가 생물의 기본단위라는 사실이 밝혀졌다. 이는 사비에르 비샤의 조직병리학이론에 비해 한 단계 발전한 모습이었다. 세포는 모든 생물의 기본단위이자 재생산의 단위이기도 하다. 마티아스 야코프 슐라이덴(Matthais Schleiden, 1804~1881)과 테오도어 슈반(Theodor Schwann, 1810~1882)이 1838년 생물학에서 세포의 고유한 특성을 설명하는 과학이론인 세포설(細胞說, cell theory)을 발표했다.

루돌프 비르효(Rudolf Virchow, 1821~1902)는 1858년에 세포가 질병이 생기는 자리라는 이론을 수립하여 의학역사에 세포병리학의 창시자로 뚜렷한 족적(足跡)을 남겼다. 이로써 히포크라테스 이래로 서양의학을 지배해 왔던 체액병리설(4체액설)은 완전히 쇠퇴하였고, 생기론(生起論)도 설 자리를 잃게 되었다. 이렇듯 의과학(醫科學)상 커다란 업적을 세움으로써 비르효는 생전에 19세기 의학의 교황이라는 평판을 누렸다.

③ 조직학과 발생학

조직학(組織學, histology)은 현미경으로 관찰할 수 있는 극히 작은 동물 및 식물의 세포와 조직에 대해 연구하는 학문이다. 일반적으로 세포와 조직을 절편으로 만들어 염색한 것을 광학현미경이나 전자현미경을 사용하여 관찰이 이루어진다. 자코브 헨레(Jacob Henle, 1809~1885)는 장기의 현미경적 구조를 이해하는데 공헌하였다.

발생학(發生學, embryology)은 생물의 발생과정과 발생체제를 연구하는 생물학의 한분야이다. 로버트 레막(Robert Remark, 1815~1865)은 발생학적 기원에 따라 모든 조직을 내배엽, 중배엽, 외배엽의 세 가지로 구분하였다. 발터 플레밍(Walter Fleming, 1843~1905)은 배아와 장기가 자라고 조직이 재생되는 세포분열의 메커니즘을 밝혀냈다. 발 다이어(Wilhelm Waldeyer, 1836~1921)는 세포핵에 있는 염색체에 이름을 붙였으며, 신경계를 구성하는 기본단위가 뉴런(neuron)임을 제시했다.

④ 생리학, 화학과 약학

생리학(生理學, physiology)은 생물체의 기능을 연구하는 과학의 한분야로, 살아있는 생체 내에 존재하는 개체, 기관, 세포, 생화학 분자들의 화학적 또는 물리적 기능을 연구하는 분야이다. 클라우드 베르나르(Claude Bernard, 1813~1878)는 수많은 동물과 인체실험을 통해 생리학적 사실들을 밝혀냈을 뿐만 아니라, 내부환경과 외부환경의 개념(항상성의 원리)을 체계화함으로써 실험생리학과 실험의학을 반석에 올려놓았다. 그는 온혈동물은 생리적 메커니즘을 통해 외부환경적 요소에 저항하여 내부환경을 일정하게 유지(恒常性)한다고 주장했다. 파블로프(Ivan Pavlove, 1849~1936)는 개에게 음식을 줄 때 어떤 자극을 되풀이하면 음식이 없어도 개가 침을 흘리는 조건반사 현상을 보여주었다.

화학(化學: chemistry)은 물질의 성질, 조성, 구조, 변화 및 그에 수반하는 에너지의 변화를 연구하는 자연과학의 한분야이다. 뵐러(Friedrich Wohler, 1800~1892)가 생체 내에서 탄산암모늄으로부터 합성되는 요소를 인공적으로 합성해냄으로써 유기물과 무기물의 구분이 무의미해졌다. 호프 자일러(Felix Hoppe Seyler, 1825~1895)가 무기화학의 기법을 생체의 화학적 현상에 적용함으로써 의화학(醫化學)이라는 새로운 분야의 장을 열었다.

약학(藥學, pharmacology)은 물질이 생물의 기능변화를 만들기 위해 어떻게 상호작용하는지 알아보는 기초의학 혹은 조제학의 한분야이다. 생리학과 화학이 발전함에 따라 약물을 순수한 형태로 정제하여 동물과 인간의 신체 내에서 작용을 살펴보는 것이 가능해졌고, 약리학이라는 분과로 발전하였다. 부흐하임(Rudolph Buchheim, 1820~1879)과 그의 제자 슈미드베르그(Oswald Schmiedeberg, 1830~1920)에 의해 약리학이 처음으로 독립된 분과가 되었다. 제르튀르너(PWA Serturner, 1783~1841)가 1806년 모르핀을 정제하였고, 그 후 여러 알칼로이드 계통의 약물들(아트로핀, 콜히친, 코카인 등)이 약리학자들에 의해 분리되고 발견되었다. 알렉산더 브라운(Alexander Crum Brown, 1838~1922)은 약물의 화학적 조성과 약리작용을 연관시키는 연구를 하였다. 그리하여 점점 더 많은 약물이 분리되었고, 해열제와 같은 새로운 치료제 개발이 가능해졌다.

⑤ 마취기술과 외과수술

해부학지식과 외과수술의 발전으로 통증을 줄이는 안전한 방법에 대한 요구가 높아졌다. 특히, 치과 치료 시 통증을 줄이는 방법에 관심이 커졌다.

1844년 미국의 치과의사 호레이스 웰즈(Horace Wells, 1815~1848)는 아산화질소가 진통 효과가 뛰어나다고 생각하여 발치 시 아산화질소(Nitrous oxide, 웃음가스)를 여러 차례 사용하였으나 계속 실패하여 신뢰를 잃었다.

그러나 그의 동료 윌리엄 토마스 그린 모턴(William Thomas Green Morton, 1819~1969)은 에테르(ether)를 이용한 무통수술에 성공하였고, 이 에테르의 사용은 곧 보편화되었다.

이 기술과 방법은 올리버 웬델 홈즈(Oliver Wendell Holmes, 1809~1894)에 의해 마취(anesthesia)라고 불리게 되었으며, 이 마취의 개발은 좁게는 외과, 더 넓게는 의학에서 새로운 시대를 열리게 하였다.

그리고 제임스 영 심프슨(James Young Simpson, 1811~1870)이 개발한 클로로포름(chloroform)이 빅토리아여왕의 분만 시 사용되면서 대중화되었으나 부작용과 독성으로 인해 사용이 중단되었다. 이후로도 마취제와 마취기술의 개발은 계속되었다.

마취기술의 발달로 19세기 말, 독일의 외과의사 크리스천 알버트 테오드로 빌로스(Christian Albert Theodor Billroth, 1829~1894)는 최초로 식도절제수술에 성공했으며, 저서 『외과적 병리학 총론과 치료(Die Allgemeine Chirugische Pathologie und Therapie)』를 펴냈다. 이러한 결과로 오랫동안 무시받고 천대받았던 외과의사의 기술이 안정과 신뢰를 받아 사회적 지위와 대우가 개선되었다.

그러나 이러한 외과수술의 발달에도 불구하고 수술 후 감염은 공포의 대상이었다. 아무리 실력이 뛰어난 외과의사가 수술을 잘 하더라도 환자들은 농양과 괴저로 인해 고통을 받는 경우가 많았으며 심지어 사망도 하였다.

미국 의사 올리버 웬들 홈즈(Oliver Wendell Holmes, 1809~1894)가 수술 후 세균감염을 막기 위해서는 손소독의 중요성을 강조하는 논문을 발표하였으나 의사들은 처음에 그 사실을 인정하지 않았다.

그러나 영국 의사 조셉 리스터(Joseph Lister, 1827~1912)는 파스퇴르의 세균감염설을 근거로 1865년 페놀에 의한 무균수술법을 개발하였다. 이 멸균과 무균소독법을 의학계에서 받아들임으로써 외과에 획기적인 변화와 발전이 이루어졌다.

이처럼 19세기 후반에는 마취기술의 발달과 세균감염에 대한 인식으로 외과의사들의 수술이 다양해지고 그 기술도 탁월해졌다.

⑥ 진단법

아우엔부르거의 타진법 → 코르비자르의 타진법의 대중화 → 라에네크의 청진법순으로 진단기술이 발전했다.

아우엔브루거(Joseph Leopold Auenbrugger, 1722~1809)는 여관을 운영하던 아버지가 술통에 술이 남아있는지 확인하기 위해 술통을 두드려서 울리는 소리로 확인하던 것을 기억해 그런 원리를 인체에 적용해 최초로 타진법을 발명했다.

아우엔브루거가 세상을 떠나자 그의 타진법도 잊혀졌으나, 나폴레옹의 주치의 코르비자르(Jeam Nicolas Corvisart, 1755~1821)에 의해 그의 이론이 다시 세상에 나타나게 되었다. 비록 신체의 일부분이었지만 의사는 처음으로 살아있는 환자의 내부상태를 타진법을 통해 진단할 수 있었다. 그러나 1815년 워털루전투 이후 나폴레옹의 몰락과 함께 그도 건강이 악화되어 의학계에서 은퇴하였다.

코르비자르의 타진법연구를 여러 후배의사들이 이어갔는데, 그중 한명이 청진법을 개발한 라에네크(Laennec, 1781~1826)이다. 그는 아이들의 놀이에 아이디어를 얻어 편지지 묶음을 둘둘 말아 환자의 심장에 대보았다. 여러 번의 시행착오 끝에 빈 나무관을 만들어 최초의 청진기를 만들었으며, 1819년 『간접청진법 및 폐와 심장질병개론』을 펴내면서 간접청진의 시대가 열렸다.

⑦ 의사면허제

19세기 초, 개업의의 장비 제한문제로 여전히 환자들은 사혈같은 전 근대적인 치료를 받았다. 또한, 돌팔이들에게 효과도 확실하지 않은 근거없는 치료를 받기도 하였다. 의사들이 이러한 전 근대적인 치료에 대해 비판하였으나 일반적으로 무시되었다. 이에 보수주의자들은 환자를 치료할 수 있는 의료인을 선별해야 한다고 주장하였다. 그러나 의사면허제가 실행되면 정규의사가 의료분야를 독점하게 된다고 반대하는 진보주의자들도 있었다.

그러다 1858년 영국에서 처음으로 의료법이 제정되었고 그 법에 따라 의료심의회가 조직되었다. 그리고 의료인등록처를 만들어 의료인 자격기준을 제한, 규제하여 의료인들은 환자에 대한 치료의무와 책임을 다하도록 하였다. 이에 전보다 더 균일한 형태의 의학교육체계와 면허제도가 성립되었다.

19세기 초, 미국에는 소규모 외과대학이 있었을 뿐, 대부분 의사는 도제교육을 통해 배출되었다. 의사의 자질을 높이고 그에 대한 통일적인 기준을 마련하고자 의사회가 결성되었고, 마침내 1847년에는 미국의사협회(American Medical Association, AMA)가 조직되었다.

1893년 윌리엄 헨리 웰치(William Henry Welch, 1850~1934)와 윌리엄 오슬러(William Osler, 1849~1919)가 이끈 존스홉킨스대학교는 개교 당시부터 주목할 만한 의학교육기관이었다. 당시 의사이면서 병리학자, 세균학자였던 웰치는 존스홉킨스대학은 위생 및 공중보건학교(Johns Hopkins School of the Public Health)로 만들어 놓았다. 이어서 오슬러는 의사전문교육을 위한 프로그램을 만들었으며, 의학교육에 임상실습시간을 늘릴 것을 주장하여 존스홉킨스의대는 기존의 의학교육을 완전히 바꾸어 놓았다.

⑧ 의료의 전문분과

의료에서 전문분과가 시작되자, 의료의 분과가 환자를 제대로 보는데 장애가 된다고 여긴 많은 의사가 이 제도에 저항하였다. 그러나 의학정보가 점점 많아지고 새로운 치료기술이 점점 더 복잡해지자 아무리 유능한 의사도 혼자서 다 다룰 수 없게 되었다. 게다가 의학전문분과의 시행으로 더 많은 수입을 올리게 되자 의사들도 전문분과를 선택하게 되었고, 환자들도 점점 더 전문의를 선호하게 되었다.

20~21세기

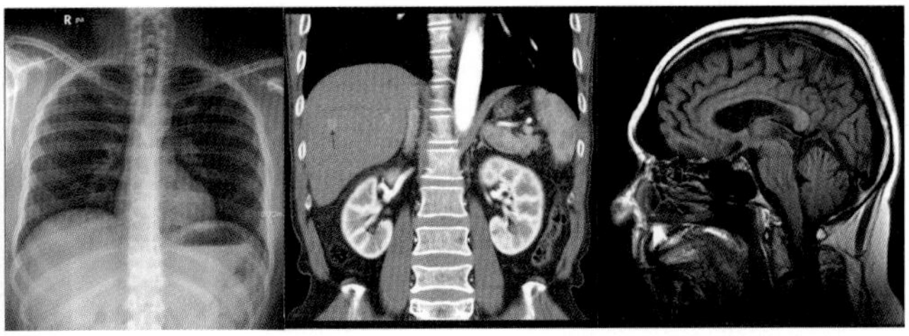

3
현대
20~21세기 초

현대(現代, contemporary, 20~21C 초 현재)는 현재의 정치체제와 국제사회 체제하의 시대로 20세기부터 21세기 초를 포함하는 시기이다.

이 시기에는 제1, 2차 세계대전과 같은 광란의 역사와 제3, 4차 산업혁명처럼 과학기술과 의학에서 큰 성과를 이룬 역사가 공존한다.

20세기에 20년 간격으로 일어난 제1, 2차 세계대전(광란의 시기)은 인류의 삶 자체를 피폐화시킨 광란의 참사였다. 제1차, 2차 세계대전 결과, 유럽중심의 제국주의열강의 식민지배시대는 막을 내렸고, 미국과 소련이 세계 최강국 자리를 대신하게 되었다. 제2차 세계대전 이후에는 국제기구 UN(國際聯合, United Nations)이 결성되어 지구촌은 3대 혁신(세계화 · 과학기술화 · 지식정보화)의 흐름 속에서 하나의 생활권 · 정보권 · 경제권으로 통합되어 갔다. UN은 1945년 10월 24일에 제2차 세계대전 종전 이후 출범했다. 설립목적은 국제법, 국제적 안보공조, 경제개발의 협력증진, 인권개선을 통해 세계평화를 유지하는 것이다.

제1, 2차 세계대전을 뒤로한 채, 20세기에는 인류의 세상을 완전히 바꿔 놓은 제3, 4차 산업혁명도 일어났다. 이 두 산업혁명으로 과학과 기술, 의학에서 큰 성과가 이루어져 그 이전 세계와는 모든 것이 달라졌다.

이처럼 현대과학 · 기술(항생제와 백신, 의료장비와 기술)의 전성기를 맞은 현 인류는 물질문명(교통 · 통신수단의 발달, 풍부한 먹거리) 등의 혜택 속에서 선사 시대 인류(평균수명: 20~30세)와는 비교할 수 없을 정도의 평균수명을 누리고 있다.

그러나 20세기 말엽부터 인구고령화 및 불균형된 생활습관(가공음식 비중의 증가와 운동부족 등) 등으로 만성질환이 계속 증가추세에 있다. 또한, 갑자기 밀어닥친 전염성질환(2019. 11~2023. 05, 코로나 pandemic)으로 인류의 삶의 질(QOL: Quality of Life)이 점차 저하되고 있다.

설상가상으로 산업혁명(산업화와 도시화) 이후 가속화된 대기오염, 수질오염, 사막화, 삼림파괴로 인한 자연생태계의 파괴 및 지구온난화로 인한 기후변화와 같은 초국가적인 문제가 인류의 생존을 위협하고 있다. 이제 이 초국가적 사태의 해결을 위해 지구촌이 하나가 되어 협력해야 한다는 사실에 공감해야 한다.

즉, 21세기 현재는 더 늦기 전에 초국가적 차원에서 지구의 자정능력복원(自淨能力復元)을 위한 노력(지구환경보호운동)으로 자연-환경-사람이 함께 더불어 살아갈 수 있는 자연 친화적인 삶을 구축해야 한다. 의학적 측면에서도 현대의학만을 맹신할 것이 아니라 동양의 전인적인 치료법들을 통합적으로 받아들여 인류의 참 건강을 실현하기 위한 상생의 길(相生醫學)이 모색되어야 한다.

1) 역사적 사변

(1) 제1, 2차 세계대전과 UN 결성

제1차 세계대전(1914~1918)은 세계질서의 재편을 원했던 독일과 이 독일의 진출을 저지하려 한 신제국주의국가(영국 · 프랑스 등) 때문에 유럽을 중심으로 일어난 전쟁이었다. 자본주의의 초기(19C)부터 서구의 유럽제국주의국가들(영국, 프랑스, 네덜란드 등)은 대부분의 세계(동양의 대다수 국가)를 점유하기 시작했고, 점유한 국가에 대해서는 일반적으로 식민지적 형태를 취하고 착취했다.

제1차 세계대전의 직접적인 도화선은 1914년 6월 28일 사라예보에서 오스트리아-헝가리제국 프란츠 페르디난트대공이 세르비아의 가브릴로 프린치프에게 암살당한 사건이었다. 이 사건으로 오스트리아-헝가리제국이 세르비아에 최후통첩을 하면서 수십년에 걸쳐 유럽에서 형성된 국제적 동맹끼리의 분쟁이 시작되었고, 이 분쟁은 전 세계로 번져 나갔다.

1917년, 미국이 영국 편에 가담하면서 이 전쟁은 독일의 패배로 끝이 났다. 1919년 6월 28일에 개최된 베르사이유 조약으로 제1차 세계대전에 대한 책임은 모두 독일로 돌아갔다. 그 결과 독일은 알자스-로렌 지방을 프랑스에 빼앗겼고, 일부 영토는 폴란드에 넘겨졌으며, 해외에 있는 모든 식민지마저 잃고 말았다. 그리고, 승리한 연합군은 독일을 상대로 막대한 전쟁배상금까지 요구했다.

제1차 세계대전의 후유증으로 전쟁에 지칠대로 지친 러시아는 1917년 두 번의 혁명(2월 혁명과 10월 혁명)으로 제국은 무너지고 인류 역사상 최초의 사회주의정권(소비에트연방)이 들어섰다.

1929년 10월 24일(검은 목요일) 미국 뉴욕 주식시장이 붕괴하면서 세계는 경제대공황의 늪에 빠져들었다. 미국의 월가(Wall Street, 미국의 뉴욕증권거래소)에서 세계로 번져나간 세계 경제공항사태로 독일의 큰 은행들이 연달아 파산했고, 독일국민은 나치스를 지지했다. 나치스는 독일에 존재했던 정당인 나치당(National sozialistische Deutsche Arbeiterpartei, NSDAP)의 이념이나 노선에 동조하고 있는 사람들, 혹은 그 당의 당원을 가리키는 말이다. 나치라는 단어 그 자체는 National의 발음이 나치오날(Nazional)과 같은 데에서 착안해 줄여 만들어진 말이지만, 보통 아돌프 히틀러의 국가사회주의 독일노동자당을 말한다.

이후 일본제국이 동남아시아를 점령하고자 미국을 상대로 태평양전쟁(Pacific War)을 일으켰다. 일본제국은 1868년의 메이지유신으로 성립되었지만, 1945년 9월 2일 당시 시게미츠 마모루 일본외상이 포츠담선언문서에 서명하면서 대일본제국체제는 연합군에 의해 철폐되어 공식적으로 해체되었다. 그 이후 1947년의 평화헌법이 채택될 때까지 일본열도에만 존재했던 국가로, 현대 일본의 전신이다.

결국, 연합국(미국, 영국, 소련 등)이 추축국(독일, 이탈리아, 일본)에 전쟁을 선언하면서 제2차 세계대전(1939~1945)이 일어났다. 제2차 세계대전으로 인해 오랜세월 세계사를 좌지우지하던 유럽제국주의의 지배력은 사라지고, 미국과 소비에트연방이 그 자리를 대신하게 되었다. 소련의 지원을 받는 독재자들이 동유럽을 장악하자 가난한 서유럽국가들은 미국에서 경제원조와 보호를 요청했다. 이에 따라 1949년에 군사동맹인 북대서양조약기구(NATO, North Atlantic Treaty Organization)가 설립되었고, 소련이 서유럽 국가를 공격하는 경우 미국이 전쟁에 개입하는 것이 명문화되었다.

(2) 제3, 4차 산업혁명

1970년대 이후 전개된 제3차 산업혁명(IT, Information Technology)은 정보통신기술혁명으로, 정보통신분야와 컴퓨터기술이 융합되고 사회문화적 변동이 일어나면서 제조업은 물론 일상생활의 디지털화를 촉발했다. 이에 사람과 자본, 상품, 서비스, 노동이 장벽 없이 유통되는 시대가 열렸다.

제4차 산업혁명(ICT, Information and Communications Technology)은 2016년에 열린 세계경제포럼(WEF, World Economic Forum)에서 향후 세계가 직면할 화두로 처음 회자되었다. 제4차 산업혁명의 핵심은 빅데이터 분석, 인공지능, 로봇공학, 사물인터넷, 무인운송수단(무인항공기, 무인자동차), 3차원인쇄, 나노기술과 같은 7대 분야에서 새로운 기술혁신이다. 이러한 정보통신기술의 초연결, 초지능, 융합으로 세계는 보다 지능화된 사회로 변화되고 있다.

(3) 지구촌에 닥친 위협

21세기 초, 인류가 직면한 가장 심각한 환경문제는 지구온난화에 따른 기후변화이다. 과학자들은 현재 추세라면 툰드라지역의 영구동토가 계속해서 녹아서 낮은 섬과 해안도시들이 물에 잠길 것이며, 영구동토에 봉인되어 있던 이름 모를 바이러스들을 통해 인간에게 감염성질환의 발생이 높아질 것이라고 예측했다.

지구온난화는 대기에 있는 이산화탄소가 가스층을 형성해서 온실효과로 지표면 온도가 올라가는 현상인데, 기후학자들은 다음과 같은 이유로 인간이 지구온난화의 주범이라고 한다. 즉, 인류에게 산업동력을 공급하기 위한 에너지생산(막대한 양의 석탄과 석유, 또는 그 유사 물질인 화학연료)과 자동차 같은 공업산물의 소비증가로 대기 중 오존층이 파괴되어 지구온난화현상이 가속화되었다는 것이다. 이에 선진국들이 이산화탄소를 비롯한 각종 온실가스의 방출을 제한하고 지구온난화를 저지할 목적으로 1992년 5월에는 브라질 리우데자네이루에서 기후변화에 관한 유엔기본협약(United Nations Framework Convention on Climate Change, UNFCCC 혹은 FCCC)을 채택하고 기후변화를 막고자 노력하고 있으나 별 효과가 없는 상태이다.

기후변화 외에도 해마다 증가하고 있는 산업폐기물과 생활쓰레기 또한 물과 공기를 오염(환경오염)시켜 지구의 자연생태계를 위협하고 있다. 이에 1960년대 후반부터 국제연합환경계획기구(United Nations Environment Programme, UNEP)가 구축되어 지구환경을 보호하고 보전하려는 국가적, 국제적 차원의 노력을 해오고 있으나 21세기 초, 환경적 위협은 좀처럼 줄어들지 않고 있다.

2) 질병 극복을 위한 노력

20세기 들어 정부와 기업들은 제1, 2차 산업혁명으로 형성된 막대한 자본력을 바탕으로 과학과 기술, 의학을 급격히 발전시켰다. 특히, 19세기에 축적된 다양한 의학분과의 발전으로 20세기는 의학의 발전이 더욱 뚜렸했다. 즉, 여러 분야의 과학자들이 협력하여 새로운 의학개념과 이론을 만들어 냈으며, 가장 의미 있는 발명품으로 항생제와 백신이있다.

1910년 독일의 세균학자 파울 에를리히(Paul Ehrlich, 1854~1915)는 세계 최초로 항균성 약물(살바르산 606호)을 개발했다. 그리고 1928년에 알렉산더

플레밍(Alexander Fleming, 1881~1955)은 페니실린을 개발(세런디피티)했다. 이를 계기로 1940년대와 1950년대에 항생물질을 만드는 기술이 눈부시게 발전했고, 한때는 죽음의 질병으로 여겨졌던 병들을 치료하는데 사용되었다. 같은 시기에 황열병(막스 타일러, 1899~1972)과 소아마비(조너스 에드워드 소크, 1914~1995)백신도 개발되어 오랫동안 가망이 없던 많은 감염증도 20세기에는 항생제로 치료할 수 있게 되었다. 그래서 19세기 말까지도 숱한 생명을 앗아갔던 천연두, 콜레라, 디프테리아와 같은 무서운 전염병은 대부분의 나라에서 드문 질병이 되었다.

1967년에 최초로 심장이식수술이 이루어졌으며, 1970년대 이후에는 초음파, X-선 단층촬영, MRI 같은 정밀검사방법이 도입되어 3차원으로 환자의 내부를 확인할 수 있게 되었다.

또한, 제3, 4차 산업혁명 덕분에 병원의 모든 시스템이 인터넷으로 연결되어 환자는 빠른 조치를 받아서 좋고, 병원도 생산성을 높일 수 있게 되었다.

(1) 현대의학의 업적

역사적 관점에서 20세기에 맞이한 서양의학(현대의학)의 전성기는 과거의 의학적 업적과 발견들이 확장되고 정교화된 결과였다. 특히, 19세기에 축적된 다양한 의학분과의 발전을 근거로 20세기에는 면역학, 바이러스학, 병리학, 종양학, 인간유전학, 정신의학, 재활의학, 공중보건학 등의 분야에서 발전이 뚜렷했다.

② 면역학

면역학(免疫學, immunology)은 생물체의 면역계에 대해 연구하는 생체의학(biomedical)의 한분야이다. 건강한 상태와 질병상태 시 면역계의 생리작용에 대해 다루며, 특히, 면역계의 오류로 인한 질환(자가면역질환, 과민증, 면역결핍증, 이식 거부) 및 면역계의 생리학적 특성을 관심 있게 다루는 학문이다.

면역학은 19세기에 발전한 세균학(세균학의 거장 파스퇴르와 코흐)에서 출발하였다. 면역학자들은 특정 질병을 앓고 회복된 사람이 다음번에 같은 병원체에 노출되어도 병에 걸리지 않는 이유를 연구했다. 이런 연구들을 통해 질병을 앓기 전에 그 질병에 대한 저항력을 유발하는 방법을 알아내게 되었다.

러시아의 일리야 일리치 메치니코프(Elie Metchnikoff, 1845~1916)는 식균작용(phagocytosis, 체내 박테리아 침범 시 백혈구가 박테리아를 둘러싸 집어삼키는 작용)을 발견하여 세포면역에 대한 이론을 발전시켜 면역계의 개척자가 되었다. 그의 업적 덕분에 20세기에 들어 바이러스학, 생물학, 종양학, 장기이식과 같은 수술 분야에서 큰 발전이 가능했다.

제2차 세계대전 말엽, 혈액 내에서 면역기능을 담당하는 물질이 감마 글로블린(γ-globulin)이란 사실이 밝혀지면서 면역학은 새로운 전기를 맞이하였다.

② 바이러스학

바이러스학(virus學, virology)은 바이러스와 바이러스 병원체에 대해 연구하는 학문이다. 바이러스는 단백질 껍데기에 둘러싸여 있는 살아 있는 세포에 기생하는 작은 유전물질이다. 바이러스의 분류, 구조, 진화, 바이러스가 번식을 위해 숙주를 감염시키는 원리와 방법, 숙주의 면역체계와의 상호작용, 바이러스를 분리하고 배양하는 기술, 바이러스로 인한 질병과 치료법 등이 바이러스학의 연구분야이다.

20세기 초반, 바이러스연구는 병리적 변화연구로 국한되어 있었으나 20세기 후반에 들어서면서 전자현미경기술의 발달로 유전과 돌연변이와 관련된 바이러스의 특성을 정확히 관찰할 수 있게 되었다. 또한, 생화학, 생물리학, 물리화학, 면역학 등의 의학분과에서는 바이러스의 생태와 구조, 숙주세포와의 상호작용, 숙주세포 내로 침입하여 번식하고 다시 방출되는 기전이 밝혀졌다.

이러한 업적을 근거로, 20세기에 바이러스학 발전의 실질적인 결과물인 항생제와 백신이 개발되었다. 1910년에 독일 세균학자 파울 에를리히(Paul Ehrlich, 1854~1915)는 세계 최초로 항균성약물(항생제)을 개발했다. 1928년에는 병리학자이자 세균학자인 영국의 알렉산더 플레밍(Alexander Fleming, 1881~1955)이 포도상구균계통의 화농균을 배양하던 도중 세균의 무리가 용균(溶菌)되어 있는 모습을 발견하였다. 이 문제의 곰팡이(penicillinium 屬)를 배양하여 포도상구균 발육이 억제되는 것을 발견하였고 드디어 페니실린(Penicillin)을 개발하였다. 이 페니실린(마법의 탄환, magic bullet)은 수많은 전염병을 치료한 현대의학이 만들어낸 최고의 산물이다. 비슷한 시기에 막스 타일러(Max Thelier, 1899~1972)는 황열 바이러스 백신을 개발하였으며, 1940년대 중반에는 인플루엔자(influenza)백신도 개발했다. 1954년에는 미국의 조나스 에드워드 소크(Jonas Edward Salk, 1914~1995)가 소아마비(원인: 폴리오 바이러스 감염)백신을 개발하여 소아마비환자가 혁신적으로 감소하였다.

그러나 1980년대 초에 나타난 에이즈(AIDS) 바이러스에 대해 아직도 질병 발생원리와 치료방법을 찾지 못하고 있다. 또한, 신종 또는 변종 전염성 바이러스(2019. 11. 코로나 팬데믹)의 연이은 등장으로 바이러스학은 앞으로 더 주목해야 할 의학분과로 인식되고 있다.

20세기를 이끈 바이러스학 학자들

파울 에를리히 / 알렉산더 플레밍 / 막스 타일러 / 조나스 에드워드 소크

(출처: 위키피디아)

③ 병리학

병리학(病理學, pathology)은 세포, 조직, 장기의 표본을 육안이나 광학현미경으로 검사해서 질병이 발생한 신체조직이나 기관의 기질적 변화 및 기능적 변화를 연구하는 학문이다. 19세기 후반, 루돌프 비르효(Rudolf Virchow, 1821~1902)가 세포가 질병이 생기는 자리라는 세포병리학설을 수립한 이래로 병리학은 환자진료에 유용하게 활용되는 임상의학의 한 분과가 되었다. 극소량의 조직(sample)으로 다양한 장기에 대한 진단이 가능하여, 질병진단뿐 아니라 치료와 예후에도 큰 도움을 받게 되었다. 20세기 초까지만해도 광학현미경관찰을 위한 조직표본제작에 하루 정도 걸렸지만, 현재는 의사가 바로 조직을 열어 표본을 만듦으로써 몇 분 안에 진단을 내릴 수 있게 되었다.

④ 종양학

종양학(腫瘍學, oncology)은 암의 연구, 치료, 진단, 예방을 다루는 의학의 한 분과이다. 19세기와 20세기에 걸쳐 질병에 대한 지식이 늘어남에 따라 암에 대해 더 잘 알게 되었지만, 별다른 치료법이 뒤따르지 못하였으므로 공포는 더 커져만 갔다.

암의 원인을 과학적으로 이해하기 위한 시도가 18세기부터 시작되었으나, 장기의 이상과 변화가 악성인지는 19세기 광학현미경을 이용하여 조직을 관찰하면서 확인되었다. 그리고 X선과 내시경으로 인체 내부구조를 관찰하는 방법, 방사성 동위원소 추적과 초음파로 인체를 살펴보는 방법 및 혈액검사 등의 진단기술들이 개발되면서 암의 발견가능성이 증가하였다. 특히, 1928년 파파니콜라우(George Papanicolau, 1883~1962)가 자궁경부암에 걸린 환자의 암세포에서 정상적인 질세포를 구별함으로써 암 진단기술이 더욱 발전하였다. 외과의사들은 암이 침범한 조직과 장기를 생리학, 마취학, 수혈 및 항생제 발달 덕분에 비교적 안전하게 떼어내고 있다.

18세기부터 암치료를 위해 비소화합물이 쓰였을 정도로 제1차 세계대전까지는 개발된 암치료방법이 없었다. 그러다 제2차 세계대전 이후 암치료를 위한 화학요법이 등장했다. 화학요법 단독으로 또는 외과수술, 방사선요법, 면역요법 등과 함께 사용하면서 암세포의 성장이 조절 또는 정지될 수 있다는 인식이 생겼다. 이처럼 이전에는 가망이 없던 암이 치료됨으로써 현재, 종양학은 새로운 분과로 의료에 지대한 영향을 미치고 있다.

⑤ 인간유전(공)학

유전학(遺傳學, genetics)은 생물의 유전과 유전자다양성 등을 연구하는 생물학의 한분야이다. 19세기에 그레고어 멘델(Gregor Johann Mendel, 1822~1884)이 유전의 법칙을 발견하여 유전학의 토대를 마련하고 유전학의 첫 장을 열었다.

이를 기반으로 1905년 윌리엄 베이트슨(William Bateson, 1861~1826)이 멘델의 유전법칙을 재발견하였다. 그는 유전에 영향을 미치는 물질이 세포 내에 있을 것으로 추정하였고, 이와 관련한 학문에 유전학이란 이름도 붙였다.

1910년 토마스 헌트 모건(Thomas Hunt Morgan, 1866~1945)은 유전자가 유전 형질의 단위이며, 단백질과 디옥시리보핵산(DNA)을 포함한 염색체가 세포조직 안에 들어있다는 사실을 입증했다.

1953년에는 염색체수를 정확히 계산하는 방법이 고안되었고, 인간의 정상염색체수가 46개라는 사실이 밝혀졌다. 프란시스 크릭(Francis Crick, 1916~2004), 제임스 왓슨(James Dewey Watson, 1928~), 프레드릭 윌킨스(Maurice Hugh Frederick Wilkins, 1916~2004) 등이 DNA의 이중나선구조를 밝혀냄으로써 유전형질의 작용을 관찰할 수 있게 되었다.

1960년대 후반에는 산모의 양수에서 얻은 세포를 배양하여 아기가 태어나기 전에 유전질환을 진단하는 방법이 개발되었다.

2000년에는 과학자들이 인간의 유전체(게놈, 유전자정보를 지닌 염색체의 완전한 세트)를 밝혀냈다. 이러한 유전학기술의 발전을 통해 인간유전학은 많은 질병의 정확한 진단과 상담, 그리고 예방을 가능하게 하는 임상의학의 한분과가 되었다. 질병과 기형이 나타나기 전에 그것을 막을 수도 있지만, 다른 한편으로는 그러한 유전학기술의 남용은 여러 가지 윤리적 문제와 감수해야 할 위험도 많이 존재한다. 이에 현재, 과학과 철학자들은 인간유전학에 관한 연구의 중단여부에 대해 심각하게 고민하고 있다.

⑥ 정신의학

정신의학(精神醫學, Psychiatry)은 정신질환을 연구하고 치료하는 의학의 한분야이다. 19세기 중반 무렵부터 영국과 미국에서 사용되기 시작한 정신의학은 현대사회에서 점차 뚜렷한 위치를 차지하게 되었다. 정신의학의 창시자인 프로이트(Sigmund Freud, 1856~1939)는 심리적인 치료기술과 정신병리학의 심리적 측면을 연구하는 정신분석학을 발전시켰다. 그는 『꿈의 해석』에서 인간의 행위가 무의식의 영향을 지대하게 받는다는 것과 어린 시절의 경험이 성장과정에서 핵심적인 역할을 하며 내면적인 갈등이 정신적 삶의 가장 중요한 부분이라고 주장하였다. 비록 융(Carl Gustav Jung, 1875~1961)과 아들러(Alfred W. Adler, 1870~1937)에 의해 프로이트의 정신분석학의 한계가 지적을 받았으나, 정신의학뿐만 아니라 심리학, 사회학, 사회심리학, 범죄학 등 다양한 학문에 커다란 영향을 끼친 것은 사실이다.

에밀 크레펠린(Emil Kraepelin, 1856~1926)은 조발성치매(조현병)와 조울증 등의 개념을 새로이 확립하여 정신병의 분류를 증상 위주에서 질환 위주로 발전시켰다.

20세기 중반에는 정신의학의 이론적 발전에서 더 나아가 항정신성약물(antipsychotic drug)이 개발되었다. 약물이 환각, 정신분열증, 조울증과 같은 정신병(psychosis)의 치료에 효과를 보이기 시작하자 정신약리학분야가 생겼다.

21세기 초, 점차 정신적인 문제가 발생될 확률이 높은 사회적 분위기의 조성으로 정신의학분야는 앞으로 발전가능성이 높아 보인다.

20세기를 대표하는 정신의학자들

프로이트 융 아들러

(출처: 네이버)

⑦ 재활의학

재활의학(再活醫學, physical medicine and rehabilitation)은 만성적 장애를 치료하고, 물리적인 방법을 통해 장애인에게 정상기능을 회복시켜 주는 전문의학분야이다.

20세기에 새롭게 주목받는 의학분야로 재활의학을 빼놓을 수 없다. 재활은 좁은 범위로는 신체적 손상에 대한 치료와 회복에서 시작해 넓은 범위로는 신체적, 심리적 손상에 대한 치료와 재해에 대한 회복을 의미한다. 더 나아가서는 이러한 손상으로 인해 얻게 된 만성기능장애를 극복하고 살아가는 방법을 배우는 것까지 포함한다.

재활(rehabilitation)이라는 개념은 1918년 제1차 세계대전이 끝난 직후, 상이군인에 대한 사회적 동정여론에서 비롯되었다. 그 무렵부터 다양한 재활기관이 설립되었고 그 후 미국정부는 제2차 세계대전 후 늘어난 사지절단 환자, 마비환자, 실명자, 청력상실자 그리고 자폐증에 걸린 전상자들을 위해 새로운 시설을 마련하였으며 다양한 프로그램을 개발하였다.

현대 재활의학의 아버지로 불리는 하워드 러스크(Howard A. Rusk, 1901~1989)는 미국공군의 사회복귀훈련프로그램을 지도하여 이 프로그램들을 체계화하고 발전시켰다. 그리고 그 경험을 바탕으로 1950년 뉴욕대학교 병원에 물리 및 재활의학연구소(Institute of Physical Medicine and Rehabilitation)를 설립하였다.

재활의학은 20세기 후반으로 넘어오면서 더 다양해진 현대질병들로 인해 물리치료와 함께 발전하였다. 일반적으로 재활치료는 운동치료, 작업치료, 언어치료로 분류되어 있지만, 재활의 개념이 넓어지고 인간의 행복과 삶의 질의 향상에 그 목적을 두게 됨에 따라 더 다양하게 접근해야 할 필요가 있다. 현재, 거의 모든 의과대학과 병원에는 재활의학과가 설치되어 있고, 물리치료에 많은 관심을 기울여 장애환자들이 행복한 여생을 사는 데 도움을 주고 있다.

⑧ 공중보건학

공중보건학(公衆保健學, public health engineering)은 공중의 건강을 유지하기 위해 질병의 예방과 치료를 연구하는 분야이다.

제1, 2차 산업혁명에 따른 도시화로 공중보건상의 많은 문제가 발생했고, 그와 동시에 정부가 그러한 문제를 해결하는 데 주도적인 역할을 담당해야 한다는 의식도 형성되었다. 1902년 남북아메리카의 21개 국가가 국제위생위원회를 창설하였고, 이 위원회는 나중에 범아메리카 보건기구로 불렸다. 1907년에는 보다 지속적인 국제공중위생기구가 발족되었다. 1948년에는 그동안 파리를 중심으로 활동을 벌였던 국제연맹보건기구와 유엔의 복지, 재활사무국이 합쳐져서 세계보건기구(World Health Organization, WHO)가 되었다. 1951년 12개 국가가 국제위생회의에 대표를 파견하였을 때부터 질병을 억제하기 위한 광범위하고 조직적인 노력이 시작되었다. 그 이후 WHO는 전 세계의 인류가 신체적으로나 정신적으로 최고의 건강수준에 도달하는 것을 목표로 검역일과 연구자료 제공, 유행성 질병과 전염병의 대책수립과 후원, 회원국의 공중보건에 대한 지원을 주요업무로 하고 있다.

20세기부터 21세기 초, 인간의 평균수명이 증가하자 점차 노인건강이 공중보건의 주요관심사를 차지하게 되었다. 즉, 암, 뇌졸중, 동맥경화증, 관절염, 치매 등 만성질환의 원인과 예방에 더 힘쓰게 되었다. 또한, 공중보건의 개념도 더욱 넓어짐에 따라 환경위생과 환경오염, 식품위생, 산업보건의 관심과 연구가 더 많아졌고, 사회적, 직업적 영향까지 관심을 넓혀 포괄적 개념의 공중보건학이 성립되고 있다.

⑨ 진단법과 장기이식의 발달

• 방사선

방사선(放射線, radioactive ray)은 방사성물질이 더 안정한 물질로 분해될 때 발생하는 입자선 혹은 전자기파를 말한다. 최초로 발견된 방사선(X선, x-ray)이 의학적으로 이용되면서, 사람의 신체를 직접 갈라 보지 않고서도 뼈의 구조와 모양을 볼 수 있게 되었다. 독일의 물리학자 빌헬름 콘라트 뢴트겐((Wilhelm Conrad Röntgen, 1845~1923)이 처음 발견하여 이름을 붙였으며, 그의 이름을 따라 뢴트겐선으로 부르기도 한다. 뢴트겐은 이 발견으로 최초의 노벨물리학상을 수상했다. X선은 투과성이 강하여 물체의 내부를 볼 수 있으므로, 의료분야에 널리 쓰이고 있다.

더욱이 1970년대 초반에 여러 가지 다른 각도로 방사선을 쏘여 그 결과를 컴퓨터로 처리하여 신체 내부를 더욱 정교하게 입체적으로 파악할 수 있게 되었다. 그리고 신체 내에 축적되는 방사성물질을 이용하는 새로운 방법도 개발되었다. 즉, 방사능화학물질을 몸 안에 주입한 뒤 그 분포를 방사능측정기로 조사함으로써 폐의 이상, 뇌종양, 뼈 성장 정도 및 갑상선과 간 등 여러 장기의 형태와 이상여부를 볼 수 있게 되었다.

현재는 기술이 더욱 발전하여 CT(Computed Tomography)영상으로 뼈 이외의 다른 장기까지 관찰할 수 있게 되었다. 전산화단층촬영 검사는 X-선을 투과시켜 그 흡수차이를 이용하여 인체 내 구조를 단면영상(Cross Section Image)이나, 3차원입체영상(3-Dimensional Stereoscopic Image)으로 재구성하는 영상검사방법이다. 이 방법으로 인체의 해부학적 구조를 정확하게 파악할 수 있어 질병의 조기진단 및 병변의 이상유무를 판별할 수 있게 되었다. 핵의학분야에서는 방사성물질을 체내에 주입해서 체내에서 나오는 방사성물질을 관찰해 질병에 대한 정보를 얻고 있다. 핵의학이란 방사성동위원소에서 나오는 방사선을 이용하여 인체의 해부학적, 생리학적 상태를 진단, 평가하고 치료하는 첨단 전문의학분야이다. 핵의학에는 임상핵의학 외에 핵물리학, 방사선생물학 및 방사약학 등의 기초학문이 포함되어 있다.

• 장기이식

세계 최초의 심장이식수술이 1967년 남아공화국의 크리스천 버나드(Christiaan Barnard, 1922~2001)에 의해 성공적으로 시행되었다. 장기이식은 1970년대의 침체기를 거쳐 1980년대 초에 사이클로스포린(cyclosporine)이란 획기적인 면역억제제의 도입으로 용이하게 되었다. 심장이식수술이란 다른 방법으로는 치료가 불가능한 말기 심장질환환자의 병든 심장을 제거한 뒤 건강한 공여자의 심장으로 완전히 치환시켜주는 수술을 말한다.

현재, 심장이식수술은 다른 장기이식수술과 달리 뇌사가 인정되어야만 가능하므로어 죽음의 정의에 관한 많은 윤리적 및 법적 문제가 제기되고 있다.

(2) 현대의학의 그림자

르네상스운동을 기반으로 17세기에 서구유럽중심으로 과학혁명이 일어났고, 18세기에는 의료체계에 개혁이 일어났다. 그리고 19세기에는 산업혁명의 여파로 공중보건문제가 발생하면서 질병의 진단과 치료분야(예: 세포설, 세균학, 병리학, 청진법 등)에서 획기적인 발전이 있었다. 이어 20세기에는 19세기에 진일보한 근대의학의 업적과 산업혁명으로 축적된 자본을 바탕으로 비로소 서양의학(현대의학)이 전성기를 맞이했다. 일례로, 의료장비 및 기술(방사선과 초음파기술 그리고 핵의학의 발전)의 발달, 항생제와 백신(면역학, 바이러스학) 개발, 방사선과 초음파기술 및 핵의학 등에서 눈부신 발전이 이루어졌다.

그러나 이러한 현대의학기술의 발달에도 불구하고 선천적인 유전질환과 에이즈같이 치료법이 밝혀지지 않은 불치병들이 21세기 현재까지도 여전히 존재하고 있다.

더욱이 풍족함과 편리함에서 비롯된 만성질환자들이 꾸준히 증가하고 있다. 그러나 만성질환에 대한 치료법 미비, 고가의 의료비, 지나친 의료의 세분화에 따른 부작용 등 많은 문제점이 현대의학체계에서 나타나고 있다. 이는 질병의 원인이나 경과보다는 결과중심의 가치체계에 중점을 둔 현대의학이 인류의 질병양상의 변화에 효율적으로 대처하지 못하고 있음을 의미한다.

설상가상으로 최근 인류는 조류인플루엔자(2003~2008. 2), 중동호흡기증후군(MERS, 2012. 4, 사우디아라비아 최초 발생)에 이어 코로나바이러스(2019. 11~2023. 05, 중국 우한 최초 발생)로 이어지는 신종 바이러스 펜데믹(pandemic diseases)으로 생명의 위협을 받고 있으며, 현대의학은 이러한 상황에 효율적으로 대처하지 못하고 있다. 이는 인류가 서양의학을 주류의학으로 수용한 이후 수천 년 동안 동양의 의료행위를 뒷받침해온 전통의학(중의학, 인도의학, 티벳의학, 베트남의학, 몽골의학 등)을 무모하게 부정, 타도한 서구중심적 근대주의를 맹신한 결과로 여겨진다. 그렇다고 보편의학으로 질병치료에 공이 적지 않은 서양의학(현대의학)의 의료체계 자체를 문제 삼자는 것은 아니다.

3) 상생의 길

21세기 초, 현대의학이 만성질환이나 펜데믹을 효율적으로 극복해내지 못하자 인간의 전인적 특성(holistic human: 몸, 마음, 영성)에 근거한 동양의 전통의학이 다시 사람들의 관심을 불러 일으키고 있다.

이는 서양의 기계적, 분석적, 인과론적 세계관과 동양문명의 직관적, 종합적, 유기적인 세계관의 화합으로 상생의 길(相生醫學)의 길을 모색하려는 움직임으로 보인다.

즉, 전인적인 존재(몸, 마음, 영적 존재)인 인간본질에 대한 이해를 바탕으로 신체적, 심리적 및 사회적 기능장애 극복이 가능한 융합적 건강관리체계(상생의학, 모든 의학의 장점을 통합적으로 적용한 사람 중심의 건강관리 방식)를 구축하고자 하는 의지로 보인다.

선사시대부터 현재까지 인류가 질병 극복을 위해 노력해온 흔적을 살펴보면, 현대의학이 태동 · 발전 · 정립(17~20C)되기 전에도 인류에게는 질병을 치료하는 수단이 분명히 존재했었다. 일례로, 오랜 역사적 전통을 지닌 동양 문화권의 전통의술이 존재했었고, 이러한 치료수단이 가칭 보완대체의학(Complementary Alternative Medicine, CAM)이 아니었나 싶다.

(1) 보완대체의학

① 태동배경

보완대체의학의 태동배경에 대해 알아보면, 미국에서 닉슨독트린발표(1969) 이후 닉슨대통령과 중화인민공화국의 모택동이 상해에서 공동성명을 발표했다(1972). 이 발표를 계기로 중국과 미국의 수교가 이루어지면서 죽의 장막이 걷히고 중국이 서방세계에 얼굴을 내밀었다.

닉슨대통령의 중국방문이 있기 1년 전인 1971년 7월에 국무장관인 헨리 키신저(Henry Alfred Kissinger)가 중국을 방문했고, 그때 저널리스트인 제임스 레스톤(James Reston)이 동행하였다. 그는 중국에 도착 후 바로 충수염이 발생해서 반제국주의자병원(Anti-Imperialist Hospital)에서 수술을 받았다. 수술 후 침술치료를 받았는데 통증완화에 긍정적인 효과를 경험했다. 이 놀라운 침술경험이 뉴욕타임스에 기사로 실리면서(1971. 7. 26) 미국에 중국의 침술이 소개되었다. 흥미롭게도 레스톤의 기사가 나가고 1년 후 미국국립보건원이 침술연구를 지원하기 시작했고, 그 이후부터 보완대체의학이 구미선진국에서 본격적으로 사용되기 시작하였다.

최근(2019. 11), 중국(우환)에서 처음 발생한 COVID-19(스페인독감 데자뷰, 팬데믹)와 그 뒤를 이은 각종 변종 바이러스가 전 지구촌을 위협하고 있다. 전문가들은 지구온난화로 인해 시베리아지역의 영구동토가 녹으면서 빙하 안에 봉인되어 있던 알 수 없는 다양한 바이러스나 박테리아가 인류와 접촉할 기회가 높아졌기 때문으로 보고 있다.

그런데 문제는 이러한 위협에 대해 질병중심의 가치체계를 가진 현대의학이 적절하게 대처하지 못하고 있다는 점이다. 이에 인간의 전인적 특성(holistic human: 몸, 마음, 영성의 종합체) 중심의 보완대체의학 · 요법에 대한 기대감이 상승하고 있다.

이에 편승하여 민간 전통의학이나 요법이 선진화된 국가에서는 정부의 지원으로 보완대체의학 · 요법(중의학, 아유르베다, 자연의학, 전인의학 등)에 대한 과학적 검증이 활발히 진행 중이다.

② 용어의 변천

1980년대 후반부터 미국과 유럽을 중심으로 침술과 같은 대체요법이 널리 사용되기 시작하면서 제도권의 의료체계에 속하지 않은 치료방식의 일부로서 처음에는 unproven medicine, unconventional medicine 등으로 명명되었다.

1995년 미국 대체의학국(Office of Alternative Medicine, OAM)에서 주최한 panel on definition and description conference에서 보완대체의학(Complementary Alternative Medicine, CAM)이란 용어가 공식적으로 처음 사용되었다. 보완대체의학이란 용어는 보완의학(Complementary medicine)과 대체의학(Alternative medicine)을 통합한 개념으로 해당 국가의 주류 의료시스템에 완전히 통합되지 않은 광범위한 의료행위로, 이후 미국에서뿐만 아니라 유럽의 국가들에서도 이 용어를 채택하였다.

보완대체의학의 또 다른 명칭은 사람을 전인적인 존재로 보고 질병을 치유하기 때문에 전인의학(Holistic medicine)으로, 질병을 자연의 치유능력에 맞추어 조율하고 복원시켜 준다는 의미로 자연의학(Nathopathic Medicine)

으로도 명명되고 있다.

전통의학이란 여러 문화권에서 오랜역사와 고유한 이론, 신념, 경험을 바탕으로 한 지식, 기술, 요법의 총합으로 육체적, 정신적 질병의 예방, 진단, 개선 또는 치료하는 방법인데, 일부 국가에서는 보완대체의학이 전통의학(Traditional Medicine, TM)과 같은 의미로도 사용되고 있다.

즉, 보완대체의학은 정통의학, 주류의학, 제도권의학, 체제의학에 속하지 않는 모든 보건의료체계 및 이와 동반된 이론이나 신념, 그리고 진료나 치료 행위(practices)와 제품(products) 등의 치유자원으로 보면되겠다.

③ 미국 보완대체의학 관리기구의 변천

1980년대 후반부터 미국에서 보완대체의학 · 요법이 널리 사용되기 시작했다. 점차 보완대체의학 · 요법 이용률이 증가하자 1992년 미국의 국립보건원(National Institutes of Health, NIH) 산하에 대체의학국(Office of Alternative Medicine, OAM)이 창설되었고, 1998년에는 대체의학국이 국립보완대체의학센터(National Center for Complementary and Alternative Medicine, NCCAM)로 확대 · 개편되었다.

2015년에는 국립보완대체의학센터가 국립보완통합의학센터(National Center for Complementary and Integrative Health, NCCIH)로 명칭이 변경되었다. 이 기관에서는 보완대체의학(CAM)에서 대체(alternative)라는 용어를 삭제하고, 보완건강접근법(Complementary and Health Approach, CHA)과 보완통합보건(Complementary and Integrative Health, CIH)이라는 용어의 사용을 제안했다. 이는 동양문화권의 전통의학과 현대의학의 조화로운 결합 즉, 통합적 측면에서 건강을 다루자는 맥락에서 케어(care)의 의미를 강조한 것이다.

그리고 국립보완통합건상센터(NCCIH)는 2015년 이후부터 매 5년마다 보완대체의학 · 요법 전반에 대한 전략을 수립하여 연구방향을 제시하고 있다.

이처럼 미국에서는 보완대체의학 · 요법에 대한 법제나 교육기관이 잘 정비되어 있고, 현대의학으로 치료나 완치가 어려운 환자들에 대한 이용이나 질병의 예방차원에서 자유롭게 활용되고 있다. 그렇지만 미국에서는 엄격한 임상시험을 통한 품질, 안정성, 유효성에 대한 과학적 근거를 토대로 보완대체의학 · 요법을 관리 및 통제가 이루어지고 있다.

미국 대체의학국(OAM, 1992 설치), 국립보완대체의학센터(NCCAM, 1998 설치)와 국립보완통합건상센터(NCCIH로 2015 명칭변경)의 업무에 대해 알아보면 다음과 같다.

• 대체의학국 OAM

1990년 미연방정부 기술평가국에서 암에 대한 OTA(Office of Technology Assessment)가 공개되면서 보완대체의학에 대한 관심이 높아졌다. 이에 1991년 10월, 미국 연방의회는 국립보건연구원(NIH) 산하에 보완대체의학 · 요법에 관한 과학적 연구를 장려하기 위한 대체의학국(Office of Alternative Medicine, OAM)을 설치하는 예산법안을 통과시켰다.

1992년 10월, NIH 산하에 대체의학국이 설치되었는데, 이는 미국정부가 보완대체의학을 수용했다는 데에서 그 의미가 있다.

미국에서 대체의학국이 설치되기 전까지만 해도 보완대체의학은 의학계에 거의 알려지지 않았으나, 대체의학국의 설치(1992)를 기점으로 전 세계에 보완대체의학에 대한 관심을 불러일으켰다.

• 국립보완대체의학센터 NCCAM

미국 국립보건원 산하의 한 의료기관에서 많은수의 환자가 해당 주치의와 상의없이 보완대체의학을 이용하여 미국의학계는 물론 미국사회에 큰 파문이 일었다. 이에 미국 국립보건원(NIH)에서 1998년 대체의학국을 국립대체의학센터(National Center for Complementary and Alternative Medicine, NCCAM)로 승격시키고 그 기능을 대폭 강화했다.

이에 편승하여 국립대체의학센터는 3차 발전전략을 세워 보완대체의학 · 요법 관련 연구를 위해 지원했다. 1차 발전전략은 보완대체의학 · 요법 관련 연구비지원 및 연구자 교육지원이었다. 2차 발전전략은 정신건강질환 관련 보완대체의학연구비지원이었다. 3차 발전전략은 심신요법과 천연물 관련 연구비지원이었다.

이러한 국립대체의학센터의 3차에 걸친 발전전략 수행결과, 보완대체의학 · 요법 관련 기초 및 응용연구가 수행되었고, 리서치교육과 보건정보보급이 이루어졌으며, 보완대체의학 관련 체계도 갖추어졌다. 그 결과 보완대체의학 · 요법의 과학적 근거에 대한 양적 · 질적 성장은 소비자가 보완대체의학 · 요법을 선택하는데 긍정적인 영향을 미쳤다.

• 국립보완통합의학센터 NCCIH

2015년에는 국립대체의학센터가 국립보완통합건강센터(National Center for Complementary and Integrative Health, NCCIH)로 명칭이 변경되었다.

국립보완통합건강센터에서는 보완대체의학 · 요법(CAM)이라는 용어 대신 보완건강접근(CHA)이라는 용어와 보완통합보건(Complementary and Integrative Health, CIH)이라는 용어를 사용할 것을 제안했다. 이는 치료

(cure) 대신 케어(care)를 강조하여 주류의학과 조화로운 결합을 위함이었다. 즉, 국립보완통합건강센터에서 대체(alternative)라는 용어를 삭제한 것은 현대의학에 대한 대체가 아니라 현대의학과의 병용에 무게중점을 두고자 함이었다.

국립보완통합건강센터의 주요업무는 첫째, 유효성과 안전성 보장, 둘째, 일반인, 건강관리전문가(health care professionals) 및 보건정책 입안자의 의사결정에 필요한 정보제공, 셋째, 과학적 검증을 위한 연구비지원, 넷째, 자가건강관리(self-health care)를 위한 소비자교육 및 프로그램의 제공이다.

국립보완통합건강센터는 2015년 명칭변경 이후부터 매 5년마다 발전전략을 제시해 오고 있으며, 현재 2번째 발전전략까지 제시되어 있는 상태이다.

국립보완통합건강센터에서 제시한 발전전략에 따라 안전성과 효율성이 확보된 보완대체의학의 일부를 현대의학에 통합하여 수용함으로써 국민의료비를 절감하고자 노력을 기울이는 국가가 늘고 있는 추세이다.

④ WHO의 권고사항

WHO(World Health Organization)에서는 현대의학과 보완대체의학의 통합의료체계를 이루기 위해서 다음과 같이 4가지 조건을 갖출 것을 제안했다. WHO는 국제 공중보건을 책임지는 유엔전문기구이다. 2020년 기준으로 194개 회원국이 WHO에 가입했으며, 그 목적은 세계 인류가 가능한 한 최고의 건강수준에 도달하는 것이다. 첫째, 보완대체의학 시술자와 제품에 대한 종합적이고 일관성있는 국가정책과 법률 마련, 둘째, 보완대체의학 시술자의 치료와 등록에 대한 종합적 관리, 셋째, 보완대체의학교육기관의 설립과 국가자격증 부여 계획, 넷째, 현대의학과 동등한 기준으로 연구비지원 등이다.

또한, 전통의학과 보완대체의학의 역할을 증대하고자 하는 국가에 대해서는 다음과 같은 사항들도 권고하였다. 첫째, 보건의료제도의 최우선 순위 중 하나로 통합보건체계를 고려해야 하고, 전통의학과 보완대체의학에 대한 WHO결의문을 이행해야 하고, 통합보건체계개발에 예산을 배당해야 한다. 둘째, 적절하고 충분한 자원을 배분하여 통합의료 활동을 지원해야 한다. 셋째, 통합보건의료체계에 전통의학, 보완대체의학, 현대의학을 모두 포함해야 한다.

이처럼 세계 의료체계는 국민의료비를 일부 절감하고자 보완대체의학을 현대의학과 함께 통합의학의 한 부분으로 수용하려는 추세이다.

⑤ 한국에서 보완대체의학의 분위기

우리나라도 서구의 보완대체의학에 대한 정의를 받아들여 서양의학(현대의학, 정통의학)을 제외한 다양한 요법들을 보완대체의학 · 요법의 범주에 넣고 있다. 단, 국외에서는 보완대체의학 · 요법의 범주에 속하는 한의학(韓醫學)이 현대의학과 함께 제도권의학(Conventional medicine, 정통의학)으로 자리잡고 있어 법률적 견지에서 볼 때 현실적으로 어려움이 많이 발생할 수밖에 없다.

한국에서는 현대의학(서양의학)과 함께 한의학이 제도권에 있지만, 외국에서는 한의학의 주된 치료법인 침술, 뜸, 한약(약초요법) 등이 보완대체의학 · 요법에 포함되어 있다. 더욱이 한국 한의학계에서는 보완대체의학을 한의학의 일부로 인식하고 있고, 보완대체의학 · 요법을 관리하는 정부산하 부서나 기구도 없는 상황으로 의료분쟁이 끊이지 않고 있다.

이러한 시점에 한국에서도 NCCIH(National Center for Complementary

and Integrative Health)와 같은 기구를 구축해서 보완통합보건(Complementary and Integrative Health Approach, CIHA) 맞춤형 전문인력을 양성 · 배출한다면 제도권의학과의 의료분쟁이 사라질 것이다.

즉, 제도권의학과의 의료분쟁을 없애기 위해서는 교육과정에 CIHA전문가가 갖추어야 할 올바른 견해에 대한 교육도 포함이 되어야 한다. 특히, CIHA가 현대의학의 한계점을 뛰어넘는 의학이 아니라는 사고를 지니도록 해야 한다. 그래서 일반인이나 환자를 대상으로 현대의학(제도권의학, 정통의학)을 경시하는 분위기가 조장되지 않도록 해야 한다. 또한, CIHA가 비윤리적 상술에 악용되지 않도록 관리, 감독하는 역할도 해야 한다.

끝으로, 인간의 몸(身)은 인류가 지구에 탄생한 이래로 질병(고통)을 극복해 온 실체로 지구환경과 더불어 생존할 수밖에 없고, 인간과 우주와의 관계를 중시하여 지구환경(대우주)과 인간(소우주)의 조화와 균형을 통해서 참건강실현이 가능하다는 사실도 대체의학도들에게 주지시켜야 한다.

그리고 한국도 정부주도 하에 정규대학이나 대학원 내 보완대체의학에 대한 표준화된 교육과정과 시스템을 통해 보완대체의학전문가를 양성하여 배출해야 한다. 그러기 위해서는 보완대체의학 · 요법이 선진화된 미국과 같은 나라의 보완대체의학 · 요법 교육시스템과 정부산하 관리체계 및 산업환경을 하루속히 적용하는 것이 급선무이다.

4) 여기서 잠깐

(1) 제1 ~4차 산업혁명

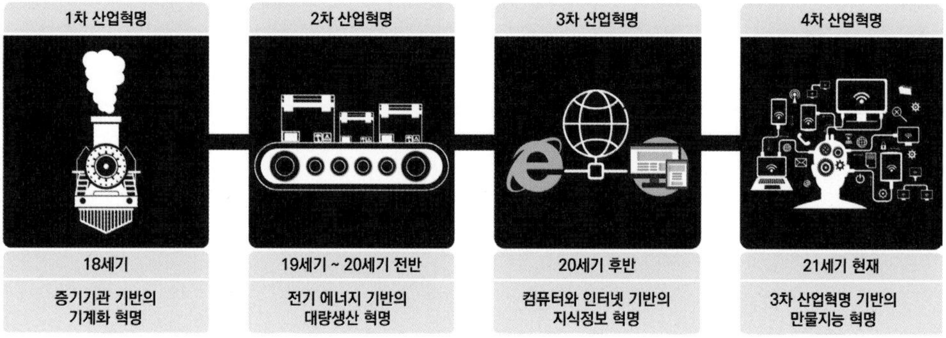

(2) 병리학의 발전

병리학은 생리학과 대치되는 학문으로 병적 상태가 발생하는 이유(병태생리)와 병에 의한 장기 및 조직의 형태학적 변화를 다루는 학문이다. 이 병리학에서 질병의 위치를 찾는 방법에는 두 가지가 있다.

첫 번째, 부검을 통한 육안관찰이나 현미경을 이용하여 질병의 위치를 찾는 방법이 있다. 이 방법을 통해 장기(기관)병리학, 조직병리학, 세포병리학 순으로 우리는 인체의 점점 더 미세한 부위를 탐사하게 되었고, 기술이 더 심화 · 발전되어 현재는 분자병리학 수준까지 발전하여 DNA까지 들여다볼 수 있게 되었다.

두 번째, 환자를 직접 보면서 특별한 진단기술을 사용하는 방법이다. 진료 시 사용할 수 있는 진단방법은 처음에는 타진법, 청진법으로 소박하게 시작했지만, 영상과학의 발달로 엑스레이, 초음파, 컴퓨터 촬영까지 쭉 이어지게 되었다.

병리학의 발전 단계

체액 병리학	히포크라테스	BC 400	질병은 체액에 생긴다.
	갈레노스	AD 130	
기관해부학	베살리우스	1543	인체의 장기를 해부학적으로 정리했다.
기관(장기)병리학	모르가니	1761	질병은 기관(장기)에 생긴다.
조직병리학	비샤	1800	질병은 조직에 생긴다.
세포병리학	비르효	1858	질병은 세포에 생긴다.
분자병리학	-	현재	분자수준의 변화와 유전적 요소를 추가한 정교한 진단 단계이다.

① 액체병리학(체액병리학)

액체병리학은 고대 그리스 자연철학자 엠페도클레스의 4원소설을 근거로 히포크라테스(4체액설)와 갈레노스(4기질설)와 같은 고대 의학자들은 우리 몸 안에 흐르는 액체성분의 부조화로 인해 질병이 발생한다고 보는 논리이다.

② 고체병리학

고체병리학도 고대 그리스 엠페도클레스의 4원소설을 근거로 하는 것은 마찬가지지만, 헬레니즘시대 해부학자인 에라시스트라토스와 아스클레피아데스가 고체병리학을 주장했다. 이는 모르가니에 의해 기관병리학으로, 비샤에 의해 조직병리학으로, 비르효에 의해 세포병리학으로 발전했으며, 오늘날에는 분자병리학 수준으로 발전하여 정교한 진단과 치료가 가능해졌다. 즉, 해부학과 현미경성능이 발달하면서 질병의 위치를 중요시하는 고체병리학(에라시스트라토스, 아스클레피아데스)이 18세기 후반부터 19세기 후반을 거쳐 현재까지 기관 병리학(모르가니, 1761) → 조직병리학(비샤, 1800) → 세포병리학(비르효, 1858) → 분자병리학으로 발전하였다.

액체병리학과 고체병리학의 발전단계

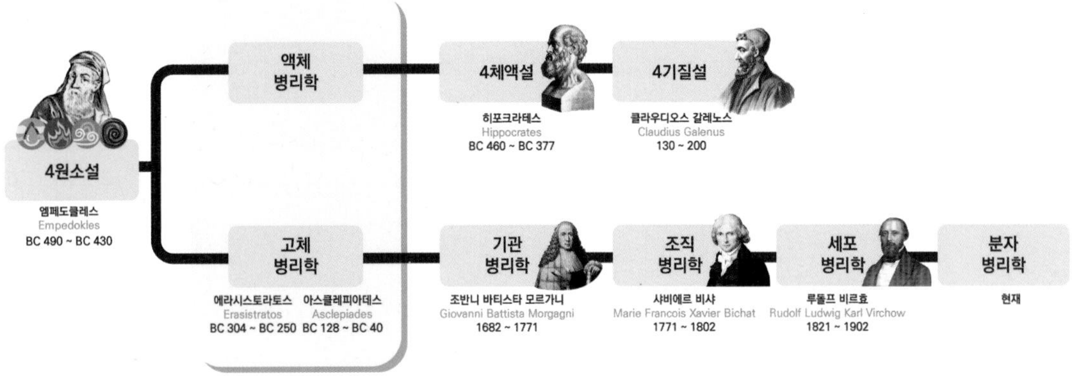

(출처: 위키피디아, https://ko.wikipedia.org/wiki/%EC%97%A0%ED%8E%98%EB%8F%84%ED%81%B4%EB%A0%88%EC%8A%A4)

• 기관해부학

알렉산드리아에서는 살아 있는 죄수를 해부했다는 얘기가 전해질 만큼 해부학에서 비약적인 발전이 있었다. 중세시대는 종교적인 이유로 해부학의 맥이 끊기는 듯했으나 중세 말엽 르네상스운동이 일어나면서 안드레아스 베살리우스(Andreas Vesalius, 1514~1564)에 의해 화려하게 부활했다. 베살리우스는 많은 동물을 해부하고, 실제로 인체를 해부하여 1543년 『인체의 구조(Fabrica)』라는 책을 내어 해부학의 새로운 장을 열어놓았다. 이 책은 해부학뿐만 아니라 의학 전반에 걸쳐 큰 자극을 주어 많은 우수한 의학자를 배출한 명저이기도 하다. 하지만 그의 해부학은 인체장기가 어떤 모양으로 어느 위치에 자리잡고 있는지를 알려줄 뿐이었지, 질병과의 관계를 연결하지는 못했다. 베살리우스의 해부학을 통해 우리 몸의 구조를 샅샅이 알고 있다고 해도 직접적인 치료에는 도움이 되지 못했다.

• 장기병리학과 조직병리학

장기병리학의 창시자인 모르가니는 다른 장기에 비슷한 질병이 생기는 이유를 설명하지는 못했지만, 조직병리학의 창시자인 비샤는 설명해냈다.

장기병리학의 창시자인 모르가니(Giovanni Battista Morgani, 1682~1771)는 1761년 『질병의 장소와 원인에 관한 해부학적 연구』라는 책에서 질병이 우리 몸의 어떤 장기에 생긴다고 주장했다. 하여 치료법도 체액의 균형을 맞추는 것이 아닌 병에 걸린 국소부위를 찾아 그 부위를 치료해주는 방향으로 선회하게 되었다. 이로써 갈레노스는 서양의학에서 완전히 자신을 역할을 다 했다. 그의 해부학은 베살리우스가, 그의 생리학은 하비가, 그리고 4체액설은 모르가니에 의해 산산이 무너져 버렸다.

비샤(Xavier Bichat, 1771~1802)는 1801년에 출간한 『해부학 총론(general anatomy)』에서 조직이 우리 인체기능의 최소단위임을 주장했다.

• 세포의 발견과 세포병리학

1665년, 로버트 후크(Robert Hooke, 1635~1703)는 자신이 만든 현미경을 이용하여 와인 병마개를 관찰하다가 벌집처럼 보이는 작은 공간들을 발견하고 셀(cell, 세포)이라는 이름을 지어 『마이크로그라피아(Micrographia)』에 수록하였다.

19세기 초부터 과학자들은 생물체가 작은 낭(vesicle)의 기본단위로 이루어져 있음을 알게 되었다. 이는 시바에르 비샤의 조직병리학이론에 비해 한 단계 발전한 모습이었다.

1858년 루돌프 비르효(Rudolf Ludwig Karl Virchow, 1821~1902)는 질병은 세포가 비정상적인 상태가 된 것이고 따라서 모든 질병은 세포에 국소적으로 발생한다고 주장했다.

• 분자병리학

분자병리학이란 기존의 병리학을 보완하고 발전시키기 위해 분자생물학과 유전학을 접목한 학문분야이다. 병리학이 질병의 원인과 발생기전, 진단, 예측, 치료 등을 연구하는 학문이라면, 분자병리학은 이러한 병리학의 영역에 분자수준에서의 변화와 유전적인 요소들을 추가하여 더욱 정교한 진단과 치료를 가능케 하고 있다.

② 진단법

아우엔부르거의 타진법 → 코르비자르의 타진법의 대중화 → 라에네크의 청진법 → CT, 핵의학으로 임상진료의 진단법이 발전하였다.

오늘날에는 진단기술이 더욱 발전하여 CT(Computed Tomography)영상으로 뼈 이외의 다른 장기까지 관찰할 수 있게 되었다. 그리고 핵의학분야에서는 방사성물질을 체내에 주입해서 체내에서 나오는 방사성물질을 관찰해 질병에 대한 정보를 얻고 있다.

(3) 주요 NCCIH Timeline

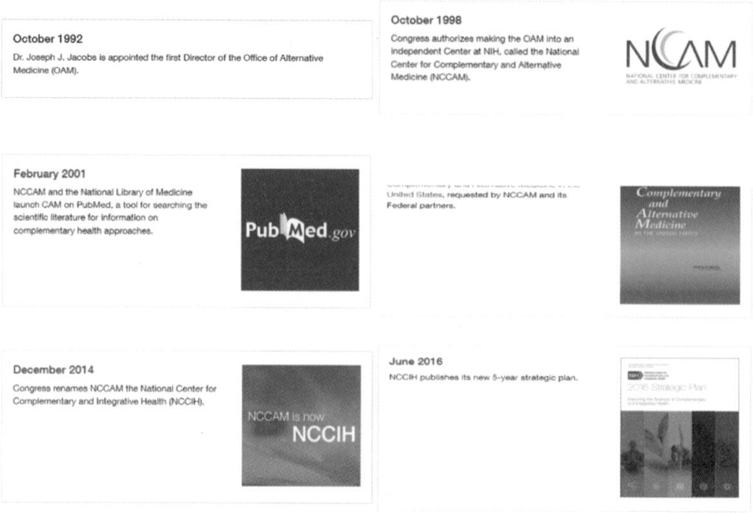

(출처: NCCIH Homepage)

(4) NCCIH 기반 한국대체의학의 교육모형

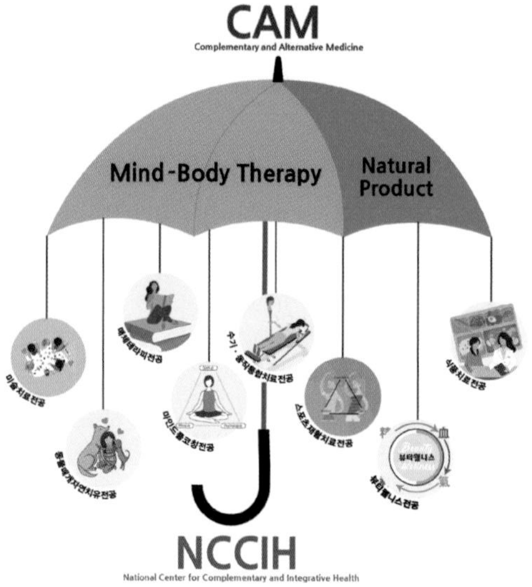

예시) 경기대 대체의학대학원(2024 현재)

4
근세에서 근·현대까지 동양
14세기 말~21세기 초

1) 중국

(1) 역사

① 명나라

원나라(1260~1368) 통치 말기 백성들은 과중한 조세와 토지몰수에 흉작과 기근으로 고생하게 되자 중국 곳곳에서 반란이 일어났다. 가장 큰 규모의 반란은 한족에 의해 일어난 홍건적의 난(1351~1366)이었다. 한족출신의 가난한 농부였던 주원장(홍무제)은 홍건적 반란세력을 이끄는 지도자가 되어 난징을 도읍지로 삼고 명나라(明代, 1368~1644)를 세웠다. 명나라는 원을 중국에서 몰아내고 세운 마지막 한족의 통일왕조로, 14세기부터 17세기 중반까지 중국을 지배했다.

주원장(재위: 1368~1398)의 뒤를 이어 친조카와 4년간의 내전 끝에 황제의 자리에 오른 영락제(재위: 1402~1424)는 수도를 베이징으로 옮기고 자금성을 건축하였다. 영락제의 명으로 제독 정화(1371~1433)가 1405년 중국해, 인도양, 페르시아만까지 장거리탐험을 하여 무역거점을 마련했다. 주요무역상품은 도자기, 차, 비단이었고 은으로 교역이 이루어졌다. 정화 사후 명나라는 해상원정을 중단하고 내륙으로 눈을 돌려 무역보다는 자급자족에 맞춰 통치되었다. 영락제 뒤를 이은 황제들은 대부분 무력했고 조정은 환관과 사대부의 당파 싸움과 권력투쟁에 물들다 숭정제(재위: 1627~1644)를 끝으로 1644년 막을 내렸다.

홍무제, 영락제와 자금성(왼쪽부터)

(출처: 위키피디아)

② 청나라

17세기 새로운 중국의 역사를 연 청나라(1616~1912)를 세운 것은 그때까지 중국의 한족으로부터 오랑캐라고 경시되던 변방의 여진족이었다. 오랜세월 중국의 분열정책으로 하나로 단결되지 못하고 하등민족으로 취급을 받던 여진족은 17세기 초반 누르하치(재위: 1616~1626)의 등장으로 장차 만주와 중국본토를 아우르는 대제국의 미래를 설계할 수 있게 되었다.

누르하치는 자신이 계획하고 시작한 중국본토를 향한 대업을 완수하지는 못했다. 그러나 그가 1616년 세운 후금의 기반 위에서 그 아들과 손자가 누르하치의 뜻을 달성하였다. 누르하치의 8번째 아들 홍타이지(재위:

1626~1643)가 그의 뒤를 이어 2대 황제가 되었다. 홍타이지는 나라이름을 후금에서 청으로 바꾸고 연호를 숭덕으로 하였다. 홍타이지도 중국본토에 입성하지 못한 채 사망하였고, 그의 뒤를 이은 어린 순치제를 보좌하던 누르하치의 14번째 아들 도르곤이 부왕이 되어 1644년에 중국정복을 완결하였다. 청나라를 세운 만주족은 이민족 정복자였지만 한족문화를 정복자의 문화에 맞춰 바꾸려 하지 않았다. 다만, 변발만은 장려했다.

청나라 황제들(누르하치, 홍타이지, 건륭제, 왼쪽부터)

(출처: 위키피디아) (출처: 네이버) (출처: 위키피디아)

청나라는 6대 황제 건륭제(재위: 1735~1796) 때에 이르러 평화와 번영의 시대를 누렸다. 그는 18세기 동안 교역장소를 광저우항구로 제한하는 등 외부세계와 최소한의 접촉만을 유지하고자 했다. 청나라는 은을 받고 차, 실크, 도자기를 파는 데 만족했으며, 유럽의 제품을 구매하는 데는 그다지 관심을 보이지 않았다. 결과적으로 유럽은 중국과 무역에서 엄청난 적자에 시달렸고, 주요무역국인 영국은 적자를 만회하고자 1780년대부터 중국에 아편을 밀반입하기 시작하여 수많은 청나라백성이 아편중독에 노출되었다. 이에 청나라정부가 1839년 아편상점을 몰수하면서 제1차 아편전쟁이 일어났다. 2회에 걸친 아편전쟁에서 패배한 결과로 체결된 조약(1842 난징조약: 영국에 홍콩 양도, 1860 북경조약: 영국이 청나라경제 장악)으로 청나라는 약해졌고, 서양은 점차 중국경제를 장악해갔다. 아편전쟁 중 청나라군대가 보여준 연약함은 19세기 후반 들어서 중국이 잇달아 영토를 빼앗기는 결과를 초래했다.

내부적으로는 홍수전이 이끈 태평천국의 난(1851~1964)이 일어나 16개 지방으로 확산(태평천국의 시대)이 되었으나 이홍장에 의해 진압되었다.

잇단 외세의 침략과 내부적인 국론분열로 연타를 맞은 청나라는 사대부인 이홍장이 주도한 개혁(양무운동)에 기대를 걸었으나, 막강한 서태후(섭정: 1862~1908)의 측근이던 보수세력에 가로막혀 실패했다. 이홍장은 청말 정치가로 이이제이(以夷制夷)로 열강들을 서로 견제시키면서, 양보 · 타협정책을 취했다. 또한 그는 태평천국의 난을 평정하면서 휘하에 두었던 회군을 배경으로 영국 · 러시아 등의 지지를 받으면서 각종 근대공업의 건설을 추진하는 양무운동(洋務運動)을 전개했다.

서태후(1835~1908)는 청나라에서 모든 외국인을 몰아내고자 일어난 의화단운동(1900~1901)을 지지하였고, 황실군을 지원하였다. 그러나 의화단운동은 외국의 연합군대에 의해 실패로 끝났고, 1901년 베이징의정서가 체결되면서 청나라는 엄청난 금액의 배상금지급과 무역에서 추가양보를 해야 했다.

이에 민족주의 혁명지도자 쑨원(1866~1925)이 추종자들과 함께 신해혁명(辛亥革命, 1911~1912)을 일으켰다. 청나라 최고위장군인 위안스카이(원세개, 1859~1916)에게 서태후가 반란을 진압하도록 명했지만, 그는 혁명군과 협상하여 자신이 청나라 황제를 퇴위시키겠다고 제안했다. 그 대신 새로운 정부의 대총통이 되기를 원했다. 그 결과 1912년 그는 중화민국 임시총통이 되었고, 그로써 중국의 2000년에 걸친 왕권통치는 막을 내렸다(청나라의 멸망).

서태후, 쑨원, 원세개(왼쪽부터)

(출처: 구글)

③ 중화민국

1911년 일어난 민주주의혁명(신해혁명, 辛亥革命)으로 쑨원(1866~1925)을 대총통으로 하는 중화민국(國民政府)이 탄생했다. 이제 중원을 오랫동안 통치해왔던 청나라는 무너지고, 중화민국(1912~1949)이 본격적으로 태동했다. 중화민국의 아버지라고 불리는 쑨원(1866~1925)은 민족주의, 민주주의, 평등사상 등 3가지 원칙을 혁명정신의 근본으로 삼았다. 쑨원이 이끄는 민족주의 국민당은 많은 민족주의 인사들을 영입했고, 광저우의 남부군벌들로부터 지지를 받아 1917년에 또 다른 정부를 출범시켰다. 쑨원이 1925년 사망하자 장제스(장개석, 1887~1975)가 국민당을 이끌었다. 1928년 장제스군대는 베이징을 점령하고, 국민당의 통치 아래 중국 대부분 지역을 통일하면서 군벌규모의 축소와 공산당을 전멸시키려 했으나 실패하면서 대륙은 혼란스러워졌다.

이렇게 대륙이 혼란스러운 시기, 일본은 계속 만주를 침탈해오면서 중일전쟁(1937~1945)이 일어났다. 1931년 일본이 만주를 장악했고, 1937년에는

장제스와 마오쩌둥(왼쪽부터)

(출처: 구글)

일본이 대대적으로 중국을 공격해서 베이징, 상하이, 난징까지 점령했다. 미국이 1941년 12월부터 제2차 세계대전에 참전하면서 중국에 원조와 조언을 제공했고, 장제스는 현대적인 군대를 갖추게 되었다. 하지만 장제스는 일본과의 전투 대부분을 미국에 떠넘기고 대신 중국공산당과 벌일 마지막대결에 집중했다. 반면, 중국공산당은 1931년 농민을 주축으로 군대를 조직했고, 마오쩌둥(모택동, 1893~1976)이 새로운 중국공산당 지도자로 부상했으며, 소비에트연방으로부터 지원을 받아 무장했다.

1945년 8월 15일에 일본제국이 제2차 세계대전에서 패망하며 중국대륙에서 물러나자, 장제스 총통이 이끄는 중화민국정부와 마오쩌둥이 이끄는 공산세력은 서로 중국대륙을 통일하고 권력을 얻기 위하여 대대적으로 국공내전을 다시 벌였다. 미국이 무기를 원조했지만, 격심한 인플레이션, 식량부족, 관료의 부패로 대중이 등을 돌리자 장제스의 국민당은 잘 정비된 중국공산당을 상대로 한번도 군사적 우위를 점하지 못했다. 게다가 중국공산당은 농부들의 절대적인 지지를 받았다. 결국, 1949년 공산당의 인민해방군이 베이징을 점령했고, 10월에는 마오쩌둥이 중국인민공화국의 설립을 선포했다.

1949년 12월에 중화민국의 국공내전에서 중국국민당은 중국공산당에 밀려 난징에 있던 중화민국정부를 타이완(대만)으로 이전하였다(국부천대, 국민당정부의 대만파천). 이후 대만은 중화민국의 중심지로 변모하여 새 시대를 맞이하게 되었지만, 이후 중화민국의 실효통치지역은 사실상 타이완지역으로 축소되었다. 국부천대란 한때 중국의 유일한 합법정부였던 중화민국정부가 중국공산당 세력에게 밀려 대륙에서 타이완섬으로 철수한 사건을 일컫는다. 이때 약 2백만 명에 달하는 중화민국의 정부수반들, 그리고 국민당당원 및 지지자들이 진격해오는 인민해방군을 피하여 타이완섬으로 이주하였다.

국부천대 이후 대만은 국민당의 장기집권을 마감하고 직접선거로 총통을 선출함으로써 본격적인 민주화시대를 열었다.

현재, 중화인민공화국은 하나의 중국원칙에 따라 대만에 대한 일체의 영유권을 주장하고 있어 마찰이 심한 상태이다.

④ 중화인민공화국

중국공산당(中華人民共和國)은 중일전쟁을 틈타 북부지역에 해방구를 만들었고, 중화민국(1912~1949)이 이를 견제하기 위해 국공내전까지 벌였으나, 국공내전의 결과가 어떤지는 국부천대(1949) 한마디로 설명이 가능하다.

결국, 마오쩌둥이 1949년 10월 1일 "중화인민공화국(1949~21C 초 현재), 중앙인민정부가 성립되었다!"고 천안문광장에서 외치면서 오늘날 우리가 아는 중국(중화인민공화국)이 역사에 등장했다.

마오쩌둥(1893~1976)이 이끄는 중국공산당은 집권 후 내부적으로는 대약진운동, 문화대혁명 등의 굵직굵직한 사건을 터뜨리면서 중국을 장악하고자 전념을 했다. 외부적으로는 남한과 UN을 상대로 전쟁(1950~1953)을 벌인 북한의 공산정권을 지원했고, 인도차이나에서는 프랑스를 상대로 투쟁을 벌인 공산주의반군(1946~1954)을 원조했다. 중국공산당은 자국 내에서 국민당 잔여세력이나 외국사업체, 선교단체 등 정권유지에 위협이 될 수 있는 기득권세력을 공격하거나 추방했다. 공산당정부는 개인소유의 농장을 몰수해서 농민들에게 재분배했다. 이 과정에 수천 명의 지주들이 앙심을 품은 폭도들에 의해 목숨을 잃었다. 최초 5개년계획(1953~1958)을 통해서 대기업은 국영기업으로 바뀌고 농부들이 소유하던 사유지는 강제로 대규모 협동농장으로 귀속되었다.

1970년대 초에 중화인민공화국은 미국과 일본을 포함해 많은 선진국과 외교를 시작했고 UN에도 가입했다.

1976년 마오쩌둥이 사망하자 덩샤오핑(1904~1997)이 이끄는 온건파가 1978년부터 경제를 현대화하려는 일련의 조치를 시작했다. 덩샤오핑은 1983년 이후 국가원수직과 인민정치협상회의 주석직에서 물러났지만, 군사위원회 주석직에 머무르며 실권을 쥐었다. 1989년 천안문사태의 강경진압을 주관하는 한편, 국가주석직의 교체에 관여하고, 군부 내에 세력을 형성한 양상쿤을 몰락시키고 장쩌민을 후계자로 내정하는 등의 막후 실력을 행사하는 등 1970년대에서 1990년대에 이르기까지 중국에서 실질적인 지배력을 행사했다. 경제정책은 흑묘백묘론을 통한 실용주의노선을 추진하고, 정치는 기존의 사회주의체제를 유지하는 정경분리의 정책을 통해 덩샤오핑이론을 창시했다.

덩샤오핑(중화민국 3대 최고지도자) 집권기(1978~1983)에 중화인민공화국은 서방세계와의 문화적 상업적 교류를 확대했고, 산업발전을 위해 외국으로부터 기술을 도입했다. 제안된 형태의 사기업이 등장했고 농업공동체가 해체

덩샤오핑, 후진따오, 시진핑(왼쪽부터)

(출처: 구글)

되었으며, 이러한 일련의 개혁은 눈부신 경제발전에 시동을 걸었다.

그러나 1980년대 후반에 들어서자 전국의 학생들이 민주주의와 정부의 부패근절을 요구하기 시작했다. 1989년에는 베이징 천안문광장에서 민주주의를 요구하는 대대적인 시위가 일어났지만, 결국 무자비하게 진압되었다.

1990년대와 2000년대에 중국은 공산품수출이 증가하면서 경이적인 경제성장을 지속했고, 이 추세대로 계속 간다면 아마도 세계에서 영향력이 큰 경제 대국이 될 전망이었다.

시진핑(1953~)은 2012년 11월 후진타오(1942~) 주석으로부터 중국공산당 중앙위원회 총서기와 함께 중국공산당 중앙군사위원회 주석직을 승계받았다. 시진핑 주석은 이때부터 '중국몽'이라는 정치 지도 개념을 언급하였다.

1949년 중화인민공화국의 건국 이후 중국공산당은 100주년이 되는 2049년까지 중화인민공화국 내에서 '중국몽'을 구현하기 위해 노력하고 있다.

(2) 질병 극복을 위한 노력

명대 이전의 중국의학은 전통을 고수할 뿐 독특한 발전이 없었던 금원의학(金元醫學, 1115~1368)의 연장에 불과했다. 한족의 뒤를 이어 중원을 차지한 여진족이 세운 금나라(金, 1115~1234)와 몽골족이 세운 원나라(1260~1368)를 합쳐 금원시대라 한다.

중국의학은 명(明)나라를 거쳐 청(淸)나라에 이르러 온병학(溫病學)이라는 새로운 장(章)을 열었다. 온병학은 현대의 열성전염병(熱性傳染病)을 포함한 급성병(急性病)을 가리킨다. 온병학은 과거의 의학이론을 바탕으로 당시에 큰 문제가 되었던 전염병을 해결함으로써 한의학 역사상 중요한 일익을 담당해냈다.

그러나 청나라 말부터 근대 서양의학이 전래된 이후 중의계는 학문, 기술로서 서양의학 자체를 외면하지는 않았다. 오히려 중의계는 서양의학과의 관계 속에서 중의학의 진로와 혁신방안을 꾸준히 모색하였다.

19세기 중반 중의계는 서양의학을 접하면서 중의서를 소통하는 중서의회통(中西醫回通)사상을 형성하였다. 중서의회통의 기본적인 특징은 서양의학 및 근대과학의 지식을 수용하여 중의학과 소통을 추구하여 중의학의 발전을 추구하자는 것이었다. 이런 사상은 서양의학보급에 따라 그 영향력이 점차 확대되어 19세기 말~20세기 초에 중서의회통파가 형성되었다.

중서의회통(中西醫回通)의 형성으로 중의학은 전멸의 위기는 넘겼지만, 북양군벌정부와 국민당집권기의 각종 의료정책이 중의학의 발목을 잡으면서 중의학은 암흑기를 맞았다.

그러나 1949년 중화인민공화국이 들어서면서 중국 전통의학을 보호육성하고 중서의가 서로 단결하여 보건사업에 매진하자는 정책을 펼침으로써 새로운 부활의 전기를 마련하였다.

1980년 이후에는 침구학을 위시한 중국 전통의학이 비약적인 발전을 거듭하고 있고, 중국정부차원에서 중의학이 이론 및 임상, 그리고 교육 등 다방면에서 지원하고 있다.

동아시아 전통의학의 과학화와 동서의학절충의 과제는 오늘날 중국의 중서의 결합과 같은 형식으로 계속 추진되고 있다.

① 명나라

명나라(1368~1644) 시기에는 의학분야에서 유의(儒醫)를 자처하는 지식인들이 대거 등장하면서 유가에서 십삼경(十三經)을 경전으로 떠받드는 것처럼, 황제내경, 상한잡병론 등을 경전으로 받들면서 이를 근거로 저마다의 학설이 등장하였다.

송나라 이래로 학파 간 백가쟁명(百家爭鳴)의 시대가 열리고 금원사대가가 나왔듯이 명나라 때도 이러한 전통이 이어져 각 학파 간의 논쟁이 극렬하게 전개되면서 의학이 종합적으로 정리되었다.

1406년 간행된 주숙(朱橚)의 『보제방(普濟方)』은 침구학의 자료들을 광범위하게 수집한 책으로, 경맥의 유주와 수혈의 유주를 중요하게 다뤘다.

고무(高武)의 『침구취영(鍼灸聚英)』은 병정(病情)과 시간을 함께 고려해야 한다는 자오유주 침법을 극대화하는 방법을 제시했다.

이천(李梴)의 『의학입문(醫學入門)』은 정확한 취혈과 수기법(手技法), 원기(元氣), 자오유주학설 등을 중요하게 다뤘다. 이 『의학입문(醫學入門)』은 1590년경 조선에 전해져 『동의보감(東醫寶鑑)』과 함께 조선후기의학을 주노한 양대 의학서로 평가받았다.

양계주(楊繼洲)의 『침구대성(鍼灸大成)』은 명대 이전의 침구이론과 임상경험을 총결한 책으로, 경락이론과 변증론치를 중요하게 다뤘다.

장개빈(張介賓)은 『유경도익(類經圖翼)』을 지어 도해형식으로 운기학설(運氣學說)을 설명했으며, 장부를 중심으로 경락을 논하였다.

② 청나라

청나라의학에는 금원사대가로 대표되는 송 · 금 · 원 및 명나라의 전통이 계승되었다. 특히, 송대에 형성되었던 유의(儒醫, 유학과 의학의 결합)의 전통이 청대까지 이어졌다.

청나라의학은 침 · 뜸의 성숙기로 평가받고 있다. 청대에 가장 대표적인 침구서적은 1742년에 편찬된 『의종금감(醫宗金監)』이다. 이 책은 건륭연간에 청나라 정부의 주관으로 편찬되었다. 이 책에는 경맥, 경혈, 침구의 치료범위 및 취혈 등이 잘 정리되어 있다.

이학천(李學川)의 『침구봉원(鍼灸逢原)』은 독창적인 견해는 없지만, 황제내경 등의 이론이 잘 정리되어 있다.

진혜주(陳惠疇)는 『경락도고(經絡圖考)』에 경락, 경혈, 골도(骨度)에 대한 기록을 수집하고 고증하여 정리해 놓았다.

1807년 영국 선교사 모리슨(Morrison R, 1782~1834)이 마카오에 상륙한 것을 기점으로 근대 중국에 대한 선교사업이 시작되었다. 이때 서양의료는 중요한 선교수단으로 적극적으로 활용되었다.

1834년 미국 의료선교사 피터 파커(Peter Parker)가 광저우에 중국 최초의 근대 선교병원을 설립하였다. 그 이후 제1차(1840~1842), 2차(1856~1860) 아편전쟁을 거치면서 개항도시를 중심으로 많은 선교병원과 진료소가 잇따라 들어섰다.

19세기 후반부터 20세기 초, 청나라정부는 베이징동문관 의학과, 북양의학당, 북양군의학당, 경사대학당 의학관 등 일련의 서양의학교육기관을 설립했다. 또한, 관비유학생을 파견하여 서양의학 인력을 양성하기도 하였다. 한편, 청나라정부는 1903년 근대 고등교육체제를 도입하고 의과대학은 의학문과 약학문으로 구분했다.

이처럼 서양의학이 청나라 말 중국에 유입되면서 그 성과가 책으로 나타나기도 했다. 일례로 유종형(劉鐘衡)의 『중서회참동인도설(中西匯參銅人圖說)』은 서양의 해부학적 지식을 응용하여 장부경락 등을 다시 그렸다. 왕청임(王清任)이 지은 『의림개착(醫林改錯)』은 한의학적인 관점에서 서양해부학 지식을 해석한 책이며, 당종해(唐宗海)가 지은 『중서회통의경정의(中西滙通醫經精義)』는 한의학적인 관점에서 서양의 해부학과 생리학지식을 흡수하여 서술한 책이다.

그러나 서양의학을 비롯한 근대문물이 유입되면서 중국지식인들 사이에 기존의 전통의학인 중의학을 부정적으로 바라보는 시선이 나타났다. 청나라 말 대학자 위웨(1821~1907)는 1878~1880년 사이에 『폐의론』을 저술하여 근대 중의폐지론의 서막을 알렸다. 『폐의론』에서 위웨는 다음과 같이 4가지 이유를 들어 중의학 폐지를 주장했다. 첫째, 의무동원(의술과 무술은 근본이 같다)의 역사를 서술하면서 당나라 때 무술을 폐지하였던 고사를 들어 무술과 근본이 같은 의술도 폐지해야 된다. 둘째, 중의학의 핵심경전인 『신농본초경』과 『황제내경』은 후대인들이 조작한 것이다. 셋째, 고대 의학에서 말하는 맥(脈)이 현재 중의들이 파악한 맥과 다르므로 중의의 맥진을 믿을 수 없다. 넷째, 고대 중의들은 오늘날의 질병을 본 적이 없었으며, 그들이 사용하였던 약재가 실험을 거쳐 검증된 것도 아니므로 고대인의 경험에 의한 중의학은 신뢰할 수 없다. 단, 그가 말년에 저술한 『의약설(醫藥說)』에서 중의는 폐지해도 무방하되 중약은 모두 폐지하면 안 된다는 폐의존약의 입장이었다.

③ 근 · 현대

청나라 말기 대학자 위웨 이후 20세기 초 근대교육을 받은 중국지식인들 중에 중의 반대론자들이 적지 않았다. 이는 서양문물이 유입된 후 그 문명을 적극적으로 수용하여 낙후된 중국을 근대국가로 만들려던 당시 중국사상계의 큰 맥락과 일치했다. 중의학은 전통 중국문명을 상징하는 것이었다. 그러므로 중의학에 대한 불신과 회의는 결국 중국 고유문명과 전통문화를 부정하는 결과를 낳았다. 일례로, 1911년 신해혁명 이후 수립된 중화민국북양정부는 근대적 위생제도를 구축하면서 중의학을 제도적으로 배제하기 시작했다. 그리고 1912년에는 중 · 서의학을 아울러 취급하기 어렵다는 이유로 새로 반포한 학제 및 각종 학교 규칙 중에서 의학전문학교(서양의학)에 대해서만 규정하고 중의학을 제외시켰다.

더욱이 1919년 위옌은 『영소상태(靈素商兌)』라는 책을 저술하여 중의학의 근거인 『황제내경』을 전면적으로 비판, 부정했다. 그는 이 책의 음양(陰陽), 운기(運氣), 경맥(經脈) 등 중의학의 기초이론을 근본적으로 부정했다. 운기(運氣)란 오운육기(五運六氣)의 약칭으로 오운이라 목, 화, 토, 금, 수를 말하며 육기란 풍, 한, 서, 습, 건, 화(風, 寒, 暑, 濕, 燥, 火)를 말한다. 그는 중의학은 실험과 증거로 뒷받침된 과학이 아니므로 질병의 발생원인과 약물작용의 원리를 제대로 설명하지 못하며 임상효과도 그저 우연한 결과라고 신랄하게 비판했다.

위옌의 이러한 중의학에 대한 부정은 『동방잡지』 편집장을 맞고 있는 두야취안의 반대를 불러일으켰다. 그는 『중의학의 연구방법』이라는 글에서 중의학이론은 오래된 경험을 바탕을 둔 것으로 기계적 과학실험만으로 파악할 수 없는 정신적 측면도 포함된다고 논박했다. 덧붙여 현재, 과학으로 설명할 수 없는 부분은 부정할 것이 아니라 장래 연구에 기대하는 것이 좋겠다고 주장했다.

이런 발언은 그가 1920년대 팽배하였던 과학주의를 비판하고 동서문명의 공존, 상생을 제창하였던 것과 일맥상통했다.

한편, 중의계의 원톄차오는 『군경견지록(群經見智錄), 1922』, 『상한론 연구(傷寒論 硏究), 1923』를 저술하여 위옌의 『영소상태』에 반기를 들었다. 특히, 『군경견지록(群經見智錄), 1922』에서 음양, 오운육기, 장상(臟象) 등 중의학이론을 새로 해석하여 중의학이론을 부정하는 위옌의 관점에 반발하고 『황제내경』의 권위를 지키려고 했다.

1928년 난징국민정부는 전국을 통일한 이후 각종 법령을 정비하기 시작하였다. 이러한 가운데 1929년 위생부를 설립하고 그 산하에 위생행정 자문기관으로 중앙위생위원회를 두었다. 모두 서의계 인사로 구성된 중앙위생위원회 위원은 회의석상에서 위옌, 왕치장, 추민이 등 일독파가 주도하여 중의학이 전국 의료위생행정을 방해한다는 이유로 중의폐지안을 제기, 통과시켰다.

이 소식이 언론에 알려지자 중의계는 즉시 궐기하여 대대적인 반대운동을 일으켰고, 청원서를 행정원, 위생부, 상공부 등에 보냈다. 그 내용은 다음과 같이 5가지로 요약이 된다. 첫째, 중의약의 치료 효과는 확실하다. 둘째, 현재 중의약은 국내외 학자들에 의해 과학적 방법으로 연구되고 있다. 셋째, 메이지 시대에 한방의를 제도적으로 폐지했던 일본조차도 한방의를 다시 제창하고 있다. 넷째, 중의약은 단순히 의료방식이 아니라 중국의 국수(國粹)이다. 다섯째, 중국 현재의 의료시장수급을 고려할 때 국민입장에서 중의폐지는 안 된다. 이러한 논리로 중의계는 민족주의를 무기로 언론, 감정공세를 전개하였을 뿐만 아니라 당시 정계요인의 지지를 얻기 위해 유세도 하였다. 청원의 결과, 위생부에서는 중의폐지안을 당분간 집행하지 않고 유보하겠다고 언론에 밝혔다. 이로써 중의계가 표면적으로 승리를 거두면서 이 사태는 일단락되었다. 이어 중의계는 국의관을 중심으로 국민당 내부의 중의 지지파의 힘을 빌려 중의의 법적지위 인정을 두고 중의 폐지론자들과 계속 투쟁한 끝에 1936년 1월 『중의조례(中醫條例)』 제정을 성사시켰다. 중의조례는 중의의 면허, 의무, 징계 등 관련 규정을 포함하고 있다.

1937년 7월 중일전쟁(1937~1945) 발발 이후 중의계는 새로운 기회를 맞이하였다. 전쟁은 의료의 중요성이 한층 더 드러나게 하고 의료인 역시 국가총동원의 대상으로 호명되었다. 중의계는 서의계와 마찬가지로 전시구호에 적극적으로 참여하여 의료인으로의 역할을 발휘하는 동시에 중의의 사회적 지위를 제고하였다.

1942년 3월 국민정부는 국가총동원법을 반포하고 5월 행정원산하기구를 설립하여 군사, 인력, 물자, 교통 등 모든 면에 걸친 전시 총동원체제를 구축하였다. 그중 인력동원의 일환으로 의료인에 대한 동원 역시 이루어졌다. 중의사는 위 법령에 포함되지 않았지만, 후방원호의 의무를 수행하였다.

이처럼 중일전쟁을 계기로 중의학은 전시국가의 의료위생에서 중요한 역할을 발휘하여 정당성을 높여갔다. 이로 인해 중의폐지론은 한참동안 잠잠해졌다.

1945년 해방 이후 중국공산당 정부는 중의, 서의와 별도로 중서의결합이라는 새로운 의학체계를 모색하고 구축했다.

중서의결합사상의 형성은 마오쩌둥의 경험과도 관련이 있다. 마오쩌둥은 장정 때 풍습관절염을 앓게 되어 그 이후 계속 서의의 치료를 받았음에도 효과가 별로 없었다. 당시 산시에 있는 유명한 중의사 리딩밍은 자진하여 중약 4첩으로 그의 병을 치료하였다. 이에 마오쩌둥은 중의약의 효과에 더욱 주목하게 되어 리딩밍에게 의료위생 발전전략을 물었고, 그는 중서의는 각각 장점이 있으니 서로 단합할 것을 권했다.

이를 계기로 중의학은 전멸의 위기는 넘겼으며, 1949년 중화인민공화국이 들어서면서 중국 전통의학을 보호육성하고 중서의가 서로 단결하여 보건사업에 매진하자는 정책을 펼쳐짐으로써 새로운 부활의 전기를 맞이했다. 1955년에는 의학연구기관인 중국의학과학원과 중의연구원이 설립되었으며 1956년부터 북경, 상해, 광주, 성도 등 중국 전역에 중의약대학이 설립되기 시작하였다. 1960년대 들어서면서 침구학 마취, 백내장의 침구치료 등 중서의 결합연구가 활발해지고, 1980년 이후에는 중서의결합을 표방하는 병원과 연구소가 폭발적으로 늘어나는 등 중국에서 침구학을 위시한 중국 전통의학이 비약적으로 발전하게 되었다.

최근, 중국 정부차원에서 세계 각국으로 중의학을 전파하기 위해 노력하면서 중의학이 이론 및 임상, 그리고 교육 등 다방면에서 융성기를 구가하고 있다.

2) 오스만제국

이슬람황금시대는 전통적으로 13세기에 끝난 것으로 여겨졌지만, 실질적으로는 서쪽의 오스만제국에 의해 그 후로도 발전이 연장되었다.

오스만제국(1299~1922)은 1299년 아나톨리아에 거점을 마련한 튀르키예 이슬람전사 오스만 1세에 의해 세워졌다. 이후 오랫동안 오스만왕조는 세계에서 가장 강력한 제국 가운데 하나로 존재했다.

오스만제국은 이슬람의 학문을 받아들여 수학, 천문학, 의학 등 다양한 분야에서 과학과 기술분야에서 큰 발전을 이루어 냈다. 또한, 이슬람제국시기에 의사교육과 환자치료를 위해 새로운 치료법개발을 목적으로 세워졌던 마드라사(madrasa)와 바미리스탄은 오스만제국으로 연계되어 더욱 발전했다.

오스만제국은 서양의 중세 후반기와 대서양항해 초기까지는 번영을 누렸다. 그러나 서구유럽의 후발주자들이 대서양항해에 뛰어든 17세기부터 쇠퇴하기 시작하여 발칸반도에서 조금씩 밀려나 18세기가 끝나갈 즈음에는 오스만제국의 심장부를 제외한 아프리카와 중동에 있는 영토를 사실상 상실했다.

19세기 들어 1821년부터 1829년 사이에 발발한 그리스 독립전쟁에서 패배하고 그리스의 독립을 인정하기에 이르는 등 발칸반도는 유럽의 화약고가 되어가고 있었다.

결국, 발칸반도는 제1차 세계대전(1914~1918)의 도화선이 되었고, 제1차 세계대전에서 오스만제국과 동맹국들이 패배하면서 오스만제국은 중동의 영토 대부분을 상실하였으며 이 영토들은 영국과 프랑스에게 넘어가고 말았다.

그 결과, 오스만제국은 1922년부로 멸망하고, 튀르키예공화국의 시대가 열리게 되어 현재에 이르고 있다. 오스만제국의 멸망과 이슬람권의 분열은 국제무대에서 이슬람권의 추락을 의미한다. 이후 이슬람권은 오늘날까지도 서구에 정치, 경제, 기술적으로 종속되어 있다.

오스만제국의 메메드 2세와 술레이만 대제(왼쪽부터)

(출처: 구글)

(1) 역사

1453년 오스만제국의 메메드 2세(재위: 1451~1481)는 콘스타티노플을 정복한 후 비잔틴제국의 뛰어난 문화유산을 보존하면서, 이슬람제국과는 조화를 이루는 정책을 펼쳤다. 메메드 2세는 이후 콘스탄티노플리스를 수도로 삼은 뒤 스스로 로마황제(Kayser-i Rum)라 칭하였다. 그리고 콘스탄티노플리스의 하기아 소피아를 비롯한 기존의 기독교성당들을 모스크로 개조하는 등 새로운 제국의 수도(이스탐불)로서 도시를 개조하였다.

1516년 셀림 1세(재위: 1512~1520)는 시리아, 팔레스타인, 이집트, 이슬람의 메카와 메디나를 합병했다. 이 같은 전과로 인해 아바스왕조의 마지막 칼리프인 알 무타와킬 3세가 칼리프 칭호를 셀림 1세에게 양도하였다. 이후 오스만제국의 군주들은 칼리프를 겸하게 되어 수니파 이슬람권의 종주국 노릇을 하게 된다.

이러한 정책으로 술레이만 대제(수니파, 재위: 1520~1566)의 통치기에는 사회적, 행정적, 경제적, 문화적으로 당대 최고의 절정기를 맞아 로마제국에 버금가는 대제국(지중해 근처의 땅 대부분을 통치)을 이루었다.

오스만제국의 예니 체리

(출처: 구글)

이 시기에 오스만군대가 절대적인 위력을 과시할 수 있었던 것은 뛰어난 포병과 강력한 해군, 효율적인 징병제도와 훈련제도 덕분이었다. 동쪽으로부터는 향신료와 실크, 자기제품을 들여왔고, 아프리카로부터는 보석과 노예를, 유럽에서는 직물과 유리, 목재를 들여왔다. 이러한 무역로를 지배하면서 오스만제국은 막대한 부를 축적했다.

그러나 16세기 후반부터 오스만제국의 해군력과 전투기술은 대서양항해에 돌입한 서구유럽에 뒤처지기 시작했다. 게다가 포르투갈, 스페인, 프랑스, 네덜란드, 영국이 아시아로 가는 다른 해로를 개척하면서 오스만제국의 경제를 위협했다. 또한, 내부적으로 술탄의 정예군대인 왕실근위대(예니 체리)가 정치적으로 지나치게 강력한 권력을 갖게 되면서 그들이 인정하지 않는 술탄을 상대로 반란(1640~1656)을 일으켜 혼란스러웠다.

이처럼 제국 내에 존재하는 제도적인 문제와 국제무역의 중심지로서 지위가 약해지면서 오스만제국의 쇠퇴는 갈수록 명백해졌다. 더욱이 유럽의 후발주자들까지 대서양항해에 뛰어든 16세기 후반부터 17세기에 쇠퇴하기 시작했다.

18세기 들어 오스만제국은 뼈아픈 경제적 쇠퇴와 직면했다. 대서양항해에 나선 유럽이 새로운 무역로를 개척하면서 홍해와 페르시아만을 통해 아시아로 이어지는 오스만제국의 무역로가 점점 더 기능을 상실하게 되었다. 아시아상품들이 희망봉을 돌아서 암스테르담 또는 런던으로 들어왔고, 러시아는 오스만제국과 중국으로 이어지는 전통적인 길을 우회하여 시베리아를 횡단하는 무역로를 개척했다.

또한, 오스만제국은 18세기 후반부터 서구열강들에 연전연패하며 그 부실한 체력이 폭로되어 버렸다. 18세기가 끝나갈 즈음에는 오스만제국의 심장부를 제외한 아프리카와 중동에 있는 영토를 사실상 상실했다.

비록 오스만제국의 중근동 영토의 정세가 일시적으로 안정되기는 하였으나, 반대편 유럽 영토는 1821년부터 1829년 사이에 발발한 그리스 독립전쟁에서 패배하면서 유럽의 화약고가 되어갔다.

오스만제국은 탄지마트(Tanzimat) 개혁을 통해 근대식의 의회제도와 헌법을 도입하는 등 개혁을 시도했지만, 국내 보수세력의 반발과 속셈을 알아차린 열강의 간섭으로 인해 좌절되었다.

1853년 러시아제국과의 사이에서 발발한 크림전쟁에서 러시아의 남진을 막으려는 유럽연합군의 도움으로 간신히 승리하였으나 20년 후 다시 쳐들어온 러시아에 결국 참패했다.

1908년에는 젊은 장교들을 중심으로 쿠데타가 일어나 오스만제국의 황제에게 헌법을 인정하고 입헌군주정을 선포할 것을 강요했다. 5년 후에는 급진파장교들이 주축이 된 통일진보위원회가 또 쿠데타를 일으키고 일당독재 체제를 선포하였다. 통일진보위원회가 결성한 통일진보당은 독일의 편에 서서 제1차 세계대전에 참전하였다. 그러나 제1차 세계대전에서 오스만제국과 동맹국들이 패배하였고, 오스만제국의 중동 영토 대부분은 영국과 프랑스에게 넘어가고 말았다. 이후 현 튀르키에의 국부인 무스타파 케말 아타튀르크(Mustafa Kemal Atatürk, 1881~1938)가 등장하여 오스만제정을 폐지하고 현재의 튀르키에 공화국(1923~)을 건국하면서 초대 대통령이 되었다. 이로써 오스만제국의 역사도 끝이 났다.

오스만제국의 멸망과 이슬람권의 분열은 국제무대에서 이슬람권의 추락을 의미했다. 그나마 아랍연맹과 석유수출국기구(OPEC), 이슬람 협력기구가 있다고는 하지만 이 기구들은 그저 이득을 위해서 뭉친 연맹에 불과했다. 이후 이슬람권은 지금까지도 서구에 정치, 경제, 기술적으로 종속되어 있다.

특히, 이슬람권은 날이 갈수록 서구권과의 격차가 심해지고 있으며 열세를 벗어나지 못하고 있다.

(2) 질병 극복을 위한 노력

동쪽의 이슬람제국(632~1258)은 전통적으로 13세기에 끝난 것으로 보이지만, 서쪽의 오스만제국(1299~1922)에 의해 이슬람의 전통, 특히 의학의 발전은 그 후로도 연장되었다. 이슬람제국은 이슬람교도가 서남아시아를 중심으로 건설한 대제국으로, 중세 유럽에서는 사라센제국이라 불렸다. 632년에 예언자 무함마드가 죽은 뒤 메디나의 이슬람교도들은 아부 바크르를 새 지도자인 칼리프로 선정하였다. 이것이 1258년 아바스왕조가 멸망할 때까지 계속된 칼리프제도의 시작으로서, 이슬람역사에서 이 제도가 있던 시대의 나라들을 이슬람제국(632~1258)이라고 한다.

오스만제국의 병원은 초기에는 주로 환자를 치료하기 위해 설립되었고, 그 후 의학교육을 위한 센터로 발전하였다. 셀주크제국에서 처음 생겨난 교육기관 마드라사는 오스만제국에서 최고조에 달했다.

1470년에 세워져 1824년에 폐원한 병원 다뤄쉬프(Drrűshshif)는 성별에 따라 환자를 분리했고, 정신질환자를 치료하기 위해 음악요법을 사용하였다.

1488년에 세워진 병원(Bandyezdd Drrüshshif)은 유럽병원의 건축양식에 영향을 미친 건축물로 잘 알려져 있다.

1522년에 세워진 병원(Ayshe Hafsa Sulta)은 오스만제국에서 가장 유명한 병원 중 하나였다. 이 병원에는 정신질환자를 위한 별도의 병동이 마련되어 있었는데, 나중에는 정신질환자만을 치료하였다.

1806년 1월에 오스만제국의 첫번째 현대의과대학(Tersanne Tibbiyesi)이 설립되었다. 이 의과대학에서는 이탈리아어 또는 프랑스어로 된 텍스트와 유럽에서 발행된 의학저널 등을 교재로 교육이 이루어졌다.

1827년에는 베체트 에펜디가 이스탄불에 제국의대가 설립하였는데, 이 학교에서는 이슬람학생들만을 대상으로 프랑스어로 교육이 이루어졌다. 그러나 탄지마트개혁 이후인 1839년부터는 비 이슬람교도에게도 교육이 허용되었다.

1866년에는 이슬람 의사 수를 늘리기 위해 민간의과대학(Mekteb-I Tibbiye-I Mulkiye)이 설립되었다. 이 학교의 가르침은 터키어로 이루어졌으며 학생들이 민간의사가 되도록 훈련하는 데 초점을 맞췄다.

19세기 중반 오스만제국은 예방의학과 공중보건을 위한 제도를 발전시키기 위해 검역소 및 검역 위원회(Meclis-I Tahaffuz-I Ul)가 설립했다. 이 협의회는 유럽, 미국, 이란, 러시아의 참여로 국제기구가 되었다.

또한, 오스만제국에는 백신접종 연구와 조사를 목적으로 조직된 많은 기관이 설립되었다. 일례로, 1877년 이스탄불에 미생물학연구와 광견병접종 테스트를 위해 이스탄불에 광견병세균연구소가 설립되었다. 그리고 천연두예방접종연구소와 예방접종센터도 19세기 후반에 만들어졌다.

하렘은 술탄의 궁전 안에 있는 그의 아내, 딸, 그리고 여성노예들이 머무는 장소였다. 오스만제국의 여성들에 대한 대부분의 교육은 여성들에게 좋은 가정주부가 되도록 가르치고 사회적 예절을 지키는데 초점을 맞췄다. 비록 여성에 대한 정규교육은 인기가 없었지만, 여성의사들은 정규교육 대신 비공식교육을 받았다. 제대로 훈련받은 최초의 여성의사로 사피예 알리가 있다. 알리는 독일에서 의학을 공부하고 오스만제국이 멸망하기 1년 전인 1922년 이스탄불에서 개업했다.

3) 인도

(1) 역사

① 무굴제국

16세기 들어 북인도에는 여러 국가가 난립하는 가운데 강력한 무굴제국(1526~1858)이 등장하면서 안정기에 접어들었다. 무굴제국(아프가니스탄을 경유 해 티무르제국에서 유입된 사람들이 세운 나라)은 1556년에 즉위한 악바르 대제(재위: 1556~1605)에 이르러 정치 체계의 안정을 갖추면서 18세기 후반까지 강력한 제국을 이루었다. 악바르 대제는 벵골만에서 아라비아해에 이르는 광대한 영토를 평정하여 무굴왕조의 기초를 쌓았다. 델리에서 아그라로 천도하는 한편 법제 · 세제 · 화폐 제도를 개혁하였다. 그는 문화에도 관심이 깊어 무굴문화의 보호자가 되었다. 이슬람교도였으나 다른 종교에 대한 편견이 적어, 힌두교와 이슬람교의 융합에도 노력하였다. 그리하여 인도고유의 문화와 이슬람풍의 문화가 조화되어 새로운 인도 · 이슬람문화가 이 시기에 발달하였다. 이러한 특징을 보이는 대표적 미술품으로 타지마할 묘당이 있다.

16세기 초, 포르투갈이 무굴제국의 고아, 다만, 다우에 무역거점을 세우면서 무굴제국과의 교류가 시작되었다. 이로 인해 무굴제국에서는 목화와 면직물 산업이 크게 발달하였으며, 유럽기업과 연결되는 무역거점은 무굴제국의 경제에서 갈수록 중요한 역할을 했다. 1497년 포르투갈의 바스고다 가마가 아시아로 가는 해로를 발견한 이후로 유럽에서는 인도에 대한 경제적 관심이 급증했다.

17세기에 아우랑제브(재위: 1658~1707) 재위기에 무굴제국은 거의 전 인도를 아우르는 거대한 대제국으로 군림했다. 하지만 거대한 영토가 좋은 것만은 아니었다. 아우랑제브는 사망할 때까지 독립을 선포하는 나라들을 진압하느라 막대한 전비를 사용했고, 이 전비를 감당하느라 엄청난 양의 세금을 물려야만 했다. 이는 결국 심각한 사회불안을 불러왔다. 또한, 아우랑제브는 신실한 수니파 무슬림으로, 전 인도를 이슬람화하기 위해 강압적인 종교정책을 폈다. 당연히 이는 힌두교도들 사이에서 어마어마한 반발을 불러왔고 제국에 대한 반감은 날로 커졌다. 이는 무굴제국의 붕괴를 불러오는 데 일조했다. 특히, 아우랑제브 사후 무굴제국 내부의 혼란과 분열이 심각해졌다. 무굴제국의 내부혼란으로 인한 권력공백은 영국 동인도회사가 영토를 차지할 수 있는 결정적인 기회를 제공했고, 이는 이후 영국이 인도를 지배하는 토대를 구축하는 결과를 초래했다.

17세기는 포르투갈이 네덜란드와 영국의 동인도회사로 대체되었고, 18세기에 들어서는 네덜란드 기업이 비슷한 성격의 프랑스기업으로 대체되었다.

이들 기업은 각각 내부 혼란으로 무력해진 무굴제국으로부터 특권을 부여받아 그 영토 안에서 법률을 제정, 재판, 통화발행, 조약체결, 전쟁을 수행하는 준정부 역할을 했다.

무굴제국이 붕괴되기 시작하는 18세기 이전까지만 해도 이들 기업은 인도에서 대체로 상업적인 성격을 유지했다. 일례로, 18세기 후반에 영국의 동인도회사는 인도대륙에 대한 지배력을 꾸준히 확장할 때까지만 해도 인도를 정복하고자 하는 계획 없이 상업적인 역할에만 주안점을 두고 있었다. 영토를 합병하는 일은 단지 회사의 상업적 이익을 보호하려는 차원에서 이루어졌다.

그렇지만 18세기부터 19세기 초반, 영국이 인도 각지 중소국가들을 격파하고 전 인도를 지배하게 되면서 무굴제국은 형식적으로만 존속했다.

② 영국령 인도와 인도의 독립

세포이항쟁(1957~1958)이 영국에 의해 진압되면서 그동안 형식적으로 존재해 왔던 무굴제국 왕실은 폐지되고, 19세기 중반 이후부터 영국령 인도제국(1858~1947)이 되었다. 인도에 진출했던 영국 동인도회사(東印度會社)가 인도인을 용병으로 고용하여 자체적인 군대를 편성하여 인도에 대한 지배력을 유지하였다. 하지만 1857년 5월 10일, 델리 근교에 있는 소도시 메러트에서 인도인 용병(세포이: 병사라는 뜻의 페르시아어)이 영국식민지지배에 대해 항쟁을 일으켰다. 그러자 영국은 동인도회사의 요청을 받아 영국정부군이 대대적으로 파견되었고 최신식무기를 앞세워 직접 이 세포이항쟁 진압에 나섰다. 영국측의 강력한 군사작전으로 1857년 9월 델리를 정복하고 무굴 황제는 체포되었다. 1858년 무굴 황제는 양곤으로 유배형을 받았고 무굴제국은 역사에서 사라지게 되었다. 영국의 빅토리아여왕이 인도를 지배하는 영국령인도의 역사가 시

세포이항쟁

(출처: 구글)

작되었으며 본격적인 영국의 식민지배를 받게 되었다.

20세기 초에 이르자 인도에서는 국가운영에 대한 자국민의 더 많은 발언권을 요구하는 목소리가 높아져 갔다.

식민지배시기에 마하트마 간디(1869~1948)의 비폭력 불복종운동, 자와할랄 네루(1947~1964)와 인도 국민회의 계통의 독립운동, 진나가 이끄는 무슬림연맹은 인도의 주권을 찾으려 노력하였다. 일본군을 이용해 영국을 몰아내고 독립을 쟁취하려 한 수바스 찬드라 보스(Chandra Bose, 1897~1945)의 활동도 있었다.

1942년에는 마하트마 간디의 지도로 대대적인 저항운동이 일어났지만, 당시 영국은 이 저항운동을 신속하게 무력 진압했다.

그러나 제국주의의 쇠퇴, 새로운 국제질서의 형성, 그리고 인도의 일본제국주의세력 확대저지의 공을 인정받아 1947년 영국으로부터 독립했다. 인도의 독립기념일(자치령 선포일)은 8월 15일로 우리 대한민국의 광복절과 같다.

인도 독립에 영향력을 미친 사람들

마하트마 간디

자와할랄 네루

수바스 찬드라 보스

(출처: 구글)

그러나 이 과정에서 무슬림과 비 무슬림 간의 종교내전이 발발하여 수십만 명이 사망하고 수천만 명이 피난길에 올랐다. 결국 무슬림 다수 지역인 인더스강유역과 동벵골지역은 파키스탄자치령으로, 그 밖의 나머지 지역이 인도자치령으로 서로 분리 독립하게 되었다. 이로 인하여 인도의 분단이 현실화되었다.

어쨌든 1950년 개헌하여 대통령을 뽑고 인도공화국으로 정식출범하지만, 힌두교와 이슬람교의 대립이 격심해진 가운데 마하트마 간디가 암살당하는 일이 일어났다.

인도의 현대사는 자와할랄 네루의 네루-간디 가문이 정계를 주도하였는데, 이때 제3세계 운동과 녹색혁명, 사회주의와 민족주의를 결합한 국가적 산업화정책이 펼쳐졌다. 이후 1990년대에 빠르게 성장하면서 현재는 BRICS 중의 한 국가로 꼽히며(브릭스의 인도), IT산업 등의 분야에서 앞서 나가고 있다. BRICS는 2001년 미국의 증권회사인 골드먼삭스그룹 보고서에서 처음 등장한 용어로, 당시 브릭스는 브라질(Brazil) · 러시아(Russia) · 인도(India) · 중국(China) 등 4국의 영문 머리글자를 따서 만들어졌다.

비록 카스트제도를 비롯한 구습이 강하게 작용하는 문제가 있지만, 여성인 인디라 간디(1917~1984)와 소수 종교인 시크교도 만모한 싱(1932~)이 수상 자리에 오르고 불가촉천민 출신인 람 나트 코빈트(1945~)가 대통령이 되는 등 가시적인 성과가 나타났다. 반면, 인구문제는 해결이 쉽지 않아 현재 14억을 넘어 계속해서 증가하고 있고, 힌두민족주의 정당인 인도인민당의 아탈 비하리 바즈파이(1924~2018)가 집권한 1998년부터 2004년 사이에는 파키스탄과의 핵무기 경쟁이 심각했다. 이런 힌두교 근본 · 민족주의는 인도의 여러 골칫거리 가운데 하나이다.

인도는 아직도 영연방국가지만, 영국 왕을 국가원수로 모시지 않고 대통령을 선출하는 공화제국가이다.

(2) 질병 극복을 위한 노력

페르가나 출신의 튀르크족인 무굴이 1500년대 초에 인도북부를 침략했고, 그곳에서 18세기 후반까지 강력한 제국을 건설했다. 이 시기에 아유르베다의학이 성행하면서, 요가가 크게 발전하였다(AYUSH 참조),

그러나 19세기 중반 이후 영국의 인도 지배로 말미암아 인도의 고유정신과 문화에 많은 변화가 생겼다. 결국, 인도의 고대 아유르베다의학은 소수의 사람에게 구전되거나 일부만 계승되었을 뿐 국민의 건강을 책임지는 제도권 의학은 되지 못했다. 몇몇 의학지식은 서양의학에 흡수되어 발전하기도 했으나, 대부분은 서양 일변도의 문예사조에 휩쓸려 퇴색하고 말았다.

영국의 통치기 동안 아유르베다의학은 인도에서 소강기를 거쳤지만, 1947년에 인도가 독립을 쟁취하면서 다시 중요성을 획득하게 되어, 아유르베다는 점차 부흥하기 시작했다.

오늘날 아유르베다의학은 인도정부에서 공식적으로 인정하고 있는 6가지 의학체계 중 하나로 인정받고 있다. 공식적으로 인정받는 다른 5개 의학체계로는 동종요법(homeopathy), 자연요법(naturopathy), 유나니(unani), 시다(sidda), 요가(yoga)가 있다. 시다는 아유르베다와 유사하여 아유르베다의 한 형태로 보는 견해도 있다.

인도에서 인도 전통의학을 담당하는 정부산하 부서는 AYUSH다. 이 부서는 1995년에 창설된 인도의학과 동종요법부서가 2003년에 이름이 바뀐 것이다. AYUSH는 아유르베다, 요가, 자연요법, 유나니, 시다, 동종요법의 앞 글자를 모은 것이다.

스위스의 의사학자(醫史學者) 악커크네히트(Erwin H. Ackerknecht, 1843~1901)는 『History of Medicine』에서 인도의 아유르베다의학은 종교로부터 분리되지 않은 채 독창적으로 발달했다고 했다. 즉, 인도의학(아유르베다)은 종교(윤회와 업 사상)와 과학(현실적인 진단과 치료중심의 의학체계)의 혼합형이다.

AYUSH에 대해 알아보면 다음과 같다.

① A: 아유르베다

인도 전통의술인 아유르베다(Ayurveda, 생명의 지식)는 세계에서 가장 오래된 포괄적인 의학체계 가운데 하나로 오늘날에도 세계 각지에서 사용되고 있다. 아유르베다('삶의 지혜' 내지는 '생명과학'이라는 뜻)는 아타르바베다의 한 부분으로 BC 500년 무렵 산스크리트어가 발명된 이후 다수의 저자에 의해 체계적으로 정립되었다.

차라카, 수수루타, 바그바타 등 고대 인도의 의사들은 기원전에 이미 체계적이고 과학적인 연구에 관심이 있었고, 그들이 임상활동과 연구를 통해 터득한 지식을 『상히타』에 기록하였으며 그 내용은 오늘날까지 전해지고 있다.

인도 의사들이 활동했던 시기에 대한 일부 논쟁은 있지만, 차라카는 대략 3세기 무렵에 활동하였고, 『차라카 상히타』를 집필하였다고 한다.

수백 년 후 바그바타(Vagbhata, 635~715)가 『아슈탕가 흐르다야 상히타(Astanga-hrdayasamhita)』를 저술하였는데 이 책은 이전의 『차라카 상히타』와 『수수루타 상히타』 2개를 계승하여 발전시킨 것이다. 이 『상히타』는 골격에 관한 내용과 함께 질병을 분류한 것으로, 외과도구와 외과술을 포함한 수술방법을 더욱 강조하였으며 이 문헌에서 고대 인도인의 해부학적 사고를 엿볼 수 있다.

아유르베다의학은 중세기에 점차 아시아 전역으로 전파되었다. 특히, 당나라의 유명한 의사 손사막도 아유르베다의학에 뿌리를 둔 불교의학에 많은 영향을 받았다.

그러나 17세기, 영국의 인도 지배로 말미암아 인도의 고대 의학은 소수의 사람에게 구전되거나 일부만 계승되었을 뿐 제도권의학은 되지 못하고 대부분은 서양 일변도의 문예사조에 휩쓸려 퇴색되었다. 즉, 영국의 통치기동안은 인도에서 소강기에 들어가 더는 발전하지 못했다.

그러다 1947년에 인도가 독립을 쟁취하면서 아유르베다의 중요성이 다시 획득되어 오늘날에도 가장 오래된 의학서적으로써 건강관리체계 그 자체로 여기고 있다.

20세기 들어서면, 민족주의의 영향으로 그동안 방치되었거나 일부반 선승되어 오던 고대 인도의학은 부흥기를 맞았다. 질병치료에 있어 이론과 실제 임상으로 많은 한계를 느낀 서양의학자의 관심이 더욱 동양의학에 집중되어 현재는 여러 국가에서 고대 인도의학이 폭넓게 연구되고 있다.

아유르베다는 건강과 장수를 추구하는 생활과학으로 아유르베다(의학)의 치료 원칙은 조화와 균형이다. 즉, 서로 다른 속성을 가진 3가지 도샤(Tridosha: 비타, 카파, 피타)가 균형을 잃으면서 어느 하나가 너무 많거나 너무 적은 데서 오는 과잉이나 결핍 현상을 낳게 되고 그것을 해결하기 위해 불균형상태를 조율해 균형을 도모하는 것이 치료의 원칙이다.

② Y: 요가

요가(Yoga)라는 말은 산스크리트어로 그 어원은 '말을 마차에 결합시키다' 또는 '말에 멍에를 씌우다'라는 의미이다. 요가가 깨달음을 목적으로 하는 수행법으로 요가라는 말이 명상을 의미하는 술어로 쓰이기 시작한 것은 우파니샤드에서부터이다. 우파니샤드에서는 마차를 인간의 육체, 말을 인간의 마음, 그리고 타는 사람을 영혼에 비유했다. 즉, 말을 통제하여 올바른 길로 갈 수 있게 하는 것이 바로 요가인 것이다. 이 비유를 통해 알 수 있듯이 요가라는 의미는 실천을 조절하여 진정한 자아를 자유롭게 한다는 뜻이다.

요가는 인류 문명만큼이나 역사가 길다. 현재 요가에 관한 가장 오래된 고고학적 자료는 약 5000년 전 인더스계곡문명의 모헨조다로유적에서 출토된 요가 자세를 취한 석상이다(요가 자세를 취한 인장 참조).

문헌으로 요가수행법을 알 수 있는 시기는 BC 1000년 경부터이다. 이때의 요가는 음식, 수면, 욕망 등을 억제하고 호흡을 조절하여 의식을 한 곳에 집중하는 고행과 같은 수행법이었다. 그러나 우파니샤드(BC 700~400) 이래로(BC 500 무렵부터) 고행과는 구별되는 요가 고유의 수행법과 철학적 체계가

요가 자세를 취한 인장

(출처: 위키피디아)

갖추어졌다. BC 200년경부터는 명상적 실천뿐만 아니라 철학적 사색, 윤리적 실천, 종교적 헌신 등을 모두 요가라 하고 있다.

인도 전반에 걸쳐 수행법으로 사용되던 요가는 요가학파의 경전인 『요가 수트라(Yoga Sutras of Patanjali)』가 저술되면서 독립된 학파로서의 면모를 갖추게 되었다. 때로는 종교의 한부분으로, 때로는 철학의 한부분으로 인식되었다. 그러나 원래 요가는 인도 힌두교전통에 나타난 한학파의 사상이자 수행 가운데 하나이다. 요가수트라는 BC 2세기경 파탄잘 리(힌두교 사상가)가 쓴 것으로 요가철학과 운동에 큰 영향을 준 작품으로 8단계의 수련방식으로 이루어져 있다. 요가경전(파탄잘 리의 『요가 수트라』)에는 8가지 수련법이 제시되어 있다. 야마(금지계), 니야마(권고계), 아사나(자세 또는 동작), 프라나야마(호흡법), 프라트야하라(감각통제), 다라나(정신집중), 디야나(선정), 사마디(삼매)다. 이 가운데 야마와 니야마는 윤리적 요가수행이며, 아사나, 프라나먀, 프라트야하라는 육체적 요가수행이며, 다라나, 디야마, 사마디는 정신적 요가수행법이다.

13~17세기에는 육체적, 생리적인 수행을 중심으로 하는 하타요가(Hatha

yoga)가 크게 발전했다. 이 하타요가는 라자요가(Raja yoga)에서 나온 요가의 한 종류이다. 라자요가는 박티요가(신에 대한 충실한 헌신을 불러일으키는 영적인 수행), 즈냐나요가(힌두 철학을 기초로 하는 수행), 카르마요가(힌두교의 성경인 바가바드 기타의 가르침을 따르는 수행)와 함께 고대 4대 요가 중 하나이다. 라자는 심신의 훈련(몸과 마음을 수양)을 통해 해탈을 얻는 요가다. 미국에서 압도적이고 한국에서는 인기가 높은 요가는 하타요가이다. 『하타요가 프리디피카』를 저술한 15세기 인도의 요기 스와트마라나가 하타요가를 만들었다. 하타요가는 정신적인 부분보다는 육체적인 부분에 중점을 두고 단순한 신체운동이 강조되면서 미국 기독교인들도 종교적 갈등 없이 쉽게 받아들이고 있다. 결국, 하타요가도 요가 수트라에서 말하는 최종적인 목표인 삼매를 얻기 위한 훈련과정이다.

③ U: 유나니

유나니(Unani)는 '그리스의'란 뜻이다. 일찍이 북인도를 지배한 페르시아 사산왕조 때 페르시아어로 옮겨진 아유르베다 문헌을 아랍의사들이 접하는 일이 있었다. 당시 그 내용을 익힌 아랍의사들은 그리스의학과 아유르베다를 접목한 유나니의학을 만들어 냈다. 즉, 유나니의학은 아랍인들이 그리스 · 로마의학(체액설과 체질설)에 인도의 아유르베다의학(3가지 체질)을 융합하여 만든 의학이라고 보면 되겠다.

④ S: 시다

시다(Siddha)는 남인도, 특히 타밀나두지역에서 시행되어왔다.

시다는 아유르베다의학처럼 5가지 원소(물, 불, 바람, 흙, 에테르)와 3도샤(바타, 피타, 카파) 개념을 채용하고 있다.

따라서 시다의 치료는 3가지(바타, 피타, 카파) 힘의 균형을 회복하여 환자를 건강하게 하는 것을 목표로 한다. 3가지 중 한 가지가 약해져서 질병이 발생하면, 반대되는 특성의 물질을 사용하여 약해진 힘을 줄이거나 정상상태로 돌려놓는 것이다.

⑤ H: 동종요법

19세기 초 독일의 의사 하네만(1755~1843)은 당시 의학계의 과도한 치료법에 반발하여 자연치유력에 근거하여 동종요법(Homeopathy)이라는 의학체계를 제창하였다. 일찍이 그는 칼렌의 『약물학』을 번역하던 중 말라리아의 치료 약재로 쓰이는 키나피가 소량 투여 시는 치료 효과가 나타나나, 다량 투여 시에는 오히려 말라리아 증상을 일으킨다는 내용을 접했다. 이에 착안하여 약물을 소량 사용하면 치유 효과가 있으며, 과량 사용하면 역으로 병증을 유발한다는 대 전제에 이르렀다.

하네만의 제자 콘스탄틴 해링(1800~1880)은 미국으로 이주하여 동종요법을 보급하였으며 하네만학교도 세웠다. 동종요법 교재들을 저술하였으며 미국 동종요법의 대부가 되었다. 그에 의해 체계적인 이론으로 정립된 동종요법은 고대 그리스의 히포크라테스와 동양의 자연치유력을 중시한 의철학의 개념으로 무장하여 유럽 각국과 북미, 러시아 등지로 전파되어 19세기 초 미국에서 많은 호응을 얻었다. 그러나 1950년을 고비로 대부분 학교가 폐쇄되는 등 거의 사멸되는 듯하였으나 1970년 이후 화학약품의 폐해가 날로 심각해지고 고질적인 만성질환에 대한 현대의학의 치료가 벽에 부딪히면서 새롭게 각광받고 있다.

⑥ 자연요법

자연요법(Naturopathy)은 화학약품을 사용하지 않고 순수한 자연물이나 자연적인 힘을 이용하여 질병을 치료하는 분야로 협의의 자연치료법이라 할 수 있다. 인체는 항상성을 유지하려는 자연치유력을 가지고 있으므로 건강 증진의 3요소(운동, 음식, 휴식)를 잘 관리하면 인체 스스로 자연치유력을 발휘하여 질병에 노출되지 않는다는 개념이다.

자연요법의 이러한 총체적(holistic)이고 자연적(natural)인 특성은 아유르베다의학이나 한의학과 유사하다.

4) 여기서 잠깐

(1) 오운육기

운기(運氣)란 오운육기(五運六氣)의 약칭으로 오운(五運)은 목, 화, 토, 금, 수(木, 火, 土, 金, 水)를, 육기(六氣)는 풍, 한, 서, 습, 조, 화(風, 寒, 暑, 濕, 燥, 火)를 말한다.

운기는 천(天)과 지(地)의 기운변화를 관측하여 인간에게 미치는 영향을 파악하고 질병의 예방, 진찰, 치료, 처방까지 포함하는 천지의 기운(氣運)이다.

운기학(運氣學)은 포태체질(胞胎體質)과 생진체질(生辰體質)에 의한 각 개인의 선천적인 장부(臟腑)의 허실(虛實)을 자연의 변화와 함께 연구하는 학문이다. 즉, 동양철학의 근본인 음양(陰陽)과 오행(五行)을 바탕으로 인간이 태어나면서부터 갖는 각각의 선천적인 고유한 체질(胞胎體質)에 매년 바뀌는 천(天)과 지(地)의 기운이 어떤 영향을 미치는가를 파악하는 분야이다.

(2) 홍수전이 이끈 태평천국의 난

태평천국은 청(清)나라 말기 홍수전(洪秀全)과 농민군이 건국하여 14년 동안 존속되었다. 홍수전은 중국 태평천국(1851~1864)의 창시자로, 1851년에 평화롭고 평등한 지상천국을 수립할 것을 목적으로 군사를 일으켜 태평천국을 세우고 자신을 천왕이라 칭했다. 1853년에 난징을 점령하고 신국가 건설에 착수했으나 정부의 군사가 난징을 함락하기 전에 병사하였다.

1843년 홍수전은 광둥성 화현(花县)에서 배상제회(拜上帝会)를 결성하여 하늘의 상제(上帝)를 기독교의 하나님으로 간주하고 모세 · 예수를 구세주로 간주하고 타락한 중국을 구제하라는 명령을 상제로부터 받았다고 주장하였다. 그리고 모세의 10계를 본떠서 제정한 계율을 지키고 상제를 믿으면 질병이나 재해에서 벗어나고 의식(衣食)이 보장된다고 주장하였다. 주로 계속된 기근과 비적의 약탈, 지주 · 고리대금업자 등의 압박에 시달리던 광서성의 농민과 일부 소지주 · 광부 · 실업자층으로 그 조직을 확대해 나갔다. 그러나 1860년 북경조약 체결 후 영국 등 열강의 군사에 의해 멸망하게 되었다.

(3) 이홍장의 양무운동

양무운동(1861~1894)은 이홍장이 19세기 후반 중국 청나라에서 일어난 근대화운동으로 서양의 문물을 수용해 부국강병을 이루려는 시도였다.

양무(洋務)란 다른 나라와의 외교교섭에 관한 사무를 뜻하는 말이지만, 넓게는 서양의 문물과 기술을 받아들인다는 뜻이다. 청(淸)의 동치제(同治帝, 재위: 1861~1874) 때 시작해 광서제(光緒帝, 재위: 1875~1908) 재임기까지 전개되었다. 초기에는 군사력증강을 위해 군수공업의 육성에 중점을 누고 전개되었지만, 1870년대 이후에는 광공업이나 교육 등 다른 부문까지 근대적 개혁이 확산되었다.

하지만 양무운동은 안팎의 여러 장애에 부닥쳐 제한된 성과를 거두는 데 그쳤다.

특히, 열강의 잇따른 침략이 청의 자강을 어렵게 만들었다. 청은 양무운동 기간 중 일어난 대만사건(1874), 청프전쟁(1884~1885), 청일전쟁(1894)에서 모두 일본과 프랑스에게 패배했다. 이들 전쟁에서의 패배는 자강을 일차적 목표로 한 양무운동의 실패로 이어졌다. 이후 양무운동은 산업과 기술만이 아니라 정치 · 사회제도의 근본적 개혁까지 이루어야 한다는 변법자강운동에 자리를 내주었다.

(4) 서태후와 의화단 운동

서태후는 청 함풍제(咸丰帝)의 황후이며 동치제(同治帝)의 어머니이자 광서제(光緒帝)의 양어머니로서 보수파 관료를 기반으로 한 철권통치로 청(清)을 거의 반세기 동안 지배하였다.

청나라 말기, 외세배척운동으로 의화단운동이 산둥성을 중심으로 시작되었다. 의화단은 서양에 대한 반감으로 선교사를 살해하고 철도와 전신시설을 파괴하고 교회에 불을 지르는 등의 사건들을 일으켰고, 이 운동을 청나라의 서태후가 지지하고 나서자 미국을 필두로 8개의 연합국이 베이징을 점령하였다. 결국, 1901년 청나라는 8개 연합국에 항복하고 막대한 배상금을 지불하였으며, 연합국 군대가 중국에 주둔하게 되었다.

(5) 인도차이나

중국과 인도 사이에 있는 대륙부의 총칭이다. 일반적으로 옛 프랑스령 식민지인 베트남 · 라오스 · 캄보디아 3개국을 가리킨다. 이들 3개국은 예전에는 모두 독립왕국을 건설하고 있었으나 19세기 후반 이래 프랑스의 식민지로 있다가 제2차 세계대전 후 독립을 되찾았다.

(6) 예니 체리

오스만제국의 상비(常備) · 유급(有給)의 보병군단이다. 예니는 새로운, 체리는 병사(兵士)의 뜻으로 '신군(新軍)'을 의미한다. 무라드 1세의 치세 때 창설되었다.

오스만제국에 정복된 유럽 속령(屬領) 내의 그리스도교도 중에서 소년들을 징용하여 이슬람교로 개종시키고 엄격한 훈련을 실시한 다음 술탄의 상비친위군에 편입시켰다. 결혼하거나 상업에 종사하는 것은 금지시켰으나 고봉(高俸)을 받고 고위 · 고관에 영전하는 등용문이었으므로 자식을 지원시키는 그리스도교도도 있었다.

특히 14~16세기의 정복전쟁에서 많은 무공을 세워 인기를 독차지하였으나, 뒤에는 군기가 문란해져 횡포가 심하고 술탄의 폐립(廢立)에도 개입하게 되었으므로 1826년 폐지되었다.

(7) 아유르베다의 8개 분파와 트리도샤

아유르베다(의학)는 카야치키차(내과학), 샬리키아(머리와 목해부학, 안과학, 이비인후과학), 샬리야(외과학), 비샤가르바이로디카(독물학), 부타비디야(정신과학), 카우마르브루티야(소아학), 라사야아 탕트라(양생학 또는 회춘학), 바지카라나 탄트라(출산학) 등 8개 분파로 구성되어 있다.

자연에 존재하는 다섯 가지 기본요소(에테르, 공기, 불, 물, 흙)는 인간의 육체

안에서 세 가지 기본적인 기질(본질: 바타, 피타, 카파)로 나타나는데 이것을 트리도샤(Tridosha)라고 한다.

각 개인에게 있어서 세 가지 기질(바타: 공기+에테즈, 피타: 물+불, 카파: 물+흙)의 구성은 유전적으로 결정되기 때문에 평생 변하지 않는다. 다섯 가지 기본 요소들의 비율도 탄생 시의 상태 그대로 변하지 않으나, 단 병리학적 변화를 담당하는 요인들만은 외부환경의 변화에 따라서 변화한다.

인간은 평생 끊임없는 내부환경과 외부환경 간의 상호관계 속에서 살아가는데, 외부적인 환경이란 바로 대우주의 힘이며, 내부적인 힘은 바타, 피타, 카파의 성분에 의해서 좌우된다고 한다.

(8) 파탄잘 리의 요가 수트라 8단계

파탄잘 리의 『요가 수트라』는 8가지 요가수행법으로 구성되어 있는데 윤리적 수행법 2종류, 육체적 수행법 3종류, 정신적 수행법 3종류로 구성되어 있다.

① 윤리적 요가 수행

• 야마(금지계)

금계는 요가 수행자가 반드시 지켜야만 하는 5가지 계율로 살인하지 말라, 거짓말하지 말라, 도둑질하지 말라, 간음하지 말라, 탐욕하지 말라 등이 있다.

• 니야마(권고계)

권계는 요가 수행자들에게 권고하는 계율로 정화(남과 교접하지 않아 몸과 마음을 순수하게 만든다), 만족(탐욕을 경계하여 만족한다), 고행(열심히 요가를 수행한다), 독경(요가 경전을 읽는다), 염신(불교에서 염불한다고 하는 것과 같은 것으로서, 항상 신을 생각한다)을 말한다.

② 육체적 요가 수행

• 아사나(자세 또는 동작)

아사나는 요가의 동작으로 40여 가지 동작법이 존재한다.

• 프라나야마(호흡법)

요가의 호흡법은 길게 들이쉬고, 길게 숨을 참고, 길게 내쉬는 호흡을 말한다.

• 프라트야하라(감각통제)

프라치아하라는 감각을 제어하는 것을 말한다.

③ 정신적 요가 수행

• 다라나(정신집중)

다라나는 6단계로 구성되어 있는 정신집중 수행을 말한다. 요가에서는 미간이나 코끝, 뒷머리, 심장, 배꼽 등에 의식을 집중하는데 어디든지 일정한 곳이면 된다. 도교의 조식법이나 한국 불교의 일각에서는 단전에 의식을 집중하라고 가르친다.

• 디야나(명상)

디야나는 불교에서 말하는 참선, 즉 명상을 말한다.

• 사마디(삼매)

삼매는 요가의 궁극의 경지로서, 깨달음의 상태를 말한다.

참고문헌

1. 엘버트 S, 라이언즈 R, 조지프 페투르첼리 저. 황상익, 권복규 옮김. 세계의학의 역사. 한울출판사. 1994.
2. 황상익. 인물로 보는 의학의 역사. 도서출판 여문각. 2004.
3. 로이포터. 2500년 과학사를 움직인 인물들. 창작과 비평사. 1999.
4. 황영원. 근대중의학 지위 부침의 정치학과 중의학 변화. 의료사회사연구. 4: 103~156, 2019.
5. 미야자키 마사키츠 지음, 이영주 옮김, 하룻밤에 읽는 세계사, ㈜알에이치코리아. 2017.
6. 임영태. 인류이야기 현대편 1. 아이필드. 2007.
7. 전국교사모임 저. 살아 있는 세계사 교과서 2. 휴머니스트. 2005.
8. 존 베일리스 스티브 스미스 저, 하영선 외 역. 세계정치론. 을유문화사. 2007.
9. 제러미 리프킨. 3차 산업혁명. 민음사. 2012.
10. 리처드 서스킨드. 제4차 산업혁명 시대 전문직의 미래. 와이즈베리. 2016.
11. 클라우스 슈밥 저. 송경진 역. 클라우스 슈밥의 제4차 산업 혁명. 새로운 현재. 2017.
12. 이내주 저. 흐름으로 읽는 근현대 세계사. 채륜서. 2016.
13. 미야자키마사카츠 저. 오근영 역. 근현대 세계사. 알에이치코리아. 2018.
14. 엘버트 S, 라이언즈 R, 조지프 페투르첼리(황상익, 권복규 옮김). 세계의학의 역사. 한울출판사. 1994.
15. 김명자. 산업혁명으로 세계사를 읽다. 까치. 2019.
16. 저자빠르타 짯데르지 저. 이광수 역. 민족주의 사상과 식민지 세계. 출판그린비. 2013.
17. 동양의학대사전 편찬위원회, 『동양의학대사전』. 경희대학교 출판국. 1999.
18. 안상우. 左入門 右寶鑑 －『醫學入門. 고의서산책 97회. 민족의학신문. 2002.
19. 권의경, 이민정 저. 오운육기학해설. 법인문화사. 2000.
20. 정규연. 오운육기 핸드북. 홍릉과학출판사. 2001.
21. 차용철, 김상희, 최상기 저. 오운육기 건강체질뜸. 보문각. 2019.
22. 강상원. Basic 고교생을 위란 세계사 용어사전. 신원문화사. 2002.
23. 파탄잘리 저자. 베스 림 역자. 파탄잘리 요가 스트라. 북랩. 2023.
24. 김진희, 한창현, 김남일. 아유르베다의 정의와 인도전통의학과의 관계에 대한 고찰. 한국의사학회지. 23: 1~10, 2010.
25. 최효재, 신길조. 이븐 시나를 중심으로 고찰한 이슬람의학의 이해. 대한한방내과학회지. 36: 252~263, 2015.
26. 임동호. 사상체질(四象體質)과 트리도샤(Tridosha) 비교. 한국사상문화학회. 98: 235~258, 2019.
27. 김애정. 대체의학개론. 효일. 2016.
28. 박웅섭. 의원급 의료보험 진료비에 영향을 미치는 요인 분석. 연세대학교 대학원 보건학과. 박사학위논문. 2002.

29. Richard O. Straub. 황석현, 김은정, 신현균. 건강심리학. 시그마프레스. 2015.

30. Bryan Kolb, Ian Q. Whishaw, G. Campbell Teskey. 김현택, 김명선, 김재진, 박순권. 뇌와 행동의 기초. 시그마프레스. 2018.

31. 옥선명. 심신의학의 임상 적용(근거 중심적 접근). 27: 27~79, 2006.

32. http://lifelog.blog.naver.com/PostView.nhn?blogId=jogaewon&logNo=110107818354&viewDate=&currentPage=1&listtype=0&from=postList (과학혁명과 원자론)

33. https://ko.wikipedia.org/wiki/%EA%B3%84%EB%AA%BD%EC%A3%BC%EC%9D%9

34. https://namu.wiki/w/%EB%8C%80%ED%95%AD%ED%95%B4%EC%8B%9C%EB%8C%80 (대항해시대)

35. https://m.blog.naver.com/kbs4547/20159678101 (과학혁명)

36. https://namu.wiki/w/%ED%95%A9%EC%8A%A4%EB%B6%80%EB%A5%B4%ED%81%AC%20%EA%B0%80%EB%AC%B8 (합스부르크 가문)

37. https://ko.wikipedia.org/wiki/%EB%A5%B4%EB%84%A4%EC%83%81%EC%8A%A4_%EC%9D%B8%EB%AC%B8%EC%A3%BC%EC%9D%98%EC%9E%90 (인문주의자)

38. https://ko.wikipedia.org/wiki/%EC%A2%85%EC%9D%98_%EA%B8%B0%EC%9B%90 (종의기원)

30. https://namu.wiki/w/%EB%A0%88%EC%98%A4%EB%82%98%EB%A5%B4%EB%8F%84%20%EB%8B%A4%EB%B9%88%EC%B9%98 (다빈치)

40. https://ko.wikipedia.org/wiki/%EB%AF%B8%EC%BC%88%EB%9E%80%EC%A0%A4%EB%A1%9C_%EB%B6%80%EC%98%A4%EB%82%98%EB%A1%9C%ED%8B%B0 (미켈란젤로)

41. https://en.wikipedia.org/wiki/Leonhart_Fuchs (Leonhard Furchs)

42. https://ko.wikipedia.org/wiki/%EC%95%88%EB%93%9C%EB%A0%88%EC%95%84%EC%8A%A4_%EB%B2%A0%EC%82%B4%EB%A6%AC%EC%9A%B0%EC%8A%A4 (안드레아스 베살리우스)

43. https://ko.wikipedia.org/wiki/%EC%9C%8C%EB%A6%AC%EC%97%84_%ED%95%98%EB%B9%84 (윌리엄 하비)

44. https://m.blog.naver.com/kbs4547/20159678101 (영국의 산업혁명-과학기술의 역할)

45. Onnekink, David. War and Religion after Westphalia, 1648~1713. Ashgate Publishing. 1~8, 2018.

46. Gest, H. "The discovery of microorganisms by Robert Hooke and Antoni Van Leeuwenhoek, fellows of the Royal Society". Notes and Records of the Royal Society of London 58: 187~201, 2004.

47. https://ko.wikipedia.org/wiki/%EA%B7%BC%EB%8C%80 (근대)

48. NCCIH(national center for complementary and integrative health) 2016 strategic plan. NIH Publication, Bethesda, USA. 2016.

49. Eric Schlosser. Command and Control: Nuclear Weapons, the Damascus Accident, and the Illusion of Safety. Penguin Press. 2013.

50. Thomas Powers, The Nuclear Worrier: Confessions of a Nuclear War Planner. New York Bloomsbury. 2017.

51. Schwab, Klaus. The Fourth Industrial Revolution: what it means, how to respond. World Economic Forum. 2016.

52. Schwab, Klaus. The Fourth Industrial Revolution. World Economic Forum. 2016.

53. White House Commission on Complementary and Alternative Medicine Policy. FINAL REPORT. 2002.

54. The National Center for Complementary and Alternative Medicine (NCCAM). Mind body Medicine: an overview. Available from URL: http://nccam.nih.gov/health/backgrounds/mindbody. htm.

55. Ernst E. How the public is being misled about complementary/alternative medicine. J R Soc Med. 101: 528~530, 2008.

56. https://www.nccih.nih.gov/about/nccih-2016-strategic-plan (NCCIH 2016 Strategic Plan)

57. https://www.nccih.nih.gov/about/nccih-strategic-plan-2021~2025 (NCCIH Strategic Plan FY 2021~2025)

58. de Almeida Andrade F, Schlechta Portella CF. Research methods in complementary and alternative medicine: an integrative review. J Integr Med. 16:6~13, 2018.

59. Simpson CA. Complementary medicine in chronic pain treatment. Phys Med Rehabil Clin N Am. 26: 321~47, 2015.

60. https://ko.wikipedia.org/wiki/%ED%98%84%EB%8C%80%EC%82%AC (현대사)

61. https://ko.wikipedia.org/wiki/%EC%9C%A0%EC%97%94 (UN)

62. https://blog.naver.com/PostView.nhn?blogId=blueven74&logNo=221865098839&parentCategoryNo=&categoryNo=9&viewDate=&isShowPopularPosts=false&from=postView (병리학의 발달 과정)

63. Bayam, Levent; Stogiannos, Vasileios; Khawaja, Sajid; Smith, Robert; Drampalos, Efstathios. Evolution of the Infirmary during the Medieval; Social, Economic and Religious Status. Eastern Journal of Medicine. 24: 252-256, 2019.

64. https://www.mediawatch.kr/news/article.html?no=248169 (침술 그 역사와 효과에 대하여)

65. https://terms.naver.com/entry.naver?docId=1833064&cid=62059&categoryId=62059 (미국과 중국이 수교)

표지 사진 출처

1. 326p, 대항해 (출처: https://www.sisajournal.com/news/articleView.html?idxno=156567)
2. 326p, 지동설 (출처: https://namu.wiki/w/%EC%A7%80%EB%8F%99%EC%84%A4)
3. 338p, 데카르트 (출처: https://ko.wikipedia.org/wiki/%EB%A5%B4%EB%84%A4_%EB%8D%B0%EC%B9%B4%EB%A5%B4%ED%8A%B8)
4. 338p, 프랜시스 베이컨 (출처: https://ko.wikipedia.org/wiki/%ED%94%84%EB%9E%9C%EC%8B%9C%EC%8A%A4_%EB%B2%A0%EC%9D%B4%EC%BB%A8)

5. 338p, 윌리엄 하비 (출처: http://www.morningsunday.com/sub_read.html?uid=17581)
6. 338p, 로버트 후크, 현미경 (출처: https://ko.wikipedia.org/wiki/%EB%A1%9C%EB%B2%84%ED%8A%B8_%ED%9B%85)
7. 338p, 결찰사 실험 (출처:https://www.ibs.re.kr/cop/bbs/BBSMSTR_000000000901/selectBoardArticle.do?nttId=14980&pageIndex=1&mno=sitemap_02&searchCnd=&searchWrd=)
8. 351p, 조반니 바티스타 모르가니 (출처: https://commons.wikimedia.org/wiki/Category:Giovanni_Battista_Morgagni?uselang=ko)
9. 351p, 윌리엄 위더링 (출처: https://endlesslove0287.tistory.com/663)
10. 351p, 디기탈리스 (출처: https://commons.wikimedia.org/wiki/File:Flora_Londinensis,_or,_Plates_and_descriptions_of_such_plants_as_grow_wild_in_the_environs_of_London_(8282231426).jpg)
11. 351p, 앙시앵 레짐 (출처: https://namu.wiki/w/%EC%95%99%EC%8B%9C%EC%95%B5%20%EB%A0%88%EC%A7%90)
12. 351p, 우두법 (출처: https://www.thedailypost.kr/news/articleView.html?idxno=78523)
13. 351p, 에드워드 제너 (출처: https://ko.wikipedia.org/wiki/%EC%97%90%EB%93%9C%EC%9B%8C%EB%93%9C_%EC%A0%9C%EB%84%88)
14. 365p, 증기기관차(게티이미지 요금제 다운) (출처: https://www.gettyimagesbank.com/view/train-design/504031825)
15. 365p, 컨베이어벨트(게티이미지 요금제 다운) (출처: https://www.gettyimagesbank.com/view/boxes-on-conveyor-tape-blue-lines/1149097708)
16. 365p, 루이 파스퇴르 (출처: https://ko.wikipedia.org/wiki/%EB%A3%A8%EC%9D%B4_%ED%8C%8C%EC%8A%A4%ED%87%B4%EB%A5%B4)
17. 365p, 로베르트 코흐 (출처: https://ko.wikipedia.org/wiki/%EB%A1%9C%EB%B2%A0%EB%A5%B4%ED%8A%B8_%EC%BD%94%ED%9D%90)
18. 365p, 루돌프 비르효 (출처: https://ko.wikipedia.org/wiki/%EB%A3%A8%EB%8F%8C%ED%94%84_%EB%B9%84%EB%A5%B4%ED%9C%98)
19. 379p, 알렉산더 플레밍 (출처: https://ko.wikipedia.org/wiki/%EC%95%8C%EB%A0%89%EC%82%B0%EB%8D%94_%ED%94%8C%EB%A0%88%EB%B0%8D)
20. 379p, 지그문트 프로이트 (출처: https://ko.wikipedia.org/wiki/%EC%A7%80%EA%B7%B8%EB%AC%B8%ED%8A%B8_%ED%94%84%EB%A1%9C%EC%9D%B4%ED%8A%B8)
21. 379p, x-ray (출처: https://ko.wikipedia.org/wiki/%EC%97%91%EC%8A%A4%EC%84%A0)
22. 379p, CT (출처: http://m.mdrc.co.kr/home/m_view.php?ps_boid=306&ps_category=5&ps_db=case2&ps_mode=)
23. 379p, MRI (출처: https://www.msdmanuals.com/ko/%ED%99%88/%ED%8A%B9%EB%B3%84-%EC%A3%BC%EC%A0%9C/%EC%9D%BC%EB%B0%98%EC%A0%81%EC%9D%B8-%EC%98%81%EC%83%81-%EA%B2%80%EC%82%AC/%EC%9E%90%EA%B8%B0%EA%B3%B5%EB%AA%85%EC%98%81%EC%83%81-mri)
24. 379p, 3차 산업혁명 (출처: https://m.blog.naver.com/mofakr/221404592341)
25. 379p, 4차 산업혁명 (출처: https://www.gnunews.kr/news/articleView.html?idxno=7479)

인류의 삶 속에 담긴 질병 극복 이야기

초판 1쇄 발행 2024년 2월 15일
초판 2쇄 발행 2024년 8월 12일

지은이 김애정
펴낸이 김재광
펴낸곳 솔과학
편　집 다락방
영　업 최회선
디자인 miro1970@hotmail.com
등　록 제02-140호 1997년 9월 22일
주　소 서울특별시 마포구 독막로 295번지 302호(염리동 삼부골든타워)
전　화 02)714-8655
팩　스 02)711-4656
E-mail solkwahak@ hanmail.net

ISBN 979-11-92404-62-2 93900

값 45,000원